广视角·全方位·多品种

权威·前沿·原创

皮书系列为
"十二五"国家重点图书出版规划项目

互联网金融蓝皮书

中国互联网金融发展报告
（2014）

ANNUAL REPORT ON CHINA'S INTERNET FINANCE DEVELOPMENT (2014)

主　编／芮晓武　刘烈宏

社会科学文献出版社
SOCIAL SCIENCES ACADEMIC PRESS (CHINA)

图书在版编目(CIP)数据

中国互联网金融发展报告.2014/芮晓武,刘烈宏主编.—北京:社会科学文献出版社,2014.8
（互联网金融蓝皮书）
ISBN 978-7-5097-6345-2

Ⅰ.①中… Ⅱ.①芮… ②刘… Ⅲ.①互联网络-应用-金融-研究报告-中国-2014 Ⅳ.①F832.2

中国版本图书馆 CIP 数据核字（2014）第 178664 号

互联网金融蓝皮书
中国互联网金融发展报告（2014）

主　　编／芮晓武　刘烈宏

出 版 人／谢寿光
出 版 者／社会科学文献出版社
地　　址／北京市西城区北三环中路甲29号院3号楼华龙大厦
邮政编码／100029

责任部门／经济与管理出版中心（010）59367226　　责任编辑／颜林柯　陈凤玲
电子信箱／caijingbu@ssap.cn　　责任校对／姬春燕
项目统筹／恽　薇　　责任印制／岳　阳
经　　销／社会科学文献出版社市场营销中心（010）59367081　59367089
读者服务／读者服务中心（010）59367028

印　　装／北京季蜂印刷有限公司
开　　本／787mm×1092mm　1/16　　印　张／26
版　　次／2014年8月第1版　　字　数／421千字
印　　次／2014年8月第1次印刷
书　　号／ISBN 978-7-5097-6345-2
定　　价／79.00元

本书如有破损、缺页、装订错误，请与本社读者服务中心联系更换
▲ 版权所有　翻印必究

《中国互联网金融发展报告（2014）》
编委会

顾　问	杨学山　刘士余　李　扬　沈昌祥　霍学文 隋振江
主　编	芮晓武　刘烈宏
副主编	李晓春　邓向东　穆怀朋　纪志宏　励　跃 王永红　金中夏
编　委	（按姓氏笔画） 卫保川　方　方　王　俊　伍旭川　刘新海 刘澜飚　朱孝忠　朱建明　李世锋　李　博 吴逾峰　汪　炜　赵　惟　张　兴　张晓艳 陈一稀　陈继明　范小云　易欢欢　庞金峰 宫晓冬　贺卫东　唐　颖　徐宝林　徐建军 黄国平　程寨华

摘　要

《中国互联网金融发展报告（2014）》全面总结了 2013 年互联网金融行业的发展状况，从理论角度对互联网金融进行了深度分析，阐述了互联网金融领域征信的建设和发展，研究了虚拟货币的现状、影响和问题，探讨了互联网金融领域的商业模式和投资方向，并对互联网金融的监管和信息安全提出了路径方案，反映了互联网金融对传统银行的挑战及其应对，研究了移动支付的发展，通过建模第一次对互联网"宝"类产品进行了量化评价。报告采用大量图表和专栏，内容翔实，案例丰富，条理清晰，论证有力，研究广度和深度均达到了新的水平。

目 录

BⅠ 总报告

B.1 2013年中国互联网金融发展状况及展望 …………………………… 001
    一 总体发展情况 ………………………………………………… 002
    二 各类互联网金融模式的发展情况 …………………………… 017
    三 互联网金融的发展趋势及展望 ……………………………… 079

BⅡ 专题报告

B.2 互联网金融的理论分析 ……………………………………………… 084
B.3 互联网金融与货币政策 ……………………………………………… 111
B.4 互联网金融下的货币范畴 …………………………………………… 144
B.5 互联网金融与征信 …………………………………………………… 189
B.6 移动支付发展 ………………………………………………………… 220
B.7 互联网金融监管的方向与路径 ……………………………………… 244
B.8 互联网金融信息安全 ………………………………………………… 264
B.9 互联网金融的商业模式和投资机会 ………………………………… 289
B.10 互联网金融案例比较分析 ………………………………………… 320
B.11 互联网金融对传统银行的挑战及银行的应对 …………………… 352

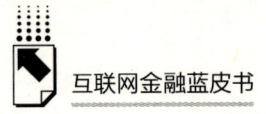

BⅢ 评价报告

B.12 互联网"宝"类产品量化评价报告 …………………………… 366

BⅣ 附录

B.13 互联网金融大事记 ………………………………………… 393

B.14 后记 …………………………………………………………… 397

Abstract ……………………………………………………………… 398
Contents ……………………………………………………………… 399

总报告

General Report

2013年中国互联网金融发展状况及展望

摘　要：　总报告分为三个部分，第一部分概括分析了2013年中国互联网金融的总体发展情况，包括互联网金融发展的大环境、互联网金融的业务拓展情况、互联网金融呈现的新特点以及互联网金融的风险和监管政策倾向；第二部分依据互联网金融模式的分类，具体分析了互联网融资、互联网金融服务、虚拟货币以及传统金融机构互联网化四类模式在业务发展、模式创新、风险控制及同业竞争方面的现状和趋势；第三部分在2013年互联网金融发展的基础上，总结了互联网金融的发展趋势，并对未来的发展做了展望。综合来看，2013年中国互联网金融继续保持快速发展的态势，业务创新不断涌现、产品界限趋于模糊、同业竞争进一步加剧。随着规模的急剧膨胀以及风险的日益复杂化，将互联网金融纳入监管范围也被逐步提上日程。

关键词：

互联网融资　P2P　众筹　互联网支付　虚拟货币

一　总体发展情况

（一）互联网金融发展的历史机遇

在我国利率市场化进程中，传统金融机构留下的市场空白，互联网技术带来的产业融合、效率提升以及全新的客户定位，为互联网金融的发展提供了前所未有的历史机遇。

从政策角度看，政府放权、监管试错为互联网金融发展提供了政策空间。在新一届政府强调简政放权，发挥市场在资源配置中的决定性作用的大背景下，对风险"零容忍"的传统金融监管理念和监管政策出现了阶段性调整，金融监管部门以开放的姿态为互联网金融留下了一定的容错、试错空间。监管部门公开表示，"对于互联网金融这样一类新出现的金融业态，需要留有一定的'试错空间'，过早的、过严的监管会抑制创新"。这为互联网金融的爆发式发展留下了时间窗口。

从市场角度看，未完全市场化的利率制度和银行服务体系存在的巨大空白，使网络贷款等互联网金融产品有了生存空间。以网络贷款平台为例，其两端连接的基本是银行体系没有覆盖到的中小微客户。平台上的投资者是拥有小额闲散资金的中小客户，他们希望能够获得高于银行存款的收益率。这反映了在目前存款利率尚未完全市场化的大背景下，居民抗通胀的理财需求得不到有效满足。平台上的借款者大多是需要资金的中小商家，他们因为缺乏抵押品而难以从传统银行获得贷款。发生这种情况的一个原因是我国征信体系发展较晚、尚不健全，导致银行掌握中小企业信用信息的成本过高，而为中小企业服务的准金融机构如小额贷款公司的规范化发展同样时间较短，在规模上远远不能满足广泛的中小企业融资和小微贷款的需求。根据阿里巴巴平台的调研数据，约89%的企业客户需要融资，53.7%的客户需要无抵押贷款，融资需求在50万元以下的企业约占 55.3%，200 万元以下的约占 87.3%。① 互联网金融为这些投资者和借款者搭建了一个公平、透明、高效的网络平台，填补了之前的空白市场。

从产业角度看，互联网技术对各产业的渗透促进了效率提升，引发了行业融合，打开了互联网金融的发展空间。互联网技术平台、互联网底层架构的特性，赋予了其强大的联结功能，能够彻底摆脱传统的时间、空间限制，相比于传统产业，其在覆盖范围、传输效率以及时效性等多个方面有了质的飞跃。互联网技术引发了包括金融业在内的产业革命，多个产业之间的技术、产品以及服务相互渗透、交叉，一种新出现的产品或服务往往是多个产业共同生产的结晶，传统产业的边界日益模糊，这种融合为互联网金融的发展创造了巨大的想象空间。例如淘宝的运费险，是电子商务行业、保险行业和物流行业相互渗透的产物，仅在 2013 年"双十一"当天，淘宝、天猫平台上的投保订单就超过1.5 亿笔，显示了其旺盛的生命力。

从客户角度看，互联网技术改变了传统金融机构的客户定位及基于此的战略选择，并为互联网金融的发展提供了新的切入点。相较于传统金融机构，互联网金融的一个显著特征在于其能够直面客户，并更好地针对长尾市场或零售客户；另外，从消费者行为学来讲，互联网对金融的影响还体现在消费者的代际差异方面，"80 后"或"90 后"都是在电脑和互联网时代成长的一代人，这对传统金融机构竞争潜在客户的渠道选择提出了新的挑战，也为互联网金融的发展提供了新的机遇。以基金公司为例，之前其发展重心主要集中于产品设计和投资研发，并未自建渠道直面客户，客户获取成本高昂，包括客户风险评估、资产构成结构等在内的大量关键数据都由银行掌握。Wind 统计数据显示，72 家基金公司在 2013 年上半年共计提取管理费用 138.65 亿元，同期其向银行等销售渠道支付的尾随佣金为 23.97 亿元，占其管理费用的 17% 以上。未来，通过互联网技术，基金公司可以在一定程度上摆脱传统渠道直面客户、获取用户的关键数据，并通过这些数据分析客户需求，开发更合适的理财产品，也为基金公司降低销售渠道的佣金支出提供了选择。

---

① 《互联网金融：群雄逐鹿变者胜出》，《上海证券报》2013 年 12 月 11 日。

（二）2013年互联网金融的发展状况和业务拓展情况

互联网金融存在多种形态，从发展势头来看，目前最引人注目的包括电商网络小贷、人人贷（P2P）、众筹融资、互联网支付、互联网理财以及虚拟货币等。其中可以将电商网络小贷、P2P和众筹融资归为互联网融资，将互联网支付和互联网理财归为互联网金融服务方式。

2013年，互联网金融服务继续保持快速增长的态势。在互联网支付方面，2013年中国第三方互联网支付市场的交易规模达53729.8亿元，同比增长46.8%；从交易规模结构来看，网络购物、航空客票以及基金申购的占比较大，分别为35.2%、13.2%和10.5%；从市场格局来看，支付宝等核心企业的市场份额相对保持稳定，支付宝以48.7%的交易规模占比保持领先，财付通和银联在线分别以19.4%和11.2%的占比位列第二、第三位；从支付方式来看，移动支付市场发展迅猛，交易规模达12197.4亿元，同比增长707.0%，其中远程移动支付占比达到93.1%，近场支付的占比降至0.8%。①在互联网理财方面，2013年互联网理财呈现爆发式增长，涌现出的商业模式有以下四种：①理财模式，如天天基金网的"活期宝"、数米基金网的"现金宝"和同花顺的"收益宝"；②自销模式，如汇添富的"现金宝"和"全额宝"、民生加银的"现金宝"、华夏的"财富宝"等，截至2013年末，上述四款产品的总规模达到143.79亿元；③支付模式，如余额宝、百度理财和网易理财，其中余额宝是这一模式最为成功的案例，截至2013年末，嵌入余额宝的天弘增利宝货币基金激增至1853.42亿元，稳居国内最大基金宝座；④电商模式，以淘宝网销售基金为代表，2013年11月，淘宝网获得证监会出具的无异议函，正式成为首家开展基金销售业务的第三方电子商务平台。

互联网融资在2013年整体上保持快速发展态势。电商网络的小贷规模不断扩大，并日趋成熟和规范；P2P网络贷款规模呈现爆发式增长，但行业风险依然较大；众筹融资平台稳步增长，但依然处于起步阶段。一是在电商网络小

---

① 《艾瑞咨询：2013年中国第三方互联网支付交易规模达到53729.8亿》，www.ireaearch.com.cn，其中统计企业类型中不包括银行、银联，仅指规模以上非金融机构支付企业。

贷方面，2013年，中国电商小贷累计贷款规模达到2300亿元，其中，阿里小贷全年新增贷款投放1000亿元。① 2013年，阿里巴巴集团在重庆设立了阿里小微小额贷款有限公司；腾讯在深圳成立了财付通网络金融小额贷款有限公司；京东和百度两家公司在上海设立小额贷款公司的申请均已获批。二是在P2P网络贷款方面，截至2013年末，P2P全年行业总成交量为1058亿元，较2012年200亿元左右的规模呈现爆发式增长。② 2013年我国共出现约800家P2P网站，贷款存量达268亿元，其中在全国范围内活跃的P2P网络借贷平台已超过350家，累计交易额超过600亿元。与此同时，2013年全年超过70家P2P平台出现问题，2014年1月1日到4月20日，又有29家平台出现问题。③ 三是在众筹融资方面，截至2013年末，我国众筹融资平台已达21家，大致可以分为三种类型。①综合类，如点名时间、众筹网等。点名时间在过去两年时间里共收到7000多个项目提案，上线700多个，近一半项目融资成功；众筹网自2013年2月到12月5日，共筹资1500万元，众筹项目153个，累计投资人达53184人；②主题类，如追梦网、淘梦网等；③股权类，如天使汇、大家投等。截至2013年底，天使汇已累计为100多个创业项目完成融资，融资总额超过3亿元，审核通过的投资人接近900人，在天使汇上注册的创业项目达到8000个，通过审核挂牌的企业超过1000家，创业者会员超过22000位。

虚拟货币也取得了长足发展，其代表比特币自问世以来，特别是进入2013年后，价格波动非常大。在2013年4月比特币的价格最高升到266美元，随后迅速下跌至60美元。在12月2日，比特币在热门交易所Mt. Gox的交易价格创下1242美元（约合7568.56元人民币）的历史新高，价格首度超过黄金，年涨幅超过7600%。比特币的巨大涨幅也吸引了大量中国"炒家"。但无论从技术角度还是法律角度看，比特币都蕴涵巨大风险，未来有可能逐步显现。

---

① 《2013年互联网金融十大"关键词"盘点》，http://www.100ec.cn/detail—6146698.html；《2013年中国互联网产业发展综述》，http://cynh.comon.cn/listinfo-267.html。
② 《数据显示：2013年我国共出现约800家P2P网站贷款存量达268亿元》，http://www.banklilv.com。
③ 《P2P网贷2014年频陷倒闭狂潮》，中国行业研究网，http://www.chinairn.com/news/。

互联网金融蓝皮书

专栏1 为什么互联网金融在中国或许会有更大的发展机遇

互联网与金融的结合源于欧美发达国家，20世纪90年代互联网技术的高速发展也渗入了金融业，欧美的金融企业开始广泛利用现代信息技术开展金融业务。进入21世纪，伴随着金融创新，大量新型的互联网金融企业逐渐出现并取得了较大发展。从互联网金融的实现模式来看，欧美发达国家的互联网金融用四个模式概括：新型的互联网融资模式（如P2P、众筹等）、互联网服务方式（如第三方支付、移动支付等）、虚拟货币（如比特币和脸谱网站提供的虚拟货币等）和互联网在传统金融业的应用。但与中国蓬勃发展的互联网金融相比，发达国家并未出现互联网金融对传统金融模式的颠覆，实际上，互联网金融对欧美发达国家传统融资体系和金融服务方式的冲击并不大。

从传统金融业和互联网金融的关系来看，互联网金融虽然对传统金融业造成了一定冲击，但传统金融业的地位并未被撼动，相反，伴随着传统金融业广泛应用互联网技术，传统业务的信息化水平大大提高，网上银行、移动支付、手机银行等业务近几年发展较为迅速。以美国为例，2000年，只有18%的互联网用户使用网上银行，但到了2010年，58%的互联网用户（或者说是46%的成年人）使用网上银行，截至2013年末，这一数据增至61%（或者说是51%的美国成年人）。在2011年，只有18%的美国手机用户使用手机银行业务，但到了2013年末，这一数据上升至35%（或者说是美国2/3的成年人都会使用手机银行）。①

从新兴的互联网金融业务看，首先是互联网融资业务，虽然P2P最早出现在英国并在美国得到了更大的发展，但并没有像中国这样，在短时间内涌现了大量P2P公司，同时又有大量的平台退出市场。美国P2P市场由两大营利性P2P平台Lending Club和Prosper主导，两大平台2013年的贷款总额为24.2亿美元，虽然比2012年增长了177%，②但和美国金融体系万亿美元的融资规模相比，网络贷款仍然是极小的一部分。

在互联网支付等领域，根据相关研究，2012年美国移动支付占整个支付

---

① "Pew Research Center's Internet & American Life Tracking and Omnibus Survey, 2010 – 2013"，http://www.pewresearch.org/.
② 资料来源于Lending Club和Prosper网站公布的资料。

体系的比例不足1%,预计2015年能够达到2%,移动支付及第三方支付确实将会弱化传统支付体系的功能,但要达到取代传统支付体系的程度估计需要很长时间。①

中外互联网金融发展的差异源于金融环境的差异。中国存在金融压抑的现象,大量的金融需求得不到满足,这为互联网金融的快速发展提供了最大的动力。与中国的金融体系不同,欧美发达国家有一个完善的、多层次的金融体系。以银行业为例,美国有将近8000家银行,既有全国性的大银行,如花旗银行、美国银行、摩根大通银行等,也有大量的地区性银行、社区银行、信用社等。由于社会信用体系完善,利率市场化,这些机构能够按照市场规则对存贷款客户展开激烈竞争。绝大部分个人或者企业的金融需求,都会在相应的价格上被相关金融机构满足。

与美国相反,我国的金融业以国有或国有控股企业为主,在利率未完全市场化的情况下,银行的市场压力较小,享有政府赋予的特权及相关的垄断利益,倾向于为大型国有经济主体提供融资。此外,我国信用体系尚有很多不完善、不规范的地方。在这种情况下,相当一部分企业(尤其是小微企业)和个人的金融需求得不到满足,成为一个很大的市场空白点,他们对金融服务和资金的需求成为推动互联网金融在中国快速发展和不断创新的基础。

在这样的背景下,金融与互联网在中国的结合将比在美国的结合发展得更快、更好。以中国的余额宝和美国的PayPal为例,1999年11月,PayPal创建了货币市场基金,将在线支付和金融业务结合起来,推出了美国版"余额宝"产品即PayPal基金。由于PayPal基金具有操作方便、进入门槛低、实时汇报等特点以及当时良好的利率政策环境,该产品发展迅猛,其规模在2007年达到巅峰,但在金融危机后,美国货币市场基金数量减少,PayPal用户在基金账户里的资金不断下降,2011年6月份,PayPal宣布关闭其管理的货币市场基金。美国版"余额宝"退出市场的根本原因在于美国金融市场是高度开放的,管制程度非常低,利率实现了市场化,金融市场特别是价格信息传

---

① 郑联盛:《美国互联网金融为什么没有产生"颠覆性"?》,《证券日报》,http://zqrb.ccstock.cn/html/2014-01/27/content_398650.htm,2014年1月27日。

递无迟滞、对等及时，对金融创新要求较高，套利空间很小。阿里巴巴在2013年推出的余额宝与PayPal的基金产品有很多相似点，但中国的余额宝与PayPal基金有一个本质区别，即基金诞生的基础不同。阿里巴巴余额宝诞生的基础是支付宝，支付宝的基础是天猫和淘宝等电商购物平台。支付宝、天猫、淘宝上的5亿客户基础是余额宝赖以生存的根基。余额宝使阿里平台上的客户购物、增利两不耽误。这样的客户群体比美国版"余额宝"单纯以增利为目的的客户群体要稳定得多。因此，中国内地的互联网新金融立在了世界潮头。

（三）2013年互联网金融呈现的新特点

2013年，互联网金融的客户、产品仍主要停留在传统金融服务的盲区，真正贡献了80%利润的大客户依然被传统金融企业牢牢掌握在手中，新老机构的产品和重点客户的交集并不大。但是互联网金融从无到有，在短期还是体现了强劲的爆发力，并呈现一些新的特点。

1. 创新不断，功能加速延展

2013年互联网金融的创新和功能延展体现在虚拟渠道扩张、大数据的运用和平台搭建三个方面。

虚拟渠道扩张包括互联网企业利用金融产品增加客户服务种类，提高客户流量变现能力，也包括金融企业通过与互联网企业合作，将产品上线销售，在降低成本的同时获得更多的用户资源。渠道的虚拟化有效整合了交易、支付和理财等业务，通过互联网为客户提供了一体化、多样化的金融解决方案。前者的例子是余额宝，2013年底余额宝的客户数已经达到4303万人，规模达1853亿元。后者的例子是基金淘宝店，《证券时报》报道，截至2013年12月25日，实际开通了淘宝店的基金公司有32家，即基金业近1/3的公司铺设了淘宝店这一虚拟渠道。①

大数据的运用体现在互联网金融企业对现有用户数据进行深度挖掘，在此基础上设计产品以满足用户需求方面。目前，互联网企业已经基本完成了初始

---

① 《第二批15家基金公司淘宝开店》，《证券时报》2013年12月25日。

用户的积累，具备了一定的金融产品开发能力，其产品设计能力有所提高，能够提供多样化的产品。2013年大数据运用的典范就是阿里巴巴，其在小额信贷、财产保险、金融产品销售等多个领域，都发挥了自身大数据的优势。

平台搭建是互联网企业和金融企业共同争夺的一个领域。为了得到第一手数据，大型商业银行纷纷投入重金打造自己的电子商务平台。目前国有五大行均已涉足电商领域。其中，中国建设银行的"善融商务"发展相对较快，截至2013年底，善融商务平台的个人商城成交金额达10.35亿元，企业商城成交金额达267.47亿元，累计277.82亿元。中国平安将"壹钱包"作为整个平安互联网金融的核心平台，目的是将其打造为可以帮助客户进行财富管理、健康管理、生活管理的移动社交金融服务平台。互联网企业也毫不放松其平台战略，百度推出了百度理财平台，嵌入多个理财产品；腾讯充分利用其微信平台的客户流量，嵌入了支付功能，使其社交平台拥有了金融属性。可以说平台战略是未来互联网金融发展的一大趋势。

2. 机构、行业间的界限趋于模糊

互联网技术使得金融机构能够快速地处理和传递大规模的信息，冲击了原先严格的专业分工，各种金融机构提供的服务日趋相同。同时，互联网技术使非金融机构同样具备了提供高效、便捷的金融服务的实力，复杂的金融混业经营模式迅速发展。其主要表现：一是客户的银行账户、证券账户、保险管理账户等有融合统一的趋势；二是金融企业产品的创新能力加强，机构同质化现象日趋明显；三是互联网金融产品在支付、融资、理财等各个环节进行融合，呈现一体化和综合经营的趋势；四是金融控股公司及多元化的金融服务趋势初现。

3. 互联网金融竞争加剧

2013年的一个显著特征是互联网企业跑步进入互联网金融行业。阿里巴巴在3月宣布筹建小微金融服务集团，在6月推出"余额宝"产品；京东在7月成立京东金融集团；百度在7月获得支付牌照，在10月推出理财产品"百发"；新浪在7月获得支付牌照；腾讯在8月推出微信支付……这些无不显示了互联网企业进入金融行业的迫切心情。

传统金融机构也在加速互联网金融布局。《证券市场周刊》报道，四大行2013年在科技方面的投入高达250亿元，农行在2013年6月成立了"互联网

金融技术创新实验室"。除了四大行以外,招商银行提出打造"手机钱包"的理念,意图建立"移动金融生活一站式开放平台";中国平安设立陆金所,推出"稳盈安e贷"。中小保险公司也不甘落后,纷纷推出了保险在线销售,各种创新产品(如赏月险、脱光险)纷纷出炉。与此同时,券商也在积极利用互联网金融给其经纪、资产管理等业务带来的机遇并积极应对挑战。华泰证券尝试基于互联网的理财业务和营销业务,光大证券取得了首家客户证券资金消费支付创新业务试点资格。

互联网企业和传统金融机构的纷纷加入,使得互联网金融机构间的竞争加剧,再加上缺乏对互联网金融的监管约束,一些行业发生了洗牌。从2013年10月起,一大批网贷公司先后倒闭。据网贷之家统计,2013年至少有70家P2P平台倒闭或者跑路,涉及资金约12亿元。

4. 新型机构和传统机构间竞争与合作共存

从2013年的情况来看,新型互联网金融机构和传统金融机构在业务上既有竞争,也存在合作。

在第三方支付上,互联网金融与传统金融以竞争为主、合作为辅。目前互联网支付企业以便捷性和低费率在线上支付结算、转账汇款、代扣代缴等业务上保持优势,而且逐步将线下支付业务向线上迁移,这不仅动了银行线上支付业务的奶酪,也分食了银行线下支付业务的蛋糕,双方形成了激烈竞争之势。当然,传统银行也看到了淘宝、京东等电商平台购物的趋势已不可逆转,为了扩大自身在支付结算上的覆盖领域,传统银行正加大与电商平台及第三方支付企业的合作。同样,第三方支付也离不开银行作为最终的资金来源端和目的端,这些都体现了它们合作共赢的一面。

在网贷平台上,互联网金融与传统金融以合作为主、竞争为辅。个人网贷平台与银行更多的是互补关系。目前银行与个人网贷平台的服务对象差别明显,个人网贷平台的客户多是规模小、风险高、银行不愿碰触的客户,未来随着传统金融机构服务的下沉,银行可能会抢占小部分个人网贷平台现有的客户,但正面大规模交锋的可能性不大。机构网贷平台与银行的合作机会较大,现阶段银企撮合模式的机构网贷平台便是合作的典型。由于受到资金来源的限制,以自有资金放贷的机构平台开始利用其信息优势向银行寻求合作,依靠银行满足一部分相对优质的客户的资金需求，从而达到共赢的目的。阿里金融即表示过"未来将向银行开放"。

在代销渠道上，互联网金融相比传统金融竞争优势更为明显，但两者也呈现融合化趋势。以基金销售为例，在第三方平台上在线申赎基金的申购费率低、认购起始金额低、赎回到账时间短，同时在产品多样性、交易便捷性上也优于银行渠道，因此相比传统银行柜面渠道具有较大优势。但是银行也加强了网银、手机银行上的代销业务，并提供优惠费率，两者呈现融合的趋势，日后的竞争将会趋于激烈。

5. 互联网金融步入监管时代

2013年12月3日，中国支付清算协会互联网金融专业委员会发起的成员单位大会在北京举行。互联网金融专业委员会的发起单位共75家，其中综合性金融集团1家、商业银行18家、证券公司2家、支付机构28家、中国人民银行相关单位2家、银行卡清算机构1家、从事P2P网络借贷业务的公司10家、高校和研究机构6家、其他相关机构7家。会上审议通过了《互联网金融专业委员会章程》和《互联网金融自律公约》（以下简称《公约》）。《公约》主要针对合规经营、风险管理、客户身份识别、交易资金安全、消费者保护等方面进行约定。比如针对风险管理，《公约》要求成员单位"构建覆盖全面的风险管理体系，制定切实可行的风险防范措施"；针对交易资金安全，《公约》提出要确保交易资金的可追溯性，切实保障客户的资金安全；针对消费者保护，《公约》要求成员单位强化信息披露，平等对待客户，保障客户信息安全等。互联网金融专业委员会的成立意味着互联网金融逐渐步入监管时代。

专栏2　英美互联网金融的监管模式

虽然从市场发展来看，发达国家因健全、多层次、市场化的金融体系满足了绝大部分市场主体对支付、融资、投资等的金融需求，互联网金融并未出现像中国这样的蓬勃发展，但发达国家却并未任由互联网金融无序生长。以P2P为例，英美在现有法律框架的基础上开始将互联网金融纳入监管范畴。

以美国为例，虽然美国并没有制定专门针对互联网借贷的法律，但现有法律法规的许多方面都对规范互联网的借贷业务发挥了积极作用。首先，按照美国 1933 年证券法和 1934 年证券交易法对证券的界定，P2P 平台出售的票据符合法律关于证券的定义，因此 P2P 平台需要在证券交易委员会（SEC）注册成为证券经纪商，它们发售的票据需要在 SEC 进行登记，它们也需按照法律要求披露并不断更新借贷信息和票据出售信息。其次，由于 P2P 业务模式涉及银行，多个联邦银行监管法案都会直接或间接适用于平台的借贷行为，这些法案要求信贷提供者披露真实、完整的信贷条款，[1] 禁止各种歧视行为及不公平或者欺诈性的条款或做法，[2] 规范贷款清收方式，[3] 保护消费者的个人信息，[4] 落实反洗钱措施，[5] 满足电子化交易的要求等。[6]

与美国不同，英国以《消费信贷法》（Consumer Credit Act）为依据，将 P2P 借贷界定为消费信贷，对借贷双方的行为做了规范，制定了严格的信息披露制度。为了弥补《消费信贷法》对借贷平台监管的缺失，其新成立的 FCA 陆续公布了对 P2P 平台的监管征求意见稿，包括："FCA 对众筹及相关融资活动的监管方法"[7]、"FCA 对消费信贷的高层建议"和"FCA 对消费者信贷监管框架的建议细则"。[8] 这些文件提出了对互联网借贷平台在信息披露、风险

---

[1] 如《真实信贷法案》（Truth Lending Act）要求贷款人就贷款的某些条款和信用交易给予统一、可理解的信息披露，借款人有权获得最新的相关信息及账户余额情况。

[2] 如《公平信用机会法案》（Equal Credit Opportunity Act）禁止贷款人由于借款申请人的种族、肤色、宗教、国籍、性别、婚姻状态、年龄等原因歧视申请人。

[3] 如《公平债务清收做法法案》（Fair Debt Collection Practice Act）为从事消费者债务清收活动的第三方债务清收机构提供了指引并做出了限制；限制第三方机构和债务人的某些沟通方式，要求第三方机构出示通知并进行债务确认，禁止第三方机构在债务催收过程中使用威胁、骚扰和侮辱性行为。

[4] 如《公平信用报告法案》（Fair Credit Reporting Act）中规定，获得消费者的信用报告必须经过许可，同时个人需要向征信局提供正确的信息；贷款人根据信贷报告中的信息拒绝贷款申请人的话，必须告知理由；贷款人需要开发并使用一套防信息盗窃系统。

[5] 如《银行保密法》（Bank Secrecy Act）中规定，金融机构需要执行反洗钱程序；需要应用消费者身份认证程序；对照联邦机构列出的特别指定国民名单，筛选出那些财产被冻结或其公司被普遍禁止从事交易的个人名单。

[6] 如《电子资金转移法》（Electric Fund Transfer Act）中规定消费者有权使用电子转账向他们的银行账户转入或从中转出资金；《国际和国内贸易中电子签名法案》（Electronic Signature in Global and National Commerce Act）中规定使用电子记录或者电子签名的合同具有法律约束力或执行力，要求希望在消费者交易中使用电子记录或者电子签名的企业必须获得消费者的肯定答复。

[7] "The FCA's Regulatory Approach to Crowdfunding（and Similar Activities）"。

[8] 分别是"High–level Proposals for an FCA Regime for Consumer Credit"和"Detailed Proposals for the FCA Regime for Consumer Credit"。

管控、借款人和放款人保护等方面的监管措施,对投资者和借款人保护的相关文件则主要体现在2013年3月和10月FCA公布的另外两个文件中。这些文件将会成为未来英国对互联网借贷实施监管的主要依据。

针对由谁来承担监管职责的问题,美国采用多头监管模式,而英国采用统一监管模式。

美国采用以证券交易委员会为主导、多个联邦银行业监管机构和地方证券业监管机构参与的多头监管模式。之所以采用这种模式是因为美国的立法机构认为,在P2P行业业务模式不断创新的情况下,建立一种单一的监管体系非常困难,而现有的多头监管模式——也就是通过证券法和证券监管机构来保护放款人,通过金融服务监管机构(包括银行业监管机构和新成立的CFPB等)来保护借款人,被证明是有效的。在这种模式下,美国证券交易委员会重点关注P2P平台是否按要求披露信息,审核P2P平台的发行说明书与其他相关材料,以确定是否满足法律要求的信息披露原则。此外,美国各州证券监管部门也在监管中发挥了重要作用,因为P2P平台需要在其发售票据的州证券监管部门登记,获得批准后才能向该州居民发售平台票据。由于在P2P融资模式中,贷款首先由平台委托某家银行对外发放,因此多个联邦银行监管机构都会在P2P借贷中就公平信贷、消费者保护、反洗钱等方面发挥监管职能。短期来看,美国的这种以SEC为主导的多头监管模式变化不会太大,美国监管当局希望通过一定的观察期来判断现有的法规和监管框架是否适用于P2P借贷,然后在此基础上针对P2P的发展确定新的监管模式,制定新的监管规则。

与美国的多头监管模式相比,英国较早实现了统一监管,由新成立的FCA承担主要监管职责。次贷危机爆发后,英国对金融监管体系进行了改革,FSA被撤销,同时成立了金融行为管理局(CPA)。CPA将承担起对其他非银行金融机构的审慎监管职能、对金融消费者的保护和对金融机构商业行为的监管。2013年4月,FCA成立,从2014年4月1日起,对消费者信贷市场的监管职责转移给了FCA,包括对P2P的监管职责。

另外,重视行业自律。行业自律监管有助于促进这个新兴行业的成熟和健康发展。在这方面,英国的监管经验值得借鉴。2011年8月,英国三大互联网

借贷平台 Zopa、Funding Circle、RateSetter 成立了行业自律性组织——P2P 融资协会（P2P Finance Association）。协会从保护消费者和小企业客户的角度出发，为规范市场运作，推动 P2P 贷款市场可持续发展，提出 10 条自律准则。比如一家互联网借贷平台如果要成为互联网借贷金融协会的成员，则该平台至少要有 1 名高管人员具有 FCA 核准的任职资格。此外，协会还从最低营运资本、信用风险管理、反洗钱和反欺诈等方面制定了自律准则。

（四）互联网金融的风险和监管政策倾向

1. 互联网金融的风险

互联网金融的蓬勃发展，推动了我国传统金融业的变革，同时，相比于传统金融，互联网金融蕴涵的风险更为复杂，对监管也提出了更高的要求。

从第三方支付看，其业务介于网络运营和金融服务之间，且在为买方和卖方提供第三方担保的同时积聚了大量在途资金，表现出类似吸存的功能，存在主体资格与经营范围界定不清的风险；大量沉淀资金的存在，使得第三方支付平台如果缺乏有效的流动性管理，则可能引发支付风险；而第三方支付平台交易的匿名性、隐蔽性、信息不完全性等特征，导致它存在严重的信用卡套现风险和洗钱活动的风险。

对于网络贷款平台而言，由于 P2P 贷款、众筹的多个业务模式很容易涉及非法集资，因而存在政策风险；我国信用体系不健全导致信用数据缺乏，网络贷款平台只能自己去担保或做信用审查，由此产生了信用风险；P2P 平台还面临资金托管的风险。目前很多 P2P 平台采用类似支付宝中间账户的方式，但是中间账户的监管存在缺位问题。2013 年大量 P2P 中介平台卷款跑路或者挪用事件爆发的一个重要因素便是中间账户的监管缺位。

对于"余额宝"这类网络销售渠道业务，目前最大的风险来源于交易纠纷。在互联网金融理财产品销售过程中存在夸大收益、违规保证收益、风险提示不足等问题，容易产生交易纠纷。且此类产品往往涉及多个主体，比如"余额宝"这款产品涉及支付宝和天弘基金，在销售过程中部分产品的法律权利义务关系并未明晰，导致纠纷发生时权责不明确。

此外，互联网金融对互联网技术的依赖性强，在业务过程中计算机的硬件系统、应用系统、安全技术或网络运行可能出现问题，从而导致数据保密性、数据完整性、身份认证安全性、数据防篡改性以及其他有关计算机系统、数据库、网络安全等方面的风险。

由此可以看出，互联网金融监管涉及面广，涉及监管主体多。我国监管机构一直以来都在积极探索，试图寻找最合适的监管方式，在吸收国外监管经验、结合中国实际情况的基础上，规范和引导业务健康发展。

2. 对互联网金融的争议

对于互联网金融，专家学者、金融业界、普通民众从自身角度出发，有着不同的看法，存在较多的争议。

首先，对互联网金融的本质存在争议，焦点在于"互联网"和"金融"到底哪个是核心。坚持"互联网"是互联网金融核心的是以谢平教授为代表的"颠覆论"，认为互联网金融将彻底颠覆传统金融模式。更多的人则持"改良论"的观点，在承认互联网金融给传统金融业带来挑战的同时，认为二者将是互相促进、共同发展的关系，互联网金融的核心还是金融。

其次，对余额宝这类互联网金融产品应该支持还是反对存在较大分歧。反对者认为余额宝是趴在银行身上的"吸血鬼"，是典型的"金融寄生虫"，"严重干扰利率市场"。其反对理由是在余额宝获取收益的同时，整个中国实体经济也就是最终的贷款客户将为这一成本埋单，余额宝这类产品将冲击中国全社会的融资成本，冲击整个中国的经济安全，因此他们呼吁对余额宝进行取缔。而支持者则认为余额宝是市场利率的跟随者而不是决定者；余额宝没有门槛，大大拉长了理财客户的链条，从而实现了金融普惠的原则；以余额宝为代表的互联网货币基金通过金融创新的方式，增加了普通投资者的财产性收入，是普通民众对扩大内需的积极尝试。同时，支持者还认为这样的金融创新终将倒逼传统金融机构转变观念、转换发展思路，由此余额宝将成为推动我国金融市场发展和完善的"催化剂"。

再次，对余额宝的另外一种分歧在于其是否应该缴存准备金。一种观点认为余额宝等由货币市场基金投资的银行存款不应缴纳存款准备金，理由是在中国金融市场日趋成熟的背景下，在利率、汇率等市场化改革的大潮之下，存款准备金本身就是一个需要逐步淡化的监管和调控工具，用存款准备金率来限制余额宝等货币市场基金的发展，是监管方法和调控模式的倒退。另一种观点则从监管套利和监管一致性角度认为其该缴准备金。

最后，对如何监管互联网金融也存在争议，焦点在于是否需要对互联网金融的监管区别对待。一种观点认为，互联网金融的本质是金融，与传统金融相比其基本特征和原理并无不同，因此应该按照传统金融监管的原则和要求对其进行监管。另一种观点认为，应该对互联网金融的监管特别对待，主要原因在于互联网金融的创新和传统金融的创新在理论逻辑以及创新路径方面均存在不同，因此不能以传统金融监管的要求对待互联网金融。

可以预计，关于互联网金融观点的碰撞和交锋将在未来很长一段时间内延续。

3. 互联网金融监管的趋势

从国际上看，各国都日益重视对互联网金融进行法律上的规范及监管，并针对不同的互联网金融业态或业务范围，将其纳入相应的监管框架下。总体而言，发达国家对互联网金融的发展持鼓励和支持态度，这与我国监管部门的态度是一致的。

从我国来看，中国人民银行将会同有关部门按照"鼓励创新、防范风险、趋利避害、健康发展"的总体要求进一步探索和完善互联网金融的监管方案，具体来说，互联网金融监管将关注以下六个方面。

一是引导互联网金融创新服务实体经济，合理把握创新的界限和力度。包括互联网金融在内的金融创新，将以市场为导向，以提高金融服务能力和效率、更好地服务实体经济为根本目的，不能脱离金融监管、脱离服务实体经济的本质要求。

二是有利于宏观调控的实施。互联网金融监管应该立足于有利于宏观金融调控，例如有利于央行加强对流动性的调控、对货币信贷总量和结构的调整、对利率市场化等改革的推动等。

三是关注和防范系统性风险，有效维护金融稳定。互联网金融的发展对系统性风险的影响具有双重性，一方面有利于降低系统性风险，另一方面可能通过一些渠道放大系统性金融风险。因此金融监管要高度重视互联网金融领域存在的安全隐患和漏洞，不能发生系统性、区域性金融风险。

四是切实维护消费者的合法权益。强化消费者保护是金融监管的一项重要目标，也是许多国家互联网金融监管的重点。加强互联网金融消费者教育，有利于提升公众的风险意识，增强对互联网金融的信心。

五是注重监管的一致性，维护公平竞争的市场秩序。监管不一致就会导致监管套利行为的发生。2008年的国际金融危机发生以后，全球监管机构普遍给监管套利贴上了鲜明的负面标签。

六是强化行业自律，加强监管协调。一方面要充分发挥行业自律的作用，另一方面，由于互联网金融横跨多个行业和市场，交易方式广泛、参与者众多，有效控制风险的传播和扩散，推动行业可持续发展，必然离不开有效的监管协调。

二 各类互联网金融模式的发展情况

（一）互联网融资

当前，互联网融资主要包括电商网络小贷、P2P、众筹融资等模式。2013年，各类模式的发展情况并不一致。电商网络小贷的规模不断扩大，并日趋成熟和规范，发展形势良好；P2P网络贷款规模呈现爆发式增长，但依然受法律地位不明、监管不足等因素制约，行业内部发展差距明显，风险较大；众筹融资平台稳步增长，但依然处于起步阶段。

1. 电商网络小贷

近年来，随着B2B业务的逐步饱和，电子商务平台逐步涉足金融领域，积极开拓互联网金融相关业务，其中网络小贷是电子商务平台进入金融领域的重要突破口。

（1）电商网络小贷发展基本情况

2013年，电商网络小贷的发展进一步成熟，呈现业务规模不断扩大、机构数量稳步增加和小贷产品不断丰富的良好局面。

第一，业务规模不断扩大。中国电子商务研究中心的监测数据显示，2013

年,中国电商小贷累计贷款规模超过 2000 亿元,其中,截至 2013 年上半年,在全国主要电商平台中,阿里巴巴累计贷出 1000 亿元,京东供应链融资累计放贷 80 亿元。① 也有数据显示,2013 年,中国电商小贷累计贷款规模达到 2300 亿元。② 在这些电商企业中,阿里小贷是全国首家面向电子商务领域小微企业融资的小额贷款公司,已在市场上取得了一定的先发优势。根据阿里小贷提供的最新数据,2013 年其全年新增投放贷款 1000 亿元。截至 2014 年 2 月,阿里小贷累计投放贷款超过 1700 亿元,服务小微企业逾 70 万家,户均贷款余额不超过 4 万元,不良贷款率低于 1%。③

第二,机构数量稳步增加。2013 年,电商网络小贷机构数量稳步增加。阿里巴巴集团在重庆成立了第三家网络小贷公司——阿里小微小额贷款有限公司,腾讯在深圳成立了财付通网络金融小额贷款有限公司,京东和百度拟在上海成立小额贷款公司,且均已通过相关部门的审批,具体情况如表 1 所示。

表 1 几个主要的电商小贷基本情况

	阿里小贷	苏宁小贷	百度小贷	京东小贷	腾讯财付通小贷
名称	浙江阿里巴巴小额贷款有限公司;重庆阿里巴巴小额贷款有限公司;阿里小微小额贷款有限公司	重庆苏宁小额贷款有限公司	正在筹备成立	正在筹备成立	财付通网络金融小额贷款有限公司
获批时间	2010 年;2011 年;2013 年 8 月	2012 年 12 月	2013 年 9 月	2013 年 9 月	2013 年 11 月
法定代表	马云;马云;彭蕾	苏宁云商(占股 25%)香港苏宁(占股 75%)	李彦宏	刘强东	马化腾

---

① 《2013 年互联网金融十大"关键词"盘点》,http://www.100ec.cn/detail—6146698.html。
② 《2013 年中国互联网产业发展综述》,http://cynh.comon.cn/listinfo-267.html。
③ 《胡晓明调任阿里金融首席风险官》,http://finance.21cbh.com/2014/4-4/2NMDAzNzFlMTEyMTk2Ng.html。

续表

	阿里小贷	苏宁小贷	百度小贷	京东小贷	腾讯财付通小贷
注册地	浙江；重庆；重庆	重庆	上海	上海	深圳
注册资金	6亿元；10亿元；2亿元	3亿元	2亿~3亿元	2亿~3亿元	3000万元
目标客户	阿里巴巴B2B业务；淘宝；天猫三大平台的商家	苏宁集团产业链上的中小微型企业	百度金融用户等	京东集团自营平台及POP开放平台的供应商	腾讯旗下的电商企业和个体工商户
业务类型	信用贷款；订单贷款等	供应链金融、小额信贷、消费信贷等	车贷、房贷、消费贷款、经营贷款以及信用卡搜索	供应商融资、网上信用贷款等	在深圳市辖内专营小额贷款业务
备注	阿里巴巴首只信贷资产证券化产品于2013年9月登陆深圳证券交易所		通过搜索寻求贷款的客户，推送自身的小贷公司产品		接入央行征信实时系统，计划将注册资本金增加到5亿元

注：百度小贷和京东小贷已经通过审批，但是具体小贷公司尚未正式注册成立，注册资本等相关信息均为计划情况。
资料来源：亿邦动力网，经过笔者整理。

第三，网络小贷产品不断丰富。目前，电商网络小贷主要有三种模式，一是以阿里巴巴和苏宁为代表的直接放贷模式，一般通过成立小额贷款公司，取得开展贷款业务的牌照，并由旗下的小额贷款公司直接向客户发放贷款；二是以慧聪、京东为代表的与银行合作放贷模式，电商主要负责提供客户源并将平台数据转化为一定的信用额度，银行依此进行独立审批并发放贷款；三是商业银行推出自己的电子商务平台，并为商户和个人提供包括小额贷款在内的金融服务。一般意义上的电商网络小贷主要是指第一种模式，又以阿里小贷最为典型，当前阿里小贷的产品主要分为三大板块，分别是针对B2B会员的阿里贷款，针对B2C会员、C2C会员的淘宝贷款以及针对航旅商家的保理业务。其中阿里贷款包括阿里信用贷款和网商贷两种，淘宝贷款包括淘宝订单贷款、淘宝信用贷款、天猫订单贷款、天猫信用贷款、聚划算专项贷款和营销充值宝等。

(2) 电商网络小贷案例分析——阿里小贷

阿里小贷是全国首家完全面向电子商务领域小微企业融资需求的小额贷款

公司，在电商网络小贷中占据较大的市场份额。这里以阿里小贷为例，对电商网络小贷的模式、产品、风险控制及创新进行论述。

第一，机构情况。2010年6月和2011年6月，阿里巴巴集团联合复星集团、银泰集团和万向集团分别在杭州、重庆成立浙江阿里巴巴小额贷款股份有限公司和重庆阿里巴巴小额贷款股份有限公司，2013年8月，阿里巴巴又在重庆成立阿里巴巴小微小额贷款公司。2013年3月，阿里巴巴集团宣布将成立阿里小微金融服务集团。当前，阿里巴巴集团正在筹备民营银行。从机构来看，阿里巴巴小额贷款公司是电商网络小贷的典型代表。未来，随着阿里银行的筹备开业，民营银行也可能成为电商网络小贷的代表性机构。

第二，运作模式及创新。阿里金融是在阿里巴巴电商平台和数据服务业务基础上发展起来的新型金融业务模式，如图1所示。一方面，阿里巴巴B2B、B2C、C2C等各类电商平台以及支付宝平台上的注册用户是阿里金融强大的客户群；另一方面，数据服务业务提供的交易数据是阿里金融客户信用评级的重

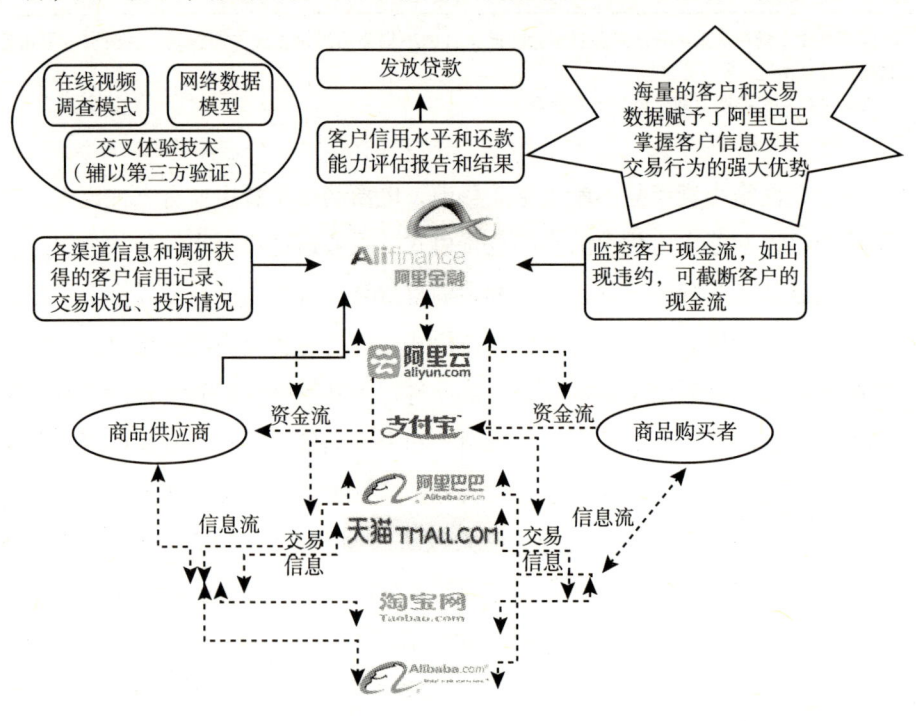

图1　阿里小贷运行模式

资料来源：安邦保险，长城证券研究所。

要依据，也是阿里金融的核心资源。阿里巴巴正是凭借其一淘、淘宝、天猫、聚划算、云计算、阿里巴巴国内和阿里巴巴国外等电子商务平台，才建立起丰富的中小企业数据库和信用记录。

阿里小贷的成功主要源自有效利用了电子商务平台的强大价值，创新了小额贷款的运作模式，也可以称为网络微贷技术创新。一方面，阿里巴巴通过淘宝、天猫等电子商务平台，收集客户积累的信用数据及交易数据，引入网络数据模型和在线视频资信调查模式，有效解决了小微企业财务制度不健全、信用信息不透明的问题；另一方面，由于网络获取信息的同质化和标准化程度较高，小贷服务被设计成像普通商品一样，成为工厂流水线上的批量化产品，不仅提高了放贷效率，也节约了放贷成本，实现了小微企业贷款业务的批量化生产，基本建立起了国内商业银行梦寐以求的小微贷款工厂模式。

第三，代表性产品。目前，阿里巴巴的代表性产品主要是阿里巴巴贷款和淘宝贷款。淘宝贷款面向天猫、淘宝以及聚划算的卖家，分为订单贷款和信用贷款。阿里巴巴贷款主要面向企业，有比较严格的地域限制和要求，要求是中国站会员或中国供应商会员，具有一定的操作记录；阿里巴巴放贷有严格的实地考察环节，由阿里金融委托第三方机构在线下执行，二者的具体情况及差异如表2所示。

表2 淘宝贷款和阿里巴巴贷款资料

	阿里巴巴信用贷款	淘宝（天猫）订单贷款	淘宝（天猫）信用贷款
平台类型	B2B平台，为阿里巴巴上的企业客户提供信用贷款	C2C、B2C平台，为淘宝和天猫的卖家提供订单贷款和信用贷款	
贷款额度	5万~100万元，期限最长1年	最高100万元，期限最长60天	最高100万元，期限最长12个月
贷款方式	循环贷：获取一定额度作为备用金，不收利息，随借随换；固定贷：获批后贷款一次性发放	卖家凭借"卖家已发货"的订单就可以申请贷款	平台商户凭借信用记录即可申请的无担保、无抵押贷款
贷款利率	循环贷：日利率0.06%（年利率约21.9%），用几天算几天，单利；固定贷：日利率0.05%（年利率约18.25%）	日利率0.05%（年利率约18.25%）	授信期为3个月的信用贷款，日利率0.06%；授信期为6个月的信用贷款，日利率0.06%；授信期为12个月的信用贷款，日利率0.05%

注：现阿里巴巴贷款申请条件中的工商注册地涵盖上海、北京、天津、浙江、山东、江苏、广东。
资料来源：百度文库，http://wenku.baidu.com/view/8ccfe938f18583d048645924.html；淘宝贷款，http://daikuan.taobao.com/index.html。

第四，业务流程。电商网络小贷的核心是线上小额贷款，与传统金融的小额贷款的主要区别在于投放渠道和业务流程发生了改变。借助电商的大量交易数据及行为数据，可以较好地掌握借贷者的信用状况，同时借由互联网的帮助，大量的数据处理可以通过远程计算机中心进行集中处理，基于互联网的"信贷工厂"模式可以更加便捷和高效地进行贷款的审批。阿里小贷的具体业务流程如图2所示。

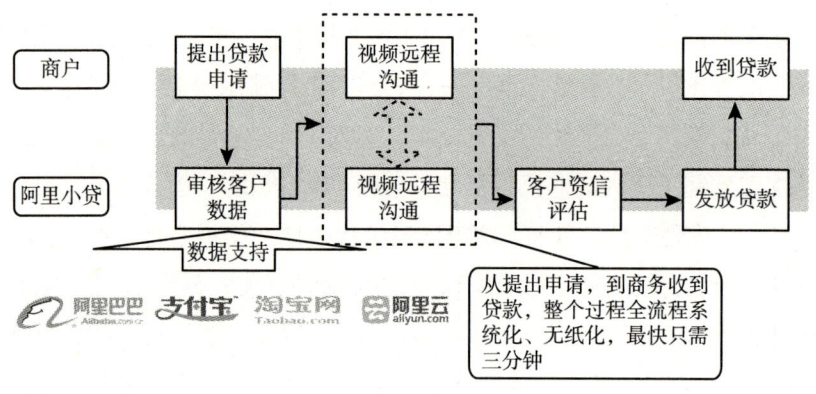

图2　阿里小贷业务流程

资料来源：拍拍贷。

第五，风险控制。阿里巴巴从贷前、贷中和贷后等多个层面建立起一套较为完善的风险预警和控制体系。在贷前阶段，一方面运用淘宝和阿里平台等收集的详细客户交易数据进行分析评级；另一方面借助第三方数据认证服务取得客户的海关、税务验证数据；此外，客户评级还要结合客户软信息、上下游评价等，从而完成对小微企业客户的全方位综合评价。在贷款使用期间，阿里系统将动态监控企业的贷款使用情况，并根据客户的平台流量、营业额和利润等变动情况来判断和评估贷款是否真正投入生产经营，如果评估结果变差，将提前预警并收贷。在贷后阶段，阿里通过网络店铺关停机制提高客户的违约成本，有效控制贷款风险。若客户逾期还款，按合同将被收取罚息，通常是日息的1.5倍。阿里小贷的风险控制体系如图3所示。

第六，资金来源渠道创新。目前，阿里小贷的资金来源渠道已涉及证券、

2013年中国互联网金融发展状况及展望

	信用品质	偿债能力	抵押品价值	资产/财务状况	经营/还款条件
贷前	·营销指引政策预检（准入规则） ·渠道控制（中供） ·外部数据库检查 ·申请资格审核 ·平台交易数据	·收入调查 ·货物周转率计算 ·行业标准比对	·经营时间准入 ·客户违约成本核算 ·类目准入	·资产情况调查 ·负债情况调查 ·杠杆率 ·目前居住情况 ·目前职业情况 ·线上/线下收入情况	·贷款用途 ·企业偿债能力 ·贷款北京调查 ·设备运转情况/开工率 ·主要生产设备技术水平 ·必要批准文件
贷中	·身份/国籍/户籍核实与准入 ·婚姻/住址/供养人口状况 ·申请材料审核/逻辑检查 ·评分卡及策略 ·征信调查（全国/本地/专项） ·黑名单检查（内/外） ·集团贷款记录	·平台收入核实 ·平台交易历史 ·最低收入/DTI/DSR ·贷款期限/利率/金额 ·还款方式	·最大成数/最小成数/额度	·资产负债表 ·损益表 ·现金流量表 ·业主或主要股东报告期存借款及对外担保情况 ·银行流水 ·店铺交易流水 ·支付宝交易流水	·成品仓库的入库/出库情况 ·主要供应商/销售商情况 ·预计资金来源及使用情况 ·预计资产负债/损益/项目建设进度及运营计划
贷后	·集团交易记录 ·身故/司法/刑事责任 ·信用品质恶化（内/外） ·企业业主及主要股东个人的风险预警信息 ·客户交易信用水平变化 ·欺诈交易信息 ·平台惩罚信息	·网店经营不善 ·交易量减少 ·客户履约能力变化 ·逾期次数增加/程度加深	·店铺所有权/经营权变更 ·影响店铺经营的重大事件 ·抵质押权属变更/障碍	·店铺交易异动 ·支付宝交易异动	·中供回访异常反馈 ·客满回访异常反馈 ·管理层或关键技术人员变化 ·关键的限制性条款变化 ·关键经营要素变化 ·行业变化及其影响

图3 阿里小贷风险控制体系

资料来源：《东证资管—阿里巴巴1号专项资产管理计划》说明书。

基金、信托、保险、银行等诸多金融行业。

从证券渠道来看，在上海证券交易所上市的《东证资管—阿里巴巴专项资产管理计划》由东方证券资产管理公司与阿里小贷合作推出，该计划分为10期，每期规模2亿~5亿元，募集的资金用于购买阿里巴巴小额贷款公司的小额贷款资产。按此估算,通过一系列专项管理计划,阿里小贷将融资20亿~50亿元。根据阿里评估,这将直接解决50万家小微企业的融资问题。① 截至2013年10月,已成功发行资产证券化系列产品1号至4号。

从银行理财渠道看,投资于阿里小贷债券的银行理财产品已经推出,首批与招商银行和中信银行合作,与招商银行合作的产品是"阿里星4号",与中信银行合作的产品是"中信理财之惠益计划稳健系列8号"第1期、第2期和第3期。其中,第1期已于2012年9月26日正式成立,并于2013年9月26日到期,到期后产品年化收益率为5.5%。②

从其他渠道看,阿里巴巴联手山东省国际信托有限公司推出"山东信托·阿里星系列集合信托计划"。通过阿里巴巴集团旗下的小额贷款有限公司向阿里巴巴电子商务平台上发展的中小企业和买卖商家提供贷款。结合信托和电子商务技术,通过投资小额信贷资产收益权,将服务对象锁定在小微企业族群。③此外,阿里小贷的融资渠道还包括万家基金旗下万家共赢资管"万家共赢—阿里小贷特定多客户资管计划"以及民生保险旗下的民生通惠资管"阿里小贷项目资产支持计划"。④

(3) 主要风险

当前,电商网络小贷主要以小额贷款公司的形式存在和运作,主要存在信用风险、违规经营风险、监管风险等。

第一,信用风险。监管风险及政策风险是电商小贷公司难以控制的,只能根据可能的监管动向做出预案进行被动性应对,对于电商网络贷款而言,最大的风险是信用风险,由于电商网络贷款基本上没有抵押担保,没有信用捆绑,发生风险就会造成较大的损失,因此对于电商网络小贷来讲,信用及行为数据、风险预警及控制体系显得尤为重要。当前,一部分地方小贷公司正在陆续接入征信系统,但是网络小贷公司更多的是依靠自身电子商务平台

---

① 《阿里资管计划方案细节出炉》,http://finance.caixin.com/2013-07-08/100552867.html。
② 《阿里小贷求解资金困局绕监管拓融资巧出表》,http://finance.21cbh.com/2013/xintuo_1019/863074.html。
③ 《阿里巴巴涉水信贷与信托联手发产品》,http://trust.hexun.com/2012-09-16/145905868.html。
④ 《阿里小贷求解资金困局绕监管拓融资巧出表》,http://finance.21cbh.com/2013/xintuo_1019/863074.html。

积累的客户信用及行为数据，对企业的还款能力和还款意愿进行评估，并结合贷后监控和网络店铺、账号关停的方式提高客户的违约成本，以此来控制信用风险。互联网小额贷款主要以卖方的交易数据作为主要的信用等级判断依据，但是虚拟互联网交易比假贸易更容易实现，如果单纯基于交易数据而忽视真实贸易审查以及相关抵押、质押物的检查，可能会使互联网贷款持续处于高风险中。

第二，违规经营风险。当前电商网络小贷主要由电子商务公司成立的小额贷款公司来经营，由于电子商务公司的特殊性，可能存在违规经营风险，主要体现在"跨区域经营"和"外部融资比例"上。根据2008年银监会和人民银行颁布的《关于小额贷款公司试点的指导意见》，只能在"本省（区、市）的县域范围内开展组建小额贷款公司试点"。此后各省陆续出台小额贷款公司管理办法，均参照上述条款执行，但是阿里巴巴集团通过淘宝平台的贷款商户遍及全国，阿里巴巴贷款对工商注册地在上海、浙江省内（除温州）、江苏省的会员或供应商会员开放，显然违背了小额贷款公司试点的相关规章制度。此外，在外部融资上，《关于小额贷款公司试点的指导意见》规定从银行业金融机构获得的资金不得超过资本净额的50%；浙江、重庆等地出台了鼓励政策，政策规定满足一定条件后，融资比例可达资本净额的100%。而阿里小贷最大的放贷额度是注册资本的两倍，即36亿元。在此背景下，电商网络小贷可能通过多种融资渠道来规避政策限制，甚至可能直接违规经营。

第三，监管政策风险。与违规经营风险相对应的是监管风险，当前电商网络小贷公司其实是利用政策上的漏洞，打政策的"擦边球"。例如阿里金融认为相关文件监管的是业务发生所在地，而不是客户所在地，阿里小贷的放贷操作行为均在杭州、重庆，并没有跨区经营，而其实由于电子商务平台是跨区域的甚至是跨境的，限制电商网络小贷的区域其实是不现实的，未来相关部门可能更多地从放贷金额、融资比例、服务群体等方面来限制网络小贷公司的业务范围。在融资比例上，相关文件只是规定通过银行业金融机构融入的资金比例不得超过50%，并没有说明通过其他融资渠道融入的资金比例，未来政策可能会更加明确。这些监管政策的改变，都可能给电商网络小贷的发展带来一定的风险。

(4) 电商网络小贷的监管现状及趋势

当前电商网络小贷的监管情况主要分为两种，一种是银行与电商合作发放小额贷款，由于放贷主体是银行业金融机构，因此已纳入传统金融监管框架，由银监会按照审慎监管的原则进行监管；另一种是电商企业成立小额贷款公司独立发放贷款，目前还是由中央监管部门出台指导意见，具体由地方金融管理部门，一般是金融办负责审批和日常监管。中央针对小额贷款公司的指导文件，主要还是银监会和人民银行在2005年印发的《关于小额贷款公司试点的管理办法》，地方性规范文件主要是各地金融管理部门出台的一系列管理办法或暂行规定等。例如浙江省相关部门出台了《关于开展小额贷款公司试点工作的实施意见》、《浙江省小额贷款公司试点暂行管理办法》、《关于印发〈浙江省小额贷款公司年度考核评价管理办法〉的通知》、《关于印发浙江省小额贷款公司向主要法人股东定向借款操作细则的通知》、《关于印发浙江省小额贷款公司设立异地分支机构操作细则的通知》、《关于试行小额贷款公司风险共担机制的通知》和《关于发布实施〈浙江股权交易中心小额贷款公司定向债业务规则（试行）〉的通知》等。

未来，对第一种类型的监管将延续原有的监管方式，对第二种类型的监管主要还是遵循当前的监管路线，由中央监管部门出台全国性的指导意见，具体由地方金融管理部门实施审批和监管，并结合地方实际出台相应的地方性规章。当前，对电商网络小贷的监管主要存在以下几个问题，一是中央监管部门文件和地方规范性文件的冲突问题，例如电商网络小贷公司从银行业金融机构融入资金的最高比例问题；二是电商网络小贷跨区经营的现实与相关规范性文件的冲突问题，例如阿里小贷其实已经实现了跨省经营；三是电商网络小贷与非网络小额贷款公司的监管一致性问题，如果仅仅允许电商网络小贷跨区域经营，那么对非网络小额贷款公司就是不公平的；四是对电商网络小贷融资渠道的规范性，还缺乏较为明确的监管意见。针对以上问题，未来中央监管部门很可能针对电商网络小贷这一特殊形式，出台新的针对小额贷款公司的指导意见，并将电商网络小贷纳入其中，努力保持对各种小贷公司实施同样的监管。

此外，由于阿里巴巴集团正在筹备民营银行，未来电商网络小贷模式可能会突破小额贷款公司的范畴，对网络民营银行的监管将被提上议程，未来可能出台专门的指导意见。总之，未来将不断明确监管主体、完善相关法律法规，对电商网络小贷将按照鼓励和规范并行的原则，引导其健康发展。

2. P2P 网络借贷

2013 年，尽管若干公司倒闭的新闻屡见报端，但仍然无法阻挡更多的机构涌入市场，各路资本大鳄的身影也频频闪现。2013 年被人们称为"互联网金融元年"，P2P 行业快速发展和诸多乱象并存，金融监管部门正在频繁调研，并试图将其纳入金融监管体系，促使该行业规范、健康发展。

（1）P2P 行业发展基本情况

2013 年，我国 P2P 平台发展迅速，呈现业务规模和平台数量爆发式增长、地区差异明显和行业不断洗牌等特点。P2P 行业门户网站网贷之家发布的行业数据显示，截至 2013 年 12 月 31 日，P2P 行业全年总成交额达 1058 亿元，较 2012 年 200 亿元左右的规模呈现爆发式增长，其中在全国范围内活跃的 P2P 网络借贷平台已超过 350 家，累计交易额超过 600 亿元。同时，2013 年我国共出现约 800 家 P2P 网站，贷款存量达 268 亿元，表 3 给出了 2013 年排名前 20 位的 P2P 网贷平台的成交量、收益率、营业额及投资人数和借款人数。[①] 根据第一网贷的资料，截至 2013 年底，纳入中国 P2P 网贷指数统计的 P2P 网贷平台为 365 家，作为观察统计的有 70 家，另外还观察了 97 家 P2P 网贷平台，三者合计为 532 家网贷平台，较 2012 年增加 259%，如图 4 所示。[②] 从地区分布来看，广东、浙江等经济发达大省的网贷平台数量最多、成交量最大，其中广东又以深圳为最。此外，山东作为民间借贷利率偏高的省份，也催生了很多网贷平台，如图 5 所示。

从 2013 年开始，越来越多的人已经不甘于将闲钱放在银行收利息或购买理财产品，而是通过点对点的网络借贷平台，换取更高的预期收益率，但高回报必然伴随着高风险。2013 年下半年以来，因为门槛过低和监管缺失，P2P

---

① 数据来自网贷之家。
② 数据来自中国经济网。

表3 2013年成交量排名前20位的网贷平台的交易情况

序号	平台	成交额(元)	纯收益率(%)	营收额(元)	投资人数(人)	借款人数(人)
1	温州贷	7747425496.51	10.57	14058028.93	8455	1203
2	盛融在线	3910318496.44	11.17	20147267.72	5345	777
3	合拍在线	3225161000.00	14.33	18554694.01	3037	724
4	陆金所	2596365945.60	8.61	0.00	1093	1
5	中宝投资	2496447446.00	19.73	52660599.88	1172	37
6	红岭创投	1895317572.39	7.79	28701153.93	13196	2502
7	人人贷	1546499450.00	13.06	50147466.80	26063	30088
8	团贷网	1244126600.00	17.99	0.00	6395	170
9	808信贷	1200868874.27	20.74	30286561.01	6482	628
10	365易贷	1166869834.27	14.42	21433721.52	10124	980
11	微贷网	1049211623.88	17.83	26636616.26	3785	4854
12	万惠投融	1007624359.00	20.00	0.00	6119	111
13	信融财富	992100000.00	19.44	4960500.00	4330	51
14	晋商贷	801886787.00	18.00	1980917.47	3748	172
15	E速贷	778658824.33	10.45	0.00	1126	494
16	人众金融	731711000.00	18.05	0.00	2277	57
17	人人聚财	730120997.11	16.00	12623108.89	2114	1861
18	投哪网	726670297.56	14.05	10683929.93	4352	2685
19	招商贷	721992552.00	34.40	0.00	3641	76
20	快速贷	572373615.00	27.07	0.00	1428	86

资料来源：网贷之家。

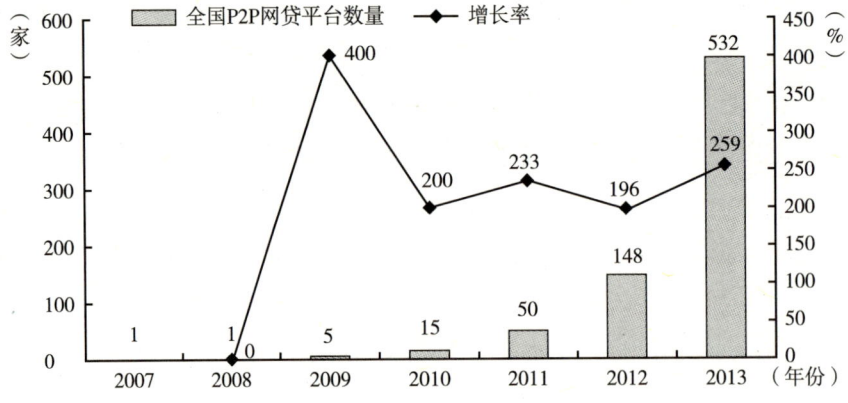

图4 全国P2P网贷平台数量变化情况

资料来源：中国经济网（不完全统计）。

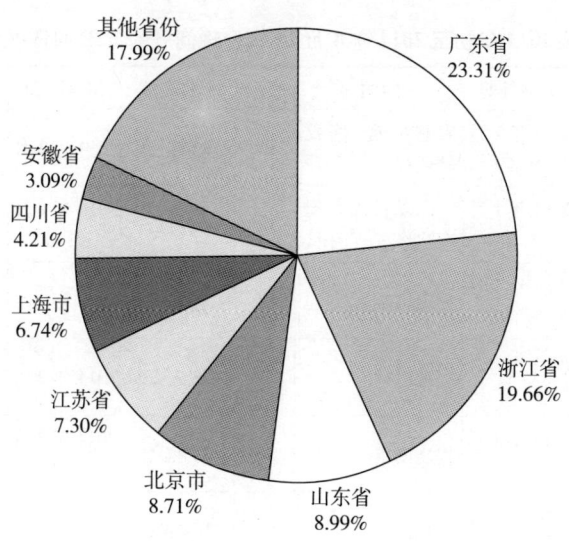

图 5 2013 年国内网贷公司地区分布情况

资料来源：第一网贷，中国经济网。

行业进入"多事之秋"，深圳的网赢天下、武汉的中财在线、浙江的非诚勿贷等多家 P2P 平台出现挤兑或兑付危机。截至 2013 年 12 月 31 日，网贷之家的监测数据显示，有 74 家 P2P 平台出现问题，尤其是民间借贷最繁荣的浙江、广东、江苏三省出现问题的 P2P 平台数量较多，其中浙江有 17 家、广东有 11 家、江苏有 9 家，合计 37 家 P2P 平台公司倒闭，涉及的金额是 12 亿元左右。从 2013 年初到 2014 年 4 月 20 日，共有 104 家 P2P 网贷平台出现问题。[1] 表 4 列出了从 2014 年初至 4 月 16 日出现问题的平台情况。

P2P 借贷的核心优势在于互联网聚集资金，理财市场对接小额贷款，但是资产方存在明显的瓶颈，贷款客户和高杠杆性具有较大的潜在风险。从最近一年 P2P 平台不断出现，又有大批平台出现问题并倒闭退出的情况来看，P2P 行业必将在监管部门强化监管以及市场竞争的压力下出现行业的大洗牌，未来将会继续出现大量 P2P 平台倒闭或被兼并的情况，经过优胜劣汰，剩下一批优秀的 P2P 平台公司，并可能演变为互联网金融超市。

---

[1] 资料来源：网贷之家。

表4 从2014年初至2014年4月16日出现问题的P2P网贷平台情况

序号	平台名称	出事日期	问题	序号	平台名称	出事时期	问题
1	广融贷	2014年1月2日	限制体现,债权转股权	16	东信财富	2014年2月	提现困难
2	中贷信创	2014年1月5日	实际掌控人郑旭东跑路,提现困难	17	创值贷	2014年2月12日	消失
3	富豪创投	2014年1月6日	提现困难	18	速速贷	2014年2月	运营不善,关闭
4	中银资本	2014年1月15日	提现困难	19	同城人人贷	2014年2月	运营不善,关闭
5	华东理财	2014年1月16日	提现困难	20	中欧温顿	2014年2月21日	提现困难
6	贵福财富	2014年1月16日	提现困难	21	中宝投资	2014年3月14日	暂停运营,提现困难
7	国临创投	2014年1月16日	实际掌控人郑旭东跑路,提现困难	22	元一创投	2014年3月15日	运营不到两天,老板卷款跑路
8	锋逸创投	2014年1月16日	实际掌控人郑旭东跑路,提现困难	23	钱海创投	2014年3月14日	暂停运营,提现困难
9	奔富金融	2014年1月16日	资产被转移,提现困难	24	大家网	2014年3月	经侦介入
10	银都创投	2014年1月22日	提现困难	25	中E邦达	2014年3月	运营不善,关闭
11	海陵贷	2014年1月22日	停业整改	26	诚德担保	2014年3月	消失
12	融宝贷	2014年2月4日	资金只进不出	27	贷易网	2014年4月15日	消失
13	大地贷	2014年2月14日	运营不善,关闭	28	旺旺贷	2014年4月15日	负责人携款跑路,提现困难
14	窑湾贷	2014年2月17日	诈骗	29	卓忠贷	2014年4月16日	网站无法打开
15	南岭财富	2014年2月	运营不善,关闭				

资料来源:网贷之家。

(2)代表性机构及产品

目前,我国具有代表性的P2P平台主要有宜信、人人贷、拍拍贷、红岭创投等,这些代表性机构在发展过程中各具特色,下面简单介绍一下。

①宜信公司

宜信公司成立于2006年5月，业务主要涉及财富管理、小额贷款行业投资、小微贷款咨询服务与交易促成、公益助农小额信贷平台服务、信用风险评估与管理等领域。宜信P2P网贷模式主要有两大特点。一是以线下业务模式为主，通过设立分支机构和专门的业务团队在线下寻找借款人和投资人。网站显示其已在100多个城市和20多个农村地区建立了服务网络。二是采取"债券转让+资金池"的模式，债券转让模式是指第三方先放款给借款人，再把债券转让给投资者；资金池模式是指贷款和借款不是一一匹配而是分别进行的，通过资金池进行匹配（见图6）。其做法是：对贷款进行打包分拆和标准化，借款人获得资金，投资人购买理财。目前，大多数P2P平台都是债券转让模式，但是资金实际流转不经过第三方，不会形成资金池。

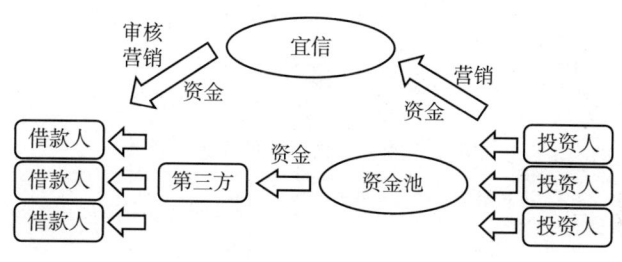

图6　宜信模式

资料来源：海通证券研究所。

宜信产品不仅服务资金出借人，还服务借款人。在借款人端，信贷产品根据不同性质的借款人或借款用途等设计了不同的服务，例如"宜学贷"是面向教育培训机构和个人推出的信用借款解决方案；"宜车贷"是针对借款人以自己的车辆作为抵押获取资金的小贷产品；"宜房贷"是针对借款人以房产作为抵押获取资金的信贷产品；"宜人贷"是专门为城市白领人群打造的个人对个人的P2P咨询服务平台。此外，还有宜信租赁、普惠一号、信翼计划和小微企业信贷服务中心等产品品牌和服务。

在出借人端，宜信集团的子公司——宜信财富率先在国内推出了一系列收益类理财产品。投资者可以将富余资金出借给宜信平台推荐的信用条件好但缺乏资金的创业者，帮助他们实现创业梦想，通过利息收益获得较高、较稳定的投资回报，具体包括宜信宝、月息通、月满盈和公益理财等。

②人人贷

人人贷模式的特点是线下获取借款项目、审核项目，P2P平台线上销售贷款，通过"高收益+资本金保障计划"吸引线上投资者。其本质是线上投资人和小贷公司的匹配，是中小额理财与小贷市场的对接。人人贷也是一种"线上+线下"的P2P信贷模式，目前这种模式在我国P2P行业中占主流地位（见图7）。

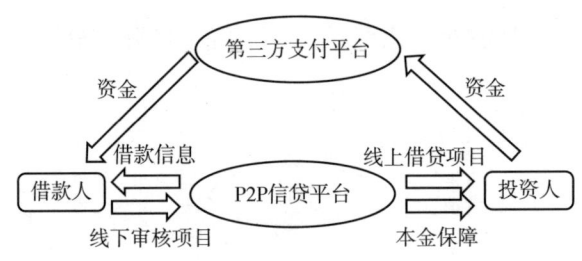

图7 "线上+线下"的人人贷模式

资料来源：海通证券研究所。

2013年，人人贷发展形势良好。一是业务保持快速发展。截至2013年末，人人贷的注册用户突破50万人，网站成交笔数达32789笔，总成交量达15.69亿元，同比增长342%，为理财人赚取6955.77万元，平均投标利率为13.07%。从产品类型看，信用认证标共成交2616笔，金额达8396.79万元，为理财人赚取732万元，平均投标利率为13.3%；机构担保标共成交3950笔，金额达20907.7万元，为理财人赚取848万元，平均投标利率为11.8%；实地认证标共成交26223笔，金额达127599万元，为理财人赚取5325.64万元，平均投标利率为13.2%。二是推出债券转让产品。2013年10月14日，人人贷网站全新改版，债权转让功能火热上线。截至2013年底，债权转让22186笔，4727人参与，成交总金额达1973万元。三是加入网络金融征信系统。2013年6月28日，上海资信网络金融征信系统正式上线，人人贷作为小额信贷联盟理事会委员已加入该系统并积极展开工作,该系统可使联盟内企业间的借款信用信息共享,帮助P2P机构强化风险管理,有效防范借款人过度负债,降低坏账损失。四是完成大额融资。2013年底,人人贷集团公司人人友信完成了1.3亿美元的融资,领投方为挚信资本,刷新了Lending Club的纪录,成为互联网金融行业迄今为止的最大单笔融资,也是近年我国互联网行业最大的一笔融资。资金实力的加强将进一步增强人人贷控制风险的能力,推出更好的产品和服务以推动普惠金融的发展,更为人人贷打开了更宽阔的成长空间。①

③拍拍贷

拍拍贷是我国第一家P2P网络信用借贷平台,也是第一家由工商部门特批,获得"金融信息服务"资质,从而得到政府认可的互联网金融平台。拍拍贷采取一种线上业务模式,线上获取项目、线上审批项目和线上获取资金,借款人和投资人均来自线上,拍拍贷的收入模式是收取借款2%~4%的手续费。具体模式如图8所示。

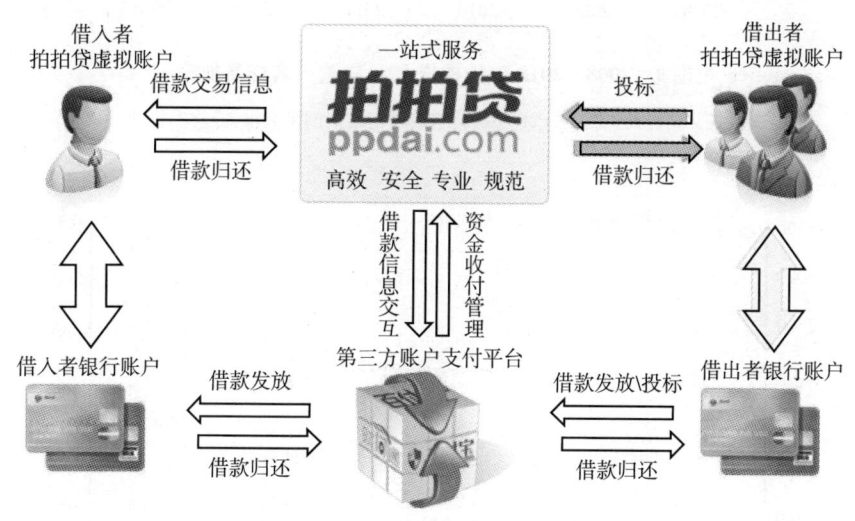

图8 拍拍贷模式

资料来源:拍拍贷网站。

---

① 人人贷2013年度报告。

经过6年时间的发展，拍拍贷平台的交易规模连续5年保持200%以上的增长速度，2013年的交易规模超过10亿元，增速高达257.7%，同时，2013年实现营业收入3107.8万元，同比增长242.1%。此外，自2013年以来，拍拍贷网站用户月均覆盖量人数保持在50万人左右，并于2013年11月超过60万人，同比增长12.3%。拍拍贷交易规模和营业收入的变化历程如图9和图10所示。

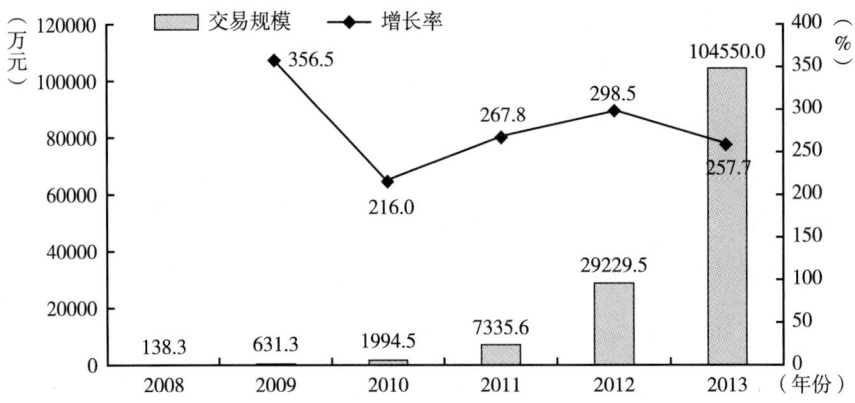

图9 2008~2013年拍拍贷P2P贷款平台交易规模

资料来源：艾瑞咨询集团：《P2P小额信贷典型模式案例研究报告》。

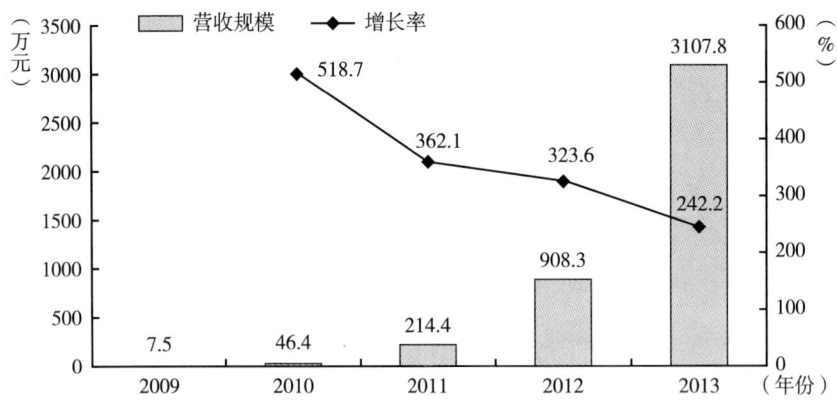

图10 2009~2013年拍拍贷营收规模

资料来源：艾瑞咨询集团：《P2P小额信贷典型模式案例研究报告》。

拍拍贷主要有以下两个特点。一是出借资金主要用于企业经营及个人消费。由于拍拍贷属于纯线上的模式，对接电商平台，将电商平台内的贷款需求引入拍拍贷，为拍拍贷带来了直接的风控数据和用户资源，而个人消费则是未来的核心潜力市场。因此，拍拍贷的产品主要分为两大类：一类是个人消费标；另一类是电商经营标。目前，拍拍贷平台出借的资金主要用于企业经营及个人消费，两者综合占整体平台比例达到86.5%，其中电商经营占比35.9%，个人消费占比25.4%，其他类型企业经营占比25.2%。二是风险控制比较特殊。拍拍贷纯线上平台没有用户的信用积累，因此，它采用会员登记制，这既是拍拍贷的会员管理制度，也是风险控制制度。风控体系主要通过大数据和社会征信体系实现，同时通过还款能力、还款意愿两个层面来衡量判断用户的最终违约风险。

④红岭创投

红岭创投不仅打造了互联网金融服务平台，还同步发展网络借贷、股权投资、财富管理、产业园运营等业务。利用大数据对客户进行精准定位，重点开发优质客户。在融资方面，以服务小微企业为主，以股权投融资扶持培育小型电子商务企业及高科技企业，靠完善的风控及不断创新的交易模式来保持合理的利润空间。自2009年3月创立至2014年3月27日，红岭创投的注册用户达15.3万名，5183名借款人成功融资18.3万笔，交易投资金额累计达51.06亿元，债权转让达2.63亿元，投资收益累计达1.37亿元，坏账率仅为0.686%，远低于同业水平。其中2013年红岭创投实现了新增注册用户61800名，2385名借款人成功融资64913笔，投资金额达22.24亿元，债权转让金额达5749.5万元，投资收益达5866万元，综合年化收益率为16.39%。① 图11显示了红岭创投自2009年3月28日上线以来，从无到有、从小到大的发展历程。

（3）P2P业务模式发展及存在的问题

P2P借贷的本质是将贷款的某些环节"互联网化"，如贷款项目获取、项目审核或资金获取等。P2P网贷平台按照平台的功能大致可分为单纯中介型和复合中介型两种，其中第二种又包括自有资金担保和第三方担保两种方式，如表5所示。目前，我国P2P平台的主要业务模式如图12所示。

---

① 红岭创投2013年度报告。

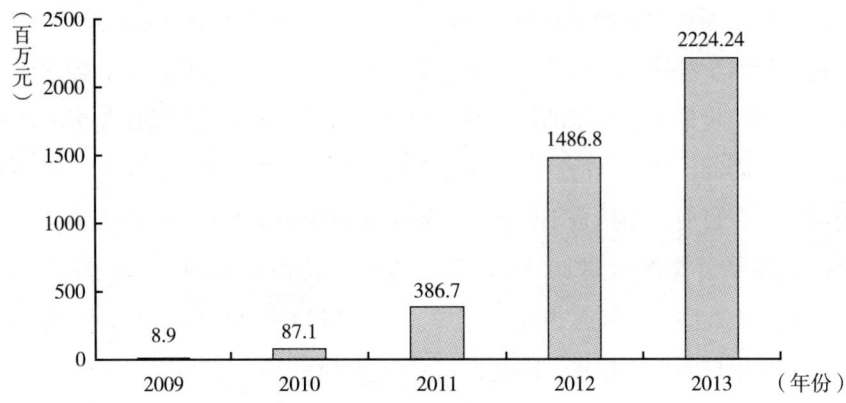

图 11 2009~2013 年红岭创投的成交额

资料来源：红岭创投 2013 年度报告。

表 5 个人网贷平台的两种模式

模式	内涵	收入来源	代表
单纯中介型	不承担贷款的信用风险,仅负责核实借款人的身份及财力信息,并承担逾期贷款的追缴义务	借款人服务费收入	拍拍贷
复合中介型	以自有资金(通常采用计提准备金的方式)提供或可选择地提供本金或本息的保障服务	借贷双方服务费收入	融信财富
	以第三方担保方式提供或可选择提供本金或本息的保障服务	借款人服务费收入;收取的担保费和向第三方担保公司支付的担保费之差	人人贷、红岭创投

资料来源：国泰君安证券研究所。

2013 年，P2P 贷款业务快速增长，其原因主要包括以下四点：第一，从资金来源看，投资产品收益率高达 8%~20%，互联网渠道替代了传统物理渠道，低成本聚集了资金；第二，从资金投向看，主要是高风险、高收益的小额贷款，这种贷款一般银行业金融机构是不愿意做的；第三，从监管来看，P2P 平台存在监管真空，杠杆不受限制，相对于小额贷款公司来说，进入门槛更低，因此存在监管套利；第四，从宏观背景来看，2013 年是互联网金融概念不断热炒的一年，越来越多的投资者和借款人开始了解、关注和投入 P2P 借

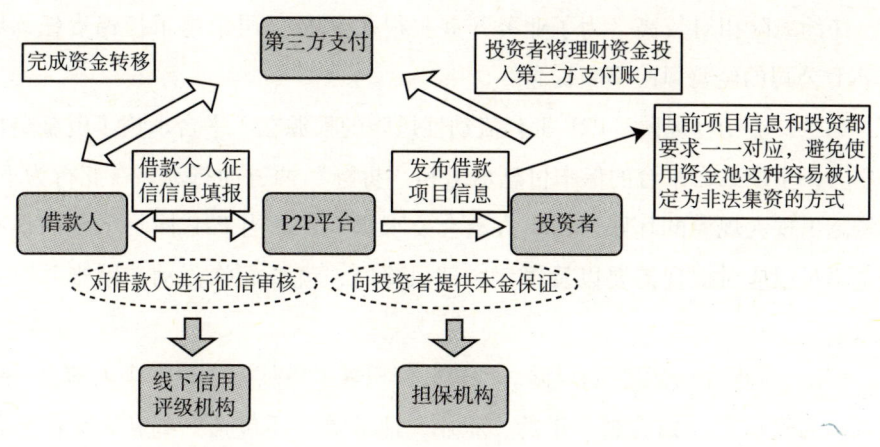

图 12　目前中国 P2P 的主要业务模式

资料来源：平安证券研究所。

贷等互联网金融浪潮中来。

当前，影响 P2P 发展的主要因素主要包括以下三个。一是外部因素，主要是信用体系不健全，我国缺少如日本的 JICC（Japan Credit Information Reference Centre Corp）和 CIC（Credit Information Centre）这样的第三方信用管理机构去进行辅助信用鉴定，也没有如美国 FICO 这样的个人征信打分系统和较多的第三方信用评级机构。信用体系不健全使得 P2P 平台不得不自己去做担保或者去做线下信用审查，从而提高了信贷成本。二是监管缺位因素，当前对 P2P 平台监管的缺位导致 P2P 行业的发展鱼龙混杂，不利于该行业规范、健康发展。此外，中间账户的监管缺位问题，导致中间账户管理人跑路或者违规调拨中间账户资金的行为时有发生。三是内部因素，目前大部分 P2P 公司缺乏良好的流动性管理能力。如果 P2P 贷款人跨一步成为专业出资人，那么就会涉及期限错配和金额错配的问题，流动性风险将会大幅提高，提高 P2P 平台的流动性管理能力显得非常重要。

（4）P2P 的主要风险及风险控制方式

当前，P2P 平台主要存在以下五个方面的风险。

第一，信用风险。信用风险是借款人不能清偿到期债务而给出借人带来损失的风险。P2P 贷款业务主要针对小微客户，其中较大比例的业务是纯信用贷款，违约风险相对较高，为了业务开展，很多P2P公司承担了担保责任，导致P2P公司的经营风险不断提高。

第二，流动性风险。P2P平台流动性风险的根源在于平台承担了资金垫付的压力，主要来自平台的保本付息承诺和"拆标"两方面行为。在此行为下，若贷款出现大规模的坏账，出借人就会要求提现，而当P2P网贷平台的自有资金不足以应对提现需要以及覆盖全部风险时，就会面临流动性困难并引发危机。

第三，隐私权被侵犯的风险。P2P平台积累了借款人大量的个人信息，包括基本的硬信息，如姓名、年龄、职业、地址等，还包括一些私人化的软信息，如个人喜好、信用评价等，如果监管不到位，P2P平台可能在利益的驱使下出售个人信息，也可能因内部控制不严而导致个人信息泄露。

第四，法律风险。P2P借贷尚无成熟的监管模式，面临较大的政策不确定性，存在较大的法律风险，例如P2P公司提供的本金保障可能具有非法集资的嫌疑；专业放贷人模式可能涉及非法吸收公众存款的问题；P2P借贷平台的债券转让模式可能涉嫌违背我国《证券法》第十条"公开发行证券"的条款。此外，P2P平台可能成为洗钱犯罪的重要场所，由于目前反洗钱机构对P2P平台不进行监督，犯罪分子有可能利用该平台的网络分散性，将不合法的收入分批分次地变成若干小额资金贷给借款方，然后再收回，犯罪方也可以自借自贷进行洗钱。

第五，资金安全风险。一般的P2P网络借贷平台没有建立资金第三方托管机制，会有大量投资者的资金沉淀在平台账户里，在第三方托管机制缺位的条件下，容易发生挪动资金甚至携款跑路的道德风险。

专栏3 拍拍贷和红岭创投的风险控制方式

当前，较大的P2P网贷平台已初步建立起风险控制体系或形成了相关方案。这里以拍拍贷和红岭创投为例做简要说明。

（1）拍拍贷的风险控制方式

拍拍贷的风险控制流程比较特殊，纯线上平台没有用户的信用积累，为此，拍拍贷采用会员登记制，这既是会员管理制度，也是风险控制制度。拍拍贷判断风险的核心来自两个方面，一是还款能力，二是违约成本。拍拍贷的风险审核流程如表6所示。

表6 拍拍贷的风险审核流程

步骤	具体内容
第一步	筹资人提交融资申请
第二步	拍拍贷接受申请，并要求筹资人提供个人资料
第三步	拍拍贷进行视频认证及资料审核，根据认证内容授予用户相应的标识
第四步	根据用户等级，核定筹资额度
第五步	投标

资料来源：艾瑞咨询集团：《P2P小额信贷典型模式案例研究报告》。

此外，拍拍贷主要通过大数据和社会征信体系两个维度来构建风险控制体系。由于P2P平台自身的数据维度存在一定的局限性，拍拍贷正在寻求扩展外部数据，包括电商平台数据等，同时也在外部寻求新的征信体系维度。

（2）红岭创投的风险控制方式

红岭创投主要通过项目审核来控制风险，具体设定了五道程序，即项目材料初审、前期背景调查、实地财务核查、实地项目考察和工商司法调查，通过这些程序上的审查，排除那些风险比较大的项目。此外，2014年3月28日，红岭创投正式启动风险准备金计划，其中初始准备金为5000万元，计提准备金标准为每笔借款金额年化1.2%计提。截至2014年3月27日，红岭创投累计成交51.06亿元，已计入坏账总额3505万元，累计坏账率为0.686%。①

（5）监管现状及趋势

当前，没有专门针对P2P平台的法律法规，相关的制度约束主要限于基本法律法规的一部分条文。同时，P2P平台并未确定明确的监管部门，基本处于无监管的野蛮发展阶段。从法律规范来看，P2P的业务活动主要

---

① 红岭创投2013年度报告。

受《民法通则》《合同法》《担保法》及最高人民法院的相关司法解释等民事法律调整；利率遵循《关于人民法院审理借贷案件的若干意见》的规定，不能超过国家规定的同期银行贷款利率的 4 倍。从具体监管文件来看，2011 年 8 月，银监会发布了《关于人人贷有关风险提示的通知》，要求银行业金融机构针对 P2P 平台可能存在的风险和问题，做好风险预警监测和防范，建立防火墙。2013 年 6 月，人民银行下发《支付机构风险提示》，要求商业银行和支付机构加强网络信贷平台管理，采用有效措施防范信用卡透支资金用于网络借贷。可见，监管部门将 P2P 网络借贷作为重要的风险来源，要求金融机构加强防范，而没有对 P2P 网络借贷做出具体的规范。P2P 贷款相关的法律法规如表 7 所示，P2P 与其他金融机构的监管比较情况如表 8 所示。

表 7　P2P 贷款相关的法律法规

法律法规	颁布时间	颁布机构	内容侧重
《刑法》	1979 年	全国人大	洗钱罪
《民法通则》 《合同法》	1986 年 1999 年	全国人大 全国人大	民间借贷利息最高不得超过同期银行贷款利率的 4 倍，超出部分利息法律不予保护
《关于人民法院审理借贷案件的若干意见》	1991 年	最高人民法院	在借贷关系中，仅起联系、介绍作用的人，不承担保证责任
《电信管理条例》 《公司登记管理条例》	2000 年 2006 年	国务院 国务院	P2P 网站需在电信管理局进行注册登记，业务种类为"因特网信息服务业务"
《个人信用信息基础数据库管理暂行办法》	2005 年	中国人民银行	个人信用报告目前仅限中华人民共和国境内设立的商业银行、城市信用合作社等金融机构、人民银行、消费者使用，网络借贷中介平台并非合法使用者
《银监会办公厅关于人人贷风险提示的通知》	2011 年	银监会	提示风险，并要求银行业金融机构必须建立与 P2P 公司之间的防火墙
《征信业管理条例》	2012 年	国务院	规范市场，将建立以公民身份证号码和组织机构代码为基础的统一社会信用代码制度
《支付业务风险提示》	2013 年	中国人民银行	提示网贷信用卡套现风险，限制信用卡投资网贷

资料来源：百度文库。

2013年中国互联网金融发展状况及展望

表8 P2P和其他金融机构监管比较

小微业务	P2P信贷平台	小贷公司	担保公司	银行
资本	—	有限责任公司的注册资本不得低于500万元,股份有限公司的注册资本不得低于1000万元	注册资本500万元以上	核心资本充足率、资本充足率要求
杠杆率	—	同一借款人的贷款余额不得超过小额贷款公司资本净额的50%,在此准备内,可以参考小额贷款公司所在地的经济状况,制定最高贷款额度限制	融资性担保公司的融资性担保责任余额不得超过其净资产的10倍	4%的杠杆率要求
准备金	—	充分计提呆账准备金,确保资产损失准备充足率始终保持在100%以上,全面覆盖风险	融资性担保公司应当按照当年担保费收入的50%提取未到期责任准备金,并按不低于当年未担保责任余额1%的比例提取担保赔偿准备金	拨贷比和拨备覆盖率要求
监管机构	—	地方金融办	地方金融办	银监会、人民银行

资料来源:银监会网站,海通证券研究所。

随着P2P行业的发展壮大,将其纳入金融监管体系已是大势所趋,未来P2P将很可能归口银监会监管,并出台相应的管理办法。此外,P2P行业还将不断加强行业自律。中国小额信贷联盟于2012年11月成立了P2P行业委员会,2013年8月26日发布了《个人对个人(P2P)小额信贷信息咨询服务机构行业自律公约》,对P2P机构服务出资人、借款人、行业管理要求、行业企业退出机制、行业从业人员等方面提出了相关自律要求。未来,可能在监管部门的组织下成立中国互联网金融协会,引导P2P行业规范发展。

3. 众筹融资

众筹是一种基于互联网平台向个人投资者集合投资的募资方式,作为17世纪印书行业所采用的预购方式在互联网时代的一种新演化,被广泛用于科学研究、免费软件开发、市政项目、创业企业融资等诸多领域。2012年,美国的JOBS法案将众筹视为拓宽小微企业和创业企业融资渠道的一个备选方案,对其在商业项目方面的应用做了细致的规范。虽然目前我国众筹融资还处于初级阶段,但发展也比较快。

(1) 众筹融资的基本情况

由于较低的准入门槛和广泛的融资渠道,众筹模式在我国深受青睐,自2011年7月国内首个众筹平台——点名时间上线以来,以众筹网、淘梦网、乐童音乐、3W咖啡、大家投等众筹平台为代表的大批同类网站先后涌现,发展势头良好,众筹模式已开始在我国落地生根。截至2013年底,我国众筹融资平台已达21家,大致可以分为综合类、主题类、股权类三种类型。

①综合类:点名时间、众筹网等。点名时间在过去两年里共收到7000多个项目提案,上线700多个,近一半项目融资成功。为了吸引更多的项目参与和用户支持,2013年6月末,点名时间取消了收取10%佣金的规定。截至2013年9月20日,点名时间已完成筹资项目717件,筹资成功项目为305件,筹资成功率为42.54%,其中项目成功率最高的种类为音乐类,成功率最低的种类为游戏类,所展示项目共筹资888.33万元,平均每件项目筹资59291元。2014年初,点名时间获得了数百万美元的A轮投资,据称此轮融资由经纬中国、英特尔投资等联合投资。

众筹网有别于其他众筹模式网站的最大优势在于,通过引入集团担保业务,由担保公司先承担项目中期破产或者没有按约定计划执行的风险,以确保资金返还给项目投资人。从2013年2月到12月5日,在短短10个月时间里,众筹网共筹资1500万元,众筹项目153个,累计投资人达53184人。参与人数最多的是湖南卫视快乐男生主题电影项目,筹资500多万元。①

②主题类:追梦网、淘梦网、乐童音乐等。追梦网是国内众筹网站的先行者之一,目前有科技、设计、旅行、人文、影视、音乐和出版等多类项目,实行完全免费策略。淘梦网是国内最大的微电影众筹平台,也是首家垂直型众筹平台,专注通过众筹的方式帮助电影人获得拍摄电影所需资金,也就是说,淘梦网所有的项目都是电影。乐童音乐是一个专注音乐行业的项目发起和支持平台,通过该网站可发起有关创意和音乐的项目和想法,并向公众进行推广。此外,乐童还能为项目发起者提供音乐资源整合服务,如选择录音室、巡

---

① 《2013年钱在"囧"途:你赚到钱了吗?》,http://finance.qq.com/a/20131214/005225_all.htm。

演服务等。

③股权类：天使汇、大家投等。天使汇是我国最大的中小企业众筹融资平台之一，于2011年11月11日正式上线，截至2013年底，天使汇已为100多个创业项目完成融资，融资总额超过3亿元，审核通过的投资人接近900人，在天使汇上注册的创业项目达到8000个，通过审核挂牌的企业超过1000家，创业者会员超过22000位。①

2013年初，天使汇推出了投资平台"快速合投"，开展快速团购创业公司股权的活动，平台上的每个项目都将有30天的投资周期。由一名领投人发现项目，先行按一定比例投入资金，然后通过互联网平台发布信息，引领其他投资者跟投，凑满融资额度后，投资人按照各自的出资比例成立有限合伙企业，再以该有限合伙企业身份入股被投项目公司。融资成功后，中介平台从中抽取2%的融资顾问费。

从目前我国众筹网站的情况来看，由于我国现有法律的规定较严，众筹模式在形式上很容易触动非法集资这条红线，所以众筹模式发展缓慢，无论项目数量和筹资额都相对较小，尤其是股权型众筹存在非法发行、销售股票的嫌疑，因此，众筹模式还处于初级阶段。

（2）众筹融资的基本模式

众筹融资的业务模式是：项目发起人在平台注册、提交和发布融资项目，平台根据成长性、市场前景等标准筛选融资项目，公布项目的融资目标、天使投资人等信息，向潜在的投资人推荐，并为投资人和项目发起人建立联系，提供沟通渠道。投资人如果决定投资该项目，就通过网络完成相关支付、转账以及其他财务和法律手续，项目发起人则承诺给投资人股权、产品或其他形式的投资回报。在此过程中，平台可以为投资人和项目发起人提供财务、法律、税务等方面的咨询服务。按照投资者的回报方式，众筹融资还可以分为三种类型：一是以投资对象的股权和未来利润作为回报，如"天使汇"；二是以投资对象的产品和产品使用权作为回报，如"点名时间"；三是投资人不追求实质性的财务回报，而是以捐赠、赞助等形式为项目或企业提供财务资助。

---

① 天使汇，http：//www.36kr.net/tianshihui。

众筹融资的融资流程大致可以分为以下六个阶段。一是设计项目，项目创建者为筹资项目制定融资目标、设定融资期限，为项目的整个融资流程制定可行方案。二是审核项目，众筹网站对申请融资的项目进行审核。网站一般具有严格的筛选机制以控制项目风险。三是创建项目，通过审核的项目，创建者可在众筹网站上创建项目主页，主要使用宣传视频、文字叙述及图片等形式吸引投资者。四是宣传项目，项目创建者利用社交网络、亲友关系等社会资源宣传项目。项目宣传一般与项目筹资同时进行。五是项目筹资，在融资期限内，投资者在众筹网站承诺向该项目投资一定数额，并选择回报方式。筹资结束时，若完成融资目标，网站会根据投资者提供的银行账号信息统一转账，网站向项目创建者收取一定比例的手续费。若未完成融资目标，则不向投资者收款，网站不收费，项目发起人可等待时机重新融资。六是回报实现，在项目完成后，项目发起人按当初许诺的回报方式为投资者支付相应的报酬。

（3）众筹的风险及控制方式

众筹在我国面临的风险主要有以下五个方面。一是众筹模式的参与对象十分广泛，如果引发诉讼，波及面很大，甚至是集团诉讼。二是可能存在资金池风险和项目发起者的违约等风险。若众筹平台在无明确投资项目的情况下，事先归集投资者资金，形成资金池，然后公开宣传、吸引项目上线，再对项目进行投资，则存在非法集资的可能；若平台在投资人不知情的情况下将资金池中的资金转移或挪作他用，更有导致集资诈骗的可能。三是法律规定，未经人民银行许可，任何非金融机构和个人不得从事或变相从事支付业务。众筹平台没有取得支付业务许可证，但实际上一些平台往往充当支付中介的角色，由众筹平台自身来掌控资金，没有引入合法的第三方支付机构进行资金托管。四是项目发起者在募集成功后不兑现承诺甚至把资金挪作他用，平台后期的监督缺乏，可能导致众筹项目发起人的违约甚至欺诈。五是部分股权众筹平台直接向普通民众发售股份，对投资者权益的保护极其薄弱。[①]

当前，众筹融资平台主要在审核环节通过制定严格的标准来降低众筹的风险，谨防欺诈现象，保护投资者的利益。

---

① 吴景丽：《互联网金融基本模式及其法律风险》，《人民法院报》2014 年 3 月 26 日。

(4) 监管及展望

我国的众筹模式远未成熟，和国外的发展水平相差较大，主要是因为缺乏支持这种融资模式的制度环境。根据相关法律，单位或者个人未依照法定程序经有关部门批准，不得以发行股票、债券、彩票、投资基金证券或者其他债权凭证的方式向社会公众筹集资金并承诺在一定期限内以货币、实物以及其他方式对出资人还本付息或给予回报，并且根据《公司法》规定，有限责任公司必须由50个以下的股东出资设立。以上规定使得众筹模式在我国以股权作为标的的可能性不复存在，众筹缩水成为天使投资。根据最高法院的司法解释，像众筹网站这样"向社会公众即社会不特定对象吸收资金"的融资模式，严格来说确实有可能涉嫌非法集资。不过国内的众筹网站，如点名时间、追梦网等，单个项目的融资金额都不高，而且在项目章程中都规定不以股权作为标的，也不允许将成立公司作为项目来发起众筹。因此，目前来看不需要监管部门采取监管措施予以纠正。但是这样一来，众筹模式失去了投资属性，而且仍旧游走在法律边缘打"擦边球"。因此，对众筹融资需要加强法律规范，明确具体的监管部门并出台指导意见，引导众筹规范健康发展。众筹具有私募特征，如果缺乏明确的法律规范，比较容易触碰非法吸收公众存款和非法集资两条红线。

未来，考虑到私募股权投资基金已划归证监会监管，具有私募特征的众筹股权融资也可以由证监会进行监管，并研究出台相关的管理办法，具体可以参照美国JOBS法案，研究构建众筹股权融资的合格投资人制度，设计相对简化的信息披露机制和便利化的发行和合规要求。

4. 互联网融资和银行之间的合作与竞争

互联网融资作为一种新型融资方式，必然会对传统金融造成冲击，但是这种冲击的大小与二者在客户群体重合度、各自的比较优势等方面的因素有关。同时，互联网融资与传统金融未必就是一种零和博弈，二者存在竞争与合作的双重关系。

（1）在银行资产端的竞争与合作

第一，目前，P2P网贷平台对银行的冲击相对较小。虽然从表面上看，网贷平台将对银行的零售贷款业务（主要是小微企业贷款、个人消费贷款和个人经营性贷款）造成冲击，但是这种冲击非常小，这是因为银行和P2P网贷的客户群体不一样，P2P平台的借贷者主要是不符合银行贷款条件的个人或企业，二者在客户群上几乎没有交集，同时二者的利率水平差别也很大，P2P网贷利率远高于银行贷款利率，因此符合银行贷款条件的客户一般不会选择P2P网贷平台贷款。

银行零售贷款与P2P贷款适用于不同类型的资金需求者，难分优劣。利率低是银行贷款的最大优势，P2P贷款则在金额、期限和审批程序上较银行贷款更为灵活。前者适合资信较好、有中长期消费与投资需求的个人，后者适合资信较差、有短期资金周转需要的个人，如表9所示。

表9 银行与P2P网络贷款适用于对资金需求不同的零售贷款客户

	P2P贷款	传统银行贷款	比较总结
金额	一般标的从3000元至20万元不等,投资人起步金额可低至50元	一般在10万元以上	P2P贷款金额小,更加灵活;银行贷款一般金额较大
期限	以1个月到1年为主,可按日计息	6个月到3年为主,一般按月计息	P2P贷款期限灵活,以短期为主;银行贷款期限单一,以中长期为主
利率	15%~24%	6.5%~9.5%	P2P贷款利率较高,银行利率相对较低
时间	申请材料齐全后在1天~1周内放款	2周~6周	银行审批手续相对烦琐

资料来源：国泰君安证券研究所。

第二，电商网络小贷与银行更多的是一种合作和互补的关系，就以阿里小贷为代表的直接放贷模式而言，该模式的贷款利率远高于银行，与银行面向的客户群体基本没有交集，属互补关系；就以生意宝、民生慧聪新e贷为代表的银企合作的放贷模式而言，放贷资金来源于银行，贷款风险一般由双方共同承担，电商跟银行是合作关系；就以善融商务、交博汇为代表的商业银行自办电商平台并开展放贷等金融业务这种模式而言，则是商业银行主动向互联网金融领域延伸。

因此，在银企合作的放贷模式下，银行和电商网贷平台属于合作关系，网贷平台与银行相比各有优势,表10以民生银行的小贷业务和阿里小贷为例进行了简单比较。

表10　民生银行小微贷款与阿里小贷的比较

	民生银行小微企业贷款	阿里小贷
客户资源	现有客户:小微企业客户,99.23万户 潜在客户:无限制	阿里巴巴集团各电子商务平台上的企业、个人创业者和各类注册会员
贷款额度	500万元以内	100万元以内
贷款利率	6.5%~9%	15%~22%
贷款期限	6个月到3年,一般按月计息	1天到12个月,可随借随还,按日计息
审批时间	2周~4周	提前给定授信额度,随取随用
审批流程	主要基于财务分析、第三方信息以及客户经理前端调查,判断借款人的债务承担能力,层层审批,成本较高,流程较长	直接获取第一手交易信息,通过云计算技术分析交易行为数据,归纳借款人的经营与信用特征,判断其偿债能力,匹配授信额度,成本低,自动化
后台数据库	客户在民生银行的支付结算数据,央行个人信用不良记录	客户基于支付宝的交易数据,以及在淘宝、阿里巴巴等电商平台上的买家、卖家交易信用数据

资料来源:相关公司网站。

第三,众筹在我国还处于初始阶段,一方面规模比较小,另一方面融资群体主要是初创企业或从传统融资渠道难以融到资金的群体,本质上是私募性质的直接融资,具有风险投资的特点,对银行的冲击比较小。

总之,P2P网贷、电商网络小贷、众筹融资和银行的客户群体不同,使得二者并没有很激烈的竞争关系,更多的是一种合作和互补关系,如表9、表10所示。P2P网贷和电商网络小贷的发展提高了金融深化水平,同时在某些领域与银行开展合作,共同推动了普惠金融发展。

(2)在银行负债端的竞争与合作

P2P网贷平台对银行定期存款和理财资金有一定程度的影响,但是目前影响有限。P2P网贷平台的负债端可以看作高风险的理财产品,有分流银行定期存款和理财资金的可能,从风险收益角度看,银行定期存款和理财产品的收益率一般在5%左右,但是风险较低;P2P网贷由于监管真空以及借款人资信较差，虽然收益高达15%～20%，但是存在较高的潜在风险，高收益和高风险是匹配的。客户根据不同的风险偏好购买不同的投资产品，产品针对的客户群的重叠度是很低的。商业银行和P2P网络借贷的类似产品比较情况如表11所示。

表11 商业银行和P2P网络借贷的类似产品比较

	银行存款	银行理财	P2P网络借贷
规模	100万亿元	9万亿元	500亿～600亿元
产品类型	定期存款	固定收益型、保本浮动收益型、非保本浮动收益型	信用标、有抵押标、第三方担保标
投资币种	人民币及主要外币	人民币及主要外币	人民币
投资期限	3个月到5年，以3个月到1年为主，到期可取出	1～12个月，以1～3个月为主，一般未到期不可赎回	1～12个月，以1～3个月为主，未到期不可赎回
收益率	2.6%～3.3%（一年内）	4%～7%	12%～24%
起始金额	50元	5万元	50元
本息保障	国家信誉下的绝对保本保息	银行信誉下的隐形保本保息	平台自身信誉或第三方担保公司信誉下的保本或保息（部分收费）

资料来源：国泰君安证券研究所。

（3）未来的竞争与合作

现阶段商业银行与P2P网贷平台、电商网络小贷等还处于相对互不干涉的状态，虽有竞争，但并不激烈，虽有合作，但是合作的深度和广度有限。未来，利率市场化的有序推进将迫使银行将更多资源向收益更高的小贷领域倾斜，不可避免会抢食网贷平台的蛋糕。二者的竞争可能会加剧，但是总体上应该会保持相对的平衡。

在负债端，银行具有网贷平台无法企及的信用优势。银行信用相当于国家信用的观念还将在一段时间内继续存在，这将使得银行的资金来源相对广泛和稳定，而各类网贷平台的投资者主要受高收益率激励，以风险偏好型的投资者为主，存在较大的波动性。因此，银行的信用优势是网贷平台通过再多的内外部增信手段都无法企及的。

在资产端，网贷平台的信息优势壁垒并不是很高。电商网络小贷最大的优势在于掌握了客户在关联电商平台的大量交易和物流数据，结合大数据分析技术即可实现贷款从审批、放款到收款的完全自动化。但事实上，银行同样掌握着客户支付结算的大量数据，IT 系统升级后同样能实现批量化放贷。民生银行基于商户在 POS 机上的交易流水而自动授信、按日计息的"流水贷"就是典型的例子。

基于以上分析，银行在与网贷平台的竞争中还是处于绝对优势地位，网贷平台将很可能放弃部分客户，选择那些银行不愿意授信的客户，从而与银行形成差异化竞争格局。未来银行与网贷平台、电商网络小贷之间更多的还是互补和合作关系而非竞争关系。

（二）互联网金融服务方式

2013 年，互联网金融服务继续保持快速增长的态势。在互联网支付方面，2013 年中国第三方互联网支付市场的交易规模达 5.37 万亿元，同比增长 46.9%（见图 13）；其中，移动支付市场发展迅猛，交易规模达 1.22 万亿元，同比增长 707.0%。① 在互联网理财方面，2013 年互联网理财呈现爆发式增长，以余额宝为代表的互联网理财产品异军突起，得到了广大金融消费者的热捧，成为 2013 年互联网金融发展的最大亮点。

1. 互联网支付

作为互联网金融发展的基石，互联网支付是我国互联网金融发展相对成熟的领域。2013 年，我国互联网支付行业继续呈现快速增长的趋势，一方面，随着互联网支付安全性和便捷性的提高，互联网支付的用户黏度进一步提高；另一方面，互联网支付方式及应用领域不断拓展与创新，进一步扩大了互联网支付的交易规模。

（1）2013 年互联网支付发展状况及未来趋势

2011 年，中国人民银行开始发放第一批《支付业务许可证》，目前人民银

---

① 资料来源于艾瑞咨询，根据艾瑞统计模型核算。本节所讨论的第三方互联网支付企业类型中不含银行、银联，仅指规模以上非金融机构支付企业。

行已发放250张《支付业务许可证》,其中提供互联网支付业务的支付机构有97家,其中大多数集中在上海、北京、广东、江苏、浙江等地区。① 最后一批《支付业务许可证》的发放时间为2013年7月6日。从2013年7月6日至2013年底,没有新设互联网支付机构进入市场。从2011年以来,也没有互联网支付机构退出互联网支付市场。2013年,支付机构共处理互联网支付业务153.38亿笔,金额达9.22万亿元,同比分别增长56.06%和48.57%。②

①互联网支付

2013年中国第三方互联网支付市场整体上呈现持续高速增长态势,在整体国民经济中的重要性进一步增强。2013年与金融的深度合作,使第三方互联网支付公司找到了新的业务增长点,目前这种助力还没有完全爆发,预计未来两年互联网金融对第三方互联网支付的推动作用将会更强,或进一步提高交易规模的增速。

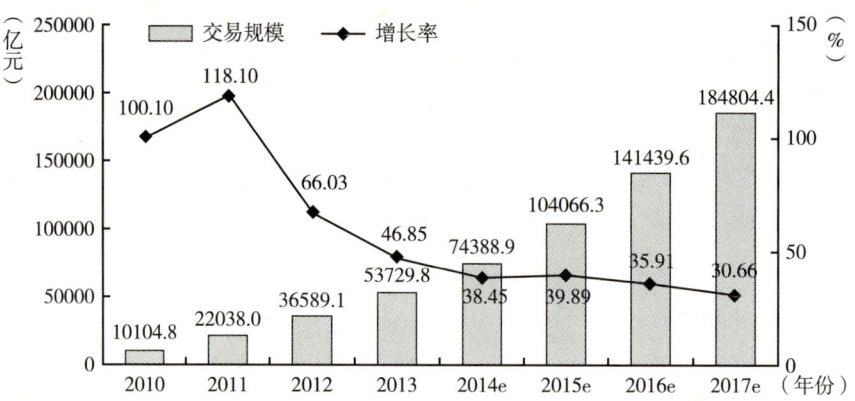

图13　2010～2017年中国第三方互联网支付交易规模和增长率

资料来源:艾瑞统计模型。

从交易规模结构来看,2013年网络购物依然占最大份额,为35.2%;其次是航空客票,占13.2%;而在互联网金融元年异军突起的基金申购市场则一跃成为第三大细分市场,占比为10.5%(见图14)。

---

① 根据中国人民银行官网公布的信息整理。
② 资料来源于《2013年支付体系运行总体情况》。

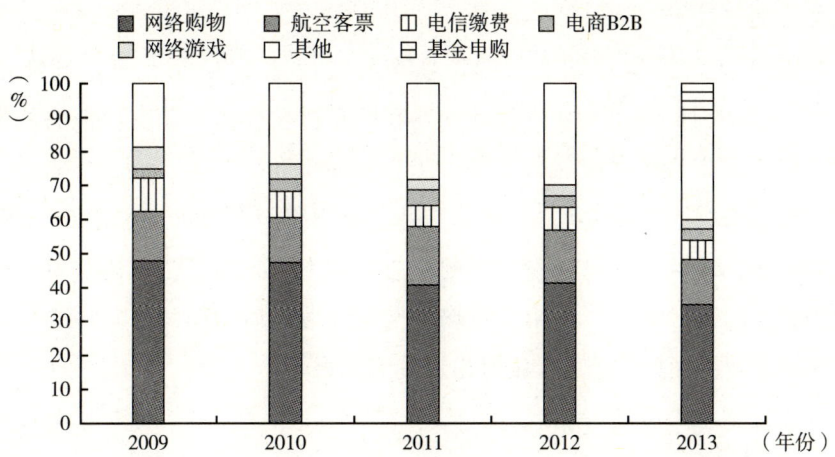

图14　2009～2013年中国第三方互联网支付市场交易规模结构变化

资料来源：艾瑞统计模型。

从市场格局来看，互联网支付机构的竞争较为激烈，2013年中国第三方互联网支付核心企业的市场份额相对保持稳定。支付宝以48.7%的占比依然保持领先，财付通占19.4%，银联在线占11.2%，快钱占6.7%，汇付天下占5.8%，易宝支付占3.4%，环迅支付占2.9%，其他占1.9%（见图15）。

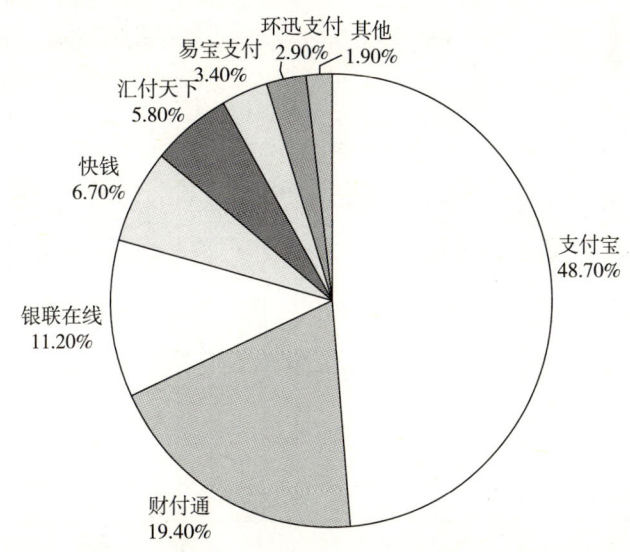

图15　2013年中国第三方互联网支付核心企业交易规模市场份额

资料来源：艾瑞统计模型。

②移动支付

2013年支付机构移动支付的市场交易规模达1.22万亿元，同比增长707.0%（见图16）。其中，远程移动互联网支付在整体移动支付中的占比达到93.1%，而以近场通信（Near Field Communication，NFC）为核心驱动的近场支付则仍未取得实质性突破，整体行业占比下降至0.8%（见图17）。从发展趋势来看，2014年移动支付市场的核心推动力将来自以二维码支付、声波支付为代表的线下支付；而NFC近场支付在终端环境方面的障碍将成为其未来发展的主要瓶颈，在近几年很难出现较大改观。

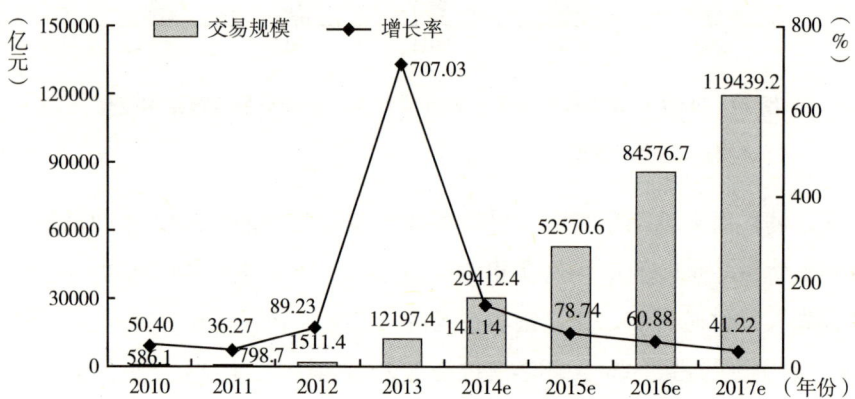

图16　2009~2017年中国第三方移动支付市场交易规模和增长率

资料来源：艾瑞统计模型。

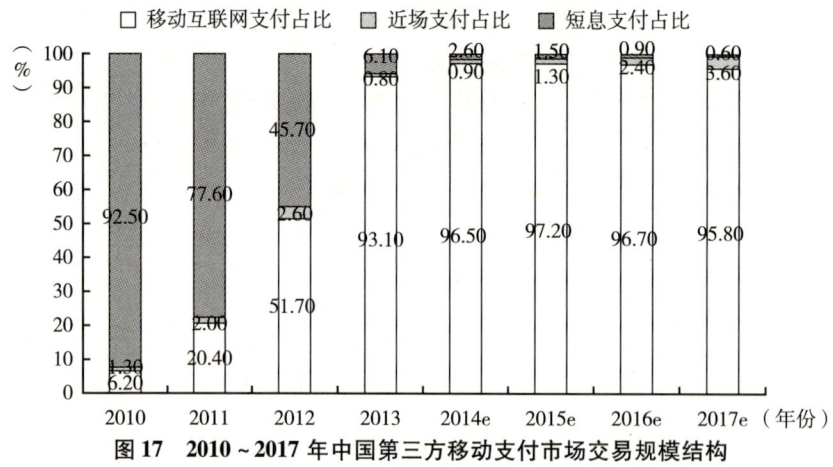

图17　2010~2017年中国第三方移动支付市场交易规模结构

资料来源：艾瑞统计模型。

专栏4　移动支付的典型代表——支付宝钱包和微信支付

2009年11月，支付宝（中国）网络技术有限公司宣布正式推出手机支付服务，可实现向对方支付宝账户付款、确认收货、水电缴费、利用支付宝账户给本机充值等服务。2013年11月13日，支付宝手机支付用户超过1亿人，支付宝钱包用户接近1亿人。在线下，支付宝钱包不仅内置了余额宝，真正实现了随时随地的"移动理财"，更以成熟的账户支付体系和创新的支付解决方案为线下商户提供更加便捷完善的移动支付服务。

微信在2013年8月推出5.0版本，在该版本中以财付通作为第三方支付平台，推出移动支付布局O2O市场，微信应用也相继不断扩充，从水电气的缴费到零售货机支付等，成功地从线上支付转向到线下市场。

（2）互联网支付的创新

2013年互联网支付机构在技术、渠道上呈现一定程度的创新，为互联网支付的服务和发展提供了不竭动力。

①技术创新

首先，互联网支付机构与银行机构开展合作，开发数据接口，实现客户资金跨行汇划，方便了用户在不同资金账户之间转换使用。典型案例如支付宝钱包、财付通信用卡还款业务等，只要开通任意一家银行的借记卡网上银行，就可以实现国内所有信用卡轻松还款业务，不但可以免去银行排队的烦琐，减少交通和时间成本，还可以免去所有的手续费用。

其次，在移动支付方面，互联网支付机构利用近场通信技术（如NFC、2.4G等）以及远程网络技术（如3G网络、短信等）实现信息交互，并完成支付行为。典型案例如支付宝钱包、财付通客户端等推出了二维码支付、条形码支付、声波支付（当面付）等新型移动支付方式。

②渠道创新

渠道创新主要体现在加大与水力、电力、天然气、通信商等的合作力度，将公用事业缴费植入支付机构的支付平台。开通购物消费和个性化理财一体的综合金融服务渠道，典型代表是余额宝。余额宝是由第三方支付平台支付宝与天弘基金合作打造的一项余额增值服务，具有收益高、门槛低、快捷便利等特点，一经推出，就受到广大投资者尤其是小散投资资金持有者的追捧。

(3) 互联网支付的风险及监管动向

①互联网支付的主要风险

一是互联网支付的操作风险。互联网支付涉及的用户众多，操作频繁，任何操作失误、系统设计不当或蓄意事件等都有可能带来风险。操作风险会产生用户隐私泄露和资金盗用的问题。一方面，用户在第三方支付平台上注册并进行交易的时候，用户的交易信息被记录和保存在第三方支付的数据库中，如果第三方支付平台对用户信息的安全保护不到位，则很容易造成用户信息泄露。另一方面，不法分子也会利用第三方支付系统的漏洞，通过钓鱼网站或植入木马，来盗取用户在支付环节中输入的个人敏感信息，而后从用户的银行卡中划转资金，导致用户的资金被盗用。另外，第三方支付产生的一些敏感数据的所有权和使用权到目前仍没有明确的界定，很多基于大数据的分析都可能涉及侵犯个人隐私问题，这在未来将是一个巨大的隐患。

二是互联网支付渠道业务对沉淀资金的运用可能引发潜在风险。互联网支付从事的业务介于网络运营和金融服务之间，其本身的主体资格与经营范围就界定不清，在法律地位上也有很多未明确之处。目前第三方支付机构大规模进入渠道业务，进行基金、保险产品的网上销售，其对沉淀资金的大肆运用可能会带来潜在问题。其一是网上理财业务突破了特许经营限制，在未来有可能使沉淀资金脱离监管。"存量型"理财产品的本质是将大量沉淀资金引入货币基金等投资环节，同时减轻自身实缴资本的压力。未来第三方支付机构有可能通过类似途径找到监管空白，使沉淀资金绕过监管以获取更高收益。其二是T+0垫资行为使得第三方支付平台本身的信用风险指数加大。第三方支付机构的垫资资金来源不明确，有可能在未经客户同意的情况下动用沉淀资金，侵害用户的合法权益。同时资金规模的增大，也会对第三方支付机构流动性管理提出更高的要求，稍有不慎便可能引发支付风险。其三是第三方支付机构在开展网上理财业务时普遍有片面夸大收益但风险提示不足的倾向，而互联网金融用户多对金融市场缺乏了解，在平台的宣传下就开立理财产品账户，为将来的法律纠纷埋下了隐患。

三是互联网支付的洗钱风险。互联网支付平台交易存在匿名性、隐蔽性和信息的不完备性，交易资金的真实来源和去向很难辨别，这无疑为洗钱提供了一张温床。这对第三方支付机构和银行业金融机构提出了较高的审查和监督要求。从目前来看，虽然各支付机构在其服务条款中，都对洗钱行为进行了禁止性说明，但是，如何有效地防范和制止这种犯罪行为，仍需要在技术和人力上进行更多的投入。

②互联网支付风险的新动向

一是主要风险由信用风险向技术风险转变。随着大众接受程度的加深以及对交易规则和处理措施的逐步了解，交易中的信用风险逐渐减少。但日新月异的应用创新和支付场景创新使技术风险成为主要风险。包括二维码支付、条形码支付、声波支付在内的创新业务，涉及不少新的技术、流程和识别方式，目前的既有规则和技术标准并未涵盖。

二是信用卡套现风险由线上向线下蔓延。随着监管机构对线上套现监管的加强以及互联网支付企业对智能实时风险监控系统的开发，套现方式出现了由线上到线下的转变。第三方支付企业推出各种手持、移动和家用支付终端，同时为了扩大市场份额，对商户的审查不严，任意发放预授权POS机。犯罪分子利用信用卡预授权规则的漏洞，向信用卡内存入大额溢缴款，利用预授权完成交易需在预授权金额115%的范围内予以付款承兑的业务特性，与部分支持预授权类交易的特约商户勾结，合谋套取发卡银行额外的信用额度。

三是流动性风险被广泛关注。余额宝等互联网产品由于高流动性、相对安全、收益大幅高于活期存款的特点获得了大量用户，与其关联的天弘基金也一举跃升为我国最大的货币基金，但市场对其流动性的质疑和关注从未停止过。为满足客户即时到账的用户体验，余额宝需要对客户资金进行垫付，实际上此时垫付的可能是其他支付宝客户的资金，当支付宝沉淀资金的一定比例进入余额宝而剩余资金不足以维持余额宝客户实时取现的需要时，余额宝就会出现规模瓶颈。

③焦点产品的风险分析——二维码支付

二维码支付突破了传统受理终端的业务模式，其风险控制水平直接关系到客户的信息安全与资金安全。主要风险点在于以下两方面。一是其安全性屏障不够。网银支付一般在支付密码之外，要求客户输入短信验证码作为辅助验证，而二维码支付的指令验证手段较为单一，只需输入支付密码就能完成。二是支付终端的安全性较难保障。如果智能手机感染病毒，支付账号和支付密码就极有可能被泄露，二维码信息也可能被篡改，这将导致收款账户和支付金额被修改。三是识别功能存在漏洞。由于多数二维码扫描工具并不具有识别恶意网址的能力，只是简单地将二维码翻译成网站地址并自动前往，因此容易被不法分子加以伪装利用。

（4）互联网支付的监管环境及未来的监管动向

①互联网支付的监管现状

一是准入监管。2010年，中国人民银行发布《非金融机构支付服务管理办法》（〔2010〕第2号，自2010年9月1日起施行），并于2010年12月1日发布《非金融机构支付服务管理办法实施细则》（中国人民银行公告〔2010〕第17号），明确中国人民银行为第三方支付的监管主体，正式将支付机构互联网支付纳入监管范畴，并要求支付机构取得《支付业务许可证》，并对其市场准入和退出机制、业务管理以及风险管理等问题进行明确。

二是反洗钱监管。2012年，中国人民银行印发《支付机构反洗钱和反恐怖融资管理办法》（银发〔2012〕第54号），对互联网支付机构反洗钱与反恐怖融资职责进行明确，从客户身份识别、客户身份资料及交易记录保存、可疑交易报告等方面对支付机构反洗钱义务进行了明确，并纳入监管范畴。

三是互联网支付认证。银监会《关于加强电子银行信息管理工作的通知》（银监发〔2011〕第86号）规定，由第三方机构完成安全认证的电子资金转移与支付业务，应至少在首笔业务前由账户所在银行通过物理网点、电子渠道或其他有效方式直接验证客户身份，但支付机构以用户体验为由，不同意客户开通快捷支付首笔业务时到银行签约的这种安排。

四是网络套现规定。2006年中国人民银行和银监会联合发布的《关于预防信用卡风险有关问题的通知》规定：持卡人套现行为，第三方网上支付机构故意（或不严格履行职责）为套现提供服务的行为属于违规行为。2008年8月公布的《中国银监会办公厅关于信用卡套现活跃风险提示的通知》中指出：如果利用互联网从事套现活动，其相应的支付账户将受到处罚，网上购物与开店也将受到不同程度的限制。

②未来监管动向

回顾监管层对互联网金融的规范思路可以看出，监管部门对互联网金融的态度经过了默许、观望、风险预警、调研座谈到发文监管的过程。因为互联网支付的本质是提供金融服务，涉及日益庞大的资金划转和广大的公众利益，在边界不断拓展之后，如何做到真正保障安全并且符合反洗钱的要求成了一大问题。未来，监管层对互联网支付的监管将体现以下三个特点。

一是限定互联网支付业务以小额为主。央行2012年版的《支付机构互联网支付业务管理办法（征求意见稿）》规定，"互联网支付分为银行账户模式和支付账户模式""支付机构不得以任何形式引导、鼓励客户在支付账户存放资金"，这些条款明确表明央行鼓励大额支付走银行账户，而将第三方支付账户定位在小额便捷支付上。未来，监管部门将对支付互联网机构支付进行限额管理，引导互联网支付机构开展小额支付业务。通过对大小额市场的划分，来确保传统金融机构与互联网支付机构合理的利益划分。

二是引导互联网支付推进普惠金融。互联网支付拓展的金融服务在一定程度上弥补了银行的不足，成为普惠金融的重要推动力量。同时，互联网支付的主要目标群体是长尾市场，以第三方支付业态为代表的互联网金融，弥补了传统银行长期忽视的碎片化、零星化业务等空白，与传统银行有很好的互补性。因此，未来监管层将强化互联网支付坚持为电子商务发展服务以及为社会提供小额、快捷、便民的小微支付服务的宗旨。

三是推动跨界监管。互联网金融是支付与金融的叠加，互联网的平台属性和支付的广泛性决定了互联网金融存在多行业覆盖与合作的可能性。如支付宝钱包购买保险产品、旅游产品、绑定打车功能、代缴交通违章罚款等，都存在跨界合作的情况。在监管上，不仅涉及银证保等金融监管机构，还涉及文化、交通等非金融行政管理部门。在我国的分业监管机制下，各主管机构的权责划分和组织协调将成为未来需要考虑的问题。

2. 互联网理财

2013年理财市场发生了巨大变化，以余额宝为代表的互联网理财产品异军突起，得到了广大金融消费者的热捧，继而引发了互联网金融的热潮。互联网理财不仅更加注重用户体验，为大众理财铺设了一条更简便、快捷的通道，而且由于其申购门槛较低，使得"小散"资金理财成为可能。

（1）2013年互联网理财发展状况

2013年，互联网理财的爆发式发展成为互联网金融的热点。从商业模式来看，这一年涌现出的互联网理财商业模式主要有以下四种。

①理财模式，即基金公司与垂直财经门户或金融软件公司合作。这一模式的代表有东方财富旗下天天基金网的"活期宝"、数米基金网的"现金宝"和同花顺的"收益宝"（见表12）。上述第三方销售平台拥有从财经资讯到理财顾问与产品销售的一体化服务模式，同时积累了大规模、高黏度且专业化的潜在理财服务用户，在基金销售方面有着得天独厚的专业优势。以"活期宝"为例，数据显示，"活期宝"从2013年6月26日正式发布到7月18日，共实现申购交易80096笔，销售额累计达16.48亿元，每笔大概为2万元；截至第三季度末，"活期宝"共计实现申购交易449557笔，销售额累计为98.03亿元。

表12 2013年理财模式下的互联网理财产品

理财产品	上线时间	合作双方
现金宝	2013年5月	恒生电子旗下数米基金网与"海富通货币基金A"等多个基金品种
活期宝	2013年6月	东方财富网全资子公司"上海天天基金销售有限公司"与南方、易方达、工银、华安、广发等8家基金公司
收益宝	2013年8月	同花顺与基于其IFIND平台大数据的业绩跟踪而排列出来的货币型基金

②自销模式，即基金公司自己经营互联网货币基金品牌。随着余额宝的大热，基金公司相继推出各自的直销平台及互联网理财产品。这类基金产品的一个共同特点就是销售渠道只局限于互联网，并且全部为专属定制类货币基金，基金收益结转方式均为按日结转，可以使基金每日公布投资者的实际收益，并且做到快速赎回时收益的实时划转。这一模式下较为成功的有汇添富现金宝、民生加银现金宝、华夏财富宝以及汇添富全额宝（见表13）。

2013 年中国互联网金融发展状况及展望

表 13 2013 年自销模式下主要的互联网专属货币基金产品

基金名称	成立日期	收益结转	2013 年规模（亿元）	快速取现额度
汇添富现金宝	2013 年 9 月	按日结转	120.73	500 万元
民生加银现金宝	2013 年 10 月	按日结转	6.54	暂未开通
华夏财富宝	2013 年 10 月	按日结转	10.65	暂未开通
汇添富全额宝	2013 年 12 月	按日结转	5.87	暂未开通

③支付模式，即基金产品绑定第三方支付平台。余额宝是这一模式最为成功的案例，除此之外，还包括百度理财和网易理财（见表 14）。这种支付模式的互联网理财在设计上一般涉及三个主体，即第三方支付机构、基金公司以及第三方支付工具用户。从本质上看，这类互联网理财模式是互联网支付功能在金融产品领域的延伸与拓展。从基金规模来看，截至 2013 年末，嵌入余额宝的天弘增利宝货币基金的规模达到 1853.42 亿元，成为国内最大的货币基金，在全球货币基金中排名第 22 位；百度理财平台的华夏现金增利 E 的规模达到 437.34 亿元。

表 14 2013 年支付模式下的互联网理财产品或平台

理财产品或平台	上线时间	合作双方
余额宝	2013 年 6 月	支付宝与天弘基金
百度理财	2013 年 10 月	百度与华夏基金、嘉实基金
网易理财	2013 年 11 月	网易与汇添富现金宝、国华华瑞 3 号

④电商模式，即基金公司利用电商网络平台进行基金销售，这类模式以淘宝网销售基金为代表。2013 年 11 月，淘宝网正式获得证监会出具的无异议函，成为互联网上首家为基金销售机构提供服务，开展基金销售业务的第三方电子商务平台。但是，从上线一个月的情况来看，17 家基金公司第一个月的销售总额仅为 4.3 亿元，与其他几种互联网理财模式相比，这一模式的规模较小，商业可持续性仍有待观察。

专栏 5 互联网理财的典型代表——余额宝

余额宝是由第三方支付平台支付宝为个人用户打造的一项余额增值服务。

余额宝在运营过程中会涉及三个主体：支付宝公司、天弘基金公司和支付宝客户。其中，支付宝公司是天弘增利宝基金的一个直销平台和第三方结算工具的提供者，与客户的接口是支付宝，与增利宝的接口是余额宝；天弘基金公司发行和销售货币基金增利宝，并将其嵌入余额宝直销；支付宝客户是基金的购买者，通过支付宝账户备付金转入余额宝或从余额宝转出到支付宝，实现对增利宝基金的购买和赎回交易。余额宝主体框架如图18所示。

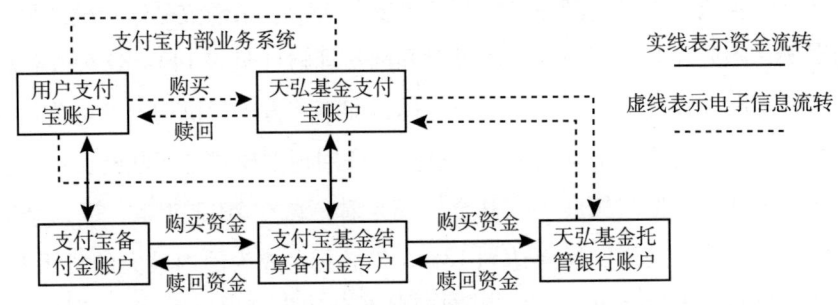

图18 余额宝主体框架

截至2013年底，余额宝持有人户数达4302.94万户，户均持有基金份额为4307份。从申购和赎回情况看，余额宝上线后累计申购4294.27亿份，累计赎回2442.86亿份。2013年，余额宝共为持有人创造盈利17.9亿元。

余额宝的推出使支付宝的金融功能更加完备，降低了支付宝"实缴货币资本与客户备付金日均余额的比例不得低于10%"的资本金压力。尽管支付宝备付金利息收入减少，但从合作的基金公司获取的服务费增加。截至2013年12月31日，余额宝的收益率达6.696%（七日年化收益率）。

(2) 互联网理财的特点及发展趋势

互联网理财基于现代化的网络及信息通信技术，与传统的基金销售方式相比，具有以下三个特点及优势。

一是效率高、成本低。互联网基金以互联网平台的交易和大数据分析为基础开展业务，比以商业银行为主要销售渠道的传统基金销售模式效率更高且成本更低，提高了投资人的收益率。

二是操作便捷、参与门槛低。互联网基金的业务操作过程便捷流畅,给予客户极佳的交易体验。此外,互联网基金业务的资金交易门槛很低,为小散资金理财提供了渠道,有效缓解了金融排斥,提高了社会的金融福利水平。相比货币基金通常千元起购的门槛,所有互联网理财的门槛均不高于1元,其中,天天基金网旗下的"活期宝"门槛最高,但也仅为100元,而汇添富现金宝更是低至1分。

三是信息对称、供求匹配。互联网基金模式实现了基金销售的金融脱媒,基金公司通过互联网平台公司将基金产品直接送达海量的互联网客户群体面前。同时,互联网客户可以通过网络平台自行完成对基金信息的对比、甄别、匹配和交易,有效激活市场存量资金,提高社会资金的使用效率。

从未来发展来看,随着规模的不断扩大以及同质化竞争的加剧,互联网理财的发展将呈现以下四方面的趋势。

一是从整体上看收益率将有所下降。在互联网理财发展的前期,各市场参与主体为提高竞争力,以高收益来吸引用户,一些互联网理财平台甚至采用补贴的方式来变相提高理财产品的收益率,如网易理财平台推出的"添金计划",其特点就在于网易自掏腰包给予客户年化收益率为5%的现金红包补贴。另外,2013年下半年市场的整体流动性趋紧,也在一定程度上助推了互联网理财产品的高收益。随着互联网理财市场的逐步理性,以及未来宏观流动性趋于宽松,互联网理财的整体收益率水平将有所下降。

二是互联网理财产品的管理将面临压力。一方面,随着以余额宝为代表的产品吸收资金规模的扩大,资金的流动性管理压力相应增大。以余额宝为例,根据终端及金额不同,余额宝实行T+0或T+1到账,如果遇到市场大幅波动,流动性管理压力就会比较高。另一方面,随着规模扩张,资金的安全性管理压力也相应增大。以余额宝为例,支付宝为余额宝内的资金提供被盗全额补偿服务,这就决定了支付宝在防范网络诈骗、资金安全性管理方面会面临较大的压力。

三是互联网理财产品的类型将趋于多元化。从前期来看,互联网理财主要集中在货币基金领域,随着市场的不断成熟,以及投资人的风险承受能力及风险意识不断提升,互联网理财将逐步向金融市场的其他领域拓展。在基金销售方面，互联网理财将进一步涉及权益类基金产品；在互联网金融的其他领域，P2P网贷公司将有望与支付机构及基金公司合作，在P2P平台嵌入余额理财功能，推出类余额宝产品。

四是推动传统理财的互联网化。互联网金融的发展，在给传统金融模式带来挑战的同时，也在加速推进传统金融机构的互联网化。从长远来看，在理财领域，互联网企业将进一步加强与传统金融机构之间的合作，有望走向产品合作开发、互利共赢的模式。

（3）互联网理财的风险

以余额宝为代表的互联网理财方式带来了基金经营模式、金融风险内涵的改变，相对来说是一种经营风险更大的金融业务。因此，如何准确、有效地识别风险，进而防范风险，是互联网理财持续、快速、平稳发展的重要保障。互联网理财可以说是传统理财业务的延伸，除了具有传统理财业务的风险以外，还具有自身特有的风险。

①网络技术风险。互联网理财从本质上讲是基于互联网技术的理财平台或渠道，因此，其安全性在很大程度上取决于网络技术风险状况。以余额宝为例，作为一项收益与其他金融产品相挂钩的金融理财产品，且由支付宝代为保管、管理的互联网账户，余额宝的收益风险与网络技术风险并存。自余额宝上线以来已有多人反映余额宝被盗的问题，金额从1000元到100000元不等，反映出余额宝的网络确实存在漏洞。国内安全问题反馈平台乌云也发布信息称，来往平台会导致淘宝账号被破解，从而威胁支付宝和余额宝的安全。

②风险警示不足容易对用户造成误导。互联网理财过于宣传理财产品的收益率而忽略了对风险的提示，容易对用户造成误导。以余额宝为代表的互联网理财产品以货币基金为主，普遍属于风险较低的金融产品。但在铺天盖地的宣传中，互联网企业对风险提示严重不足，片面强调安全性和收益率，诸如"有保底""大品牌保障"等词语屡见不鲜，容易误导用户。有些理财产品甚至有违规承诺收益率之嫌，例如，百度"百发"声称"团结就有8%"。

③金融监管的政策风险。随着互联网理财规模的不断膨胀，其金融监管的政策风险进一步提升。一是标的过于集中的投资方式可能被"窗口指导"。以余额宝为例，目前余额宝90%以上的资产配置在银行同业存款中，这种投资

方式与分散化的投资方式不同，有可能引发监管部门的干涉。二是打"擦边球"行为带来监管隐忧。"宝"类产品的通道业务本身以及宣传销售过程，都存在不少打政策"擦边球"的行为，可能引致监管限制。

（4）互联网理财的监管动向

互联网理财作为特殊的基金销售渠道，除了需要满足常规基金销售模式所需的监管要求外，在准入及运作过程中还需要满足一些附加的监管约束。2013年3月，证监会颁布了《证券投资基金销售机构通过第三方电子商务平台开展业务管理暂行规定》，允许电子商务平台为基金销售提供辅助服务，但是应向证监会备案。2012年底修订的《证券投资基金法》也明确要求从事公募基金销售支付的第三方支付机构到证监会注册或备案。

从2013年的实际情况来看，互联网理财存在夸大收益、误导消费者等违规现象，对互联网理财这一领域仍缺乏系统、有效的监管，一些互联网理财的商业模式在运作过程中存在监管空白。例如，按照《支付机构客户备付金存管办法》规定，天弘基金在支付宝开立账户的余额属于备付金管理范畴，应由中国人民银行进行监管；同时，按照《证券投资基金销售管理办法》（证监会令〔2013〕第91号）第28条和第29条规定，支付宝还应在银行开立专门账户用于归集、暂存、划转基金销售结算资金，由证监会监管；余额宝的购买和赎回涉及两个账户之间的资金流转，但是目前对于备付金账户和基金结算账户之间的资金流转存在监管空白。

从趋势来看，互联网理财符合社会的发展方向，监管层对互联网理财产品的监管将重在引导和规范，目的是促进这个行业良性发展，确保更多人的切身利益。因此，其监管重心还将落在如何规范作为非金融机构的互联网公司与基金公司的合作行为，以及如何切实保障消费者利益、信息安全和公平竞争，营造良好的金融市场环境上。

3. 与传统金融服务的合作与竞争

从各自的优势来看，互联网金融服务方式具有信息及数据优势，而传统金融服务则具有信用及风险控制优势，两者之间既有竞争又有合作。

（1）互联网金融服务对传统金融服务的冲击

从成本端来看，互联网支付会带来银行存款的流动与流失，提高整个银行体系的资金成本。第三方理财销售平台的便捷性可能导致少量个人存款及理财资金的流失，原本习惯于通过银行渠道购买理财产品的客户很有可能会被线上理财销售平台抢夺，尤其是余额宝等多功能融合的互联网理财模式更有可能动摇银行的根基，对银行最根本的存款业务构成一定的威胁。

从收入端来看，互联网支付造成的分流直接带来商业银行手续费收入的下降。与第三方支付机构使用银行接口支付的交易佣金相比，商业银行直接向用户提供支付结算、转账汇款、公共事业费代扣代缴、理财产品代销等服务，平均能多获得交易金额0.1%~0.6%的手续费收入，而理财产品通过第三方平台直销比例的上升将降低银行代销渠道的收入，导致银行代理业务手续费收入的下降。

（2）互联网金融服务与传统金融服务的合作与竞争

从未来趋势来看，传统银行和互联网金融可能凭借各自的优势，在金融服务的不同领域分庭抗礼，竞争大于合作。在竞争中，传统银行的手续费收入及费率将进一步下降，并逐步与互联网金融的服务费率趋同。

①支付结算业务的竞争与合作关系。一方面存在竞争，传统银行仍然能在线下支付以及线上B2B支付上占据优势，但在小额分散以及线上B2C、C2C领域，互联网的支付优势明显；另一方面也存在合作，银行与第三方支付企业签约共同拓展覆盖范围。

②转账汇款业务的竞争关系。在转账汇款业务上，传统银行与互联网支付平台以竞争为主，未来银行仍将占据大额转账业务的绝对份额，但在小额转账业务上必须靠降低价格和提升系统来争抢份额。

③代扣代缴业务的竞争关系。在公共事业费代扣代缴业务上，银行对现有中老年客户的黏性很高，但是互联网支付的便利性更能吸引年轻客户，未来传统银行在竞争中所处的形势不容乐观。

④理财产品销售的竞争关系。在短期内，由于银行客户资源丰富、客户认可度高以及投资者的消费习惯等因素，新兴的互联网理财难以撼动银行作为理财产品代销主渠道的地位；但从长远来看，互联网理财的多方面优势将对银行代销业务带来致命冲击。为此，银行一方面需要展开竞争，通过降低代销费率、缩短赎回到账时间、自建综合理财网销平台等稳住客户资源；另一方面需

要寻求合作,扩大与第三方理财销售平台的支付合作,赚取交易手续费收入,同时,银行自有的理财产品也可以放到第三方理财销售平台销售。

(三)虚拟货币

伴随着互联网金融的发展,虚拟电子货币应运而生并成为购买虚拟产品和增值服务的重要工具,其社会影响也逐渐引起人们的关注。虚拟货币,通常依托于公用信息网和计算机、通信技术,表现为数字化的存储形式和数据传输方式,并能在一定范围与程度内执行流通和支付功能,因此常被作为进行虚拟交易的支付货币,目前来看主要包括以下两类。

1. 以 Q 币为代表的虚拟货币

(1) 基本情况及特性

此类货币是应电子商务而崛起,由网络社区发行管理,用以购买虚拟物品的一类货币。如今影响力较广的虚拟货币主要有以下几种(见表15)。此类网络虚拟货币的应用业务以游戏道具的购买为主,主要通过网上银行等第三方支付平台支付,通常具有两种特性,一是流通的相对封闭性。各网络运营商为了自身利益建立支付平台,发行网络虚拟货币,不同种类网络虚拟币之间并不互相流通。二是发行的无限制性。网络运营商发行网络虚拟币相当于为自身锁定固定的消费人群,网络虚拟货币的发行没有明确的限制,可以通过不断地增加网络虚拟产品的供给和网络虚拟货币的发行来巩固市场和扩大锁定效应。

表15 我国流通中的主要虚拟货币

币种	发行公司	购买价格	购买方式	应用业务
Q币	腾讯	1Q币=1元	财付通、网上银行	QQ会员、QQ秀、游戏道具等
百度币	百度	1百度币=1元	网上银行、手机话费	资料下载等
盛大点券	盛大	100点券=1元	网上银行	游戏道具等

(2) 发展及影响

随着网络运营商业务的扩展,此类虚拟货币的使用范围也随之发生了一定的改变,虚拟货币的触角逐渐延伸至网络运营商以外的领域,有贩卖者开始出售并换取人民币以谋取利益。但总体来看,此类货币更接近于一种预付费手段,即

通过预先支付一定费用而获得一定数量的币值，再去换取特定网络服务商提供的一系列服务，在某种程度上充当的是网络服务商增值业务和货币之间的一种中间凭证。这种凭证可以实现人民币和虚拟货币服务的单向兑换和流动。

2. 以比特币为代表的电子币

（1）以"去中心化"为核心特征和创新点

比特币是一种由开源的 P2P 软件产生的电子币、数字币，是一种网络虚拟资产。它基于一套密码编码，通过复杂算法产生，这一规则不受任何个人或组织干扰，即"去中心化"；任何人都可以下载并运行比特币客户端，参与制造比特币；比特币利用电子签名的方式来实现流通，通过 P2P 分布式网络来核查重复消费。每一块比特币的产生、消费都会通过 P2P 分布式网络记录并告知全网，不存在伪造的可能。比特币的流通与交易规则与股票、黄金外汇等操作类似。交易人首先要充值法定货币至网站账户以购买比特币，所购买的比特币存放在网站交易平台；若卖出，可从账户中提取法定货币到自己的银行账户。

（2）交易流通规模迅速扩大，价格波动风险引起关注

随着对比特币认知的普及，比特币交易流通的规模不断扩大，链条日渐完善。一方面，比特币可以通过基础平台运营商进行交易和兑换；另一方面，越来越多的商家接受比特币对商品的购买。与全球相比，中国地区的比特币发展尤为迅速。截至 2013 年 10 月底，中国比特币每天的交易量上升到 10 万个，比特币中国的交易量超越了国外其他两大比特币交易平台，成为全球交易量最大的比特币交易平台。

伴随着比特币市场规模的扩张和买卖频率的上升，其价格波动风险也相应显现。由于算法本身的设计，比特币存在大量的炒作套利空间和波动风险。成立之初，1 比特币的市场兑换价格为 0.03 美元；2013 年 4 月 10 日，国际市场上的比特币报价最高为 266 美元，而在当天又回落至 105 美元。在中国市场，比特币实时交易价格最高达到 7000 元，之后受相关政策影响，12 月 16 日下跌至 4521 元，12 月 18 日交易价格最低跌至 2011 元，两日之内价格跌幅超过 55%。价格的暴涨暴跌加大了比特币的交易风险和持有风险。

（3）逐渐受到监管部门的关注和介入

世界各国在一定程度上认可比特币的地位，同时加强了对比特币的监管。

如美国监管部门要求所有兑换或转让虚拟货币的企业都属于"货币服务商"，必须向政府注册，还要做好反洗钱检查安排。2013年3月，美国财政部金融犯罪执法局（FinCEN）颁布了《数字货币兑换条例》，明确虚拟货币交易所需要以货币服务业务提供商的名义注册，且须遵守反洗钱条例。旨在调查可疑金钱交易的联邦银行法规，也适用于在网络发行或仅存在于网络的货币。2013年5月6日，美国商品期货交易委员会（CFTC）也就比特币是否属于其管辖范围进行了探讨。

2013年12月5日，中国人民银行、证监会、银监会等五部委联合印发了《关于防范比特币风险的通知》，明确了我国监管部门监管比特币的积极态度，在公众投资风险意识、反洗钱行为认定、保险标的确立、金融机构产品定价、支付清算等多个领域进行了规范。

（四）传统金融机构的互联网进展

1. 商业银行的互联网金融发展

（1）继续完善自有远程化服务平台建设

技术创新飞速发展，给商业银行带来了产品创新的条件和动力。随着网上银行、手机银行、ATM等远程化服务平台的加速建设，商业银行当前的大多数业务都已实现电子化，并通过价格优惠等营销策略鼓励客户办理业务时以电子网点取代物理网点。据不完全统计，2013年商业银行业务电子渠道替代率已达到80%以上，在此基础上，有商业银行计划未来一定时期内要达到电子网点比人工网点5∶1的比例。

①提升互联网服务品质，优化客户体验。商业银行通过提升原有互联网的产品功能，更好地满足了用户的需求和体验，达到维护原有客户和拓展新客户的效果。如农行通过"理财e站"对其自动理财产品进行了功能优化，用户在开放时间内赎回可实时到账，降低限额以满足碎片化理财需求，实现"隔夜理财"等，产品签约率和交易金额比以前分别提高了5倍和3.3倍。

②扩展互联网交易领域，满足客户需求。商业银行正尝试在金融平台的基础上，不断丰富和添加其他交易内容和信息容量。如交行研发推出的网上商城

"交博汇",以金融服务为基础,将贷款、供应链融资、市场交易融入整个平台。依托平台,企业可以便捷地实现商品的产供销,资金的回笼、融通、授信、理财,信息资讯和市场品牌推广等多项功能。多家银行在其门户网站推出了信用卡在线申请、个人贷款申请等在线申请功能和覆盖生活领域的充值缴费、网上购物、机票旅游、电影票等栏目,迎合了互联网时代的客户行为习惯,取得了良好的效果。

③深化后台流程建设,加强资源支持。互联网金融对商业银行的快速响应能力、管理流程、决策科学性都提出了挑战。随着对互联网金融重视程度的提高,各商业银行正在通过管理资源、科技资源、考核偏好等多种资源的倾斜,提升自身互联网金融产品与服务的竞争力。如农业银行制定并实施了电子银行用户体验长效机制及工作规则,将用户体验引入电子银行的日常功能设计、产品开发、流程优化等环节;广发银行在机构设置上,将电子银行部调整为网络金融部,试图加大通过电子渠道获取客户的力度;民生银行在研发建设新一代银行系统过程中引入互联网开发理念,支持其在移动终端、大数据和云计算的功能拓展。

(2)进一步加强与互联网企业的"竞合"

在互联网金融领域,互联网企业和商业银行在市场占有、客户发掘、信息获取、风险管理方面各有优势,为了适应客户金融需求的日趋多样性,商业银行不得不加强与互联网企业的跨行业合作以迎合消费群体。然而在合作过程中,经营理念的差异和利益立足点的不同,使得商业银行与互联网企业之间产生了博弈与竞争。

①借力开发金融产品,与互联网企业密切合作

互联网金融的多维渠道和受众面,使商业银行必须把握与互联网企业、支付公司深入合作的机会。以微信银行为例,基于3亿微信用户,各银行纷纷上线微信客服和微信银行。广发银行2013年末的微信银行用户已超10万户,光大银行将在微信银行推出微信办理借记卡业务,利用微信渠道拓展客户。依托支付宝和微信,中信银行尝试虚拟网络信用卡创新。以支付宝钱包为发起载体,消费者可以通过中信银行公众号在线申请和获批信用卡,从而脱离了实体卡的限制。

②规范互联网金融服务,与互联网企业的竞争加剧

商业银行与互联网支付机构在快捷支付业务的合作中一般有两种形式,一种是普通电子商务业务模式,银行按照快捷支付业务量的一定比例收取费用;另一种是不向支付机构收费,而以一定额度的存款承诺作为交换条件。随着快捷支付业务风险的暴露和监管政策趋严,从2014年2月底开始,工行、农行、中行陆续下调了用户使用支付宝快捷支付的额度并统一支付出口,同时升级自有在线支付业务,互联网支付机构对此颇有异议。

专栏6 直销银行

直销银行是在互联网金融时代应运而生的产物,其客户通过电子渠道办理所有业务,无须依赖物理网点,无实体卡发放,客户在网上注册电子账户即可,通过虚拟账户进行各类业务,可打破时间、地域限制,实现业务中心与终端客户的直接业务往来,为特定目标客户群体提供金融产品和服务。直销银行具有群体特定、交易透明、使用便捷安全等特点,在市场竞争力和客户吸引力上具有较强的优势。

20世纪90年代末,欧美发达国家开始出现直销银行。在运营模式上,一类是纯线上模式,如汇丰First Direct银行通过线上系统及呼叫中心提供全部产品与服务;另一类则是以ING集团旗下的ING Direct银行为代表的线上与线下融合的模式,除线上服务外,还提供一部分辅助性质的线下服务。目前,国内的民生、广发、北京银行相继试点直销银行。

民生、广发银行联手阿里巴巴筹备直销银行,在淘宝上建立直销银行店铺,来实现金融产品的展示和线上销售功能。民生银行的直销银行主要包括"如意宝"和"随心存"两款产品。"如意宝"产品主打"非现场开户"。"随心存"是储蓄产品,客户可以在电子账户内进行储蓄。未来在监管允许的情况下,直销银行可能会作为独立机构从当前民生银行的业务中分拆出来。

北京银行与荷兰ING集团在吸收国际直销银行先进服务经验的基础上,率先引进并推出直销银行,并在北京、南京、济南、西安四地推出试点。与纯粹线上模式不同,北京银行直销银行更加灵活,采取线上和线下融合、互通的

服务模式。北京银行直销银行的业务全流程可通过柜员机实现自助操作,有效提升了操作效率并使价值最大化。

(3) 更加关注互联网渠道与自身业务特色的整合

①强调人力资源与电子资源、线上服务和线下服务融合的发展方向

从目前来看,多家银行在经营理念和方式上尝试将线下客户、传统信誉优势和网络相结合,实现人工服务与自助相结合的"无人银行、有人服务"模式。通过各类自助设备、网络和手机服务终端,以客户自助服务为主,辅之以人工咨询服务,在人工网点中突出客户经理的资源和服务优势。

②重视本行特色业务与互联网业务的融合

如农行在自助金融领域研发并推出了适合县域地区投放的自助服务终端和"智付通"系统,并结合农村地区对公客户以及中小企业客户的经营特点与办公条件,为其量身定做"智锐版企业网银"。

在商业银行的互联网金融战略中,商业银行仍然需要深化科技与业务融合,持续提升科技服务能力和创新能力。同时需要再造内部流程,利用互联网新技术及时提供一致、完整、准确的数据信息,实现决策流程快速响应,提高服务效率和需求响应速度,提高管理决策水平。

专栏7 应对移动支付的发展,大力拓展手机银行

手机银行①也可称为移动银行(Mobile Bank),是银行业金融机构与移动通信运营商之间通过跨行业合作,整合货币电子化与移动通信业务,借助移动互联网络平台,以手机作为终端,向客户提供银行服务的一种金融服务方式。在理论上,手机银行可以汇集账户管理、转账汇款、支付、存取款、投资理财、三方存款、代缴费、信用卡、咨询等各种银行服务功能。一部手机可以管理个人所有的金融账户,满足全部投资、理财和消费等需求。

与传统的银行服务相比,手机银行把通信领域的技术优势和银行金融服务

---

① 关于手机银行的定义,目前最广为接受的概念是通过移动互联网进行的金融交易,包括现在大多数商业银行将网上银行的交易内容复制到手机的交易模式和移动运营商利用手机话费进行的交易方式,后者主要包括远程手机支付和现场手机支付,以及少量的转账和理财服务等。

功能结合起来，能够极大地降低成本，包括银行网点构建成本和维持传递渠道的成本以及用户获取金融服务的成本。对客户而言，利用手机的随身携带和随时操作的特性，既解决了方便性问题，也解决了及时性问题。对银行而言，手机银行一方面延长了银行的服务时间，扩大了银行的服务范围，另一方面也无形中增加了许多银行经营业务网点，真正实现24小时全天候服务，大力拓展了中间业务。对移动运营商而言，既提升了增值服务，也拓宽了业务领域。此外，利用移动互联网，手机银行还可以将银行和支付业务拓展到无金融网点的地区和无银行账户的消费者群体，真正解决偏远地区金融服务匮乏、低收入人群的金融需求得不到满足等问题，提高金融服务的覆盖面。

1999年，中国银行和中国移动首先推出了覆盖26个城市的国内最早的手机银行业务。随后，各大银行纷纷推出自己的手机银行或手机钱包，但都局限于重点城市的推广，覆盖范围相对较小。2004年底，交通银行推出了国内第一家采用无线上网技术、能同时链接中国移动和中国联通的手机银行，具有免办手续、"零"服务费等特点。截至目前，在经历技术革新和市场变迁后，各主要商业银行对手机银行实现方式的技术选择逐渐趋于一致。2012年，各参与主体相继推出了更时尚、前沿的手机银行产品，在手机支付领域取得了长足的突破与进展。

近年来，3G网络的推广、智能手机的普及、手机上网资费的降低，都大大降低了手机上网的门槛；手机网民数量增长迅速，为手机银行业务的开展带来了数量庞大的潜在客户；手机银行相关政策措施的出台，如第三方支付牌照的发放和移动支付行业标准的确定等，为整个行业创造了更为规范的发展环境，也有助于调动各个参与主体的积极性；商业银行、移动运营商、第三方支付企业等纷纷加入市场争夺，不断研发出更加方便、快捷、个性化的手机银行产品，手机银行在人群中的接受度逐步提高。

整体来看，我国手机银行尚处于发展初期，在市场环境、产品研发与推广、用户体验等各个方面还不成熟。手机银行的业务开展主要集中在城市消费领域，对广阔的农村市场和低收入人群还不够重视。在城市消费领域，应参照日韩的发展模式。特别是在近场支付方面，应该进一步挖掘手机银行的潜能，打造"手机一卡通"，实现手机刷卡乘公交、登机、购物，让用户的手机成为开启现代金融生活的一把"万能明匙"。在农村消费领域，可参照菲律宾、肯尼亚两国的发展模式，有计划、有步骤地放开代理机构涉足金融服务的限制，充分发挥手机银行低成本、高效率的特点，为众多的金融空白地区带去正规的金融服务。总体来看，我国手机银行有以下四个特点。

①技术标准趋同，业务竞争激烈

一是手机银行的实现形式由WAP模式逐步转向客户端模式。3G门户网发布的《2013手机银行调查报告》显示，在手机银行用户中，Android版手机银行的使用率占绝对优势，高达82.7%，其次是WAP版，其使用率不足30%。在iPhone手机成为"街机"之际，iPhone版手机银行的使用率仅占大约10%。二是尽管各家银行都坚持认为手机银行是一种新型的移动金融服务模式，其应用领域和服务内容应该更为宽广，但事实上各家银行都将手机银行当作网上银行的一个有益补充，仅仅是向客户提供银行服务的另一渠道。因此，目前手机银行的内容设置绝大部分都是将网上银行的业务搬到手机上。这与当前手机银行刚处于起步阶段也有一定的关系。三是在各家商业银行提供的基于WAP模式的手机银行服务中，查询业务的交易笔数最多，其次分别是转账和支付；从交易额度来看，转账汇款和支付均处于前列（见图19）。四是各家商业银行目前都试图抢先占有市场份额，扩大各自手机银行的业务规模，因而在提供基于WAP模式和短信模式的服务时，都不收费或者低折扣提供服务。例如建行开展手机银行汇款0.15%的优惠活动，农行、兴业开展了汇款免费的优惠活动。

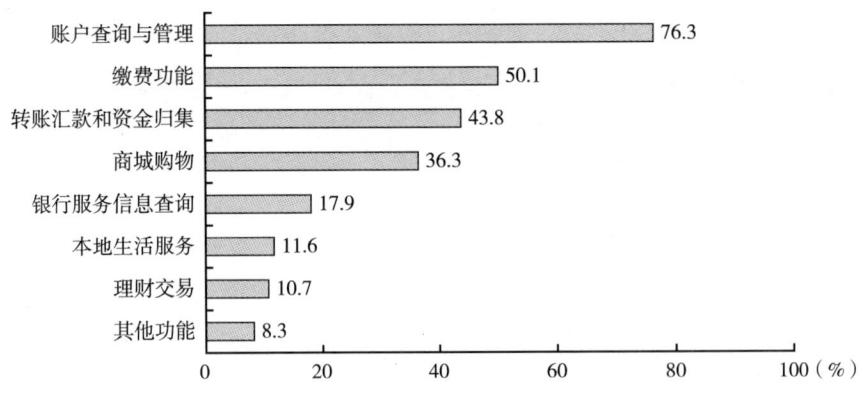

图19 用户最常使用的手机银行功能

资料来源：3G门户网《2013手机银行调查报告》。

②各商业银行开展特色服务内容

尽管模式和内容基本趋同，但是各家银行还是在不断开发具有机构特征的特色服务，以形成各自的竞争优势。例如农行手机银行推出农户小额贷款业务，即农行和农户签订协议，将农户的手机号和惠农卡号进行捆绑，在5万元的额度之内，农户可以通过手机银行随借随还。交通银行最近推出了手机取现业务，即无卡取现业务。交通银行的手机银行业务可以提供预约取现服务，额度是一天2万元，使用者可以在全国任何交行的ATM机上取现。取现时要求输入手机号和预约码，实现双重安全保证。对银行来说，这种业务可以大大降低成本，降低巡检成本（防范银行卡被复制的风险），而且安全性很高。

③市场认知度较高，但普及率很低

根据艾瑞咨询的调研结果，有89.1%的网民听说过手机银行，而使用过手机银行的仅为33.2%。在手机银行的三种实现方式中，短信银行是主流，使用比重高达65.4%。因为短信银行推广时间较长，操作方便简单，用户接受程度较高。《2013手机银行调查报告》也表明，手机银行用户正显著地向收入高、购买力强的中年人群扩散。30～39岁用户的数量显著增加。手机银行用户的成熟和用户结构的优化，预示着此业务良好的发展前景。越来越多收入较高的人群开始使用手机银行业务。本科及以上学历人群占到了23.2%。通过对比研究发现，手机银行用户的文化程度略高于非手机银行用户的文化程度。

④第三方支付积极进取，市场竞争趋向多元

在网上支付方面，客户完全可以借助第三方支付商完成网上信用卡还款、跨行转账、保险续费、手机充值、水电煤、房租、房贷缴费等多项服务应用。第三方支付商天然具有体制、效率和创新文化等优势，比银行受到的束缚要少，竞争上同样具有优势。在网上支付方面，第三方支付商凭借自身优势，事实上已经有效地捆绑了银行。在现场支付领域，第三方支付商的介入，将使利用手机进行支付的金融服务业务的竞争更加激烈，商业银行将更处于竞争劣势。

2. 证券业的互联网金融发展

近一两年来，证券业不断试水和适应互联网金融的高速发展。一方面，券商将传统业务互联网化，充分发挥网络运营方便、快捷、成本低的优势，借助互联网络和移动平台为客户提供更有效的服务；另一方面，券商基于互联网进行业务创新，在一定程度上脱离现有的各业务类别，依托大数据、社交网络、云计算等，促使投融资双方在线上直接对接。从试水效果来看，证券与互联网的加速融合在促进券商拓宽营销渠道、扩大服务边界的同时，也加剧了同业竞争，促使券商的业务模式和重心加速转型。

（1）继续改进与完善券商的互联网业务平台

①加快网络交易平台创新，不断拓宽证券公司的金融产品和投资咨询服务的网络渠道

证券公司将证券交易网络平台作为客户获得专业服务的入口，进一步通过网络实现证券基础业务的自助化和自动化，完善和提升投资者交易的安全性和资讯服务的高效性。如上海证券近期正式推出移动证券平台"指e通"和移动证券主打产品"速e融"。通过APP、微信、移动网站等多种互联网模式，投资者可以全天候实现"证券快速开户，全线上自助办理和快速融资"一体化服务。

②多层次打造证券公司的账户体系，加强证券账户的基础功能

券商在账户开立、资金进出管道及额度管理三方面实施创新探索，帮助客户自由支付，提升客户资金使用的便捷程度；丰富资金集聚渠道，使客户的资金实现跨行业、跨品类的配置。国泰君安的"君弘一户通账户"就是通过与互联网支付平台的合作，实现了资金的转账功能和消费功能。

（2）互联网证券展业成本迅速降低，传统经纪业务竞争加剧

互联网技术使得券商的非现场开户比例提高，展业成本得以降低，如国金证券与腾讯推出的证券行业首个"1+1+1"互联网证券服务产品"佣金宝"就为投资者提供万分之2（含股票交易规费）的沪深A股、基金交易佣金率。从全行业来看，2013年的佣金率是万分之7.6，2014年第一季度的佣金费率下降到万分之7，佣金收入下降和"价格战"已成为不争的事实。从当前的经营状况来看，经纪业务和通道型经纪收入对券商依然重要。2013年，中国115家证券公司全年共实现营业收入1592.41亿元，其中经纪业务净收入759.21亿元，占比高居首位。[1] 互联网金融对经

---

[1] 2013年中国证券业报告。

纪业务的冲击，迫使券商尽快适应新的形势，从过去的通道中介定位向客户需求定位转型。

专栏8　中山证券试行"零佣金"被叫停

2014年3月27日，中山证券宣布推出"零佣通"，主打手机开户零佣金，投资者在三个月推广期内，只需通过手机从腾讯网站或各应用商店下载"腾讯·自选股"，就可享有沪、深、美、港免费实时股票行情服务，同时，进入中山证券互联网金融服务，还可通过手机开立证券账户，享有证券交易零佣金。手机开户之后，在沪、深交易所买卖交易股票、基金、债券，仅收取交易所手续费、过户费等，中山证券不收取交易费用。① 按相关规定，券商收取的佣金不得高于证券交易金额的千分之三，不得低于代收的证券交易监管费与证券交易所手续费之和。据此，证监会于3月28日对此项业务予以叫停。

(3) 网络证券正在被券商积极探索论证

网络证券一般是通过应用先进的互联网技术手段和社交机制，针对用户的投资行为，提供证券咨询、顾问、策划和发行交易服务，具有自动化和专业化的特点。在美国，SigFig、Personal Capital、WealthFron、MotifInvesting等网络理财平台呈现较好的发展前景。在国内，券商正在探索和布局网络证券。

例如，中金证券联合雪球网创立了"私募工场"的互联网私募平台。通过雪球网这样一个垂直做投资者社区的互联网专业平台，将初创发展期的私募资金聚集起来，由中金提供设计和发行专业产品，在客户群中提供业绩展示、项目中介、潜在投资客户挖掘等服务。目前私募工场已发行7只产品，产品金额达到1.002亿元。

整体上看，证券业与互联网的融合效果明显，但也仍然存在技术支持不足、网络应用平台同质化等问题，需要券商进一步丰富网络交易产品，深化现有证券业务与互联网的融合程度，建立客户信息大数据库，重视用户的个性化营销和数据挖掘，精准定位和高效服务客户。

---

① 中山证券宣传材料。

3. 保险的互联网金融发展

（1）保险互联网业务规模迅速扩大

2014年2月25日，中国保险行业协会发布《互联网保险行业发展报告》，数据显示，2011~2013年的三年间，我国国内经营互联网保险业务的公司从28家上升到60家，年均增长46%；规模保费从32亿元增长到291亿元，三年间增幅总体达到809%，年均增长率达202%；投保客户数从816万人增长到5437万人，增幅达566%。①

继淘宝之后，更多门户网站纷纷加入互联网保险的市场中，保险企业与之联手挖掘并占领更多根植于互联网市场需求的保险产品，电商竞争变得日益激烈。如表16所示，和讯网在2013年6月推出了保险第三方电子商务平台；苏宁云商于2014年2月获得保险代理牌照，具备了全国专业保险代理资质。

表16 保险公司与电商合作现状

互联网电商	合作保险公司	保险种类
淘宝	分别有10家财险公司和16家寿险公司设立官方旗舰店	车险、财产险、少儿险、健康险、旅行险、意外险和理财险
苏宁易购	合作险企主要包括太平洋保险、中国平安保险、阳光保险、泰康人寿和华泰保险	旅行险、车险、健康险、少儿险
京东商城	7家险企，包括泰康保险、太平洋保险等	意外保险、汽车保险、旅游保险、健康医疗保险、少儿女性保险、财产保险、
和讯网电子商务平台	8家保险公司	九大险种
网易保险	中国人寿保险、中国平安保险、大地保险、阳光保险、太平洋保险	以车险产品为主

（2）互联网保险产品线不断完善，创新步伐加快

为抢占互联网保险市场，保险企业在产品服务和个性化定制方面不断突破，通过业务创新为自身发展带来更大的革命性动力。寿险公司网销产品不断拓宽渠道，除去理财型保险、意外险等，还将消费型短期健康险增至长期重疾

---

① 中国保险行业协会：《互联网保险行业发展报告》。

等健康险,网销平台产品的功能更为复杂,保障功能也有所加强。财险公司则是基于互联网的特性,有针对性地开发出了多个创新型险种。例如华泰财险在2014年春节期间与苏宁易购联手推出"人在囧途"和"BOSS莫怪"两款保险,消费者反响积极,产品运营达到预期目标。

专栏9 保险网销"嫁接"微信 1元门槛抢防癌"红包"

泰康人寿"求关爱"实质上是泰康人寿设计的以1元保费为门槛的防癌保险,每个用户只能为自己投保一次,保障时间为一年,18~39岁客户的保额为1000元,40~49岁客户的保额为300元。要提高保额,就得依靠朋友们的"帮助",朋友们每支付1元,保额就增加一个档次。在2014年2月20日至2月24日测试阶段,约有1万人自己花1元钱购买一份防癌保险并发送"求关爱"链接,大约有3万人为他人送出关爱,总支付笔数将近5万笔。此款产品利用微信的社交属性探索尝试发展保障型保险业务,体现出费率低廉、免核保、产品条款设计简单和透明等特点,避免了保险销售中常见的误导性问题。

专栏10 众安保险联合阿里巴巴推出"众乐宝—保证金计划"

众安保险是国内首家互联网保险公司,2013年成立后,在对淘宝的数据进行分析后,于12月5日推出"众乐宝",正式介入互联网商业信用领域。其展业对象为淘宝卖家,保险标的是淘宝网卖家的偿付能力风险。保费将根据卖家的信用情况,以需要缴纳的客户保证金作为基数,分为一年期3%和半年期1.8%两种比例进行收取。"先行垫付、事后追赔"的理赔形式,在提高卖家资金使用效率的同时,也缩短了买家的维权过程,提升了购物体验。按照众安保险自身的发展规划,其将用三年左右的时间实现盈利目标。

(3)互联网保险的监管步伐正在加快

监管部门对互联网保险销售的迅猛发展整体呈鼓励态度,事关网销保险的政策规章也正在加快制定和出台。一方面,通过操作指引细则来明确网销保险的合规性操作;另一方面,督促保险公司优化核心业务系统、产品流程设计、

在线支付安全等，以不断适应互联网业务的发展需要。

（4）互联网保险的发展动力和空间依然巨大

与传统保险相比，互联网保险产品的设计、推介、购买和理赔方式都将日益不同。一方面，保险行业依托互联网，可以以更低的成本来更好地实现客户细分；另一方面，保险公司给予互联网技术的支撑，可以及时、便利地把产品的模型和雏形推向市场，产品的部署、布局更为简单容易。随着互联网保险产品比重的不断增大和业务重心的转移，整个保险行业或将从以产品为主导的销售模式，逐步转化为以客户或者更准确地说是真正以客户为核心的这样一个销售模式。

4. 信托与担保的互联网发展

随着银行、证券、保险等机构相继加入"互联网金融"家族，信托、担保公司等金融机构也开始研究、尝试利用互联网金融，重构自身的商业发展模式，尝试通过互联网解决产品的信息、资源不对称问题。

但相对于银、证、保的互联网业务的迅猛发展，信托、担保等机构的互联网发展仍然处于起步阶段。例如外贸信托推出了"五行财富"微信订阅号，用以推送公司的在售产品并对客户提供业务咨询，但并不提供在线交易。另外一些信托公司则更进一步，策划并提出了平台型战略。一是借助第三方平台。目前信托行业已经出现以"聚信托"为代表的第三方互联网金融平台，信托公司可以将自己的产品和客户经理代入，达到产品销售和客户服务的目的。二是自建平台。信托公司通过自有互联网平台，集中展示信托产品，甚至可以在政策允许的情形下开通网上客户预约功能，以及通过平台撮合信托转让。

专栏11 阿里巴巴"娱乐宝"产品上线，对接信托产品投资影视产业

"娱乐宝"产品，是由阿里巴巴在2014年3月26日推出的，拟通过投连险产品借信托计划聚集7300万元资金投向4部电影，预期收益率为7%。其最大特点在于，项目起购额仅为50元，打破了通常高达百万元的信托投资门槛，可以同时为数十万个互联网用户提供购买机会，充分显示了互联网的大众参与和普联特点。

专栏12　互联网企业"网盛生意宝"开展纯互联网化操作的融资性担保业务

"网盛生意宝",作为首家在A股上市的互联网企业,其下属浙江网盛融资担保有限公司(下称"网盛融资")已获批从事融资担保业务。

网盛融资的注册资本达1亿元,核准经营范围包括:主营融资性担保业务,兼营非融资性担保业务及相关咨询中介服务,按规定以自有资金进行投资。① 目前,网盛担保仅面向公司下属网站付费企业会员开放,利润来源是基于供应链融资担保的交易佣金等相关费用。会员企业的授信额度最高为300万元,并可以在授信额度内循环使用。贷款申请、批贷、放款、还款的整个业务流程都可以实现纯互联网化操作。

三　互联网金融的发展趋势及展望

纵观2013年,互联网金融话题方兴未艾,互联网金融产品层出不穷,互联网金融的参与者更是"你方唱罢我登场"。在可以预见的未来一段时期内,技术、制度、文化等各类因素的碰撞、融合与聚力,仍将推动互联网金融不断发展与创新。

一是互联网金融的技术基础将更加先进。基于现有互联网基础,网络虚拟化、智能化、高速通道以及安全与寻址等针对新一代互联网的架构与技术正在演进、探索和革新过程中。新一代互联网将具备可靠承载、高速泛在、智能管控、安全可信以及平滑扩展等特征,从而更好地满足未来金融业信息化发展的需要,更大限度地承载人们对互联网金融便利性、安全性的持续追求。

二是互联网金融的制度空间将更为广阔。金融改革的核心是促进适度竞争,提高金融效率,包括通过利率市场化完善资金价格形成机制,推动利润在实体经济和金融领域的平均化,实现产业资本和金融资本的合理配置和协调发展;打破垄断,允许新的具有巨大能量的竞争者甚至是"搅局者"参与竞争。

---

① 浙江工商局企业查询系统。

广阔的金融市场空间,为互联网金融的发展开辟了广阔的前景并提供了坚实的保障。互联网金融将从现在的功能片段化、在传统规则边界游走的现状向体系标准化、功能完整化、生存独立化的方向发展,未来的互联网金融将是以互联网为平台构建的具有金融功能链且具有独立生存空间的投融资运行结构,并在优化资源配置、拓展财富管理、深化价格机制方面,使金融的功能效率大幅提升。

三是互联网金融的产品与服务将更加便利、规范。第三方支付、互联网融资等新型的互联网金融产品和服务模式,因其受众广、成本低的特征,预计将依然保持迅猛发展的态势,并将在行业的发展进程中依靠创新来解决问题和规范市场。

第三方支付作为当前金融服务业的重要组成部分,正在步入新的阶段。经过数年的发展,一方面,第三方支付的线上和线下市场通过移动技术、O2O等形式不断融合,交易技术趋向成熟,内容预期将更为丰富,例如可以探索利用第三方支付平台快捷、透明、直接、管理方便的特点,建立网上缴税营业厅,合理利用第三方支付平台进行网络办税;还可以借助已经取得的结汇、售汇资格,向提供个人外汇操作平台、促进金融衍生品交易的方向发展。另一方面,第三方支付的应用领域将进一步深化和拓展,商业模式不断创新,竞争加剧。例如,第三方支付企业可以转型为B2B金融服务提供商,在单纯的支付功能上,以泛金融的方式致力于提升企业中短期资金的流动和运营效率;还可以通过整合终端、数据、增值服务来提升产业附加值,将建立在单通道基础上的数据分析和增值服务作为新的盈利点。

P2P、众筹等互联网融资模式将在规范中创新发展。P2P网贷行业的规范化发展已成为行业的共识,通过市场的优胜劣汰和重组整合,或将有一些实力雄厚、业务专一的网贷公司在市场中脱颖而出,链接网贷行业的上下游,更好地提供借贷服务,并通过政府服务中心、行业协会的规范和联盟自律,做好风险管控工作。众筹模式作为一类新生事物,仍在不断地摸索和完善,如何兼顾小企业、初创期企业的筹资便捷性和小额投资者保护的有效性,将成为众筹融资规范中需要解决的核心问题和方向。

四是互联网金融的参与主体将更加多元化。多维度的互联网金融市场正在为不同参与主体提供试入和发展空间。互联网企业、传统金融机构、产业实体正在依托各自的优势，遵循不同的路径，参与到互联网金融的市场竞争与合作中。

网络企业的金融化步伐将不断加快。基于互联网业务的技术优势、电子商务的客户优势以及民间资本的政策激励和创新优势，以阿里金融为首的互联网公司成为进军互联网金融领域的重要力量，越来越多的有资质的互联网企业将通过申请金融牌照、收购中小金融机构等方式进军金融领域，专业的网上经纪业务公司、资产管理公司和投资银行可能会不断地在互联网金融市场涌现。

传统金融机构的网络化比重将日益增大。在互联网金融蓬勃发展的前景下，互联网的快速渗透进一步加速了我国的金融改革，改造传统金融机构的趋势不可逆转。传统金融机构必将需要更快地进行自身调整，积极以各种形式尝试转型，利用互联网思想和技术创新盈利模式和改善客户体验。首先是互联网服务渠道和物理网点的比例将更为合理，互联网金融服务平台的建设使银行可以向社区化、轻型化、智能化发展，更加贴近和嵌入银行客户的生活体系。其次是高净值客户及大客户服务将更为专业，通过定制化的单一客户综合服务方案与专业的金融产品服务，依托互联网金融的技术支撑来降低运营成本，以保持和增强现有竞争力。最后是大数据的开发应用将更加重要。通过系统的建设与完善，构建专业的数据库，分析、提取客户的交易消费信息，挖掘客户的金融需求，为产品和服务的设计提供数据支持，是传统金融机构在未来立于不败之地的必要基础。

产业实体与互联网金融的结合程度将趋于紧密。一方面，在产融结合不断加快的背景和趋势下，产业实体通过设立财务公司和产业基金、参股控股金融机构等手段，逐步推进"由产到融"的建设步伐，将越来越多地直接参与到互联网金融市场的投资运营中；另一方面，伴随着产业互联网的起步，企业将更多地通过交易平台、增信融资平台、智能制造平台、物流平台的建设，依托核心资源和优势企业，整合产业链条的资金流、物流、数据流，发展互联网供应链金融，提高工业产供销效率。

五是互联网金融的监管力量将更加强大。合理有序的监管是互联网金融快速健康发展的必要保障。为了化解互联网金融发展中的问题与风险,预期互联网金融的法律法规将加快完善,通过发展基础性法律来厘定互联网金融的发展方向,进一步通过修正和完善互联网金融的配套法律体系、制定与互联网金融相关的部门规章和国家标准来规范互联网金融行为,保护互联网金融的消费者权益。此外,现有金融监管机构在互联网金融行业发展中的监管职责将进一步得到明确,跨行业、跨市场、跨部门的金融协调保护机制将趋于完善,监管理念也将逐步从机构监管转向功能监管。

身处互联网金融大发展的时代,无论企业、金融机构还是个人用户,每个主体既是参与者,也是观察者和推动者。尽管对互联网金融的分析、预期和研判在某种程度上都是滞后和片面的,但唯有如此,才能在互联网金融的发展中践行应有的使命,迎接全新的机遇。

参考文献

白杰:《互联网金融对普惠金融的积极作用研究》,《企业文化》2013年第4期。
蔡鎏:《网络金融:"搅局者"促金融大变革》,《投资北京》2013年第8期。
陈捷、吴晓光:《网络金融环境下的消费者隐私权保护》,《华北金融》2012年第1期。
陈轩、苗丹丹:《"阿里巴巴小额贷款"金融模式的前景探究》,《商场现代化》2013年第10期。
宫晓林:《互联网金融模式及对传统银行业的影响》,《南方金融》2013年第5期。
郭忠金、林海霞:《P2P网上借贷信用机制研究——以拍拍贷为例》,《现代管理科学》2013年第5期。
胡世良:《移动互联网缺乏有效商业模式》,《中国电信业》2013年第2期。
胡熠:《技术脱媒对银行业务发展的影响及其应对策略》,《新金融》2012年第3期。
基路亚:《失控的货币》,《新经济》2013年第10期。
贾玢:《中外网上银行发展的比较与启示》,《经济论坛》2010年第4期。
焦豪、孙川、彭思敏:《基于合法性理论的社会企业利益相关者治理机制研究——以宜信集团为例》,《管理案例研究与评论》2012年第5期。
刘堃:《浅析我国证券市场监管的现状及对策研究》,《现代商业》2013年第17期。
刘蕙:《建立P2P网络借贷平台风险监管体系建议》,《商品与质量·学术观察》2013年第4期。
刘晓辰:《为企业装上一把"冲锋枪"——互联网化时代的商业战》,《管理学家》

（实践版）2013年第7期。

马珊珊：《线上的"金融革命"》，《新理财》2013年第7期。

马骁、胡松筠：《第三方支付存在的问题及其解决对策》，《科技和产业》2012年第7期。

莫虹、王明宇、刘淑贞：《电商触金——探析"阿里金融"模式》，《电子商务》2013年第7期。

潘意志：《阿里小贷模式的内涵、优势及存在问题探析》，《金融发展研究》2012年第3期。

施俊：《众筹模式与P2P应深度合作》，《新财经》2013年第7期。

宋滟泓、水寒：《一场电商掀起的金融革命》，《IT时代周刊》2013年第10期。

谈佳隆：《银行：被革命，或"革自己的命"》，《决策探索》2013年第7期。

杜征征：《互联网金融营销的兴起与发展》，《银行家》2012年第11期。

王晓帆：《网络上的民间金融》，《新经济》2012年第9期。

王雪玉：《互联网挑战银行之一：阿里金融》，《金融科技时代》2013年第5期。

魏凤春：《监管着眼控风险或影响市场情绪》，《股市动态分析》2013年第14期。

杨练：《金融遇上互联网》，《证券市场周刊》2013年第33期。

杨群华：《我国互联网金融的特殊风险及防范研究》，《金融科技时代》2013年第7期。

由曦、宋玮、刘琦琳、袁满、董欲晓：《交战互联网金融》，《时代金融》2013年第1期。

俞文婷：《我国小微企业融资问题探析》，《现代营销》2013年第6期。

曾刚：《积极关注互联网金融的特点及发展——基于货币金融理论视角》，《银行家》2012年第11期。

翟光宇：《互联网金融会与银行决斗吗?》，《股市动态分析》2013年第32期。

赵睿：《金融电子化下的银行创新与风险防范——访交通银行董事长牛锡明》，《银行家》2013年第7期。

中国互联网络信息中心：《2012年下半年中小企业互联网应用状况——〈第31次中国互联网发展状况调查报告（下）〉》，《互联网天地》2013年第3期。

周珍：《互联网时代下商业银行经营的新变化》，《时代经贸》2013年第7期。

朱孟楠、叶芳、赵茜、王宇光：《影子银行体系的监管问题——基于最优资本监管模型的分析》，《国际金融研究》2012年第7期。

专题报告

Special Reports

B.2
互联网金融的理论分析

摘　要： 本报告尝试应用经济学、金融学、管理学的相关理论，对互联网金融的微观机制、产业组织和宏观影响进行分析。互联网金融的价值创造可以由"长尾理论"来解释，但由于网络效应，互联网企业容易形成紧密型寡头垄断。根据产业组织理论SCP（结构—行为—绩效）的模型分析，互联网金融面临政策的不确定性，内部产业竞争激烈，会对传统金融机构造成冲击，从长期来看将会降低金融服务的成本。在宏观上，互联网金融可能改变货币政策的传导渠道和家庭资产的配置。

关键词： 互联网金融　微观　产业　宏观

随着互联网技术的高速发展，现代信息技术与传统金融相结合诞生了互联网金融这个新的金融概念。Allen 等指出，互联网金融指的是利用电信手段和计算机技术提供金融服务与金融市场。Andrew 则认为任何通过电子渠道将商务、金融、银行联系起来的事物都算互联网金融的一种形式。互联网金融不是一个短期现象，而是人类生活进入互联网时代后，金融向互联网化演进的长期方向。

综上所述，从理论逻辑上梳理互联网金融的价值创造机制、产业竞争环境以及在宏观经济层面产生的影响就显得尤为重要。本报告安排如下：第一节是对互联网金融的微观经济理论分析，第二节是对互联网金融的产业组织理论分析，第三节是对互联网金融的宏观经济理论分析。

一　互联网金融的微观经济理论分析

近年来，互联网金融产品在中国的发展十分迅猛。从交易规模看，网络借贷的成交总额从 2011 年的 10 亿元发展到 2013 年的 1000 亿元左右，① 2013 年互联网第三方支付的总体交易规模达到 17.9 万亿元，同比增长 43.2%。② 从产品种类看，新型的互联网金融产品层出不穷，一些传统线下金融产品如货币基金、信用卡等纷纷进入线上。

互联网金融的商业模式取得了巨大的成功，其发展速度超乎了大众的想象。一些学者（谢平、邹传伟，2012）认为，互联网金融已经并仍将对金融模式造成颠覆性影响，产生巨大的经济社会效益。我们可以从互联网金融发展的宏观环境、价值创造逻辑、与传统金融的区别等方面重新审视这种新型商业模式，以探究其生命力的根源。

（一）互联网金融的商业模式分析

1. 互联网金融模式的 PEST 分析

一个行业所处的环境是特定商业模式生长的土壤，在对互联网金融的商业模式进行分析之前，先通过 PEST（即政治、经济、社会、技术）分析框架说明互联网金融面临的外部环境与市场条件（见图1）。

---

① 网贷之家，http://www.wangdaizhijia.com/。
② 易观智库，http://enfodesk.com/SMinisite/maininfo/articledetail - id - 400947.html。

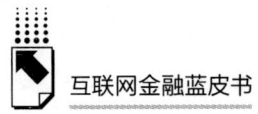

图1 互联网金融发展宏观环境的 PEST 分析

第一，政治环境。十八届三中全会着重强调了行业信息化建设的重要性，指出要加强金融领域的信息化建设为改革助力。发展电子商务也被明确写入"十二五"发展规划。[①] 不难看出，未来的一个时期是我国在线买卖、移动支付、大数据处理等新兴业态发展的黄金时期。

第二，经济环境。我国的宏观经济形势保持着稳定与高速增长的势头，收入的逐年累积产生了强劲的消费需求和投资需求。与之相对的是另外两个长期存在而又不能很好解决的问题。一是我国民间资本的投资渠道不畅。传统的银行存款利率低且固定，理财产品期限长、起售金额大。二是国内个人和小微企业融资困难。我国国有商业银行长期垄断金融资源，授信时往往偏好规模大、信誉好的企业或者政府支持的行业。众多个体和小微企业由于无法提供合格的抵押品和信用记录，加上贷款金额小、期限短，因此资金需求长期得不到满足。

第三，社会环境。在大众生活中，移动互联网逐渐成为不可或缺的工具。在此基础上，无线网络技术的推广和智能手机的普及使得互联网企业拥有越来越多的潜在客户资源。据统计，中国移动互联网的网民规模将从2013年的5.0亿人增加到2018年的7.5亿人，占全国人口规模的一半。[②] 如此庞大的在线群体需要相关的网络服务设施，现实世界中的交易平台、支付中心、融资中

---

① 参见《中共中央关于全面深化改革若干重大问题的决定》以及《电子商务"十二五"发展规划》。
② 瑞银行业分析报告《中国互联网行业：O2O 改变商业格局》，2014年3月。

介在虚拟世界中也应具备。

第四，技术环境。当今的计算机科技已经并能继续为互联网金融提供强有力的技术支持。技术进步对传统金融模型的变革主要体现在云计算、大数据、移动互联网、电子商务这"四位一体"上。互联网金融在面对微型客户时所具有的技术优势，传统的商业银行难以企及。

通过这一系列环境分析可知，互联网金融的产生有其内在的必然性。它的产生反映了政治、经济、社会以及技术上的一系列深刻变动，也体现了全球一体化、去监管化、网络技术的进步对金融业结构的改变。

2. 互联网金融的价值创造逻辑

商业模式就是一个企业创造利润的方式（Magretta，2002）。企业通过运用其有竞争力的资源和技术生产产品，为目标客户提供服务，最终与客户分享新创造的价值。一个商业盈利模式应包含价值发现、价值匹配、价值获取三个步骤。互联网金融的商业模式符合价值创造的内在逻辑。

第一，价值发现。任何企业的活动都是为了寻求并获取价值。互联网金融企业的价值来源于效率、创新、互补和外部性四个方面。效率首先体现在交易费用随着交易次数的增加而下降，其次体现在通过信息的实时发布与更新减少信息不对称并降低搜寻成本；创新体现在新的金融产品的出现，大大丰富了金融产品的定义与市场上的收益风险组合，使得更多的人成为投融资主体；互补体现在互联网金融企业可以方便地将多种金融产品组合在一起销售，比消费者分开购买效用更大；外部性体现在随着使用同一种产品客户的增多，每一个客户的效用都会上升。互联网金融企业在这四个方面产生了价值，企业就有从中获利的可能。

第二，价值匹配。在发现潜在价值之后，互联网金融企业可以设法搭建平台，通过为资金供需双方或者买卖双方提供服务获取价值。互联网金融企业不应试图将所有在线业务全部揽下，而应选择非核心的业务外包，充分利用其他企业的比较优势。第三方支付平台要与银行建立转账接口，P2P网络信贷与众筹凭借第三方支付平台进行资金调拨，线下的服务如资格审核、物流等也事先与线上匹配好，这样就为客户提供了良好、完善的操作体验。

第三，价值获取。目前，大多数企业的收入以对所筹资金进行抽成、提供

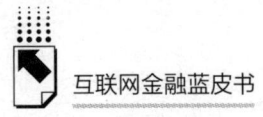

服务后收取的手续费、客户透支后收取的利息为主,并且主要面对筹资方或卖方收取。比如支付宝向卖家收取接口费,对支付、转账、代销业务收取手续费等。相比于传统银行,互联网金融的服务费用较低。

互联网金融的商业模式其实就是一个价值创造的过程,它很好地发掘了客户的需要,为客户提供了优质的产品和服务,最终与客户分享价值。

(二)互联网金融企业与传统企业的差异

1. 互联网金融的信息优势:基于信息经济学的分析

金融活动从根本上讲是价值在时间和空间上的配置和转移。除了借贷双方这两个基本要素外,金融中介对信用活动而言是必不可少的。它之所以存在,是因为市场上存在交易成本和信息成本,前者度量了市场摩擦的强度,后者度量了参与者对市场知识的掌握程度。互联网金融实质上是在科学技术长足发展的背景下,利用先进的信息搜集和处理技术解决信息问题的新型金融中介。

根据经典的经济学理论,信息的完整和对称对市场达到帕累托效率至关重要。如果金融市场上借贷双方的信息不对称,信息优势一方凭借私人信息损害另一方,或者市场本身不能产生足够有效的信息流,潜在的交易无法进行,市场就会失灵。此外,信号发送和信息搜寻成本过高也会阻碍交易,导致市场稀薄、价格分散。互联网金融有明显的自金融特性,很多制度是通过大量的信用交易自发形成的,对于解决个体间的信用问题更有优势。下面在信息经济学框架下说明互联网金融如何有效地解决资金借贷的逆向选择和道德风险问题,并论述互联网金融在信号传递、降低信息的搜寻成本方面的功效。

基本的信息不对称问题可从时间的角度进行划分。交易发生之前的不对称信息博弈称为逆向选择问题。它是指借款人(代理人)有自己类型的私人信息,而贷款人(委托人)则不清楚借款人的风险特征、收入状况、偿还意愿。如果按照借贷市场的平均风险等级确定借款利率,那么风险等级越高的借款人越有动力从中借款,进而高风险借款人会将低风险借款人逐出市场,与此同时提升市场的整体风险水平。逆向选择的存在会致使市场稀薄、交易量萎缩。传统银行在授信时一般会先进行资质审核与风险评定以获得借款人的私人信息,还会要求借款人提供优质抵押品,或要求第三方担保以提升借款人的信用水平。但由于搜集信息、制定契约的成本较高，传统金融的授信对象局限于大额贷款客户。互联网金融利用自身的信息搜集与处理优势，高效地分析借款人的特征，很好地解决了这一问题。通过互联网，全社会范围内的征信系统得以建立，平台企业利用信息流设计出针对个人的信用体系，有效地对优质客户进行了筛选，降低了贷前不确定性的影响。一些小额借款者虽然无抵押、无担保，但凭借良好的信用记录也能得到贷款。淘宝网根据商户的发货、成交记录给予一定额度的授信权限，拍拍贷网站根据借贷次数和偿还率对用户进行评级，每级设置不同的借款利率，将信誉良好的客户划入安全标专区。鉴于网络客户的虚拟性，对于额度较大的贷款，一些网上金融平台也会和传统银行一样进行贷前审核。

与事前信息不对称相关的一个概念是信号传递。它是指由于委托人不知道代理人的真实类型，代理人为了显示自己的类型发射某种信号，委托人根据信号进行选择。由于借贷双方或商品买卖双方互不认识，在社会群体信任机制缺乏的情况下，信息优势一方就要针对自身特征进行信号发射（Signaling），信息劣势一方则对不同信息进行甄别（Screening）。互联网技术突破了空间限制，提供了一个广阔的自我展示的平台，使得买卖、借贷双方能够相互了解，显著降低了事前的信息不对称程度。

交易发生之后的不对称信息博弈称为道德风险问题，它可分为隐藏的信息（Hidden Information）和隐藏的行动（Hidden Action）两类。前者指契约开始执行后，委托人虽然能观测到代理人的行动，但无法观测到一些不确定因素，如自然状态、代理人类型等。后者指委托人不能观测到代理人的行动和自然状态，只能观测行为结果。在金融活动中一般两种情况都会涉及。简要地说，借贷过程中的道德风险是指借款人在获得款项后，隐瞒了关于贷款和贷款使用的不利信息，使得本息偿还风险加大的现象。为了防范借款人加大资金风险，除了要求必要的抵押之外，传统银行还会派出专员进行贷后管理，对贷款的用途和还款能力进行实时监控。与逆向选择问题相似，传统金融会因监管成本过高而将贷款发放局限在大额客户上，家庭或者小微企业则无法获得贷款。互联网金融的出现解决了小微主体在贷款使用时的机会主义问题。由于互联网金融企业类似一种人人组织，其内部的制衡机制是自发形成的，因此个体的无形资产至关重要。其他参与者通过某人的信用记录来决定是否与其交易。这种信誉机制对借款者是一种硬约束，形成了一套特有的市场纪律（Market Discipline）：如果借款人因自身原因无法及时还款，那么借款人的形象会因此受损，信用等级便大打折扣，借款人下一次借款的时候就会遭到高额借款成本的惩罚，甚至无人愿意为其放款。小额借款的多次博弈特性限制了借款人的机会主义行为，互联网金融正是利用了这一点。我们看到，拍拍贷网站会将未按时还款的借款人拖入黑名单，淘宝网上的卖家都会附带相应的成交和信用记录。这些数据就相当于参与者的无形资产，在虚拟社会下，它们是极有价值的资源。为了更有效地保护投资者的利益，互联网金融企业还会将单笔贷款分拆，单个借款人会对应多个贷款人，这样就降低了可能的贷款损失。

此外，互联网金融企业还降低了客户的信息搜寻成本。客户能够很方便地在不同的平台上进行金融产品与服务的筛选，从而拥有更多的市场力量。很多潜在交易因为搜寻、匹配成本的降低得以发生。互联网还限制了企业的边际成本加价，至少在垄断形成以前是这样。

金融的本质是信用，而信用是要靠信息支撑的。凭借数据搜集、处理技术与独特的信誉机制，互联网金融较传统金融在降低信息成本的职能上前进了一大步。

2. 互联网金融企业客户群体与业务种类的特点：基于长尾理论的解释

从第三方支付、网络借贷和众筹的商业模式中可以看出，与传统的企业相比，互联网金融企业在客户群体和业务种类上与传统银行不同，它将注意力放在差异化的个体或小微企业上，这种做法有其经济学解释。Anderson 提出了著名的"长尾理论"：在信息化条件下，由于能够对数据进行更好的搜集和分析，监测和关注差异化客户的成本已经大大降低。如果能够设计更多产品并降低投融资门槛，满足各类个性化需求，那么盈利水平同样十分可观（见图2）。

在传统金融市场中，期限长、额度大的标准化贷款是银行的主要盈利点。金融产品的起售额度、赎回条件也主要为高净值人士设计。期限、金额灵活的小额贷款和零散的投资需求被认为经营成本过高而长期被忽视。这种业务模式认为，虽然标准化的金融产品只满足了部分主体客户的需求，但考虑到差异化产品带来的各种费用以及尾部客户的市场比重，进行适当的主体筛选是合理和

互联网金融的理论分析

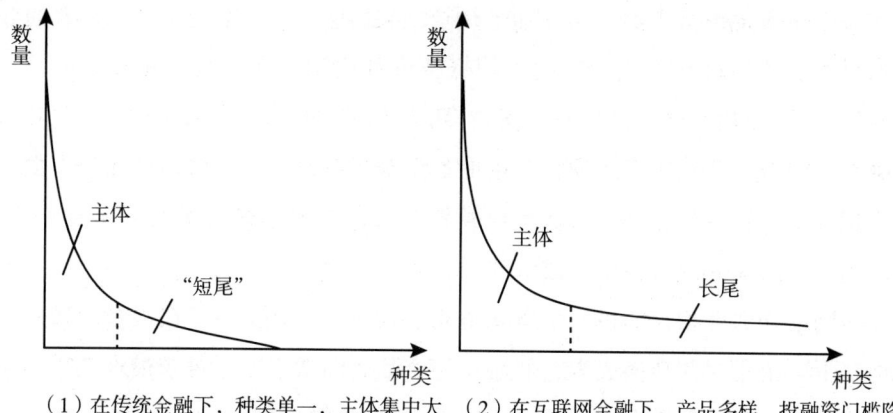

（1）在传统金融下,种类单一,主体集中大额客户,小微客户面临金融抑制　（2）在互联网金融下,产品多样,投融资门槛降低,长尾形成并成为新的盈利点

图 2　互联网金融的长尾理论

必需的。然而在信息经济环境下,互联网能够方便快捷地处理和分析数据,获取个体的信用等级和偿还能力的信息的成本大大降低,这使异质、小额的贷款提供成为可能,从而消除了对微型主体的金融抑制。对投资者而言,互联网金融突破传统的投资额度限制,能够吸纳小额零散资金,客户即使仅有几百元的闲置资金也能进行投资（如余额宝）。相比于传统理财产品 5 万元、10 万元的起售额度,互联网金融利用自身技术优势,明显降低了参与门槛,更有利于社会资本的形成。在此过程中居民的财产性收入也增加了,从而形成"投资—获利—再投资"的良性循环,而新的盈利点也从广泛的大众参与中产生。

唐海军指出,在传统环境下,客户的购买行为并不完全传递需求信息。主流产品的销售量大不等于对它的需求也大,只是主流产品占据了大部分市场,限制了人们的选择权。此外传统金融产品的设计无法吸纳零散的资金。因此,只要创造了多样化、个性化的服务,产品的金额和期限设置更加灵活,大量小额资金借贷的异质需求便会释放,导致需求重心右移、尾部变厚。

长尾理论可以说是蓝海战略的延伸,互联网金融企业以尾部客户为目标,发掘并扩大了新的盈利点,这与以二八理论为经营准则的商业银行有所区别。

3. 互联网金融企业的市场战略：网络外部性分析

网络外部性使互联网企业更加注重市场的培育,尤其在初创期,企业会投入大量的财力去培育一个稀薄的市场。

Katz 和 Shapiro 对网络外部性进行了经典论述。他们认为，当消费者的效用水平不仅是商品数量的函数，而且是已有用户数量的函数时，就存在网络外部性效应。① 使用一种产品的消费者越多，每个消费者从该产品中得到的效用就越大。网络外部性理论认为，存在一个消费者数量的临界群，当使用人数达到或超过既定临界数量时，消费者规模就会急剧扩大。这一现象可用 Metcalfe 法则总结：网络的价值以用户数量的平方这一速度增长。②

与网络外部性相关的另一个概念是锚定效应，它是指在存在很多同种产品的情况下，由于存在转换成本，使用一种产品的消费者不愿意或很难进行转换去使用另一种产品。因此，一旦一家互联网企业优先进入一个领域（如第三方支付市场），或者由于技术和营销优势首先占据一个领域的较大份额，那么，由于网络外部性和锚定效应，这家企业的规模就会越来越大，出现强者越来越强的局面。

4. 互联网金融平台的定价理论

与一般的商品买卖市场有别的是，互联网金融平台是一个双边市场。处于双边市场中的企业需要面对两类客户，并且两类客户之间存在间接的外部性影响，同类客户之间可能又存在直接外部性影响。以 P2P 企业为例，金融平台的两边分别是资金的需求者和供给者。两类客户的需求价格弹性、平台间的转换成本、双方的相互外部性都不相同，并且资金需求者的数量直接影响到资金供给者的效用预期和参与积极性。

互联网金融企业的定价方式一般分为对新用户收取注册费、对所提供的服务收取服务费以及对所筹资金进行抽成等。各类企业的定价方式各有特点，但总的来说，金融平台定价一般会遵循两个规律。一是在平台的初创期一般对双边都少收费或不收费，这是为了尽快让双边的客户数量达到一定规模；二是对商品买方或资金借出者只收取较少服务费，比如对支付、转账、提现收费，费率较低，这是因为互联网赋予买方和资金借出者市场力量。在平台数量众多的情况下，买方很容易在不同平台间进行选择。特别是在我国网民对价格较为敏

---

① 这只是网络外部性的一种形式，称为直接网络外部性。此外还有间接网络外部性、组间网络外部性。第三种情况后文会涉及。

② 该法则常常和 Moore 法则、Davidow 法则、Gilder 法则一起成为网络经济学的四个经典法则。

感且大部分为多归属用户的情况下,平台一般采取非中性定价策略。①

5. 互联网金融企业的公司治理架构

互联网金融企业具有金融企业和互联网企业的双重属性。作为金融企业,它具有高风险、高杠杆、高信息不对称等性质,在获取利润的同时还肩负着一定的社会责任,特别是一些规模较大、具有系统重要性的企业如阿里巴巴、腾讯等。作为互联网企业,其内部的人力资本较为密集,技术的开发与创新对企业的生存与可持续发展至关重要。互联网金融企业的交互性意味着治理目标和治理架构具有自身特点:一方面,为了保护投资者的利益并维护金融稳定,投资者或资本所有者必须更多地参与到公司治理、运营以及监管中;另一方面,人力资本与技术人员天然无法分离,所以技术人员凭此获得了一定的治理权力,互联网金融企业因此形成了投资者与经营者之间、经营者与技术人员之间的双重委托代理关系。并且由于互联网企业的生命周期呈现明显的阶段性特征,资本结构在不同阶段的不一致导致了企业内部权力分布的不一致,这又导致企业的治理结构不一致。初创期的互联网金融企业,对核心业务研发和设计的要求较高,因此人力资本成为治理主体,企业权力较为分散。成长期的企业,随着业务规模的扩大,企业分工和协作的重要性加大,管理者和技术人员开始分离。风险投资者进场并适当地对资金用途、企业发展方向进行监督。权力在管理者与风险投资者之间分配,在大多数情况下以经营管理者如创业企业家为治理主体,风险投资者不应对企业的创新业务、企业家才能的发挥过多干涉。成熟期的企业,随着外部投资者的增多,股权变得分散,各种不同类型的股东都积极争取公司的治理权。此时金融企业的外部性和信息问题开始显现,投资者利益的保护变得重要。因为要让更多的外部投资者对企业进行激励和约束,所以此时呈现人力资本和货币资本共同治理的情况。当企业的核心竞争力减弱,逐步走向衰退和转型期时,人力资本重新获得主动权,并对企业的未来发展起到关键作用。由此看来,人力资本在互联网金融企业中的重要性远胜于一般企业,并且资本所有者的积极参与对于健康治理架构的建立至关重要。

---

① 关于双边定价更详细的论述,参见纪汉霖《双边市场定价策略研究》,《外国经济与管理》2006年第3期。

综上可以看出，我们应该用新的视角、新的理念去观察互联网金融。互联网金融的产生给我们带来了很多特有的经济现象，这就要求我们探求其背后的经济学解释，而不能用传统的理论方法分析新生的各种问题。

（三）互联网金融对传统金融模式的影响

互联网金融的发展对以银行和资本市场为主体的传统金融业务造成了冲击，实质上这是一种新型的、民主化的金融模式与一种专业的、垄断性的金融模式的碰撞。现阶段互联网金融对传统金融的发展起到了一定的促进与补充作用，不仅填补了一部分业务空白，而且在银行的传统业务中，互联网金融正占领越来越多的市场份额。在互联网金融模式下，交易成本大幅降低，信息更加透明。互联网金融可以通过对数据的挖掘与处理来发现新客户，这对既有的行业格局造成了影响：一是资金脱媒，银行吸储困难或不得不高息揽储；二是支付业务以及保险、基金代销业务量减少。

传统银行在资本规模、大额信贷、风险控制、政府担保等方面仍具有绝对优势，但是在信息化潮流中，传统商业银行也不得不做出改变。

第一，银行由全线下服务转变成线下线上一体化服务。互联网金融的出现使传统银行积极建设与完善互联网体系，充分利用互联网平台向客户传递信息。如今的网上银行业务包括除存贷业务外的大部分柜台业务，让客户能直接在线缴费、购买金融产品和划转资金。此外，作为对互联网金融的一种回应，手机银行、电子商城也应运而生。

第二，传统银行的业务结构会随之改变。由于互联网能方便快捷地分类处理客户的信用数据，因此其在个人业务方面占有优势。这就促使传统银行区分客户层次，将重点放在机构、团体业务上，尽量办理大额资金借贷、高端理财等业务。在电商平台领域，应侧重 B2B 业务，为企业的生产链提供资金。这就能充分发挥银行在信誉、资金实力、贷后监管方面的优势。

第三，银行管理将变得更加高效，服务将更加个性化，数据处理将更加智慧。互联网金融带来了数据搜集和处理的新方式，银行将互联网技术运用到日常的经营管理中，缩短了各环节的衔接匹配时间，使银行变成一个有机的整体。

二 互联网金融的产业组织理论分析

互联网金融行业的高速发展对我国经济产生了深远的影响,从产业组织理论的视角分析互联网金融的产业结构、行业内的竞争以及对传统金融产业的替代,可以更深刻地体现互联网金融对我国金融环境深化以及对我国金融体系演进的作用。

(一)互联网金融的产业组织理论基础

从产业的角度看,互联网金融的发展及其对传统金融行业的影响成为学术界的重要命题。在互联网金融的早期发展阶段,Allen 等认为,互联网只是实现金融服务与交易的一种新方式,并以此为基础讨论了互联网金融对传统金融的影响。到了互联网金融高速发展的阶段,Shahrokhi 等学者基于对当时发展形势的分析认为,互联网金融是继传统金融中介和资本市场之后的第三种金融模式。

随着经济全球化程度的不断加深以及大数据时代的到来,在作为当今世界新兴经济体代表的中国,近年来也如雨后春笋般涌现出了大批互联网金融机构。对于国内互联网金融的发展,谢平和尹龙(2001)认为,互联网金融是建立在信息革命基础上的网络经济,对传统金融产业和金融理论产生了深刻的影响。另一些学者则并不完全同意,他们认为互联网金融的本质是更接近金融市场的一种服务模式,有助于直接融资占比的提高和金融结构的优化。值得肯定的是,互联网金融存在很多不同于传统金融行业的特征,的确为经济社会带来了新的机遇和挑战。它不仅为传统的金融操作创造出新的平台,而且既对传统金融市场结构提出了更高层次的要求,又在管理运作模式上对金融机构的运营理念提出了新的挑战。信息技术的新革命为金融创新提供了可能性,仅从技术层面分析,在大数据时代的背景下,互联网金融在信息采集与处理等方面与传统金融行业相比有着较为明显的优势。

从产业组织理论的角度出发,互联网自身的系统性、内部信息流的交互性所产生的互联网金融的外部经济效应,以及信息网络发展过程中存在的扩张效应，使互联网金融运营商能够降低其运营成本。新兴互联网融资模式迅猛增长的态势也使得一些学者认为，以互联网为代表的现代信息科技，特别是移动支付、社交网络、搜索引擎以及云计算等，将会对人类的金融模式产生根本影响（谢平、邹传伟，2012）。可能出现既不同于商业银行间接融资，也不同于资本市场直接融资的第三种金融模式，即"互联网金融模式"。

（二）互联网金融的 SCP 模型分析

SCP（结构—行为—绩效）模型是哈佛学派的核心产业组织理论体系。SCP 模型以实证研究为主要手段，把产业分解成特定的市场结构、行为、绩效三个方面，即所谓的产业组织研究的三分法，并通过实际测量分析，构造了一个能深入各个环节并具有系统逻辑体系的分析框架。哈佛学派认为，结构、行为、绩效之间存在因果关系，即市场结构决定企业在市场中的行为，而企业行为又决定市场运行的经济绩效。因此，为了获得理想的市场绩效，最重要的是要通过公共政策来调整和直接改善不合理的市场结构。

互联网金融行业既具有网络信息产业的特点，也具有金融行业的大部分本质特征，本报告从产业组织理论的视角出发，推导互联网金融的 SCP 框架，运用产业组织理论中的 SCP 模型，从市场结构、市场行为和产业绩效三个方面进行理论分析和经验检验，研究技术进步与互联网金融行业市场结构的动态演变，强调产业基本条件对市场结构和市场行为的影响，进而对其市场交易的效率均衡做进一步的深入分析和评价。

1. 市场结构分析

市场结构是指特定市场中各种组成要素之间的关系，如企业数量、市场份额、市场规模和竞争关系等，它是反映产业组织竞争性质和垄断程度的基本要素，可以用多种指标进行衡量，如市场集中度、市场进入及退出壁垒、产品差异化、规模经济、成本结构和市场需求增长率等。对互联网金融行业而言，由于互联网属于典型的非现场交易方式，因此可作为同一个产业进行分析。从长期来看，其交易方式的优点将使其在整个市场中的交易比例越来越大。以下主要针对决定市场结构的主要因素进行分析。

(1) 集中度

集中度（Concentration Ratio，CR）在产业组织学中是最基本和最常见的指标，用于度量市场结构，其变化直接反映市场竞争状况的变化。市场集中度反映了在市场中处于优势地位的企业的市场份额，其大小直接反映出企业在当前市场的垄断程度。通常，市场的集中度随市场中卖者数目的减少而提高，卖者越少越容易形成垄断。同时，如果市场是由一家非常大的企业和若干家小企业构成的，则出现市场垄断的概率会大大高于由较多大规模的企业所构成的市场。根据市场支配力（Market Power）和市场份额（Market Share）两种指标，Rhoades（1985）把整个市场结构划分为 6 种模式，如表 1 所示。

表 1　市场结构划分的 6 种模式

市场结构	主要条件
完全垄断	一家企业占有 100% 的市场份额
主导企业	一家企业拥有的市场份额为 50% ~100%，没有与之抗衡的企业
紧密寡头	前 4 家企业共同占有 60% ~100% 的市场份额，它们之间很容易串谋固定价格
松散寡头	前 4 家企业共同占有最高 40% 的市场份额，它们之间不可能串谋固定价格
垄断竞争	存在许多有实力的竞争对手，任一家企业都不能占有 10% 以上的市场份额
完全竞争	至少存在 50 个以上的竞争者，任一家企业的市场占有率均微不足道

在我国目前的互联网金融行业中，P2P 行业高速发展，截至 2012 年，我国 P2P 行业平台已经从 2009 年的 9 家发展到 110 家，2013 年、2014 年仍会呈现持续增加的局面，从行业发展以及企业数目来看，我国的 P2P 行业是典型的竞争型市场结构行业。艾瑞调查公司针对目前我国国内第三方支付市场交易的统计数据显示，支付宝、中国银联、财付通以及快钱四家企业占据了市场的绝大份额，达到 80% 左右，这个结果表明，我国目前的第三方支付行业是典型的紧密寡头型行业。图 3 显示的是 2013 年中国十大电商的市场份额占比，可以看出，我国的电子商务行业是由阿里旗下的天猫所主导的主导企业型市场结构。

(2) 市场进入壁垒

对我国的互联网金融行业而言，其市场进入的结构性壁垒主要包括规模经

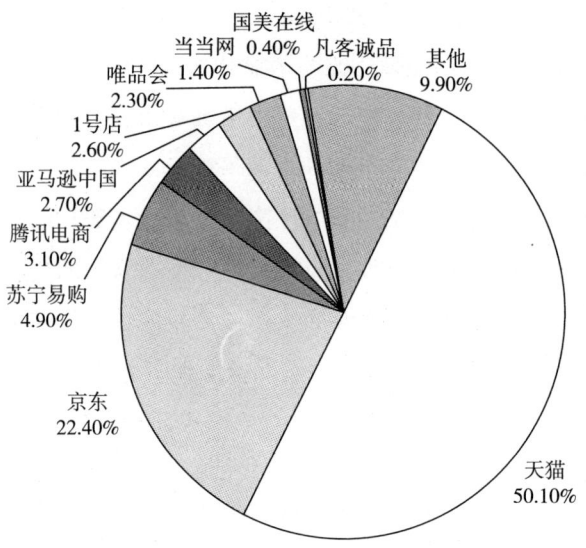

图 3 中国电商市场份额占比

济、资本量、产品服务差异化、绝对费用和经营牌照等,其中主要的壁垒是规模经济和政策性制度。由于在线第三方支付企业提供的是支付服务,无法存储产品,且不能直接参与到中央银行的结算系统,因此互联网支付方式所使用的最终支付工具仍然来源于银行账户所对应的资金,而并没有创造新的支付工具。无论是主观意愿还是客观需要,企业都应保持过剩的生产能力,这对市场的潜在进入者会形成一种威慑(Masson 和 Shaanan,1986)。另外,因在线第三方支付产品的转移成本比较高,对于新进入企业来说,吸引客户、开拓市场的难度非常大,所以也构成了较高的进入壁垒。

(3) 规模经济效益

在互联网技术快速发展的背景下,大规模企业不断出现,而整体市场规模却相对缩小,需要把市场因素融入互联网金融的研究中。Kaprow 指出,规模障碍系数是对规模经济与市场垄断性关系的有效说明,可用企业最小有效规模 MES(Minimum Efficient Scale)和市场总规模的比例来表示,即 $D = MES/Q$,其中 D 为该系数,Q 代表市场总规模,且取值范围为 $0 < D \leq 1$,最小有效规模 MES 的值越大,则表示该行业越集中,即 D 值比例越接近于 1,产生垄断市场的可能性就越大。由于包括第三方支付、P2P 以及电商企业在内的互联网金融

互联网金融的理论分析

行业追求无限大的市场规模,因此 D 值有大于 1 的可能,这说明该市场的垄断程度非常高。根据互联网金融行业的产业特征,其边际成本是微小的非增正数,而边际成本总是小于平均成本,且两者均递减。若需求曲线和边际成本曲线相交的点是企业的产量水平,此时企业是亏损的,由此判定在线互联网金融属于强自然垄断,将无法通过边际成本定价。如果在相同的技术水平条件下,通过低价竞争仍无法获得正利润,则该市场的潜在竞争者就不愿意进入该产业,进而这种强自然垄断就是可持续的。在这种强自然垄断条件下,理论上政府不需要对互联网金融市场进行管制,而只需要对市场价格进行监督,以防止垄断定价的出现。

(4)产品替代与创新

互联网金融行业究其本质是一种网络服务形式,也是对传统金融服务的升级和延伸。在支付方面,传统支付和第三方支付之间具有一部分相互替代的作用。在线第三方支付的普及需要时间积累,如用户支付习惯、网络基础条件和转移成本等都会影响和制约其发展。另外,一些跨产业的替代产品也随着产业融合的趋势而出现。互联网金融作为网络通信技术与金融服务相融合的高科技产业,其相关技术的进步也会迅速体现到产业发展中,创新型的产品和服务也会冲击原有市场的主导企业,抑制其发展的垄断趋势。

2. 市场行为分析

在一定的市场结构条件下,市场行为是企业在充分考虑市场供求状况和其他企业关系的基础上所采取的各种决策行为,或者说是为实现其既定目标而采取的适应市场要求的调整行为。主要包括企业在市场竞争和博弈过程中采取的策略和对策,如产品策略、价格策略、促销策略和企业并购策略等。

(1)产品服务竞争

互联网金融行业的市场竞争最为根本的是产品服务竞争,这是互联网金融企业可持续发展的关键,也是其核心竞争力的重要体现。目前我国互联网金融行业正处于起步阶段,市场运行机制和客户群体的行为选择均不成熟。以我国目前包括余额宝在内的互联网金融产品的竞争为例,当前的产品服务竞争突出体现在互联网金融创新产品的收益率竞争上。在刚性兑付的市场潜规则下,哪款创新型互联网金融产品的收益率高,投资者就可能青睐哪款产品。然而,在市场竞争日益激烈的情况下，单独依靠产品收益率开展竞争不具有可持续性，一方面是高收益意味着高风险，如果真正实现刚性兑付，则互联网金融企业将承担较大风险；另一方面，在市场集中度不高的情况下，高收益项目或者好项目将逐渐减少，创新型互联网金融产品的高收益不具有可持续基础。随着财富管理市场的逐步开放和我国金融行业的转型，产品服务竞争逐步向提高服务质量、创新产品、提高客户满意度以及改善客户体验等方面转变，产品服务的差异化竞争趋势日趋明显。

（2）营销渠道竞争

网络营销在互联网时代是金融组织营销系统中非常重要的一个组成部分。根据金融市场营销、网络营销和电子商务的相关定义，互联网金融营销可以具体阐述为：通过非直接物理接触的电子方式，营造网上经营环境，创造并交换客户所需要的金融产品，构建、维护以及发展各个方面的关系，从而获取利益的一种营销管理过程。从逻辑层面分析，完整的互联网金融营销概念应该既包括传统金融产品与服务的网络营销，也包括互联网金融产品与服务的网络市场营销，而对互联网金融产品与服务的市场营销又应当包括互联网线上营销和互联网线下营销两个方面。

从营销主体中的卖方进行分析，我国当前的绝大多数城市性商业银行和超过15家全国性商业银行都已经建立自身的独立网站，并且具备了基本的网上银行运营功能，如账户信息查询、账户间转账以及网上在线支付等。某些更为先进的网上银行系统甚至已经实现网上征信和网上汇兑等更为完善的银行业务，这为包括企业和个人在内的用户带来了极大的便利。有学者预测未来网上银行将成为银行业的主力军，传统银行将与网上银行实现全面的融合，二者将不再具体区分。至于我国的第三方支付行业，它最初只是提供简单的资金结算服务，现在已经发展到可为产业链中的各个环节提供链接服务并具备优化、整合行业内上下游多种资源的功能。第三方支付行业利用更加灵活多样的支付方式提供了更加便利的支付服务，改善了整个支付行业的竞争结构，也满足了广大社会群众对支付的多样化需求，成为互联网金融行业的重要新兴参与者。从行业竞争结构的角度分析，第三方支付行业将根据优胜劣汰以及细化专业化分工的原则，着重发展各类支付企业自身的独特优势，使得整个行业呈现向全面型和专业型两个方向发展的大趋势。

在互联网金融市场中，网络营销工具的地位十分重要，例如微信、微博、搜索引擎、网站广告等网络营销工具的广泛应用为互联网金融的发展起到了重大的传播、扩散作用。作为互联网与金融完美结合的各类大型网站，其为企业在同质化竞争日趋严重的金融市场上脱颖而出起到了突出的作用，它有效地提高了顾客的满意度，是企业重要的营销平台，也是网上金融有效的应用渠道。调查研究表明，目前我国金融行业的传播渠道已经从传统的电视、平面媒介渠道转移到了互联网领域，在各类大型网站投入的广告份额已经超越其在传统媒介的投入量。

（3）品牌竞争

国际大型金融机构的实践证明，金融品牌是其核心竞争力的重要组成部分，互联网金融的产品服务竞争归根结底是品牌竞争。因而，互联网金融企业能够通过建立财富管理品牌，向市场传达经营理念和愿景、市场定位、企业文化，有利于增强市场影响力，提升机构形象，拉近与客户的距离，增强客户的忠诚度。目前，我国互联网金融机构已开始着手加强品牌竞争，2013年可以看作互联网金融行业的发展元年，腾讯、京东、阿里巴巴集团等互联网企业相继推出了互联网金融产品，奠定了各自的品牌优势，其他互联网金融企业也在逐步酝酿和跟进中。

（4）企业创新

根据Arthur提出的"边际收益递增"的理论观点，在互联网金融时代中，企业基于大量信息开展生产经营业务。面对激烈竞争且多变难测的客户需求，以及网络信息技术和网络商务应用的快速发展，企业需要不断调整业务和产品经营方式。从长远角度分析，清晰认识市场环境并适时调整经营战略和有效开创商务模式，这是企业获得持续性竞争优势的来源。互联网金融的特征决定了市场先进技术的拥有者将占据市场垄断地位。面对时刻存在的威胁及日益激烈的市场竞争，企业只有推陈出新、不断创新才能保持自有竞争优势。通过快速有效的技术创新，市场的高度竞争与高度垄断有机地结合在一起。创新被认为是互联网金融持续快速发展的源泉，互联网金融企业的市场行为围绕着创新机制而展开，具体包括应用最新技术、开拓新的市场需求、采用各种新方法和新工具、创新企业组织方式和经营管理等。通过这些创新内容的组合，创造出差异化的产品或服务，从而增强市场竞争优势并减少价格竞争压力。

3. 市场绩效分析

市场绩效反映了在特定市场结构和市场行为条件下的市场运行效果，也称市场运行效率，是企业市场行为对资源配置、技术进步和产业规模经济等方面的实现程度，可用于判断整体市场运行的优劣情况，市场绩效反映了成本、利润、品质及技术进步等方面的经济运行成果。

如果一个企业要覆盖整个市场，单单依靠市场的自身发展，将会是一个漫长的过程，它需要得到外部环境的大力支持。对互联网金融市场的长期绩效进行分析时，一方面要分析最终市场结构的垄断绩效，另一方面要考虑自然垄断的形成过程。

从交易成本角度分析互联网金融市场，当一家企业可以完全满足市场需求时，在该产业技术水平下企业数量越多，重复建设所浪费的成本就越大，产业整体平均成本就越大，用户所获剩余就越小。

以第三方支付为代表的一类互联网金融行业从事的是一种中介服务活动，它能够降低交易成本。从节约交易成本的角度分析，当更低的交易成本出现的时候，整个市场的效益和效率都将得到提高，由此可知应当采取新的交易制度。在传统的金融模式中，进行金融交易的双方会面临很高的交易成本，包括搜索信息、甄别信息以及匹配信息的成本等，通常需要专业金融中介机构的介入以降低上述交易成本。借助金融中介机构除了可以减少由信息不对称带来的一系列问题外，还可以利用其专业的审慎管理和风险分析来解决风险分散的问题。但互联网等新兴信息技术的出现及发展却使金融中介机构存在的必要性大大降低（谢平、邹传伟，2012），互联网极大的普及性、云计算等信息技术的高速发展以及大数据时代的到来，为降低金融交易成本奠定了坚实的基础。互联网数据和移动数据为信息的获取、加工与处理带来了极大的便利，这都使信息不对称的程度得到了显著的下降。由此可见，传统金融中介的功能正在逐渐被互联网等技术所取代，在互联网金融时代，进行金融交易的双方完全可以直接完成金融交易活动，而无须再通过传统金融中介来降低其交易成本，互联网信息技术可以帮助交易双方绕过中介机构。例如阿里小贷业务，网络对数据的挖掘在一定程度上改变了小微业务信息不对称的难题，通过对网络数据有效的链接和利用，阿里巴巴公司开辟出了小微业务的新路径。总而言之，互联网金融的诞生有效地降低了此类成本。

4. 总体评价

本报告基于产业组织理论的 SCP 范式，从市场机构、市场行为和市场绩效三个方面研究了互联网金融的市场机制内涵，进而分析了互联网金融行业市场结构的演变趋势，其中寡头垄断情况可能持续较长时期。互联网金融主要在渠道、手段、工具及体验上对传统金融产品和服务产生影响，并对传统金融造成一定的非本质冲击，如在业态、格局、模式等方面。互联网改变了传统金融交易产品和服务的实现方式，也改变了金融交易的范围、环境、人数及金额，但这些变化只是金融产品和服务的形式解构，而不是异化解构，因为互联网金融的对象、工具、法律关系都没有产生根本性变化，最终交易的还是金融契约，也就是说互联网并没有改变金融的本质。互联网金融和现代金融的关系并不是完全对立的，而是相互融合、相互竞争、相互促进的。不过，中国金融的业态和结构由于互联网金融的介入产生了一定的变化，甚至即将发生变革，我们需要高度重视这种情况。互联网金融有助于中国金融体系的结构性变革，有利于我国金融业打破垄断、促进适度竞争。目前，我国金融体系存在一些问题，如金融业的微观基础不够健全，宏观调控机制仍存在问题，直接融资和间接融资的比例还不协调，中小金融机构及农村金融机构的发展滞后，货币型金融市场过大而货币市场工具过少，债券种类的结构不合理，金融衍生工具种类较少等。总之，我国金融体系的空间结构、产权结构、治理结构、组织结构都有待完善。在这种情况下，互联网金融展现出的优点恰能弥补我国现有金融体系存在的缺陷。

三 互联网金融的宏观经济理论分析

互联网金融的发展不仅带来了金融体系的深刻变革，也对我国的宏观经济产生了深远的影响。在对互联网金融的微观影响和中观影响进行分析的基础上，本节主要从金融发展、经济发展、收入分配、货币政策四个方面分析互联网金融的宏观影响。

（一）互联网金融与金融发展

互联网金融既是传统金融的有益补充，也对传统金融形成了严峻挑战。传统的商业银行是"关系型银行"，而以网络为平台的网络银行则更倾向于是"距离型银行"。互联网信息技术的发展使得纯网络银行或以 P2P、众筹模式为代表的新兴互联网融资平台可以利用大数据背景下的信息采集技术，以较低的成本完成信息获取和甄别，并以此为基础进行较为准确的风险评估，解决传统"关系型银行"与贷款者之间信息不对称的问题，从而能够帮助因缺失信用信息而无法从传统银行获得贷款的中小企业或个人顺利获得贷款。再者这类互联网金融机构本身就不受地域限制，拥有庞大的客户群，因而通过互联网进行的金融交易本身就具有高效快捷的特征。从长远分析，随着当前互联网金融的主要客户——年轻一代逐渐成长为经济社会的主力军，通过互联网进行的金融交易对传统银行的替代作用可能也会越发显著。通过上述分析可知，互联网金融在融资借贷，特别是针对中小企业和个人的小额借贷方面较传统金融机构有着独特的优势。西方国家的互联网金融在早期的高速发展也正是源于其方便快捷和费用低廉的特点吸引了大批客户。

互联网金融凭借信息技术优势、客户信息优势和交易高效便捷等优势在我国迅速发展，对传统金融业形成严峻的挑战。Rajan 和 Zingales 的金融发展利益群体理论指出，金融发展促进了金融部门之间的竞争，损害了在位者的利益，因而在位者会阻碍金融发展。互联网金融的发展与金融开放一样，将会增加金融体系的竞争，加速传统金融部门的改革，从而促进金融发展。此外，余额宝等金融产品的出现体现了市场在资源配置中的决定性作用，它的发展壮大为利率市场化提供了强大的推动力，成为倒逼金融业改革的重要力量。

虽然互联网金融的发展对金融体系的深化产生了极其深远的影响，但它仍是传统金融的延伸，并没有撼动金融的根源。

首先，第三方支付并不能直接参与到中央银行的结算系统中，互联网支付方式所使用的最终支付工具仍然来源于与银行账户相对应的资金，并没有创造新的支付工具。Friedman 等认为即便互联网技术进步，也不能撼动中央银行的地位。虽然比特币等电子货币概念的诞生，从表面上看是互联网金融业产生了新的支付工具，但从货币本质的角度分析，这些所谓的新型支付工具并没有实质性的突破，仅仅是传统银行支付方式在效率和范围上的延伸。在现实社会中，迄今为止法定货币及中央银行在经济运行中仍然处于最核心的位置。

其次，从法定存款准备金制度的角度进行分析，现代商业银行的货币创造机制在理论上取决于中央银行的基础货币供应量以及对法定存款准备金率的要求，中央银行通过法定存款准备金制度在很大程度上弥补了银行业由客户存取的不确定性和存贷款期限的不完全匹配性导致的一个根本性缺陷，即流动性缺陷。近年来备受关注的 P2P 贷款等互联网融资模式为资金需求者提供了不通过商业银行的融资渠道，互联网融资平台无须持有准备金。在 P2P 发展较为迅猛的西方国家，由于目前通过这些网络平台融资的单笔交易规模较小，以 Lending Club 为例，该平台的平均贷款额度不足 1 万美元，所以由缺乏中央银行法定存款准备金制度保障而造成的流动性缺陷的风险尚未充分暴露。但只要 P2P 等互联网融资渠道想在未来通过放宽借贷额度与传统商业银行抗衡，则其能否得到监管部门的认可以及中央银行的支持就显得尤为重要。只有获取法定存款准备金的权利，才能够同时经营存款和资产业务，并消除客户对流动性风险的担忧，从而彻底清除阻碍互联网金融行业发展的障碍。

（二）互联网金融与经济发展

金融和经济发展的关系在之前很长一段时期都存在争议。Robinson 和 Lucas 认为金融只是对实体部门需求的反映。Miller 则认为金融促进经济增长是显而易见的。Levine 总结了之前研究金融和经济增长关系的文献，发现绝大多数文献的结论都表明金融发展促进了经济增长。如今，金融对经济发展的重要性已经被越来越多的学者认可。

互联网金融依托大数据的优势更好地实现了资本的配置，直接促进了经济发展。首先，互联网金融通过对企业各项经营指标的分析，遴选出优质的企业，将资本配置给这些企业，从而完成了优胜劣汰的选择。其次，相对于传统金融部门对抵押品的严格要求，互联网金融更加看重项目的社会价值，如 P2P 模式和众筹模式，缓解了信用约束，使得优质的项目获得了更多的发展机会。再次，互联网金融公司可以对融资公司的经营状况进行实时监控，如阿里巴巴

对线上企业的订单流进行监控，有利于对融资公司进行监督和培育。互联网金融凭借信息技术优势和大数据优势，更好地履行了金融部门的筛选、监督等职能，实现了资本的合理配置，促进了经济发展。最后，互联网金融的发展削弱了传统金融部门的垄断，促进了整体的金融发展，金融体系整体效率的提高将降低市场不完善带来的经济活动成本，促进经济的发展。

我国经济经历了30多年的高速增长，依靠出口和投资拉动的增长越来越难以持续，未来的增长主要依靠制度红利的释放，而金融改革将是释放制度红利的重要途径。互联网金融作为新兴事物，将推动我国金融体系的改革，中小企业融资难、银行暴利等问题将逐渐得到解决，金融的发展将通过更好地配置资本、提高资本的效率等方式促进我国经济的发展。

（三）互联网金融与收入分配

Greenwood 和 Jovanovic 认为，在经济和金融发展的初期，由于金融部门财富门槛的存在，穷人无法享受金融服务，与富人的差距进一步扩大；随着经济的发展，穷人的财富逐渐积累，从而也可以享受金融服务，与富人的差距减小。Clarke、Xu 和 Zou 等（2007）的实证研究发现，金融发展提高了低收入人口的收入，缓解了收入不平等。因而，金融发展有利于缩小收入差距。

互联网金融削弱了银行部门的垄断，扩展了企业的融资渠道。例如，互联网金融的 P2P 借贷平台爆发式增长，网贷之家的数据显示，2013 年我国 P2P 平台的总数量达到近 800 家，总成交量为 1058 亿元，贷款存量约为 268 亿元。越来越多的企业通过互联网金融融资，虽然由于发展的时间短，其规模仍然不能与传统金融相比，但其爆炸式的增长预示着未来互联网金融将对传统金融的借贷业务形成强有力的挑战。金融部门的竞争将降低金融部门的利润，银行暴利的现象将逐步消失，实体部门的利润将上升。实体部门与金融部门相比，吸纳了更多的就业岗位，且金融部门的人员工资一般较高，因而互联网金融最终将改变实体部门和金融部门的收入分配，实体部门的劳动者的收入将增加，社会的收入差距将缩小。

互联网金融还扩展了个人的投资渠道，降低了 Greenwood 和 Jovanovic 所提到的金融部门的财富门槛。传统金融部门的理财业务一般规定进入门槛,如交通银行的理财产品规定了5万元的门槛,而互联网理财业务则没有这样的限制。互联网理财将众多小额闲置资金集中起来进行投资,满足了中低收入群体的理财需求。互联网理财产品增长迅猛,以余额宝为例,在短短数月的时间里余额宝的规模就达到4000亿元,与之合作的天弘基金则成为国内最大的货币型基金。互联网金融帮助中低收入人群更好地管理自己的财富,获得更多的财产性收入,从而缩小了与富人的收入差距。

我国经济高速增长,但居民个人收入的增长明显落后于整体经济的增长。在个人收入的分布中,财产越来越集中在少数富人手中,国家统计局公布的2013年我国的基尼系数为0.473(见表2),联合国规定基尼系数为0.4~0.5表示收入差距较大,而超过0.5则表示收入差距悬殊。贫富差距的拉大意味着社会的不公平,更威胁着社会的稳定。互联网金融扩展了企业的融资渠道,并扩展了个人的投资渠道,从而改变了既有的收入分配格局,有利于我国缩小贫富收入差距。

表2 我国2004~2013年的基尼系数

年份	2004	2005	2006	2007	2008	2009	2010	2011	2012	2013
基尼系数	0.473	0.485	0.487	0.484	0.491	0.49	0.481	0.477	0.474	0.473

资料来源:国家统计局网站。

(四)互联网金融与货币政策

互联网金融的发展强化了我国的"货币脱媒"现象,影响了存款类商业银行的货币创造过程,削弱了企业的融资约束,增强了个人的财富效应。互联网金融对货币政策的货币供给和资产价格渠道的传播将产生深远的影响。

1. 互联网金融与货币创造乘数

互联网金融的发展使得大量资金离开了存款类商业银行,改变了存款类商业银行的资产负债结构,存款类商业银行货币创造的能力发生了变化。经典的货币供给理论表明,存款类商业银行通过吸纳存款、放出贷款并实行部分准备金制度完成货币创造过程，基础货币经过存款类商业银行的货币乘数放大形成货币供给。货币乘数的公式为 $k = (1+c)/(d+e+c)$，其中 c、d、e 分别表示现金漏出比例、法定存款准备金率和超额存款准备金率，通过求导运算，我们发现随着现金漏出比例 c 增加，货币乘数 k 将减小。互联网金融的发展导致了"货币脱媒"，增加了存款类商业银行的现金漏出比例，从而减小了货币创造乘数。

货币乘数的减小影响了中央银行运用法定存款准备金率、公开市场操作等货币政策工具调控货币供给量目标的行为，例如，为了保持一定数量的货币供给量，在货币乘数减小的情况下，就需要投放更多的基础货币。

2. 互联网金融与金融加速器

信息不对称理论和委托代理理论的发展为我们提供了思考金融在经济中的作用的全新视角，正是由于这些市场不完善的存在，金融才有了存在的意义。Bernanke 等详细阐述了在信息不对称和委托代理理论的基础上发展的金融加速器理论。由于信息不对称的存在，金融部门要求公司或个人提供抵押品，即公司或个人的外部融资成本和他们的资产结构是相关的。一个拥有大量资产的公司或个人的外部融资成本低，而小企业或贫穷的人的外部融资成本则很高。当经济下行时，资产价格下降，企业用于抵押的资产价值也下降，外部融资成本增加，进一步恶化了企业的经营状况。金融加速器理论较好地解释了2008年的国际金融危机，该理论的主要创建人 Bernanke 将理论应用到实践中，带领美联储采取了非常规的货币政策，购买了大量的金融资产，通过资产价格渠道影响实体经济的发展。

货币政策的资产价格渠道主要分为两个阶段，在第一个阶段，货币当局通过调节货币供应量和利率影响资产价格；在第二个阶段，资产价格的变动通过金融加速器等机制影响企业的投资行为，通过财富效应等机制影响个人的消费决策。

互联网金融削弱了信息不对称问题，优质的企业面临的融资约束降低。例如，以阿里巴巴为代表的电商金融掌握了大量企业的经营数据，淘宝商户贷款的流程十分简单，即3分钟申请、无人工审批和1秒钟到款到账。互联网金融的发展削弱了金融加速器的影响，从这个角度看，互联网金融削弱了货币政策的资产价格渠道的作用。但另一方面，互联网金融拓展了个人的投资渠道，使个人的财产性收入增加，资产价格的波动将通过财富效应等机制影响个人的消费决策。从这个角度看，互联网金融又增强了货币政策的资产价格渠道的作用（见图4）。

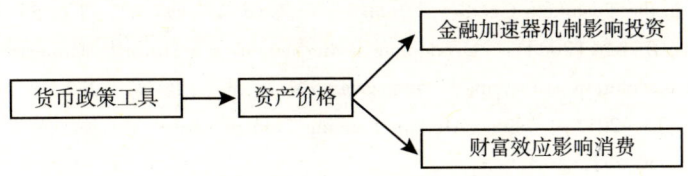

图4　货币政策的资产价格渠道

参考文献

Allen, F., McAndrews, J. & Strahan, P. (2002). "E-finance: An Introduction," *Journal of Financial Services Research*, 22 (1-2), 5-27.

Shahrokhi, M. (2008). "E-finance: Status, Innovations, Resources and Future Challenges," *Managerial Finance*, 34 (6), 365-398.

Magretta, J. (2002). "Why Business Models Matter," *Harvard Business Review*, 80 (5), 86-92.

Stiglitz, J. E. (2000). "The Contributions of the Economics of Information to Twentieth Century Economics," *Quarterly Journal of Economics*, 1441-1478.

Akerlof, G. A. (1970). "The Market forL'Lemons': Quality Uncertainty and the Market Mechanism," *The Quarterly Journal of Economics*, 488-500.

Anderson, C. (2004). "The Long Tail," *WIRED Magazine.* October.

Katz, M. L., & Shapiro, C. (1985). "Network Externalities, Competition, and Compatibility," *The American Economic Review*, 424-440.

Klemperer, P.(1987). "Markets with Consumer Switching Costs," *The Quarterly Journal of Economics*, 375-394.

Armstrong, M.(2006). "Competition in Two-sided Markets," *The RAND Journal of Economics*, 37 (3), 668-691.

Rhoades, S. A.(1985). "Market Share as a Source of Market Power: Implications and Some Evidence," *Journal of Economics and Business*, 37 (4), 343-363.

Masson, R. T. & Shaanan, J. (1986). "Excess Capacity and Limit Pricing: An Empirical Test," *Economica*, 365-378.

Mishkin, F. S. & Strahan, P. E. (1999). "What Will Technology Do to Financial Structure?" (No. w6892). National Bureau of Economic Research.

Berger, A. N. (2003). "The Economic Effects of Technological Progress: Evidence from the Banking Industry," *Journal of Money, Credit, and Banking*, 35 (2), 141 – 176.

Rajan, R. G. & Zingales, L. (2003). "The Great Reversals: the Politics of Financial Development in the Twentieth Century," *Journal of Financial Economics*, 69 (1), 5 – 50.

Friedman, B. M. (2000). "Decoupling at the Margin: the Threat to Monetary Policy from the Electronic Revolution in Banking," *International Finance*, 3 (2), 261 – 272.

Grjebine, T. (2013). "Does Modern Banking Lead to Money Privatization?" *International Economics*, 133, 50 – 71.

Robinson, J., 1952, "The Generalization of the General Theory," in: *The Rate of Interest and Other Essays* (Macmillan, London).

Lucas, R. E., Jr., 1988, "On the Mechanics of Economic Development," *Journal of Monetary Economics*, XXII, 3 – 42.

Miller, M. H. (1998). "Financial Markets and Economic Growth," *Journal of Applied Corporate Finance*, 11 (3), 8 – 15.

Levine, R. (2005). "Finance and Growth: Theory and Evidence," *Handbook of Economic Growth*, 1, 865 – 934.

Demirgüç-Kunt, A. & Levine, R. (2008). "Finance, Financial Sector Policies, and Long-run Growth," World Bank Policy Research Working Paper Series, Vol.

Greenwood, J. & Jovanovic, B. (1990). "Financial Development, Growth, and the Distribution of Income," *The Journal of Political Economy*, 98 (5 Part 1), 1076 – 1107.

Clarke, G. R., Zou, H. F. & Xu, L. C. (2003). "Finance and Income Inequality: Test of Alternative Theories" (Vol. 2984). World Bank Publications.

Beck, T., Demirgüç-Kunt, A. & Levine, R. (2007). "Finance, Inequality and the Poor," *Journal of Economic Growth*, 12 (1), 27 – 49.

Bernanke, B. S., Gertler, M. & Gilchrist, S. (1999). "The Financial Accelerator in a Quantitative Business Cycle Framework," *Handbook of Macroeconomics*, 1, 1341 – 1393.

Metcalfe, B. (1995). "Metcalfe's Law: A Network Becomes More Valuable As it Reaches More Users," *Infoworld* 17 (40), 53 – 54.

Arthur, W. B. (1989). "Competing Technologies, Increasing Returns, and Lock-in by Historical Events," *The Economic Journal*, 116 – 131.

唐海军:《长尾理论经济学原理探析》,《现代管理科学》2009 年第 1 期。

谢平、尹龙:《网络经济下的金融理论与金融治理》,《经济研究》2001 年第 4 期。

曾刚:《积极关注互联网金融的特点及发展——基于货币金融理论视角》,《银行家》2012 年第 11 期。

纪玉山:《网络经济的外部性与联结经济效能》,《数量经济技术经济研究》2012 年第 8 期。

谢平、邹传伟:《互联网金融模式研究》,《金融研究》2012 年第 12 期。

B.3 互联网金融与货币政策

摘　要： 互联网金融的发展对我国货币政策的影响包括：通过"鲇鱼效应"影响微观银行的经营行为，增强银行间市场利率的业内竞争，进而影响利率的形成机制；通过影响市场中的现金—存款比率和超额准备金需求，进而影响货币乘数、货币总量和货币流通速度。我们在既有银行经营理论研究的基础上，引入互联网金融对银行同业市场的外生影响。理论研究表明，互联网金融通过规模集聚效应和信息传导效应增强了银行存款规模及市场利率对于同业市场利率的敏感性，但同时也会带来狭义货币乘数的波动和货币流通速度的降低。因此我国货币政策应适应互联网金融时代的需求，在传统的货币政策调控体系的基础上，以互联网金融的创新交易方式为对象，建立一套货币供应量和货币流通速度的补充体系，进一步增强中央银行运用数量型货币政策调控的目标性和有效性。

关键词： 互联网金融　利率　货币供应量　货币乘数　货币流通速度

一　互联网金融与货币政策关系概述

当前我国传统金融体制改革逐步推行，互联网金融利用互联网的技术优势、消费优势和资源配置优势突破传统金融领域的服务边界，在服务传统金融边缘供需者的同时逐步冲击传统金融领域。互联网金融迅猛发展，无论是互联网企业的金融化还是金融企业的互联网化，这种跨界发展的形式都体现了当前金融体系的供需不均衡。

依据主流观点，互联网金融的发展目前主要有三种形式：网络借贷、网络理财和网络支付结算。网络借贷是目前互联网金融领域中最重要的一部分，通过利用互联网的技术优势在传统金融边缘发挥吸收存款和发放贷款的传统金融中介职能，体现的是对传统金融的间接融资领域的补充和替代。网络理财则是通过利用互联网的消费优势在传统金融边缘进行碎片化的投资和理财，体现的是对传统金融领域的直接融资领域的延伸和拓展。网络支付结算则是通过互联网第三方平台提供互联网消费领域的支付结算功能，体现的是对传统金融支付结算功能的补充和替代。

本质上，互联网金融所体现的仍然是传统金融进行资金配置和资源跨期优化的组织形式。因此，互联网金融的发展势必对传统金融领域的供给和需求均衡产生示范性的冲击，进而对中央银行的货币政策造成影响。

（一）互联网金融与价格型货币政策之间的关系

互联网金融的发展对利率等价格型货币政策的影响主要体现在"鲇鱼效应"上。"鲇鱼效应"是指通过采取某种手段或者措施形成对当前市场主体的有效负激励，进而通过倒逼机制促进市场主体积极参与竞争，激活市场有效性。"鲇鱼效应"的强弱主要基于两个方面，其一是"鲇鱼"所带来的负激励程度，其二是市场主体的应变竞争力。由于目前互联网金融的规模相对较小，其对传统金融领域的负激励作用显得较为微弱，而传统金融机构则通过金融互联网化手段体现出了较强的应变能力。

首先，从互联网金融的网络借贷角度分析，网络借贷的贷款利率由网络借贷市场的供需状况决定，在一定程度上体现了借贷市场的真实利率水平。在传统金融领域内由于存贷款利率的管制，贷款利率常常无法反映市场借贷资金的真实情况。四川银监局课题组（2013）进一步指出，目前网络借贷市场主要通过其信息处理优势设计"短、小、频、急"的信贷产品以满足小微企业的融资需求，互联网融资行为在短期内难以撼动商业银行的贷款业务。因此，我们认为，目前资金借贷市场的主体仍然以商业银行为主导，网络借贷市场对传统商业银行的贷款并没有形成替代和冲击，而仅仅是传统商业银行信贷的补充。因此,目前网络借贷和民间借贷的作用类似,仅仅体现了借贷市场真实利率水平的示范作用,而并没有形成实际性的利率冲击影响。因而,互联网金融的网络借贷行为目前尚未形成有效的鲇鱼效应。然而,从理论上来看,互联网金融的发展势必会对我国银行业的经营行为产生一定程度的重塑作用。作为独立于传统银行系统的金融创新产业,互联网金融加剧了存贷款利率的业内竞争,使国有商业银行和中小银行被迫调整其资产负债表,因此从长期来看,互联网金融对我国银行业的存贷款利率市场化具有相当大的推动作用。

其次,从互联网金融的网络理财的角度分析,网络理财的迅速发展在一定程度上的确对传统商业银行的负债端造成了冲击。网络理财通过互联网优势集合碎片化的闲散资金,在一定程度上直接导致了传统商业银行负债端资金筹集规模的降低。另外,网络理财的主要投资为货币型基金,而货币型基金70%~90%的投资集中于协议存款,因此在一定程度上推高了银行间市场的同业拆借利率水平。推高同业拆借利率的渠道主要是利率的规模集聚效应和利率的信息传导效应。利率的规模集聚效应是指互联网金融的网络理财通过货币基金的方式使其在银行的存款增加,以此提高存款利率的议价能力。利率的信息传导效应是指互联网金融的网络理财通过信息扩散募集资金,利用监管灰色地带和交易平台的低成本信息渠道募集资金,提高存款利率的议价能力。因此,网络理财实际上提高了传统商业银行的负债成本,对传统商业银行形成盈利空间的挤压,即互联网金融对传统金融领域形成负激励。相应的,传统商业银行为了保持盈利空间和出于市场竞争的需要,纷纷推出银行系列的理财产品,例如兴业银行的兴业宝等。传统商业银行通过金融互联网化手段有效应对互联网金融负激励的行为,在一定程度上是传统金融自主进行利率市场化的行为。因此,从目前我国的情况来看,互联网金融的发展对我国利率政策的影响刚刚起步。

(二)互联网金融与数量型货币政策之间的关系

在现有的货币供给文献中,货币供给理论包括内生货币供给理论和货币乘数理论。内生货币供给理论认为货币是内生的,是由商业银行等金融机构和公众的选择行为决定的,即物价、利率和实际产出等经济变量决定了货币需求,中央银行只能依据经济发展所决定的货币需求进行货币投放。货币乘数理论则认为基础货币是由中央银行控制的，货币乘数取决于中央银行、商业银行和公众的选择行为。张延群（2010）等人认为，中国的商业银行主要是在利率约束的条件下进行的被动吸收存款和发放贷款行为，因此不具有严格意义上的内生性货币供给。然而，互联网金融的网络借贷行为和网络理财行为则突破了上述存贷款利率约束，公众和商业银行得以在较大程度上依据网络借贷市场和网络理财市场的货币供需均衡进行借贷行为和存储行为的选择，强化了货币供给的内生性。

货币乘数理论认为货币乘数主要取决于央行所控制的存款准备金率、商业银行所决定的超额准备金率和公众所决定的现金漏损率和长期存款比率。由于互联网金融领域内网络理财和网络支付结算的发展，公众的线下消费行为和支付行为受到线上消费行为和支付行为的挤压，网络理财则将一部分小额闲散资金统一归集进行货币基金等投资。根据货币需求理论，流通现金的持有量是由交易量和持有现金的机会成本决定的。因此，公众在互联网金融的影响下倾向于降低现金的持有量，导致现金漏损率的降低和货币乘数的增加。此外，互联网金融中的网络理财的高流动性和高收益率以及T+0的交易模式使得商业银行的长期存款和储蓄存款的吸引力降低，在一定程度上导致长期存款和储蓄存款比率的降低和货币乘数的增加。对于商业银行的超额准备金率的选择，银行间市场在互联网金融主体的参与下，高流动性的资金供给相对增加，因而商业银行所决定的超额准备金率将有所降低，货币乘数有所增加。综上所述，由于互联网金融的影响，商业银行和公众的行为选择将会导致货币乘数的扩张。

交易动机、预防动机和投机动机是凯恩斯的货币需求理论的三大假设支柱。根据平方根定律，货币的交易需求与实际交易量成正比，与持有现金的机会成本成反比。由于互联网金融网络支付结算功能的发展和网络消费的逐步盛行，实际线下现金交易量的比例相对降低。因此，网络支付方式替换现金支付方式将会导致现金更多地进入银行系统，使基于交易动机的现金需求量降低。此外，网络理财大力发展，网络理财的收益率普遍高于活期存款和现金，导致持有现金作为预防性需求和投机性需求的机会成本增加。因此，根据托宾的资产组合理论，公众倾向于选择具有高流动性和高收益的网络理财产品而非现金,这就使基于预防和投机性需求的现金持有量降低,进而提高了现金—存款比率。因此,互联网金融的发展在货币的交易动机、预防动机和投机动机三个方面均导致货币需求的相对降低。

根据 Juselius(1996)的观点,由于货币均衡状态的调整存在滞后和不完全,货币总量(M2)在均衡状态下并不总是等于货币需求量。因此,在现实意义中观察到的货币总量既可能是货币需求量也可能是货币供给量,还有可能是由货币需求量和货币供给量共同决定的。基于上述分析,货币需求量的相对降低和货币供给量的内生增加将会影响新的货币市场均衡,导致货币均衡数量和均衡利率在长期有所减少和降低。然而,在短期货币总量主要受货币供给量的影响,因此在短期货币总量将会由于货币乘数的扩张而增加,同时也会影响货币流通速度。

综上所述,互联网金融的发展对中央银行的价格型货币政策和数量型货币政策均有不同程度的影响。对价格型货币政策,互联网金融主要通过"鲇鱼效应"影响市场主体的经济行为,进而影响利率等变量及其传导有效性。对数量型货币政策,互联网金融主要通过影响市场主体的现金需求和交易审慎性需求改变现金—存款比率和超额准备金需求,进而影响货币总量。

二 互联网金融对货币政策的影响机制

作为金融创新的主要动力,互联网金融的快速发展推动我国现有金融体系的深刻变革,同时也对我国货币政策的实施及传导机制产生影响。目前我国互联网金融的发展主要以互联网思维及大数据技术为基础,对现有金融业务进行革新和再造,对诸如存贷款基准利率、存款准备金率、货币供应量、货币乘数和货币流通速度等货币政策变量也存在间接影响。简而言之,互联网金融通过改变银行业的外部经营环境来影响银行的经营决策,继而对货币政策传导机制及有效性产生影响。互联网金融的发展已经改变了银行业的外部环境,银行在利润最大化这一经营目标的驱使下,将相应调整其资产负债结构,进而引起市场中各项利率的变化以及货币政策的传导机制和有效性方面的改变。

(一)基础模型

目前,我国互联网金融包括网络借贷、网络理财和网络支付结算三种主要形式。其中,网络借贷和网络理财的发展对利率市场化具有一定程度的推动作用。网络借贷和网络理财依靠便利的互联网交易方式,集聚社会闲散资金,对传统银行业的储蓄和理财业务造成了一定的压力,加剧了银行存贷款利率的市场竞争,使利率市场化得到了进一步的推动。简而言之,互联网金融作为独立于银行体系之外的金融形式,对我国传统银行间市场形成了外生冲击,为我国商业银行的经营行为提供了重塑的动力,间接影响了我国各项利率等价格型货币政策的传导机制及有效性。

目前,关于互联网金融与我国利率市场化关系的研究尚属空白,因此我们尝试以银行经营行为作为切入点,从理论角度考察互联网金融对各种利率的影响机制。我国互联网金融出现于我国利率双轨制和利率市场化完成之间的过渡阶段,因此我们借鉴了关于利率双轨制(何东、王红林,2011)和利率市场化(Porter 和 Xu,2009,2013)对我国货币政策传导机制和有效性影响的研究文献,以及国内外有关金融创新对货币政策影响机制的文献(Al – Laham 等,2009;梁大鹏、齐中英,2004;周光友,2007),以 Freixas 和 Rochet(2008)提出的微观银行学的分析框架作为模型的基础,创新性地引入了互联网金融对银行经营行为的改变。这一分析框架强调了银行等金融中介的微观行为,更好地研究了银行等金融机构对货币政策传导机制及有效性的作用。具体来说,我们以商业银行的经营决策行为作为切入点,通过引入互联网金融作为金融创新对居民储蓄行为的影响,将利率市场化与金融创新两个因素同时纳入理论分析框架,说明互联网金融作为金融创新的方式对现有以银行为主体的金融制度及利率体系的冲击,建立一个能够反映我国银行经营特征及外部经营环境的基础模型,从微观银行学的理论模型角度分析在完全竞争市场中,以利润最大化为目标的银行对互联网金融发展的最优决策反应,揭示互联网金融发展对银行的经营决策行为及货币政策传导机制和有效性的具体影响。

1. 银行利润最大化决策

假设银行业市场结构为完全竞争市场,银行业中存在 N 个相互独立的银行,单个银行不拥有市场力量及市场定价能力,即单个银行不能对银行的存贷款利率产生影响。银行在存款市场上从社会资金中吸收存款(D),向信贷市场中的资金需求方提供贷款(L),商业银行按照中央银行制定的法定存款准备金率(a)向中央银行上缴法定存款准备金和银行合意的超额准备金(E),银行还可以在同业市场上以同业市场利率(r_m)借入或拆出资金,在这些假设前提下,单个银行i的利润最大化条件可以写成如下形式:

$$\pi_i = \text{Max}[r_l L_i + r_e E_i + r_m M_i - r_d D_i - C(L_i, D_i, E_i)] \tag{1}$$

(1)式中r_l代表信贷市场的贷款利率,r_d代表信贷市场的存款利率,r_e代表央行规定的超额准备金率,r_m代表银行同业市场利率,$C(L_i, D_i, E_i)$代表银行的整体经营管理成本,该成本是存贷款和超额准备金数量的函数,银行的经营管理成本随着存贷款及超额准备金规模的增加而增加,M_i是银行i在银行同业市场的净头寸,从商业银行资产负债表的平衡关系来看,银行同业净头寸应由下式决定:

$$M_i = D_i - L_i - aD_i - E_i \tag{2}$$

因此,在完全竞争环境下,银行的最优决策可以转化为以下最优化问题:

$$\pi_i = \text{Max}[r_l L_i + r_e E_i + r_m M_i - r_d D_i - C(L_i, D_i, E_i)] \tag{3}$$

$$s.t. \, M_i = D_i - L_i - aD_i - E_i \tag{4}$$

利用拉格朗日乘数法,分别对存款(D_i)、贷款(L_i)及超额准备金(E_i)求一阶导数,得到模型的一阶条件方程(FOC):

$$r_m = r_l - \frac{\partial C(D_i, L_i, E_i)}{\partial L_i} \tag{5}$$

$$(1-a)r_m = r_d + \frac{\partial C(D_i, L_i, E_i)}{\partial D_i} \tag{6}$$

$$r_m = r_e - \frac{\partial C(D_i, L_i, E_i)}{\partial E_i} \tag{7}$$

方程(5)中$\frac{\partial C(D_i, L_i, E_i)}{\partial L_i}$表示单个银行贷款对经营成本的一阶偏导

数,即银行贷款的边际经营成本,而 r_l 和 r_m 分别代表银行贷款利率及银行同业市场利率,由于贷款属于银行资产负债表的资产方,因此方程(5)表示银行最优贷款规模是由银行同业利率及贷款净收益率 $r_l - \dfrac{\partial C(D_i, L_i, E_i)}{\partial L_i}$ 决定的,只有当同业市场利率与银行贷款净收益率相等时,贷款规模才达到最优水平,否则银行将调整自身资产结构,以达到利润最大化。如果同业市场利率高于贷款净收益率,银行就会减少贷款规模,增加银行同业拆出规模,直至二者相等,反之亦然。因此银行贷款供给方程可以用包含贷款利率及同业市场利率的函数来表示,即 $L_i^s = L_i(r_l, r_m)$,而且银行贷款供给量是贷款利率的增函数,随着贷款利率提高,银行贷款的供给规模不断扩大。同理,超额准备金也属于银行资产负债表的资产方,因此方程(7)表示当同业市场利率与银行超额准备金的净收益率相等时,银行持有的超额准备金规模达到最优水平,超额准备金的需求方程由中央银行外生给定的超额准备金率及同业市场利率构成,即 $E_i^d = E_i(r_e, r_m)$。同时,银行存款属于银行资产负债表的负债方,因此方程(6)表示银行的最优存款规模由同业市场利率和存款的总成本率共同决定。存款总成本等于贷款利率与存款的边际经营成本的总和,即 $r_d + \dfrac{\partial C(D_i, L_i, E_i)}{\partial D_i}$。因此,只有当同业市场利率与银行存款总成本率相等时,银行存款规模才达到最优水平,否则银行将调整自身的资产负债结构,以达到利润最大化。如果同业市场利率低于存款总成本率,银行就会减少其吸收存款的规模,增加从同业市场拆入的资金,直至二者相等,反之亦然。因此银行存款的需求方程由存款利率及同业市场利率共同决定,即 $D_i^d = D_i(r_d, r_m)$,而且银行存款需求是存款市场利率的减函数,随着存款利率提高,银行存款需求的规模不断扩大。

2. 银行信贷及同业市场均衡

完全竞争市场条件下的银行所面对的贷款利率(r_l)、存款利率(r_d)及银行同业市场利率(r_m),分别由银行贷款市场、储蓄存款市场及银行同业市场的供求均衡决定。银行作为贷款供给方、存款需求方及银行同业市场的净需求方,分别参与银行贷款市场、储蓄存款市场及银行同业市场。完全竞争市场中的贷款利率（r_l）、存款利率（r_d）及银行同业市场利率（r_m）由下列均衡条件决定：

$$L^d(r_l) = \sum_{i=1}^{N} L_i(r_l, r_m) \qquad (8)$$

$$D^s(r_d) = \sum_{i=1}^{N} D_i(r_d, r_m) \qquad (9)$$

$$S^I(r_m) = L^d(r_l) + \sum_{i=1}^{N} E_i(r_e, r_m) - (1-a)D^s(r_d) + CB \qquad (10)$$

方程（8）表示银行贷款市场的非利率管制出清由经济中的贷款需求函数 $L^d(r_l)$ 和银行业的总贷款供给函数 $\sum_{i=1}^{N} L_i(r_l, r_m)$ 决定，因此方程（8）决定了银行贷款市场在均衡条件下的贷款利率，而且市场贷款利率可以表示成银行同业市场利率的函数 $r_l = r_l(r_m)$，同时可知贷款需求函数 $L^d(r_l)$ 是贷款利率的减函数，因此贷款利率是银行同业市场利率的增函数，贷款利率随着银行同业市场利率的上升而上升。方程（9）表示银行存款市场的非利率管制出清由经济中的储蓄存款供给函数 $D^s(r_d)$ 和银行业的总存款需求函数 $\sum_{i=1}^{N} D_i(r_d, r_m)$ 决定，因此方程（9）决定了银行存款市场的均衡存款利率 r_d，而且市场存款利率可以表示成银行同业市场利率的函数 $r_d = r_d(r_m)$，同时可知存款供给函数 $D^s(r_d)$ 是存款利率的增函数，因此存款利率是银行同业市场利率的减函数，存款利率随着银行同业市场利率的上升而下降。方程（10）表示银行同业市场的非利率管制出清条件由银行同业市场中的资金需求及供给共同决定，$S^I r_m$ 代表非银行机构向同业市场资金的净供给，$L_i^d(r_l) + E_i(r_e, r_m) - (1-a)D_i^s(r_d)$ 代表银行对同业市场资金的净需求，CB 项代表中央银行的公开市场操作规模及方向。由于完全竞争市场的贷款利率及存款利率都可以表示成银行同业市场利率的函数，而且超额准备金由中央银行外生决定，因此方程（10）决定了银行同业市场的均衡市场利率。在银行同业市场利率决定的同时贷款与储蓄存款市场的均衡贷款及存款利率也决定了，进一步来说，银行的最优贷存款规模及最优超额准备金持有量也决定了。

上文论述的基于完全竞争市场的银行利润最大化和银行信贷市场及同业市场的均衡条件的理论结构，基本上对银行面对的外部环境及经营决策行为做了一个简单的描述。目前我国实行以商业银行为主体的金融体系，货币政策的传导机制及有效性主要还是依赖于商业银行的反应及调整,因此可以应用该基础模型分析互联网金融发展对商业银行经营决策和银行信贷市场及同业市场的影响,进而分析互联网金融发展对我国货币政策传导机制及有效性的具体影响路径。为了分析互联网金融对货币政策的影响机制,本报告引入了互联网发展对现有金融体系的不同效应,分别分析了互联网金融对价格型货币政策和数量型货币政策的影响机制(见图1)。

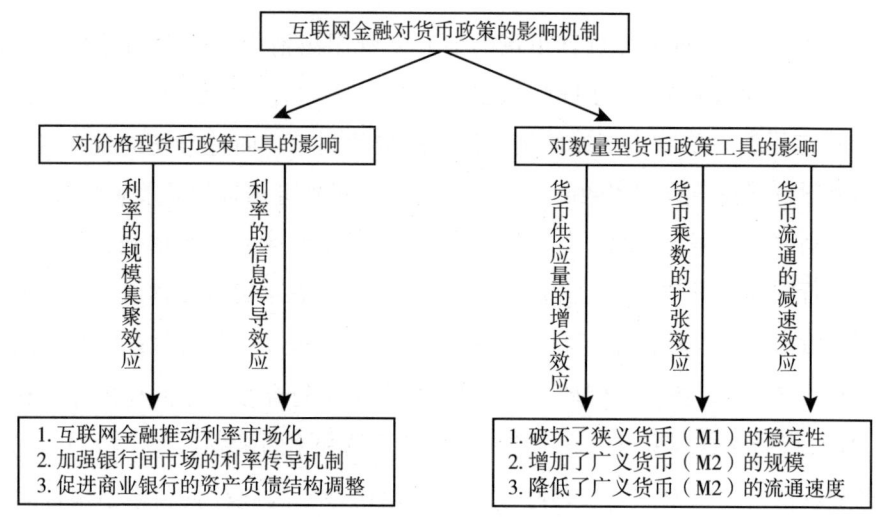

图1 互联网金融对货币政策的影响机制

(二)互联网金融对价格型货币政策的影响机制

1. 利率的规模集聚效应

在我国互联网金融的发展进程中,以阿里巴巴的余额宝为代表的互联网金融创新产品为我国现有的金融体制注入了新的活力。余额宝等互联网金融公司推出的金融产品主要将募集的资金投资于货币市场,如余额宝筹集的资金90%以上投资于银行同业存款。一方面,余额宝等互联网金融产品主要投资于银行同业或协议存款,因此其产品特性具有与活期存款类似的安全性和流动性,对现有银行的活期存款具有很大的分流作用;另一方面,普通储户或投资者受到资产规模等客观条件的限制无法进入银行同业市场,而余额宝可以使游离于市场外的零散资金汇聚成庞大的规模,使原本只能接受银行利率的投资者可以享受到银行同业市场利率的回报。这样，原本只能接受管制利率的资金进入银行同业市场，提高了存款利率的议价能力。

由于互联网金融发展对银行活期存款较强的替代性，互联网金融对市场利率的规模集聚效应主要反映在其对储蓄存款市场均衡利率的影响上，因此为了研究利率的规模集聚效应，可以将基础模型的银行储蓄存款市场均衡（9）式中的存款供给函数 $D^s(r_d)$ 引入 r_m，代表居民储户可以通过余额宝等互联网金融产品将闲散资金投资于利率更高的货币市场，因此储蓄存款供给函数不仅与存款利率相关，而且受银行同业利率影响，（9）式中的存款供给函数 $D^s(r_d)$ 变形成为 $D^s(r_d, r_m)$，其中 $\frac{\partial D^s(r_d, r_m)}{\partial r_d} > 0$，$\frac{\partial D^s(r_d, r_m)}{\partial r_m} < 0$。同时为了分析方便，依据 Feyzioglu 等（2009）的研究结论，我们假设银行的经营成本函数 $C(L_i, D_i, E_i)$ 可以分解成关于贷款（L）、存款（D）及超额准备金（E）的相独立的二次函数，表明银行的生产函数随着生产规模的增长从规模报酬递增转变为规模报酬递减。

$$d_i(D_i) = a_{di}D_i + \frac{1}{2}b_{di}D_i^2 \qquad (11)$$

$$l_i(L_i) = a_{li}L_i + \frac{1}{2}b_{li}L_i^2 \qquad (12)$$

$$e_i(E_i) = a_{ei}E_i + \frac{1}{2}b_{ei}E_i^2 \qquad (13)$$

因此，将这些变化带入基础模型，得到引入互联网金融的影响因素的均衡方程：

$$r_m = r_l - (a_{li} + b_{li}L_i) \qquad (14)$$

$$(1-a)r_m = r_d + (a_{di} + b_{di}D_i) \qquad (15)$$

$$r_m = r_e - (a_{ei} + b_{ei}E_i) \qquad (16)$$

而且，通过上述均衡条件，我们可以得到完全竞争市场环境下单个银行的贷款供给函数：

$$L_i = (r_l - r_m - a_{li})/b_{li} \qquad (17)$$

单个银行的存款需求函数:

$$D_i = [(1-a)r_m - r_d - a_{di}]/b_{di} \tag{18}$$

单个银行的超额准备金供给函数:

$$E_i = (r_e - r_m - a_{ei})/b_{ei} \tag{19}$$

另外我们假设在贷款、储蓄存款市场及银行同业市场上也存在 N 个贷款需求方、存款供给方及银行同业资金供给方,所以基础模型中贷款、储蓄存款市场及银行同业市场的均衡条件可以写成如下形式:

$$L_i^d(r_l) = (r_l - r_m - a_{li})/b_{li} \tag{20}$$

$$D_i^s(r_d, r_m) = [(1-a)r_m - r_d - a_{di}]/b_{di} \tag{21}$$

$$S_i^l(r_m) = L_i^d(r_l) + E_i(r_e, r_m) - (1-a)D_i^s(r_d, r_m) + CB_i \tag{22}$$

将方程(21)与方程(9)进行比较,可发现将互联网金融因素引入均衡方程之后,由于 $\frac{\partial D^s(r_d, r_m)}{\partial r_m} < 0$,因此可知在考虑互联网金融因素之后,一方面,完全竞争市场环境下的储蓄存款市场的均衡存款规模小于原有的规模,说明由于互联网金融的发展,利率的规模集聚效应对银行储蓄存款的替代性逐渐显现,银行吸收存款面临一定压力;另一方面,储蓄存款的市场利率高于原有的均衡水平,说明在完全市场条件下,如果金融市场不存在利率管制,那么互联网金融的发展将推高储蓄存款的市场利率。在我国现有存款存在利率管制的情况下,由于商业银行存款利率上限的存在,互联网金融产品将在一定程度上推动银行存款利率的市场化进程。

同时我们假设中央银行可以通过公开市场业务(CB)来维持银行同业市场利率的稳定,由于银行贷款市场没有受到互联网金融的影响,在央行外生给定的超额准备金率下,银行最优的贷款及超额准备金规模保持不变,而银行储蓄存款的最优规模由于互联网金融因素的冲击而减少,因此商业银行的负债结构发生调整,银行对同业市场资金的需求不断加大,同业市场对银行经营及货币政策传导的影响逐步加深。为了讨论互联网金融对货币政策传导机制的影响,可以将方程(21)转换成如下形式:

$$F(r_d, r_m) = D_i^s(r_d, r_m) - [(1-a)r_m - r_d - a_{di}]/b_{di} \quad (23)$$

根据隐函数求导法则可得：

$$\frac{dr_d{'}}{dr_m} = -\frac{\partial F}{\partial r_m} \Big/ \frac{\partial F}{\partial r_d} = -\left[\frac{\partial D^s(r_d, r_m)}{\partial r_m} - \frac{1-a}{b_{di}}\right] \Big/ \left[\frac{\partial D^s(r_d, r_m)}{\partial r_d} + \frac{1}{b_{di}}\right]$$

从上文的假设中我们可知 $\frac{\partial D^s(r_d, r_m)}{\partial r_d} > 0$，$\frac{\partial D^s r_d, r_m}{\partial r_m} < 0$，$b_{di} > 0$，因此可知 $\frac{dr_d{'}}{dr_m} > 0$，银行同业市场利率的上升对储蓄存款利率具有推动作用，而且引入互联网金融的规模集聚效应后的银行同业市场利率对储蓄存款市场利率的导数要大于原来的情况，即 $\frac{dr_d{'}}{dr_m} > \frac{dr_d}{dr_m}$，说明互联网金融的发展及其规模集聚效应增强了银行存款规模及市场利率对同业市场利率的敏感性，表明互联网金融的发展增强了利率等价格型货币政策的传导渠道的有效性。

2. 利率的信息传导效应

互联网金融的发展依托于互联网技术的进步与革新，互联网技术的进步推动了传统金融业态运营方式的改变。与传统金融业态相比，互联网金融业态可以节约实体资产及人力资源成本。基于互联网交易平台的搭建，互联网金融的产生一方面使原有金融交易中的中间成本显著降低，另一方面由于原有平台的客户资源可以显著节省吸引客户的市场信息成本，因此具有绝对的成本优势，互联网金融产品可以给予投资者更多的回报，促进互联网金融发展。而且同时由于互联网金融的高速创新，监管部门的监管措施明显滞后于其发展，互联网金融处于监管的灰色地带。因此与一般银行存款相比，互联网金融产品所募集的资金目前还没纳入中央银行的存款准备金管理体系，使得互联网金融可以享受到监管红利或进行监管套利活动。

为了研究利率的信息传导效应，可以将基础模型的银行储蓄存款市场均衡（9）式中的存款供给函数 $D^s(r_d)$ 引入信息传导效应因素 ε，ε 代表互联网金融产品通过信息传导效应可以向投资者提供高于同业市场利率（r_m）的回报，因此互联网金融产品的收益率可以表示为 $r_m + \varepsilon$，$\varepsilon > 0$。储蓄存款供给函数不仅与存款利率相关，而且受互联网信息及成本优势的影响，（9）式中的存款供给函数 $D^s(r_d)$

变形为 $D^s(r_d, r_m+\varepsilon)$，其中 $\dfrac{\partial D^s(r_d, r_m+\varepsilon)}{\partial r_d}>0$，$\dfrac{\partial D^s(r_d, r_m+\varepsilon)}{\partial r_m}<0$，$\dfrac{\partial D^s(r_d, r_m+\varepsilon)}{\partial \varepsilon}<0$。我们依然以基础模型及对利率的规模集聚效应的分析为基础，假设在贷款、储蓄存款市场及银行同业市场上也存在 N 个贷款需求方、存款供给方及银行同业资金供给方，那么基础模型中贷款、储蓄存款市场及银行同业市场的均衡条件可以重新写成如下形式：

$$L_i^d(r_l)(r_l - r_m - a_{li})/b_{li} \tag{24}$$

$$D_i^s(r_d, r_m+\varepsilon) = [(1-a)r_m - r_d - a_{di}]/b_{di} \tag{25}$$

$$S_i^I(r_m) = (1-a)D(r_d, r_m+\varepsilon) - L_i^d(r_l) - E_i(r_e, r_m) + CB_i \tag{26}$$

将方程（25）与基础模型中的方程（9）进行比较可知，将互联网金融的信息传导效应引入均衡方程之后，$\dfrac{\partial D^s(r_d, r_m+\varepsilon)}{\partial r_m}<0$，$\dfrac{\partial D^s(r_d, r_m+\varepsilon)}{\partial \varepsilon}<0$。因此，由于互联网金融的信息传导效应的影响，在完全竞争的市场环境下，储蓄存款市场的均衡规模要进一步小于未考虑信息成本优势的均衡规模，说明互联网金融的信息成本优势会对银行储蓄存款的替代性带来更大的负面影响，同时也意味着储蓄存款的市场利率要高于未考虑信息成本优势的均衡利率，说明在完全竞争的市场条件下互联网金融的信息成本优势，进一步推高了信贷市场中的存款利率。

另外，我们依然假设中央银行可以通过公开市场业务（CB_i）来维持银行同业市场利率的稳定，由于银行的贷款市场没有受到互联网金融的影响，加上央行外定了超额准备金率，银行最优的贷款及超额准备金规模保持不变，而银行储蓄存款的最优规模由于互联网金融的信息传导效应进一步减少，因此商业银行负债方对同业市场资金的需求进一步加大，同业市场对银行经营及货币政策的传导的影响进一步加深。

为了讨论互联网金融对货币政策传导机制的影响，可以将方程（25）转换成如下形式：

$$F(r_d, r_m) = D_i^s(r_d, r_m+\varepsilon) - [(1-a)r_m - r_d - a_{di}]/b_{di} \tag{27}$$

根据隐函数求导法则可得：

$$\frac{\partial r_d}{\partial \varepsilon} = -\frac{\partial F}{\partial \varepsilon} \bigg/ \frac{\partial F}{\partial r_d} = -\left[\frac{\partial D_i^s(r_d, r_m+\varepsilon)}{\partial \varepsilon}\right] \bigg/ \left[\frac{\partial D_i^s(r_d, r_m+\varepsilon)}{\partial r_d} + \frac{1}{b_{di}}\right] \quad (28)$$

$$\frac{\partial r_m}{\partial \varepsilon} = -\frac{\partial F}{\partial \varepsilon} \bigg/ \frac{\partial F}{\partial r_m} = -\left[\frac{\partial D_i^s(r_d, r_m+\varepsilon)}{\partial \varepsilon}\right] \bigg/ \left[\frac{\partial D_i^s(r_d, r_m+\varepsilon)}{\partial r_m} + \frac{1-a}{b_{di}}\right] \quad (29)$$

$$\frac{dr_d''}{dr_m} = -\frac{\partial F}{\partial r_m} \bigg/ \frac{\partial F}{\partial r_d} = -\left[\frac{\partial D_i^s(r_d, r_m+\varepsilon)}{\partial r_m} - \frac{1-a}{b_{di}}\right] \bigg/ \left[\frac{\partial D_i^s(r_d, r_m+\varepsilon)}{\partial r_d} + \frac{1}{b_{di}}\right] \quad (30)$$

由于 $\frac{\partial D_i^s(r_d, r_m+\varepsilon)}{\partial r_d} > 0$，$\frac{\partial D^s(r_d, r_m+\varepsilon)}{\partial r_m} < 0$，$\frac{\partial D^s(r_d, r_m+\varepsilon)}{\partial \varepsilon} < 0$，$b_{di} > 0$，可知 $\frac{\partial r_d}{\partial \varepsilon} > 0$，$\frac{\partial r_m}{\partial \varepsilon} > 0$，表明由于互联网金融的信息传导效应的存在，互联网金融的信息成本优势的提高对储蓄存款市场利率及银行同业市场利率具有正向作用。考虑到互联网金融的信息传导效应，银行同业市场利率对储蓄存款市场利率的导数也大于只考虑利率的规模集聚效应情形，即 $\frac{dr_d''}{dr_m} > \frac{dr_d'}{dr_m} > \frac{dr_d}{dr_m}$，说明互联网金融的利率信息传导效应进一步增强了银行存款规模及市场利率对同业市场利率的敏感性，而且在我国目前存款利率存在管制的政策环境下，互联网金融的发展增加了商业银行对同业市场资金的需求，中央银行为了稳定银行同业市场利率，必然要比先前更大规模地参与同业市场交易，使得公开市场业务作为货币政策的作用及效果不断增强，从而促进了我国价格型货币政策的传导机制的完善及有效性的提高。

（三）互联网金融对数量型货币政策的影响机制

1. 货币乘数的扩张效应

货币乘数主要是指中央银行可控的基础货币与货币供应量两者之间的比例关系，即中央银行通过发放或回笼基础货币可以使货币供应总量增加或减少的比值。由于对货币的统计口径的理解不同，中央银行会依据货币流动性的强弱，按照不同的统计口径确定不同的货币供应量统计指标，即货币层次，因此不同的统计口径的货币供应量与基础货币存在不同的比例关系，也对应不同的货币乘数。根据传统的货币乘数理论，我们可以分析互联网金融的发展对我国不同层次的货币乘数的影响机制。

根据中国人民银行的相关规定,我国的货币层次分为流通中的现金($M0$)、狭义货币($M1$)、广义货币($M2$)三个层次,因此对应狭义货币($M1$)及广义货币($M2$)的货币乘数可以概括表示为:

$$k_{M1} = \frac{M1}{B} = \frac{C+D}{C+R_l+R_e} = \frac{1+c}{c+(r_l+r_e)(1+s)} \tag{31}$$

$$k_{M2} = \frac{M2}{B} = \frac{C+D+S}{C+R_l+R_e} = \frac{1+c+s}{c+(r_l+r_e)(1+s)} \tag{32}$$

其中,$B = C + R_l + R_e$,$M1 = C + D$,$M2 = C + D + S$,$R_l = r_l(D+S)$,$R_e = r_e(D+S)$。(31)式、(32)式中的 C 代表流通中的现金,R_M 代表法定存款准备金,R_e 代表超额准备金,D 代表活期存款,S 代表定期存款;c 代表现金存款比,r_l 代表法定存款准备金率,r_e 代表超额存款准备金率,s 代表定期与活期存款比。

互联网金融的发展,一方面降低了社会支付的交易成本,使得居民的现金持有量不断减少;另一方面在现有的金融体制下,其增加了社会闲散资金的投资收益,使银行的活期和定期存款不断转化为非银行金融机构的存款。由此可知互联网金融的发展降低了居民的现金—存款比,提高了定期与活期存款比,同时提高了银行的同业市场利率,使银行降低了超额准备金率。因此,我们分别求(31)式、(32)式对 c、r_e、s 的偏导数,分析互联网金融的发展对狭义货币($M1$)及广义货币($M2$)的货币乘数的影响。

(1)互联网金融的发展对狭义货币($M1$)的货币乘数的影响

从(33)式可知现金—存款比的下降对狭义货币乘数的影响,取决于 $r_l + r_e$ 与 $\frac{D}{D+S}$ 之间的大小关系,其对狭义货币乘数的影响具有不确定性。从(34)式可知银行超额准备金率与狭义货币乘数负相关,银行超额准备金率的降低,增大了狭义货币乘数。从(35)式可知定期与活期存款比与狭义货币乘数负相关,定期与活期存款比的提高,缩小了狭义货币乘数。综上所述,互联网金融的发展使得原本相对稳定的狭义货币乘数具有不确定,加大了狭义货币乘数的波动性。

$$\frac{\partial K_{M1}}{\partial c} = \frac{(r_l + r_e)(1+s) - 1}{[c + (r_l + r_e)(1+s)]^2} < 0, 当(r_l + r_e) < \frac{D}{D+S} \quad (33)$$

$$\frac{\partial K_{M1}}{\partial r_e} = \frac{(1+s)(1+c)}{[c + (r_l + r_e)(1+s)]^2} < 0 \quad (34)$$

$$\frac{\partial K_{M1}}{\partial s} = \frac{(r_l + r_e)(1+c)}{[c + (r_l + r_e)(1+s)]^2} < 0 \quad (35)$$

(2) 互联网金融的发展对广义货币（M2）货币乘数的影响

从（36）式可知现金—存款比与广义货币乘数存在负相关关系，现金—存款比的降低，增大了广义货币乘数。从（37）式可知银行超额准备金率与广义货币乘数负相关，银行超额准备金率的降低，增大了广义货币乘数。从（38）式可知定期与活期存款比与广义货币乘数正相关，定期与活期存款比的提高，增大了广义货币乘数。综上所述，互联网金融的发展对广义货币乘数存在扩张效应，使得我国的广义货币乘数大幅扩大。

$$\frac{\partial K_{M2}}{\partial c} = \frac{(r_l + r_e - 1)(1+s)}{[c + (r_l + r_e)(1+s)]^2} < 0 \quad (36)$$

$$\frac{\partial K_{M2}}{\partial r_e} = \frac{(1+s)(1+c+s)}{[c + (r_l + r_e)(1+s)]^2} < 0 \quad (37)$$

$$\frac{\partial K_{M2}}{\partial s} = \frac{c[1 - (r_l + r_e)]}{[c + (r_l + r_e)(1+s)]^2} > 0 \quad (38)$$

2. 货币供应量的增长效应

货币供应量为经济社会中可以流通交易的总货币存量。由于货币层次的存在，我们依然要从不同统计口径的货币供应量角度来具体分析互联网金融对狭义货币（M1）与广义货币（M2）的不同影响。根据传统的货币供给理论，我们可以对互联网金融的发展对不同层次的货币供给量的影响进行具体分析。

$$M1 = k_{M1} B \quad (39)$$

$$M2 = k_{M2} B \quad (40)$$

其中，$B = C + R_l + R_e$，$M1 = C + D$，$M2 = C + D + S$

式中 B 代表基础货币，k_{M1} 代表狭义货币（M1）的货币乘数，k_{M2} 代表广义货币（M2）的货币乘数，C代表流通中的现金，R_l代表法定存款准备金，R_e代表银行合意的超额准备金，D代表银行活期存款，S代表银行定期储蓄存款。

从（39）式可知狭义货币（M1）的供应量由狭义货币（M1）的货币乘数和基础货币（B）的数量共同决定。根据上文有关互联网金融对狭义货币的货币乘数的影响分析，其对狭义货币的货币乘数的影响具有不确定性。而且由于互联网金融对银行同业市场利率具有负面冲击，央行出于维持银行同业市场利率稳定性的考虑，会通过公开市场业务向市场注入流动性，从而增加基础货币的规模。因此互联网金融对狭义货币的影响，由于狭义货币的货币乘数不确定性及中央银行的加入，加大了狭义货币的波动幅度，从而打破了原有狭义货币供应量的变化路径。

从（40）式可知广义货币（M2）的供应量由广义货币（M2）的货币乘数和基础货币（B）的数量共同决定。根据上文有关互联网金融对广义货币的货币乘数的影响分析，互联网金融的发展对广义货币的货币乘数存在扩张效应，其使得我国广义货币的货币乘数大幅度扩大，同时由于互联网金融对银行同业市场利率具有负面冲击，央行出于维持银行同业市场利率稳定性的考虑，会通过公开市场业务向市场注入流动性，从而增加基础货币的投放。因此互联网金融的发展对广义货币的货币乘数存在扩张效应，对中央银行的基础货币存在投放效应，两种效应的叠加使得广义货币的供应量显著增加，说明互联网金融的发展对广义货币的供应量存在增长效应。

3. 货币流通的减速效应

货币流通速度是经济中的货币存量总额与其支持的经济交易总额的比值，反映了经济交易中货币存量的运行效率。为了分析互联网金融对货币流通速度的影响，我们依然根据不同的货币层次来确定各层次货币的流通速度，进而对各层次货币的流通速度进行具体分析。根据传统的货币数量理论及费雪方程式，我们可以对互联网金融的发展对不同层次货币的流通速度的影响进行具体分析。

$$k_{M1}B_tV_v^{M1}=Y_tP_t \tag{41}$$

$$k_{M2} B_t V_v^{M2} = Y_t P_t \qquad (42)$$

式中 B_t 代表基础货币，k_{M1} 代表狭义货币（M1）的货币乘数，k_{M2} 代表广义货币（M2）的货币乘数，Y_t 代表经济总产出，P_t 代表社会价格总水平。假设 Y_t 和 P_t 保持不变。

在经济总产出和总物价水平保持不变的情况下，由（41）式可知狭义货币（M1）的流通速度由狭义货币（M1）的货币乘数和基础货币（B）的数量共同决定。根据上文货币供应量的分析结论可知，互联网金融的发展加大了狭义货币供应量的波动性，因此根据货币数量论及费雪方程式，狭义货币供应量的波动性引致了狭义货币流通速度的波动性。由（42）式可知广义货币（M2）的流通速度由广义货币（M2）的货币乘数和基础货币（B）的数量共同决定，互联网金融的广义货币乘数的扩张效应与基础货币的投放效应的叠加，使得广义货币的供应量显著增加，因此广义货币供应量的增长效应，通过费雪方程式的传导机制，使互联网金融的发展对广义货币流通产生了减速效应，降低了广义货币作为交易媒介的流通效率。

综上所述，互联网金融的发展对狭义货币及广义货币的不同影响机制，破坏了不同层次货币之间原有的相对稳定关系。因此如果中央银行依据不同层次货币之间原有的相对稳定的关系进行货币政策调整，其货币政策传导机制及效果必然出现偏差。从上述分析来看，与狭义货币相比，互联网金融发展对广义货币乘数、供应量、流通速度的变化更具一致性，因此在互联网金融发展的环境下，中央银行的调控中介目标更适合与广义货币相联系。

三 互联网金融对货币政策的影响效果

依据前文分析，互联网金融对价格型和数量型货币政策将产生不同程度的影响。本节根据我国相关的实际数据进行分析，对目前我国互联网的金融发展对价格型货币政策和数量型货币政策的实际影响进行探究。

（一）互联网金融对价格型货币政策的影响效果

根据前文分析，互联网金融中的网络理财对传统商业银行的存款端形成冲击。目前网络理财的品种和类别非常多，其中主要包括余额宝、微信理财通、京东小金库和百度百赚等。这四类网络理财产品均是对接货币型基金获得投资收益，余额宝对接天弘增利宝货币基金，微信理财通对接华夏财富宝货币基金，京东小金库对接的分别是鹏华增值宝货币基金和嘉实活钱包货币基金，百度百赚对接的是华夏现金增利货币 A/E 基金。目前，各网络理财产品的对接平台逐步扩容，所对接的货币基金的数目和种类正在逐步增加。

图 2 描述了以余额宝为代表的理财产品规模的变化，由图 2 可知互联网理财产品爆发于 2013 年下半年，增长速度非常快。2013 年 6 月 17 日，阿里巴巴公司旗下的余额宝正式上线，5 个月后余额宝的规模成功突破 1000 亿元，6 个月后余额宝所对接的天弘增利宝基金的规模达到 1853 亿元，2014 年 6 月底，余额宝的规模更是进一步达到了 5741.6 亿元。

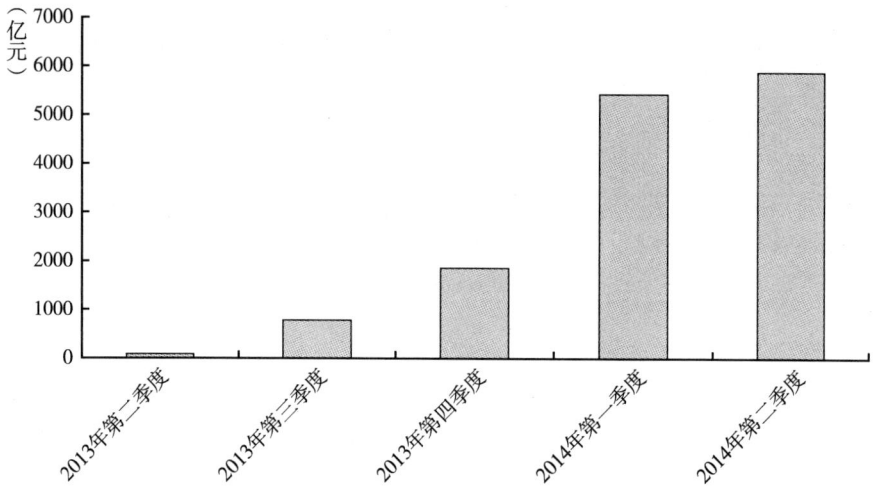

图 2　余额宝资产规模

通过研究发现，尽管互联网理财产品的规模急剧扩张，但是仍然停留在千亿元的级别，没有达到足以撼动传统商业银行存款的级别。图 3 描述了 2011 年以来人民币存款余额的同比变动率，图中并未显示明显的货币存款余额的大幅下降。此外，图 4 描述了 2011 年以来新增人民币存款的规模变动程度，图 4 表明，伴随着经济增长，近两年的新增人民币存款规模相对有所扩大，互联网金融并没有对它形成强烈的冲击。互联网金融未能在置信程度上形成对传统商业银行存款的替代,而是通过集合社会公共的闲散资金对传统商业银行存款进行了一定程度的补充。

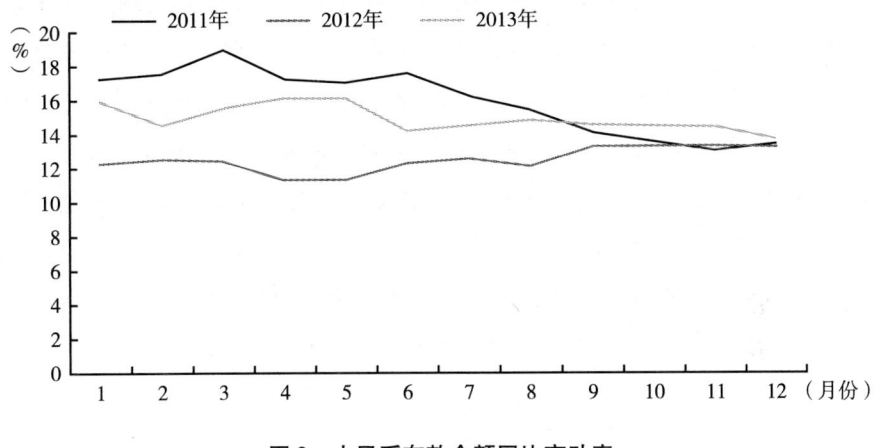

图3 人民币存款余额同比变动率

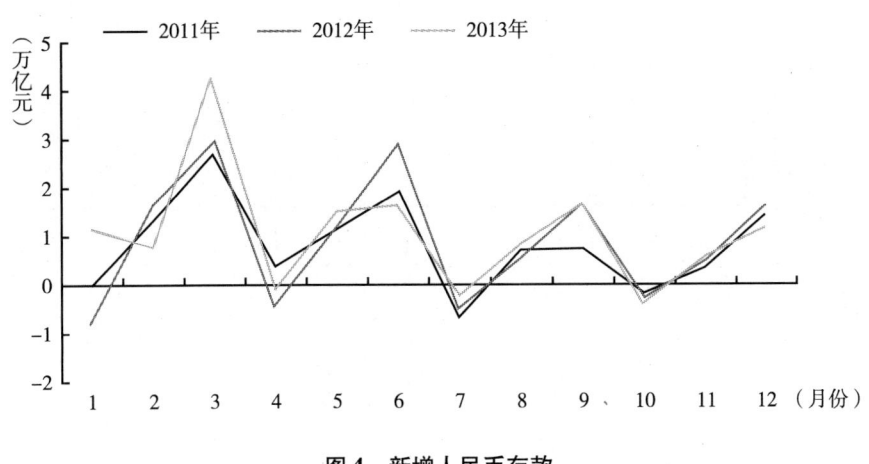

图4 新增人民币存款

互联网金融的网络理财产品基本为货币型基金,数据显示2013年全年货币型基金的53%的投资去向为银行存款。由于互联网金融理财产品的$T+0$交易特征,互联网金融理财产品的负债端久期相对较短,因此互联网金融网络理财产品所对接的货币基金的资产端久期势必需要缩短以均衡风险收益。余额宝所对接的天弘增利宝基金2013年的年报显示,天弘增利宝基金92%的资金的投资去向为银行存款。

图 5 描述了自 2013 年 7 月以来,同业存款利率存入报价的变动情况。如图 5 所示,在 2013 年 7 月到 12 月间,同业存款利率在较低程度上逐渐上升。2014 年至今,同业存款利率逐步下降。同业存款利率的波动受到多种宏观经济因素的影响,例如季度贷款规模考核、外汇资金的流动、商业银行杠杆率和超额准备金率等。从图形上分析,正是多种因素的综合作用促使同业存款利率在 2013 年末逐步攀升,由此导致余额宝收益的逐步提升,最高时超过 6.7%(银行活期存款利率的 20 倍左右)。2014 年之后,由于银行间市场资金供给流动性稀缺的局面有所缓解,同业存款利率逐步降低。因此,以余额宝为代表的互联网网络理财产品的收益率纷纷跌落"6"时代(见图 7)。

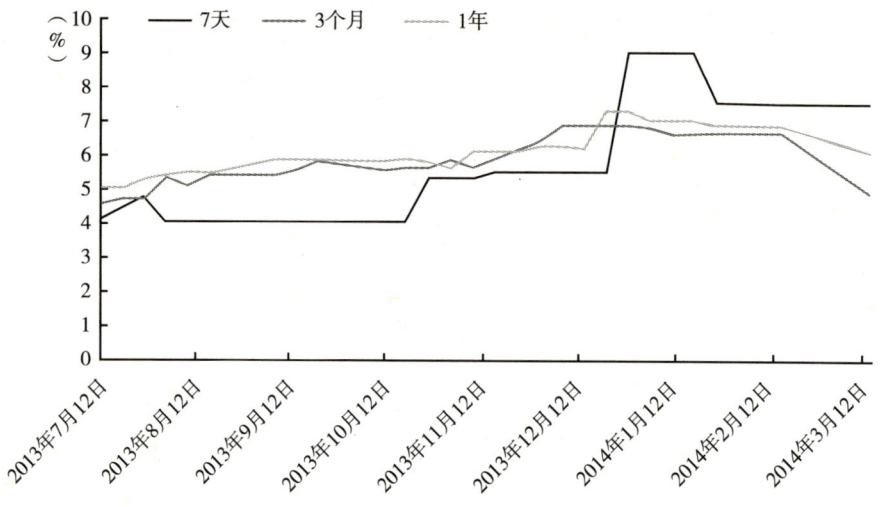

图 5　同业存款利率存入报价

根据图 6 所示,中国上海银行间同业拆借市场在 2012 年保持了持续平稳态势,其隔夜拆借利率基本保持在 3%。2013 年上半年,SHIBOR 隔夜拆借利率基本呈现下降趋势,然而在 6 月商业银行间市场突然爆发"钱荒"事件,并于 6 月 20 日达到顶峰 13.44%。随后,中央银行通过流动性干预推动银行间拆借市场的恢复。2014 年以来,伴随流动性紧缺情况的缓解,SHIBOR 隔夜拆借利率降低至 2% 左右。通过 SHIBOR 隔夜拆借利率与同业存款利率的对比分析可知,互联网理财产品的收益率与同业存款利率具有较强的相关性,而与银行间拆借利率的相关性则显然一般。

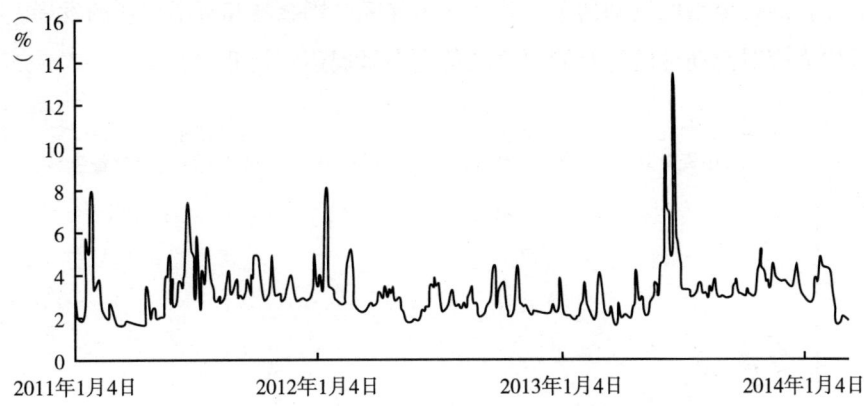

图 6　上海银行间同业拆借利率

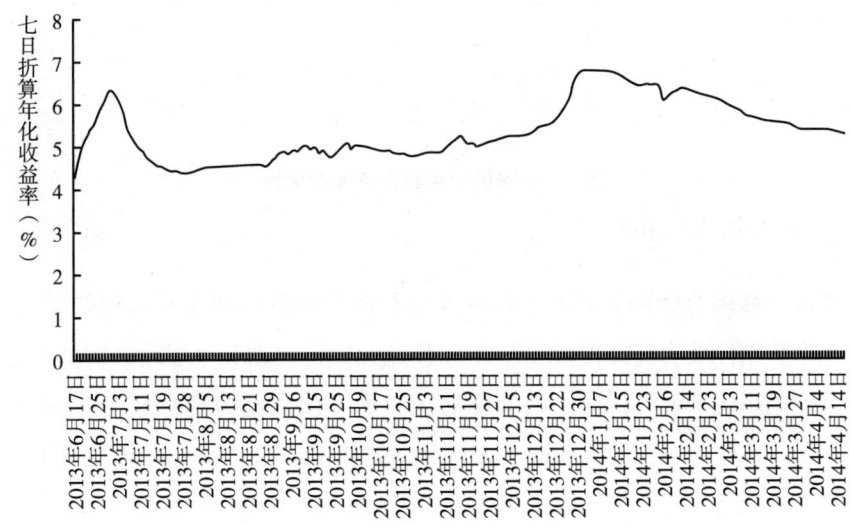

图 7　余额宝年化收益率

通过上述分析可知,由于互联网金融的规模仍然较低(千亿元级别),其对传统商业银行的存款替代效应及对同业存款利率的冲击均不显著。虽然互联网金融的发展没有在宏观层面影响重要的宏观经济变量,但不可否认其在微观层面影响了传统商业银行的经营模式和行为选择。其中最为显著的是,互联金融的发展导致市场中高流动性、低收益率的资金的规模增加，使得传统商业银行在经营过程中进一步降低超额存款准备金率。图8显示了中国金融机构的超额存款准备金率的变动情况，数据显示伴随中国金融和资本市场的发展，金融机构为应对流动性所持有的超额准备金率呈现逐年走低的态势。

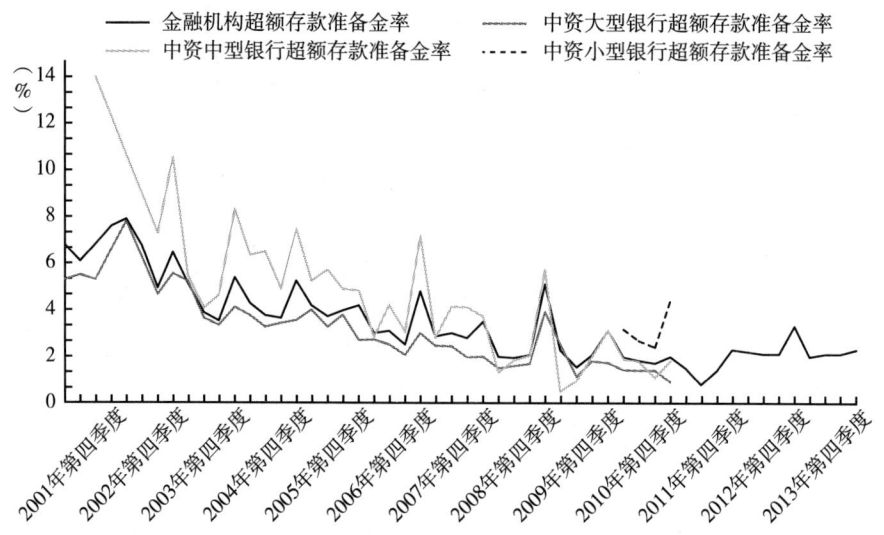

图8　金融机构超额存款准备金率

资料来源：Wind资讯。

伴随互联网金融的发展，中国商业银行的存贷款利率水平出现轻微浮动。中国利率管制标准明确提出，2012年6月商业银行存款利率浮动区间的上限调整为基准利率的1.1倍，贷款利率浮动区间的下限调整为基准利率的80%。7月，再次将贷款利率浮动区间的下限调整为基准利率的70%。伴随互联网金融的发展，中国商业银行的活期存款利率在资本管制逐步放松的情形下出现不同的上浮现象。其中，中小银行的上浮幅度相对高于大型银行，这说明互联网金融的发展对中小银行的负债管理的冲击相对更强。

此外，贷款利率于2004年10月取消上浮封顶，下浮幅度调整为基准利率的90%。2006年，该下浮幅度进一步扩大至基准利率的85%，2012年6月下浮幅度调整为80%，同年7月再次调整为基准利率的70%。2013年7月，中央银行全面放开对金融机构的贷款利率管制。在此期间，以温州贷、陆金所和盛荣在线等为主的互联网贷款发展迅速。中国商业银行的短期贷款利率仍然与基准利率基本相同，大型商业银行与中小商业银行对互联网金融的冲击反应均表明互联网金融的发展并没有在实质上对传统金融领域内的信贷造成影响，而是通过满足传统信贷领域的边缘需求形成对传统信贷的补充和完善。

综上所述，在目前互联网金融的发展规模仍然较小的情况下，其对传统商业银行和银行间同业存款利率的影响较为微弱，而同业存款利率则对互联网理财产品的收益率有很大影响。此外，由于互联网金融的发展在一定程度上挤压了传统商业银行的盈利空间，传统商业银行为了适应潮流纷纷推出银行的互联网化跨界发展并同时调整商业银行内部的经营模式，例如由于市场中增加的高流动性资本而降低其自身的超额准备金率，再例如商业银行调高存款利率的上浮空间等。因此，目前互联网金融的发展对价格型货币政策并没有产生显著影响，而只是对传统商业银行的经营模式和微观经济行为选择产生了一定程度的冲击。

（二）互联网金融对数量型货币政策的影响效果

为了分析互联网金融对货币供应量的影响，本部分从货币需求和货币供给两个角度进行综合分析。

1. 货币乘数的扩张效应

根据经典的货币乘数理论，中央银行、商业银行、公众三个要素共同决定了货币乘数。前文的分析表明，伴随着中国互联网金融的发展，由商业银行决定的超额准备金率的水平逐步降低，由公众行为决定的现金漏损率也在逐步降低。因此，理论上认为互联网金融的发展应当在一定程度上促使货币乘数扩张。

根据图9所描述的中国历年货币乘数的变动情况可知，在2001～2007年中国的货币乘数稳步上升，2007～2011年中国的货币乘数经历了两次阶段性的下降，而在2011年之后中国的货币乘数不断上升。通过经济理论的分析，本报告认为2001～2007年中国的宏观经济经历了从平稳到快速的经济增长阶段，该阶段货币政策的执行和商业银行相对降低的超额准备金率令货币乘数逐步扩张。2007~2011年，全球经济依次遭遇了金融危机和欧洲债务危机，在这两次危机之后，宏观经济的消极影响导致货币乘数降低。2011年后，伴随宏观经济的缓慢恢复，商业银行和公众行为基于互联网金融等金融体系的变革开始对货币乘数形成正向的内生性影响，促进了货币乘数的相对扩张。

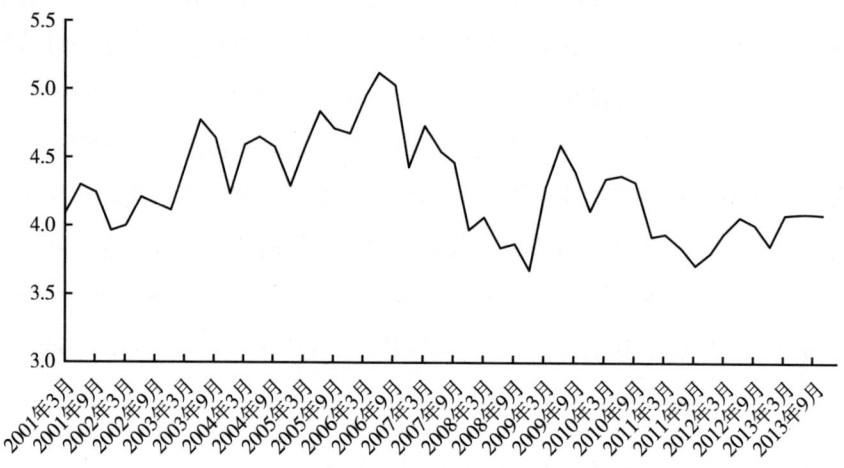

图9 中国货币乘数变动情况

通过图10所描述的2011~2013年中国货币乘数变动的对比分析可知，近两年互联网金融等金融体系的变革和发展促使货币乘数形成了内生性和扩张影响。2012年中国的货币乘数整体上比2011年增长了3.86%，2013年中国的货币乘数整体上又比2012年增长了2.96%。

综上所述，中国货币乘数的变动并不完全是外生型的，而是由中央银行、商业银行和公众行为共同决定的。目前，互联网金融的迅猛发展事实上已经形成了对商业银行和公众行为选择的实际影响，促使货币乘数发生了对应的内生性变化。具体而言，互联网金融的发展一方面降低了商业银行的超额准备金率，另一方面降低了公众行为中的现金漏损率和定期存款比率。因此，互联网金融的发展有效促进了我国货币乘数的内生性扩张。

2. 货币供应量的增长效应

依据国内外学者的研究经验，现实意义的货币总量既可能是货币需求量，

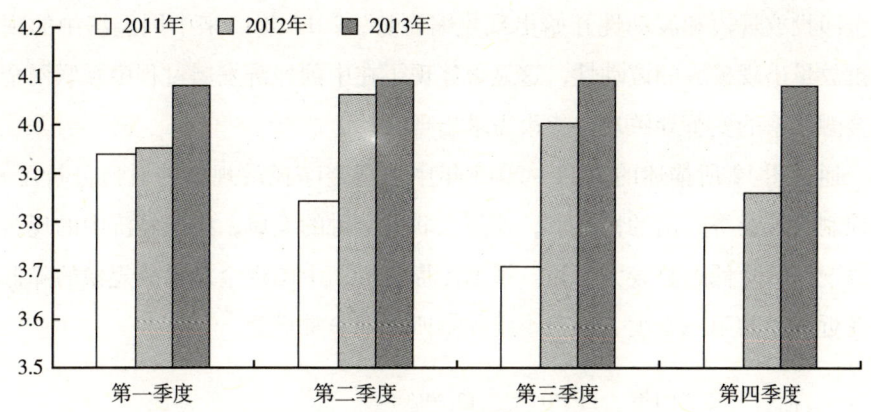

图10 中国2011~2013年货币乘数变动

也可能是货币供给量,还可能是由货币需求和货币供给共同决定的变量。基于理论分析的结果表明,互联网金融的发展促使货币需求的有效降低和货币供给的有效增加。因此,基于中国货币市场均衡实现的滞后性,在短期内货币供应量的变动更多地体现在货币供给量的变动方面。

基于互联网金融的高效率和易变现特征,公众对现金资产端的交易需求量和持有成本发生变动,导致现金的直接需求量降低。图11描述了中国经济中现金的净投放规模的变动情况,2001~2007年中国经济的现金净投放规模扩大,波动程度加深,2007~2011年由于全球金融危机的影响,中国经济中的

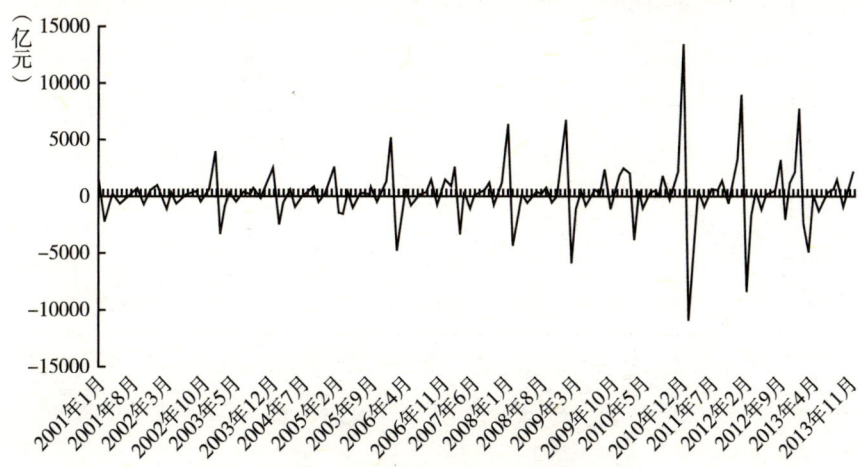

图11 中国现金净投放规模

现金净投放规模和波动性开始出现收缩态势，2011年以来中国经济中的现金净投放量出现极大的波动性，这显著体现了在中国经济发展过程中互联网金融等金融体系的变革导致现金货币需求出现波动。

通过图12所描述的2011~2013年中国现金净投放规模的对比分析可知，在控制宏观经济产出的情况下，伴随互联网金融的发展，中国经济中的现金净投放规模的降低态势较为明显。根据图形分析，中国现金净投放规模的降低态势在近三年的第二季度、第三季度和第四季度非常显著。

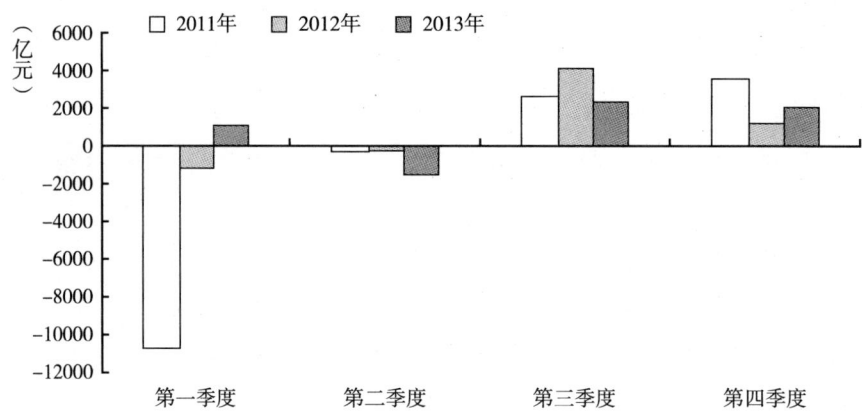

图12 现金净投放规模

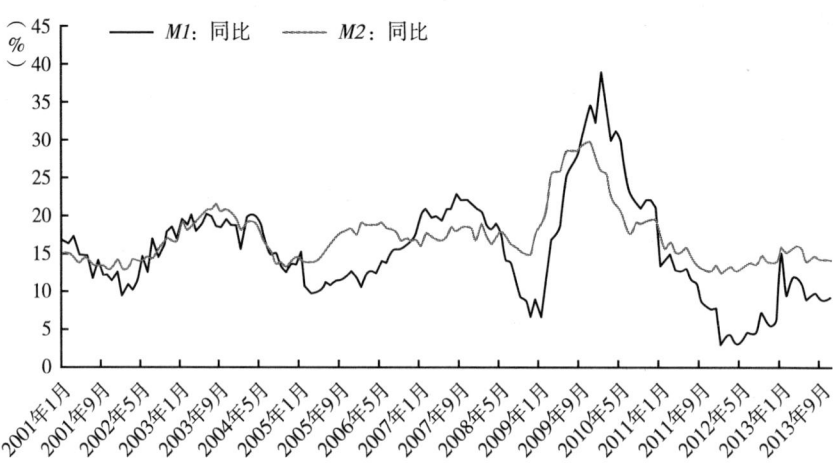

图13 中国货币总量历年同比增长率

根据图 13 对中国 $M1$ 和 $M2$ 的历年同比增长率的描述，本报告认为中国经济的货币总量在很大程度上体现的仍然是货币供给量。从图中可以看出，在 2001~2007 年中国 $M1$ 和 $M2$ 的增长率基本稳定在 15% 左右，在 2008 年金融危机爆发之后，中央银行采取积极的货币政策以刺激宏观经济复苏，因此在 2008~2009 年中国 $M1$ 和 $M2$ 的同比增长率迅速上升，此后由于中国经济出现通胀和结构性问题，中央银行在 2010 年后转而采取相对稳健的货币政策。如图 13 所示，2011 年之后中国货币 $M1$ 和 $M2$ 的同比增长率出现了较小幅度的上升趋势，这与互联网金融的发展和理论分析结果不谋而合。

综上分析，互联网金融的发展对货币总量的需求和供给具有不同的影响。其中，互联网金融的发展对货币需求量的影响是负向的，而对货币供给量的影响应当是正向的。短期的数据结果表明，中国货币总量的规模在很大程度上体现了中国货币的供给量。

3. 货币流通的减速效应

本报告通过费雪交易方程式对我国的货币流通速度进行衡量。货币流通速度的主要影响因素包括国家经济制度、金融体制、国民收入、消费习惯和心理预期等。由于我国目前的互联网金融发展刚刚起步，其货币流通速度的减速效应尚无法抵消经济增长和预期等宏观经济因素所带来的推动作用，因此我国货币流通的减速效应尚不明显。

中国 2001~2003 年的货币流通速度大幅下降，2003~2008 年的货币流通则呈现相对稳定的状态，2008 年金融危机之后货币流通速度呈现较为明显的上涨态势。根据经济学观点，2001 年和 2008 年的货币流通速度迅速降低体现了公众在亚洲金融危机和全球金融危机之后对宏观经济的萧条预期，萧条预期通过影响消费等微观经济导致货币流通速度迅速降低。2008 年之后货币流通速度逐渐提升，一方面体现了公众对宏观经济预期的好转，另一方面则体现出我国互联网金融的发展刚刚起步，规模仍然相对较小，其交易方式对传统货币交易方式的替代作用尚未形成显著影响，因此互联网金融对货币流通速度的减速效应尚未显现。另外，从我国现有货币统计口径的角度来看，网络借贷、网络理财和网络支付结算这三种互联网金融交易形式所产生的虚拟货币流通并未纳入我国货币流通速度的统计框架，这对衡量互联网金融对我国货币流通速度

的影响造成了一定的偏差。随着互联网金融的不断发展，我国货币政策有必要将互联网金融的多种交易方式纳入新的货币政策监测框架，进一步完善中国人民银行对货币供应量的把控能力。

四　结论及建议

虽然互联网金融的发展在我国刚刚起步，但其对我国货币政策的影响已有所显现。互联网金融通过对传统银行经营行为和居民储蓄行为的冲击和影响，在一定程度上拓展了传统的微观银行经营决策理论、内生货币供给理论和货币乘数理论，也在一定程度上推进了存款利率市场化，增强了存款利率对同业市场利率的敏感度，降低了货币需求理论的预防性动机，从而在一定程度上对我国价格型和数量型货币政策产生了影响。

从理论角度来看，互联网金融的发展对银行经营行为和居民储蓄行为的影响显著。其中，网络借贷和网络理财的规模集聚效应为存款资金提供了更多渠道，拓宽了利率等价格型货币政策的传导渠道并提升了其有效性，在一定程度上推进了存款利率的市场化。同时，互联网金融的利率信息传导效应通过信息成本优势进一步增强了银行存款规模及市场利率对同业市场利率的敏感性，增加了商业银行对同业市场资金的需求。从数量型货币政策的角度来看，网络支付结算的发展降低了银行的超额准备金率，提高了现金存款比率，使得原本相对稳定的狭义货币乘数具有不确定，加大了狭义货币乘数的波动性；对广义货币乘数则存在扩张效应，使得我国的广义货币乘数大幅度提高。此外，互联网金融的发展对广义货币的货币乘数和中央银行的基础货币投放均存在扩张效应，因此对广义货币供应量存在增长效应。同时，互联网金融的发展对广义货币流通产生了减速效应，降低了广义货币作为交易媒介的流通效率，在一定程度上降低了数量型货币政策的传导有效性。

从我国实际情况来看，互联网金融对价格型货币政策的影响虽然存在，但并不十分显著。从同业存款利率的角度来看，互联网通过会集社会公众的闲散资金，在一定程度上对商业银行存款进行了补充，但这种影响与影响同业存款利率的其他宏观因素相比仍十分有限。不仅如此，互联网金融的收益率还受到银行同业存款利率的牵制。从超额存款准备金率来看,互联网金融的发展增加了市场中高流动性、低收益率的资金的规模,进一步降低了传统商业银行的超额存款准备金率。因此,从宏观角度来讲,互联网金融对价格型货币政策的影响相对有限。但从微观角度来讲,互联网金融在一定程度上改变了传统商业银行的经营模式和经济行为的选择,对中小银行的存款利率产生了一定程度的上浮影响。从长期来看,互联网金融的发展和体量的增大将加剧银行间市场利率的竞争性并增强利率传导机制的有效性,对促进我国利率市场化具有重要意义。

与价格型货币政策的变化相比,我国互联网金融的发展对数量型货币政策的影响更为显著。2008年之后,我国互联网金融的强势发展有效地会集了社会闲散资金,使货币乘数和货币供应量大幅上升。产生这一结果的主要原因是我国互联网金融的发展大大提高了我国银行的现金—存款比率,从而提高了货币乘数和货币供应量。从传统货币理论来看,在产出一定的情况下,货币乘数与货币流通速度之间存在反比关系。然而,在我国互联网金融取得长足发展的时期内,货币流通速度的减速效应并不十分显著。这是由于我国经济增长、金融市场改革和其他宏观经济发展的大力推行,有效提高了我国货币的流通速度,而互联网金融对货币流通速度的影响受到其体量的制约,其减速效应尚不显著。从这一角度来看,互联网金融在一定程度上影响了我国货币政策的有效性和货币环境,并且随着其规模的逐步扩大,其对货币流通速度的影响可能会进一步凸显出来。

基于上述理论和数据分析结果,我们认为互联网金融的发展对我国货币政策的调整提出了新的要求。互联网金融通过多样化的金融服务载体,悄然改变着传统银行的经营行为,提高了存贷款利率对同业市场利率的敏感性,为增强我国利率政策的有效性提供了一个崭新的金融渠道。同时,互联网金融通过提高我国银行的现金—存款比率及降低银行超额准备金率,有效提高了我国的货币乘数和货币供应量,增强了我国金融机构的货币创造能力。然而由于互联网金融的交易方式以网络借贷、网络理财和网络支付结算三种形式为主,因此在一定程度上削弱了传统货币的流通效率,这对我国传统广义货币的统计体系提出了新的要求。我国非个人持有的多种互联网金融的交易电子货币游离于传统广义货币的统计框架之外,对互联网金融所带来的货币流通速度的改变缺乏有效监测,在互联网金融蓬勃发展的今天,我国的货币政策需要因势利导,在传统货币政策调控体系的基础上，以互联网金融交易中出现的多种新型交易媒介为对象，建立一套货币供应量和货币流通速度的补充体系，进一步增强中央银行运用数量型货币政策调控的目标性和有效性。

参考文献

Al‐Laham, M., Al‐Tarawneh, H. and Abdallat, N., 2009, "Development of Electronic Money and Its Impact on the Central Bank Role and Monetary Policy," *Issues in Informing Science and Information Technology*, 6: 339–349.

Dong He and Honglin Wang, 2013, "Monetary Policy and Bank Lending in China – Evidence from Loan‐Level Data," HKIMR Working Papers, No. 162013.

Dong He and Laurent Pauwels, 2008, "What Prompts the People's Bank of China to Change its Monetary Policy Stance? Evidence from a Discrete Choice Model," HKMA Working Papers, No. 06/2008.

Feyzioglu, Tarhan, Nathan Porter and Elod Takats, 2009, "Interest Rate Liberalization in China," IMF Working Papers, No. 09/171.

Freixas, Xavier and Jean‐Charles Rochet, 2008, *Microeconomics of Banking*, MIT Press.

Porter Nathan and Nuno Cassola, 2011, "Understanding Chinese Bond Yields and their Role in Monetary Policy," IMF Working Papers, No. 11/225.

Porter, Nathan and TengTeng Xu, 2009, "What Drives China's Interbank Market?" IMF Working Papers, No. 09/189.

Porter, Nathan and TengTeng Xu, 2013, "Money Market Rates and Retail Interest Regulation in China: The Disconnect between Interbank and Retail Credit Conditions," Bank of Canada Working Papers, No. 2013–20.

Qin, Duo, Pilipinas Quising, Xinhua He and Shiguo Liu, 2005, "Modeling Monetary Transmission and Policy in China," *Journal of Policy Modelling*, 27: 157–75.

巴曙松：《转轨经济中的货币乘数波动与货币控制》，《国际金融研究》1998 年第 1 期。

胡援成：《中国的货币乘数与货币流通速度研究》，《金融研究》2000 年第 9 期。

姜永宏、刘晓娜、朱锦峰：《我国近期货币乘数变动与货币控制》，《南方金融》2007 年第 8 期。

梁大鹏、齐中英：《金融创新对货币流通速度的影响研究》，《经济科学》2004 年第 2 期。

陆前进、朱丽娜：《货币政策对基础货币和货币乘数的影响机制研究——基于中国 2003~2011 年的数据分析》，《上海财经大学学报》2011 年第 5 期。

谢平、唐才旭：《关于中国货币乘数的预测研究》，《经济研究》1996年第10期。

周光友：《电子货币发展对货币乘数影响的实证研究》，《数量经济技术经济研究》2007年第5期。

周莉萍：《货币乘数还存在吗》，《国际金融研究》2011年第1期。

张延群：《中国货币供给分析及货币政策评价：1986~2007年》，《数量经济技术经济研究》2010年第6期。

何东、王红林：《利率双轨制与中国货币政策实施》，《金融研究》2011年第7期。

谢平、邹传伟：《互联网金融模式研究》，《金融研究》2012年第12期。

屈庆、陈黎、余文龙：《互联网金融发展对金融市场及债券市场影响分析》，《债券》2013年第7期。

沈毅舟、李逍迪：《互联网金融对货币乘数的影响和对互联网金融监管的思考》，《知识经济》2014年第4期。

施丹：《互联网金融和利率市场化对商业银行的影响》，《特区经济》2014年第3期。

四川银监局课题组：《互联网金融对商业银行传统业务的影响研究》，《西南金融》2013年第12期。

肖大勇、胡晓鹏：《互联网金融体系的信用创造机制与货币政策启示》，《福建论坛》（人文社会科学版）2014年第1期。

B.4
互联网金融下的货币范畴

摘　要： 本报告详细梳理了虚拟货币的含义、产生背景、特点及其发行和流通机制，并对现有的虚拟货币进行了分类，着重强调虚拟货币尤其是比特币当前的风险和各国的监管现状，并分析了虚拟货币对我国货币政策的影响。最后结合政策建议，依据当前我国的货币地位和监管制度安排，建议建立健全、高效、安全的金融运行机制与虚拟货币监管体系。

关键词： 虚拟货币　比特币　货币政策　金融监管

随着互联网的发展，计算机服务从个人拓展到网络，从 PC 端转向移动端，改变了人们生活的方方面面。英国 Point Topic 公司的调查报告显示，截至 2013 年 6 月，全球的网民已经达到 27 亿人，在全球十大宽带用户国排名中，中国的宽带用户总数比美国、日本、德国和俄罗斯加起来的总数还多。中国互联网络信息中心（CNNIC）第 33 次发布的《中国互联网络发展状况统计报告》显示，截至 2013 年 12 月，我国网民规模达到 6.18 亿人，全年共计新增网民 5358 万人。互联网普及率为 45.8%，较 2012 年底提升 3.7 个百分点（见图 1）。其中手机用户成为网民增长的主要来源，手机网民规模达 5 亿人，占 73.3%，较 2012 年底增加 8009 万人，网民中使用手机上网的人群占比由 2012 年底的 74.5% 提升至 81.0%，手机网民规模继续保持稳定增长（见图 2）。

计算机技术的发展给人们的生活带来了便利，新技术产生了很多新鲜事物，也影响着其他领域。互联网继"入侵"零售、传媒产业之后于 2013 年在金融领域开疆辟土。另外，金融的根基是货币，没有货币，金融也就不存在。

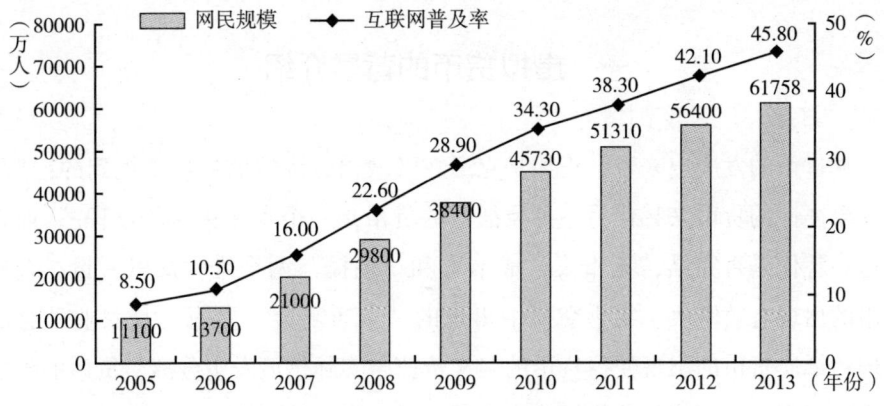

图1　中国网民规模与互联网普及率

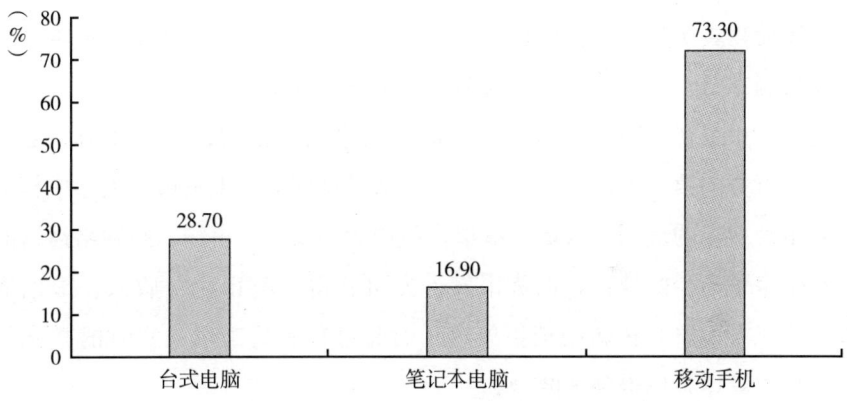

图2　2013年新增网民上网使用设备情况

资料来源：中国互联网络发展状况统计调查（2013年12月）。

其中虚拟货币的产生和发展成为互联网金融变革链条中的一环，它的出现最初是为了满足游戏世界中的玩家对虚拟物品的购买需要，现在已经发展到像比特币这样可以用来购买现实物品，并成为人们的投资标的。虚拟货币的便利性促进了网络游戏、虚拟社区和电子商务的发展，反过来网上虚拟世界的发展与丰富又进一步促进了虚拟货币的发展，使得虚拟货币具备了类货币的特性，具有了传统货币的价值功能和流通功能。货币范畴在传统金融领域因新技术的变革开始有了新的意义和发展。

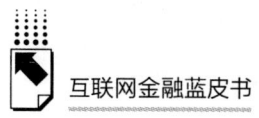

一 虚拟货币的背景介绍

从货币的发展史来看，正如马克思在《政治经济学批判》中提到的："用一种象征性的货币来替代另一种象征性的货币是一个永无止境的过程。"而裁决这一替代是否完结，无非从"成本"和"便捷"两个维度加以考量。金属货币的出现有效解决了物物交换中出现的"双重巧合"难题，是农业社会的表现；纸质货币的出现使得货币的名义价值与实际价值发生分离，货币的价值尺度由真实的、足值的价值量演变为观念的、形式的信用价值标准，是工业社会的表现；电子货币的出现在生产和流通两个方面使得实体货币与观念货币发生分离，有效地降低了信息和交易成本，是社会信息技术革命的表现；虚拟货币的出现使得真实货币向虚拟货币延伸，进一步降低了信息和交易成本，变革了货币机制本身，是新技术革命和网络经济发展的表现。

虚拟货币最初仅限于在游戏运营商和玩家之间使用，但发展到一定阶段后，非发行方的第三方商家开始接受一些信誉良好的虚拟货币，无形中扩大了虚拟货币消费者的范围及数量。虚拟货币作为一项新生事物，给网络运营商和用户都带来了不少好处：虚拟货币发行方可获得"铸币税"收入；虚拟货币可以为第三方商家开拓新的销售渠道；而此过程满足了用户实时的微支付需求，支付工具体系也得到了健全。

但是，众多的问题和潜在的风险随之而来。首先，虚拟货币的出现对现有金融秩序产生了冲击，对货币政策的执行构成了一定的威胁。虽然传统的虚拟货币和法定货币从法规上讲只允许单向兑付，即用法定货币购买虚拟货币，但线下存在的非法二级市场变相突破了这种法规上的限制，实现了一定程度的双向流通。同时，新型的虚拟货币本身就具备双向兑付功能，加之其发行方是不受管制的非金融机构，因此潜在的冲击是存在的。其次，虚拟货币的出现还涉及诸多社会、法律问题。虚拟货币的匿名性、虚拟性、非安全性等特点对现行的法律制度提出了挑战。网络犯罪分子获得了新的犯罪渠道，他们可以利用虚拟货币进行网络洗钱、反恐融资、网络赌博等。在社会问题方面，目前的法律体系对虚拟货币及虚拟财产的认定存在《物权法》的背书，但法律体系的严重滞后使得犯罪案件的审理无法可依，找不到解决办法。

作为一项新生事物，目前虚拟货币的发展引起了相关部门的重视，但对其范畴、业务模式、监管模式等方面还需进行深入的剖析，毕竟互联网的出现给金融带来太多的不确定性，原有的概念在新的形态下必然产生某些变化，对虚拟货币的货币本质抽丝剥茧，将有效地完善现有的货币政策，提升政策制定的有效性，同时避免新生业态对我国金融系统秩序可能造成的负面影响。

（一）国内外文献综述

虚拟货币近两年由于互联网金融的发展成为热点，其快速发展引发了一系列社会问题，引起了社会各界的关注。图3显示了2013年新浪微博上有关比特币的发帖数量。可以看出，微博上的帖子数量随比特币的价格而波动，11月大幅上升，在银行禁令公布后达到最高峰。

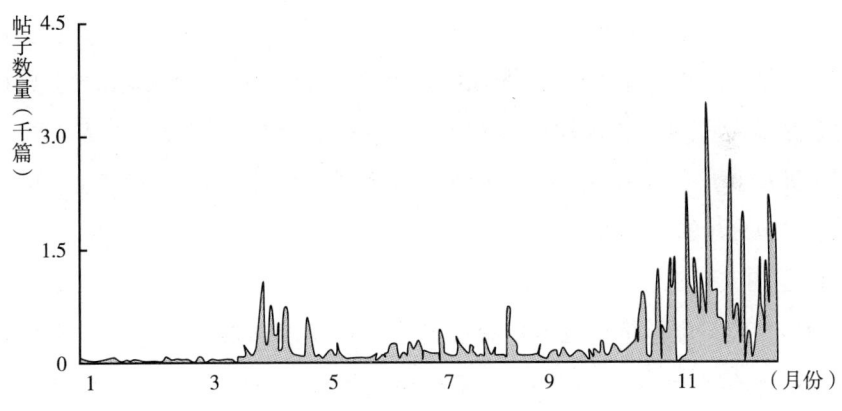

图3　2013年新浪微博有关比特币的发帖数量

1. 国外文献综述

虚拟货币（Virtual Money 或 Currency）在国外文献中常与电子货币、数字货币混用。例如1997年Solomon, E. 出版了专著 *Virtual Money：Under Standing the Power and Risks of Money's High-speed Journey into Electronic Space*，其主要研究对象实际上为电子货币（Electronic Money），书中对电子货币做了

全面的介绍并描述了其背后的运行系统。

关于虚拟货币的研究主要集中在虚拟货币的产生、影响和风险等方面。在社会问题方面，Cikic 等人在 *Cheat-prevention and Analysis in Online Virtual Worlds* 一书中对虚拟财产的实际价值进行了讨论，并提到了其中可能引发的欺诈、盗取和非法使用等一系列风险问题，认为建立一个良好、安全的平台系统是避免此类问题的前提。在行为动机方面，Guo 和 Bames 通过模型说明了在虚拟世界中人们交易虚拟物品的行为意图和决定因素。在经济问题方面，Peng, H. 和 Xu, X. 结合中国目前虚拟货币的运行机制，认为虚拟货币应是一种支付手段而不是价值储藏手段，提出要避免虚拟货币最终沦为投机炒作的商品。Jingzhi Guo、Angelina Chow 和 Rolf T. Wigand 在 *Virtual Wealth Protection through Virtual Money Exchange* 一书中，以保护虚拟财产为目的，大胆地设计并模拟了虚拟货币兑换系统，并对各个虚拟货币之间的兑换汇率进行了讨论。Jingzhi Guo 和 Zhiguo Gong 在 *Measuring Virtual Wealth in Virtual Worlds* 一书中认为用户有权自由确定虚拟货币的交易。Jon Matonis 认为，比特币能为不可预测的政治风险，如主权没收、过高的税收以及出入境资本管制等提供安全屏障。与全国性法定货币相比，除了能够保值之外，比特币财富消除了银行偿付能力风险以及超级杠杆化的金融金字塔带来的风险。Christopher Marquis 和 Zoe Yang 在 *The Story of Bitcoin in China* 一书中对比特币在中国的投机现象进行了梳理，阐述了中国在比特币世界中扮演的关键角色。

2. 国内文献综述

国内目前对虚拟货币进行研究的专著有两本——苏宁的《虚拟货币的理论分析》和徐晋的《虚拟货币与虚拟银行学——虚拟金融帝国的理论与实践》。苏宁在书中研究了虚拟货币的现状和发展问题，对构建虚拟货币的监管体系、规范虚拟货币的发展提出了自己的见解，具有重要的理论和现实意义。徐晋在书中展望了虚拟货币的发展，他认为虚拟货币迎合了"超主权"货币构建的需要，必将影响现有的整个货币金融体系，因此必将蓬勃发展。

关于虚拟货币对经济环境及货币政策影响的观点也出现在现有的文章中，一些学者通过实证模型对传统的虚拟货币进行了一定的分析和研究，但对新虚拟货币的讨论由于面板数据量的限制更多的是定性分析，主要研究情况总结如下。

运用理论数学模型的有：李晓媛在《虚拟货币对我国金融市场冲击的可能性研究》一文中结合虚拟货币双向汇兑模型，说明了传统虚拟货币如果实行双向汇兑将会冲击我国的金融市场；武庆悦的《虚拟货币及其对货币政策的影响研究》以初级虚拟货币为研究对象，对虚拟货币的一些基本理论问题进行了探讨，揭示了其本质，并运用货币供给模型说明了虚拟货币对现实经济的影响；赵锐在《基于互联网的虚拟货币对微观经济影响的分析》一文中也是以初级虚拟货币为研究对象，运用成本–收入模型分析其对微观经济主体的影响，认为虚拟货币发行商在支付较高的固定成本后，可获得规模经济带来的长期收益；姬智敏等的《网络经济背景下虚拟货币发展及兑换博弈分析》对虚拟货币的兑换构建了博弈模型，分析了其发行、流通和退出机制对发行商、用户和社会的影响。

运用实例研究的主要有：张浩在《我国虚拟货币市场的规范与监管》一文中将虚拟货币分为购买式、转账式及网络游戏虚拟货币三类，结合其运行机制，以欧元的成功经验为范本呼吁我国在虚拟货币这一领域做大做强；李敏在《电子货币对我国金融体系的影响及监管研究》一文中着重分析了电子货币的流通与使用现状，并对其对我国货币发行机制、金融支付体系以及对中央银行货币政策所产生的影响进行了阐述，在此基础上结合我国的实际情况，借鉴国际社会在电子货币监管方面的已有做法和成功经验，对实现我国电子货币的有效监管，分别从基本原则、监管主体、发行条件、发行程序四个方面给出了具体的建议和措施；杨旭在《我国网络货币的发展与政策研究》一文中做了大量实例考察，运用经济学的原理分析了虚拟货币对经济的影响；郑榕凌、田甜在《当虚拟货币不再"虚拟"——虚拟货币现实流通状况调查报告》一文中对189个调查样本进行了分析，整理总结了当前虚拟货币的使用和流通现状；耿运栋、魏来在《新型支付方式对货币乘数的影响》一文中对几种新型的支付方式进行了梳理，分析了其对货币乘数的影响。

对新型虚拟货币的研究则更多地关注比特币对中国金融环境的影响。毕夫在《比特币：泡沫中堆积风险》一文中介绍了比特币产生的基本情况，并结合其币值的大起大落指出中国用户对比特币的交易更多的是基于投机炒作的目的，缺乏对风险的预判；洪蜀宁在《比特币：一种新型货币对金融体系的挑战》一文中着重说明了比特币的发行、交易和兑付，同时对其对金融体系的影响进行了讨论，认为在关注比特币的基础上构建非主权货币体系很有必要；雷曜基于中英财经对话的框架在《互联网语境下的货币概念》一文中对整个虚拟货币体系进行了描述，同时着重考量了互联网金融下的货币体系，建议中央银行应该牵头多个部门建立监管协调管理机制来促进虚拟货币健康、有序地发展；鲁弈彬在《借鉴超主权货币的效能推进世界货币体系的探索》一文中从超主权货币这一视角讨论了结合比特币构建非主权货币体系的契机和积极意义。

（二）虚拟货币的含义及产生背景

由于虚拟货币仍处于不断发展的状态之中，学术界对其的定义还存在一定的争议。1998 年巴塞尔银行监管委员会给出了虚拟货币的一种定义，即在零售支付机制中，在不同的销售终端、电子设备以及公开网络上执行支付功能的"储值"和"预付"支付机制。从内容上来看，早期文献中所指的"虚拟货币"并不是本专题所要研究的对象。

苏宁在《虚拟货币的理论分析》一书中对虚拟货币进行了定义，我们也将虚拟货币的发展分为传统和高级两个阶段，前者指由非金融机构发行，借助计算机网络在发行者与持有者或发行者和少数几个商家与持有者之间流通，能购买现实商品、虚拟财产或电子化服务的充当等价物的近似货币。这在发行机构、使用环境和使用范围上将其与一般的电子货币区别开来。后者指网络虚拟货币走向非传统模式的发行机制，此阶段称为高级虚拟货币阶段，例如比特币。

1. 虚拟货币的产生背景

首先，计算机网络信息技术的发展是虚拟货币产生的技术原因。

其次，社会的进步和经济的发展是虚拟货币产生的需求原因。各种虚拟空间和网络游戏成为人们消费的一种环境，虚拟货币以货币的类似形式满足了虚拟消费的要求。

再次，可以减少交易费用和使用便捷是虚拟货币产生的根本原因。希克斯（J. R. Hicks）和尼汉斯（J. Niehans）提出的交易成本理论认为"金融创新的支配因素是降低交易成本"。这一过程的本质规律就是发行和交易成本的递减。

最后,借鉴米尔顿·弗里德曼(Milton Friedman)的灵感,人们希望通过新技术建立比国家信用更可靠的货币体系。2008年全球金融危机爆发以来,美元滥发导致全球范围内发生通货膨胀,世界经济备受冲击,也凸显了现存国际货币体系长期存在的弊端与缺陷,以货币定量化、去中心化、自由、开放理念为特征的比特币应运而生,并逐步产生广泛的影响。在现行货币体系下,浮动汇率制仅仅维持着美元对内价值的稳定,却无法约束美元对外的无限量发行。美国滥用铸币权、过度举债消费的经济增长模式,导致虚拟经济过度膨胀,不仅影响自身的经济发展,也引发全球性通货膨胀,威胁到其他经济体的发展与财富安全,使世界经济陷入危机。比特币的产生,是现存货币体系无法满足国际经济健康发展需要的客观反映,它击中了现存货币体系的软肋——美元的主体地位并不能确保国际货币体系的安全稳定。美元无约束的滥发只能制造全球范围的通胀,并加剧国际经济的波动。完善国际货币体系,至少需要建立遏制美元无限制发行的有效机制,保持市场信用与市场币值的相对稳定。

2. 虚拟货币的属性

虚拟货币不论从广度上还是深度上,都无法与法定货币相比,它只是具有法定货币的近似性,如流通手段、支付手段或价值尺度等。虚拟货币不同于法定货币,有其独特性。

(1)虚拟性

虚拟货币存在于虚拟世界中,在现实生活中很难具体感知,是数字化的信息,只有经过整个虚拟货币系统解析之后,才能具有货币特性,实现支付功能。因此这种虚拟性往往表现在其购买客体的消费环境和流通范围上。目前,尽管有一部分发展较为成熟的虚拟货币(如Q币、比特币)能够购买现实商品或服务,但绝大多数虚拟货币只能购买虚拟商品和服务,且流通环境固定在有限的虚拟空间内。各类虚拟货币给使用者带来的效用是通过购买的虚拟财产的虚拟使用价值实现的,或者变现为虚拟财富的储藏价值。当发展较为成熟的虚拟货币可用来购买现实产品或服务时,它同样表现为法定货币的虚拟物,在网络环境中作为法定货币的逻辑对应物来履行流通手段的职能。

（2）流通有限性

由于虚拟货币通常是非金融机构发行的，因此其流通范围很有限。一方面，虚拟货币只能购买特定的现实商品、虚拟商品和服务；另一方面，虚拟货币的受众往往是有限的，很难具有法定货币支付的强制性。对传统虚拟货币而言，兑换往往是单向的，只允许法定货币对虚拟货币进行充值。就这种兑换的流通方式而言，传统的虚拟货币也是有限的，单向不可逆。因此，出现了许多虚拟货币的地下交易平台，如信易通网络平台等。

（3）近似货币性

从货币职能的角度来看，货币的主要职能有流通手段、价值尺度、储藏手段、支付手段和世界货币，其中基本职能是流通手段和价值尺度。虚拟货币在一定范围内，已经具备了货币的部分职能。正如先前提到的，虚拟货币的出现是因为传统的支付体系难以满足虚拟商品的微支付需求，这种特定的虚拟环境使得流通范围比现实货币狭小得多。虚拟货币的价值尺度职能表现在发行商对虚拟产品的定价上，由于缺乏类似法定货币的国家信用担保，因此虚拟货币的价值锚定缺乏稳定性。随之而来的价值储藏功能往往取决于发行方的信誉、影响力和货币本身的认可度。

从货币的本质来看，西方货币经济学家认为，货币必须具有"普遍接受性"。目前，比特币的出现变相验证了这一理念，但就受众的广度而言仍存在巨大的潜力。虚拟货币目前尚不能固定充当所有商品的一般等价物，这也论证了其具有近似货币性。

3. 虚拟货币的分类

正如前文所提到的，之前我们笼统地把虚拟货币分为传统虚拟货币和新虚拟货币。这里我们将虚拟货币进行梳理和分类，试图依据货币机制从整体上把握虚拟货币系统（见图4）。

依据虚拟货币的发行机制，我们把整个虚拟货币分为集中式虚拟货币和非集中式虚拟货币两大类。前者往往由单一机构、大型门户网络公司或网络游戏运营商发行。因此，货币只是一种商业信用，其购买力取决于商家的信誉和影响力，信用风险较低。而后者的发行机制体现在"去中心化"，货币的发行没

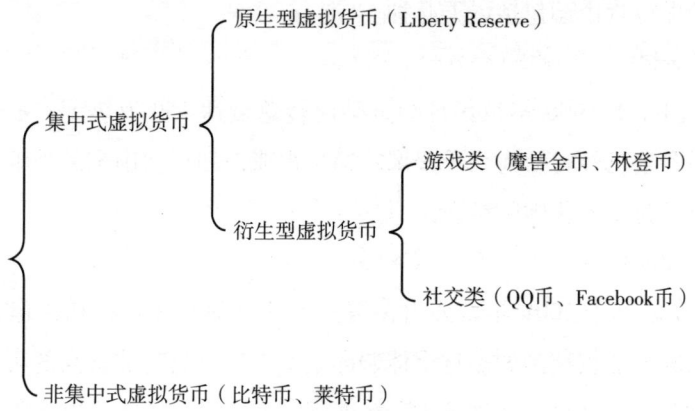

图 4　虚拟货币的分类

有具体的实体和管制机构,以比特币、莱特币等最为典型。

集中式虚拟货币又细分为原生型虚拟货币和衍生型虚拟货币。前者往往作为网络外汇体系建立,完成大众通用支付,例如已经倒闭的 Liberty Reserve（LB）。由于其可以匿名使用和保密支付,因此沦为洗钱、反恐融资、支付非法服务的工具而最终倒闭。LB 的流通体系如图 5 所示。

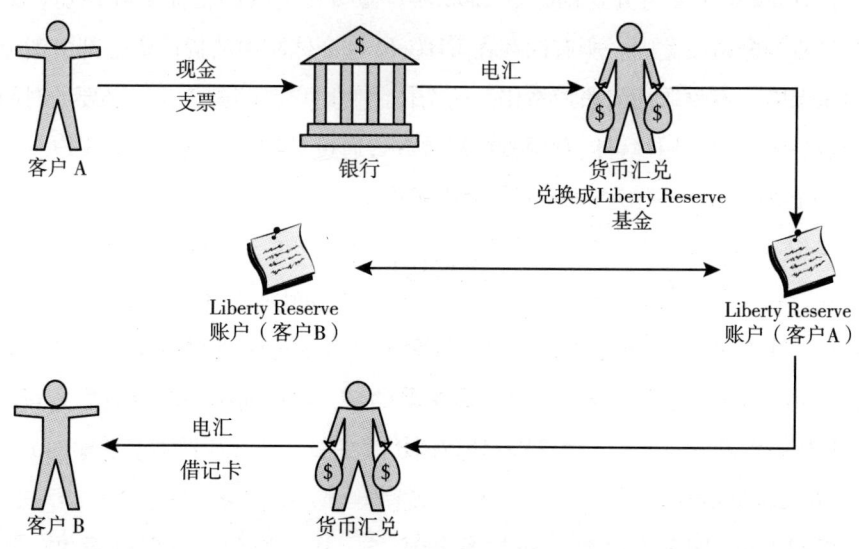

图 5　Liberty Reserve 的流通体系

类似的虚拟货币还包括以下几种。

（1）E-gold

E-gold 创办于 1996 年，每日的金融周转总量达 150 万美元。E-gold 支付体制的货币资金已经转换为贵重金属，即用户账户和任何国家的外汇都不存在联系，主要是为了简化国际结算。

（2）EvoCash

EvoCash 创办于 2001 年。公司在美国和欧洲都有代理机构，但是它是由多米尼加国家司法权统治的。这个体制的重要支柱是具有非常高的可靠性和安全性。存款和汇款都可以通过 EvoCash 进行，可靠的保障体系拒绝所有未经许可的企图。EvoCash 是一种货币资金制度，一个 Evo 相当于一美元，但外汇汇率不取决于美元汇率。

（3）E-bullion

E-bullion 电子支付方式在巴拿马共和国注册，在全世界都有代理机构。就像 E-gold 一样，所有货币资金在这个体制中由黄金、白金和白银来保障。账户充值在 E-bullion 体制中可以有不同的方法，和 E-gold 的支付方式是一样的。

（4）INTGold

INTGold 电子支付方式创办于 2002 年。公司在美国的德克萨斯注册，公司的代理机构分布在美国。所有储存在 INTGold 这个体制中的货币资金都由黄金和白银来保障，不收取任何账户费用。这个体制使用户能够避免花不必要的时间来等待业务的完成，用户可以利用直接汇款方式通过 INTGold 把钱存进账户。

（5）NetPay

NetPay 出现于 2001 年初，从那个时候开始就已是一个最可靠的大型电子支付方式，在巴拿马共和国注册并拥有很多客户。NetPay 所有运作的资金都由黄金担保，用 NetPay 账户方式转入资金。公司和其他电子支付体系有着密切的合作，从 E-gold 转账也是一样的。开户是免费的，不收任何附加的资金服务费。钱可以用银行汇款方式存入，也可以用另外的付款方式汇入。手续费是总额的 1%。

（6）GoldMoney

GoldMoney 网上支付方式创办于 2001 年。从它的名字就可以看出，账户的货币资金是由黄金来保障的，它的黄金储备在伦敦。每一笔内部资金汇款业

互联网金融下的货币范畴

务要收取全额资金1%的费用。用户账户服务费每个月收取0.01克黄金。

（7）StormPay

StormPay 出现在 2002 年，后来很快就在电子支付体系中占据了领先地位。汇款基本上通过电子邮箱进行，这意味着这种实施方式对交易是必需的并且要指明客户的电子邮件地址。运作每笔业务的手续费是资金额的 2.9% 加 39 美分。汇款的最小数目为 1 美元。

（8）Pecunix

Pecunix 是所有最可靠的支付方式里的一种。为了保护客户的账户，这个体制用了专业的 PGP 指令。这个体制把电子资金和所有主要的世界外汇结合在一起。如果丢失了登记注册的用户，将从其账户里扣除 5 克黄金作为罚款。这个体制中有大量复杂和容易搞错的支付规则，可以进入该公司的网站详细了解这些规则。

衍生型虚拟货币更多的是基于货币的发行方，其本身并不专职从事货币体系的服务提供。因此，从货币的流动范围来看，衍生型虚拟货币的广度不及原生型虚拟货币，这类货币以魔兽币、林登币最为典型。

4. 虚拟货币的流通

研究虚拟货币对现实世界的影响，必须了解虚拟货币的流通过程。如果虚拟货币只在虚拟世界中流通，不与现实世界发生联系，则该虚拟货币对现实世界就没有影响。反之，则必然会对现实世界产生影响。

在某类虚拟货币的产生初期，人们对其认同、接受程度不高，此时该类虚拟货币是单向流通的。此时，虚拟货币同电话充值卡、商店代金券、商场的提货凭证一样，只是以电子数据的形式表现，而且只能购买发行该虚拟货币运营商的商品或服务，无法得到其他运营商和用户的认同。用户用现实货币购买该虚拟货币不是为了交换或投资，而只是为了方便获得运营商大量小额的增值服务。同时，网络运营商也不提供该虚拟货币回兑现实货币的业务。也就是说该虚拟货币的流通是单向的，交易双方为虚拟货币的发行商和网络用户，交易流通过程为一个闭环（见图6），其对现实世界的经济影响微乎其微。

但是，随着电子商务的发展，虚拟货币被人们广泛认同并接受，人们无须再通过发行商购买虚拟货币，而可以直接在第三方交易平台等二级市场上进行交易，其内部体系发生了根本改变。由于在虚拟货币的二级市场上存在价格竞

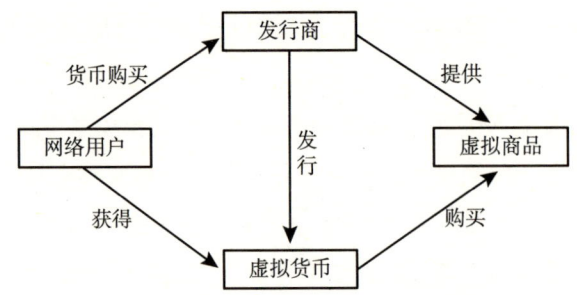

图6 封闭状态下虚拟货币的流通过程

争,其价格一般会低于发行商的价格,因此虚拟货币的一般交易主体不再是发行商与用户,而是二级市场上的用户。

交易完成后,一个用户得到了其需要的虚拟货币,另一个用户获得了现实货币,虚拟货币与现实货币的双向兑换也得以实现。如果虚拟货币可交换的对象不仅仅局限于虚拟商品,而且可以购买多种现实商品,现实商品也不仅仅局限于支付手机话费等少数品种,那么虚拟货币就会取代一部分流通中的现金,对国家的货币政策也会造成一定的冲击。开放状态下虚拟货币的流通过程如图7所示。另外,关于非集中式虚拟货币的流通,我们将在比特币章节具体阐述。

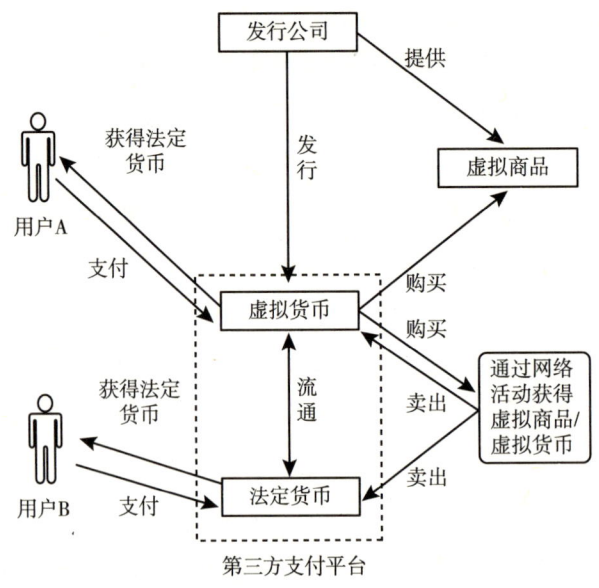

图7 开放状态下虚拟货币的流通过程

二 国内外虚拟货币的发展现状

(一) 国外虚拟货币的发展现状

现金交易(Real Money Trading, RMT),即用现金去购买网络游戏中的虚拟角色、虚拟装备或虚拟货币等虚拟财产。随着网络游戏市场规模的扩大,虚拟商品市场的营收也迅速增加。Newzoo 预测 2013 年美国游戏产业的规模为 205 亿美元,每年维持 2% 的增长。2012 年全球虚拟商品的价值达到 150 亿美元,根据 Navio 关于 2012~2016 年全球虚拟商品研究报告(*Global Virtual Goods Market 2012~2016*),每年虚拟商品的年均复合增长率将维持在 12.5%,各种虚拟货币的发行满足了这一增长趋势的需求。

在国外,从 20 世纪 80 年代至今,虚拟财产及虚拟货币是在网络游戏中产生并不断发展的,以大型多人在线游戏(Massively Multiplayer Online Game, MMOG)为主,即角色扮演型的虚拟社区。荷兰游戏市场研究公司 Newzoo 发布的 *The Total Consumer Spend 2012* 显示,2012 年美国的 MMOG 市场收入达到 28.75 亿美元,大约有 5200 万个游戏玩家。

这里探讨的网络游戏可从内容上分为两类:一类是以打怪升级为主的纯商业性的网游,如魔兽世界(World of Warcraft),其虚拟货币为魔兽金币;另一类则是设置人物角色的社区类网游,该类游戏吸引用户的地方在于用户可在其中自由经营自己的角色并不断提高综合性技能,如第二人生(the Second Life),其虚拟货币为林登币(Linden Dollar)。

魔兽金币不可以直接从发行方用法定货币购买,需以打怪升级等方式赚取或购买点卡,之后才能进入该虚拟货币的使用环境。但该类虚拟货币可以让用户获得更优良的虚拟武器和装备,线下交易非常活跃,形成了强大的二级交易市场。

在社区类虚拟游戏第二人生中,用户付费参与游戏,而林登公司以发放生活补贴的方式定期给用户一定数量的林登币。用户也可以通过游戏内的虚拟交易获得林登币。在游戏平台系统中林登币可以兑换为现实货币,这种双向兑换的性质使其产生了特殊的社会经济影响。

2013年在全球范围内第二人生的注册用户已经超过3600万人,林登币的发行规模折合美元已经突破320亿。如今,第二人生已成为一个巨大的虚拟经济体,玩家在游戏中通过虚拟角色经营房地产来获得林登币,同时获得精神上的满足感(见图8)。

图8　第二人生林登币10年数据统计

资料来源:第二人生官网。

同现实世界一样,在第二人生里也有很多创业人士,他们在虚拟世界里创建了很多微不足道的草根品牌,每天开发和生产大量的虚拟商品。大

互联网金融下的货币范畴

批著名品牌也纷纷入驻第二人生,对其产品进行展示、销售并进行品牌的推广,如 IBM、可口可乐、阿迪达斯、路透社等知名企业。随着林登币货币职能的逐渐突出,2005 年 10 月,林登实验室设立了 Lindex 系统,即林登币与现实货币兑换中心,该中心引进了类似于"汇率"的概念,实行浮动汇率制,玩家在该中心以竞价的方式进行林登币的买卖,通过电子支付系统或真实的银行账户完成,这样第二人生中的虚拟财产也就被赋予现实的经济价值。

随着第二人生用户规模的扩大,玩家遍布全球,为了使美国境外的用户支付方便,林登实验室与诸多网络支付系统合作,如 Global Collect 中的在线支付平台 Web Colleet、Virtual World Exchange 等,广泛建立与第三方代理机构的合作关系以扩大林登币的销售渠道。目前,林登实验室已建立直接与欧洲银行支付终端联系的支付方式。林登实验室实时公布林登币兑美元、欧元、英镑、瑞士法郎等货币的汇率走势,作为用户选择交易方式和买卖时间的参考。

林登币的规模急剧扩张,但其作为虚拟货币没有价值,公司不需要为数据故障导致的林登币损失做出赔偿。因此,该类损失也成为林登币潜在的金融风险。

(二)中国虚拟货币的发展现状

我国虚拟物品的市场规模不断扩大,这在很大程度上源于网络服务、游戏、社交平台的发展壮大。致力于全球游戏研究的 Newzoo 公司研究发现 2013 年底全球 12.9 亿名 MMOG 玩家有 73% 是在中国。中国当仁不让成为全球最大的 MMOG 市场,同时也是全球最大的游戏市场。全球游戏玩家约为 17.34 亿名,其中 65% 来自中国,游戏消费紧随美国。尤其在发展迅猛的移动交互领域,中国玩家在 iPhone 和 iPad 上的游戏消费排名第三,美国和英国在 iPad 游戏方面排在前两位,而日本和美国在 iPhone 游戏方面排在前两位。

在虚拟货币领域,国内市场上流通范围最广、影响最大、发展最为成熟的虚拟货币是 Q 币,Q 币在发行之初就与人民币挂钩。腾讯公司"使用免费,增值服务收费"的盈利模式富有弹性,推动了 Q 币的发行,同时也使腾讯公司的盈利倍增（见图9）。据腾讯公司公布的消息，2013年上半年其总收入为279.321亿元，比上年同期增长38.4%；互联网增值服务收入为154.823亿元，比上年同期增长62.4%，占总收入的78.8%。其来源是Q币的直接收入和由Q币带来的网络游戏间接收入。

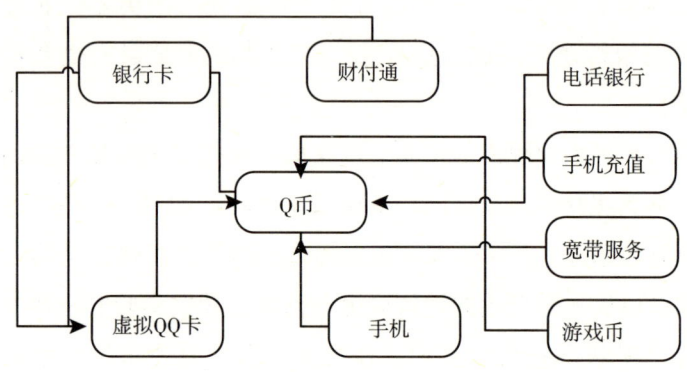

图9　Q币系列产品关系

国内虚拟货币虽然出现较晚，但发展迅速，丝毫不比国外虚拟货币的发展逊色。各网络运营商开发自己的虚拟货币并使其在各自的运营领域内流通，作为其直接或间接的收入来源。我国监管部门明确规定虚拟货币不可回兑人民币，一些影响力大的运营商（如腾讯）以自己发行的虚拟货币作为便捷的支付手段与现实接轨，将其流通范围扩大到其他网络运营商或实体经营者的领域内，同时拓宽了收入来源。国内也存在发达的虚拟货币二级流通市场。面对如此大规模、多层次的虚拟货币市场，监管难度不言而喻。

（三）新虚拟货币——比特币的发展现状

新虚拟货币是一种"去中心化"的、支付广泛的虚拟货币。因此，它的接受程度很高，流动范围也往往具有全球性，这里我们着重介绍比特币的发展现状。

1. 比特币的起源及发行机制

比特币的思想最早来自诺贝尔经济学奖获得者米尔顿·弗里德曼（Milton Friedman）的灵感，希望通过计算机技术来建立比国家信用更可靠的货币体

互联网金融下的货币范畴

系,从而避免各国央行无节制地开动印钞机。2008年11月1日一个自称中本聪的人在 metzdowd.com 的密码学邮件组中发表了《比特币:一种点对点的现金支付系统》,阐述了他对虚拟货币的新构想,2009年1月3日他开发了比特币客户端的第一个版本。该现金支付体系基于哈尔·芬尼(Hal Finney)"可重复使用的工作量证明机制"的思想,在系统中每一个比特币的节点都会收集所有尚未确认的交易,并将其归集到一个数据块中,这个数据块会和前面一个数据块集成在一起。例如,矿工节点会附加一个随机调整数,并计算前一个数据块的 SHA-256 哈希运算值。挖矿节点不断重复进行尝试,直到它找到的随机调整数使得产生的哈希值低于某个特定的目标。由于哈希运算是不可逆的,寻找到符合要求的随机调整数非常困难,需要一个可以预计总次数的不断试错过程。这时,工作量证明机制就发挥作用了。当一个节点找到了符合要求的解时,它就可以向全网广播自己的结果。其他节点就可以接收这个新解出来的数据块,并检验其是否符合规则。如果其他节点通过计算哈希值发现其确实满足要求(比特币要求的运算目标),那么该数据块有效,其他节点就会接受该数据块,并将其附加在自己已有的链条之后,这就是一个完整的挖矿流程(见图10)。

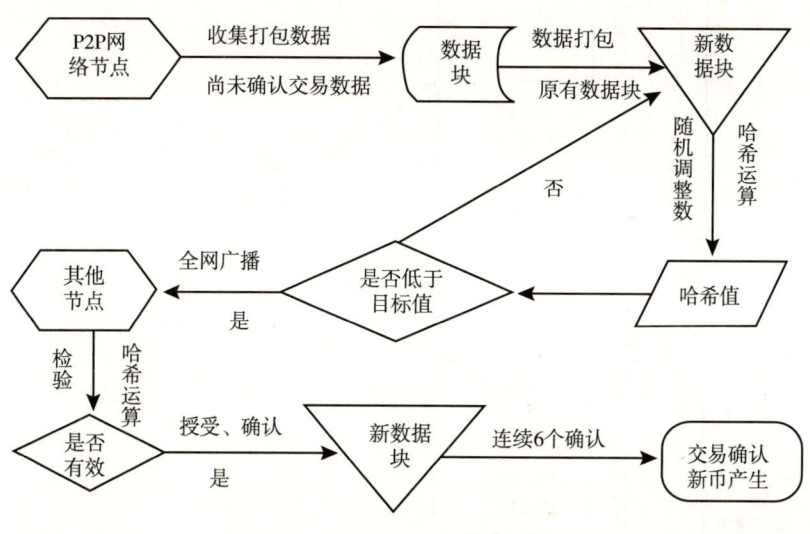

图10 比特币的生产机制

参与比特币产出活动人数的变动，也会影响其产出的难度，但人数的变动并不影响比特币的产出总量，因此比特币产出的难度与一定时间内全网投入挖矿工作的平均运算能力相关。单一个体"发现"随机调整数的可能性是建立在其计算能力与全网计算能力的综合比较之上的。

2. 比特币的交易流通机制

比特币没有集中管控机构，整个网络记录了货币的交易，利用密钥技术保障交易机制的安全和有效。每个货币持有者拥有一对公私密钥，以货币持有者的地址或账号（类似银行账号）作为公钥，相应产生的一个私钥和持有者绑定。图11展示了比特币的交易过程，预期接受者的公共钥匙加密付款，相关联的私人钥匙才能收到付款，而付款人用自己的私人钥匙核对任何转入接收人账户的金额。例如在第N次交易中，交易者A希望给交易者B支付若干比特币，而在第N+1次交易中，交易者B希望将他从第N次交易中获取的比特币支付给交易者D。这两个交易分四步进行。第一步，交易者A生成第N次交易信息，包括上一次相关交易的关联信息、本次交易信息（包括需要支付的数额）、交易者B的公钥地址。交易者A会使用他拥有的私钥对第N次交易信息进行数字签名，并发出关于该交易的信息。第二步，支付网络中的支付节点

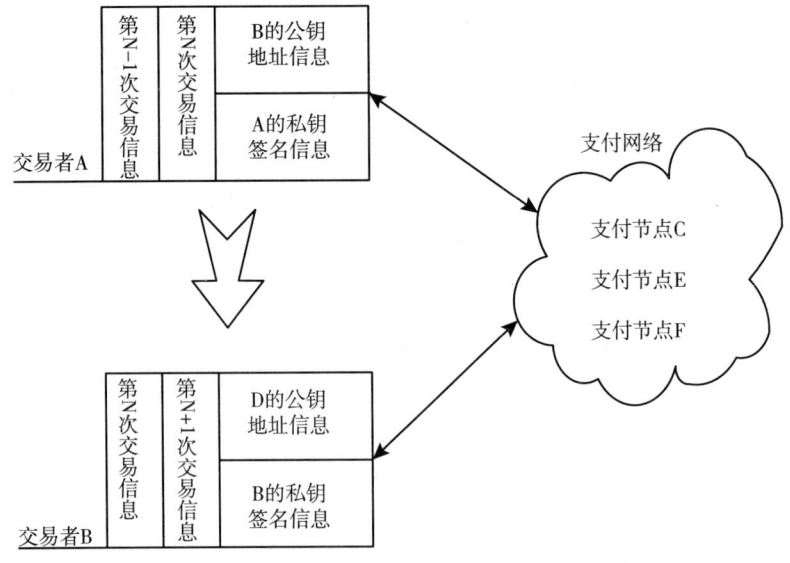

图11　比特币的交易

获取交易者 A 发出的关于交易 N 的信息后，对交易有效性进行确认，包括该信息是否由 A 发出、A 是否拥有所交易比特币的所有权以及该比特币有没有被多次使用等。在该节点完成对交易有效性的确认后，将该确认信息在支付网络中广播，最终完成交易信息在全网络中的确认。第三步，交易者 B 生成第 N + 1 次交易的信息，并使用他的私钥对信息进行签名（具体做法与第一步类似）。第四步，支付网络会完成对第 N + 1 次交易信息的确认（具体做法与第二步类似），交易者 B 成功将他从交易者 A 处获取的比特币支付给交易者 D。

为了防止同一比特币被用户恶意多次使用，系统采用盖时间戳的技术来解决此类问题。每个节点都有一份关于历史所有交易的明细清单，称作交易链（Block Chain）。新产生的交易会与交易链中的历史交易进行一致性检验，通过检验的交易才可能被作为正常的交易接受。事实上，新产生的交易会被负责进行交易验证的程序打包产生新的交易模块，加到原有的交易链后面，构成新的交易链。全系统只有一个全局的交易链，负责同步支付网络的每一个节点（见图 12）。

3. 比特币的产业链

目前，全球已经形成从生产、储值、兑换、支付、消费，到相关金融服务的较为完整的比特币产业链（见图 13）。一是矿机生产商，全世界生产能够挖掘比特币的高性能计算机（俗称矿机，如蝴蝶机）的厂商多达几百家，其中 12 家生产商占据了主要的市场份额，每台矿机的价格从几万元到上百万元不等；二是基础平台运营商，主要是提供比特币钱包、交易和兑换的平台，目前主流的平台运营商有 Bitstamp、比特币中国等，盈利模式为收取在平台上买卖比特币的交易手续费；三是金融服务提供商，包括围绕比特币产生的债券、股票、投资基金和金融衍生品，以及相应的银行、第三方支付公司、证券交易所等交易平台；四是最主要的商品提供商，通过消费比特币满足人们的需求。这种需求现在已经从纽约市的梅泽烧烤（New York City's Meze Grill）到加利福尼亚州的豪生大酒店，从富勒顿会议中心到俄克拉荷马州的婚礼蛋糕店等。接受比特币的供应商数量也在不断增加，包括线上和线下的供应商。2012 年 10 月，BitPay 发布报告说，已有超过 1000 家商户通过其支付系统来接收比特币的付款。通常比特币的消费

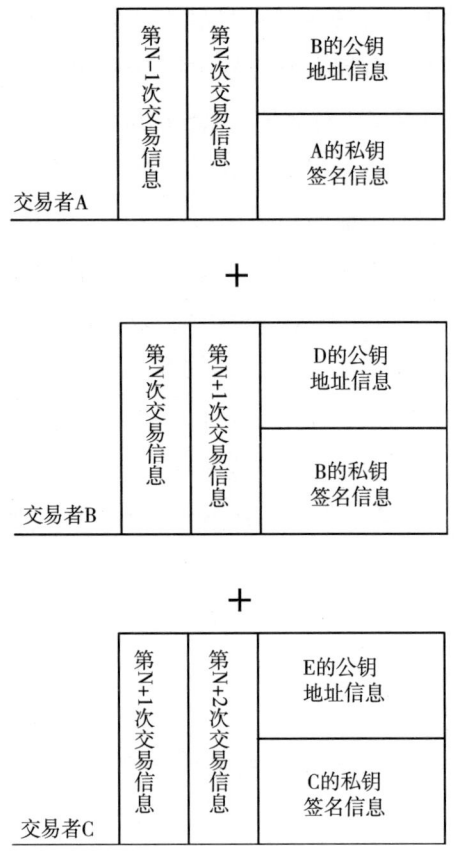

图 12　比特币交易链

方式分为如下几类。

（1）购买网络服务。比如 VoIP 网络电话服务 Link2VoIP 和 Lightbox Technologies Inc。

（2）游戏充值。在大型多人在线角色扮演游戏 A Tale in the Desert IV、Facebook 的扫雷游戏 Minesweeper、匿名博彩游戏 TAABL 等中使用。

（3）购买实物。eBay 上排名第 13 位的书店 Qugelmatic Books 就接受比特币。

（4）捐赠给一些接受比特币的机构，如 wikimedia. org。

4. 比特币的特性

从比特币区别于集中式虚拟货币的"去中心化"发行机制，到交易流通

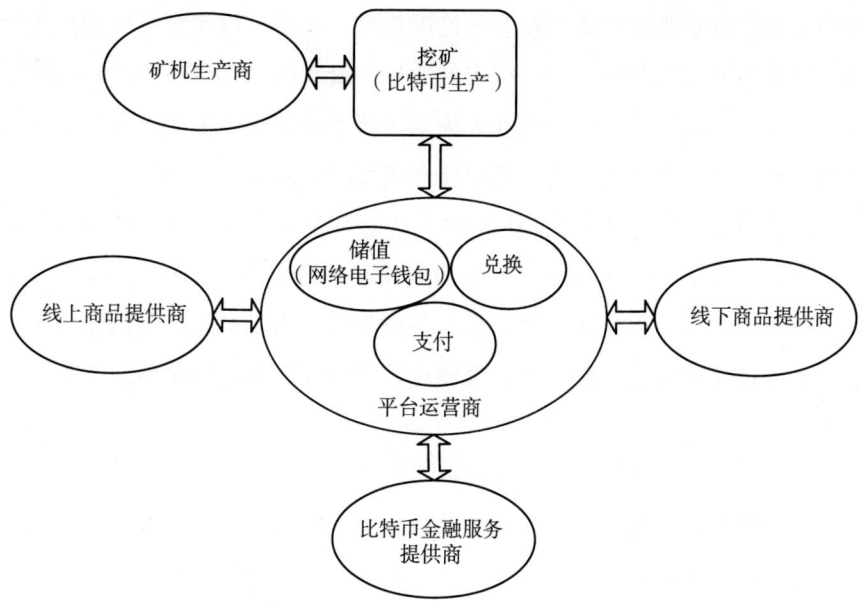

图 13　比特币产业链

机制，相对完善的产业链条已经勾勒出一个货币的完整机制。而比特币作为一种近似货币，必须有其具体机制的体现，这也凸显了这种新虚拟货币区别于以往虚拟货币的独特性质（见表1）。

表 1　比特币与传统虚拟货币的比较

	比特币	传统虚拟货币
性质	去中心化	有一个运营服务商
交易公开度	匿名	交易公开，可追溯到实名用户
存量	存量有限	无限增发
代码属性	开源	封闭
价值体现	可直接购买商品	可直接购买虚拟商品，个别例外的可以购买实物商品
使用范围	没有限定	范围有限

这里我们可以归纳出如下几项。

（1）拒绝通货膨胀，反引投机

货币的发行受各国中央银行控制，当经济低迷时，央行大多采用宽松的货币政策刺激经济复苏，带来的负面效应便是通货膨胀。因此，这种由货币政策导致的人为通货膨胀往往成为社会争论的焦点。比特币没有中央机构控制货币供给，货币的发行最终趋于一个稳定的总量，最终达到2100万枚的总供给量，避免了由于中央银行的不良政策和人为干扰所造成的通货膨胀。同时系统的算法可以将每个比特币分割成很小的单位来满足增长的交易需求。

比特币的相对匮乏使人们预期它会升值，因此会将其作为价值载体贮藏起来，从而转变为资产。Dorit和Adi的研究发现，截至2012年5月13日，全球网络挖掘出的比特币绝大多数并未参与各类交易，而是被作为价值储藏手段保存起来。大量非理性人群的介入，会使比特币脱离其本身的价值，还会引发资产泡沫。

（2）发行"去中心化"，非主权超国家性

比特币没有中央发行机构或管制单位，不受任何中央银行的控制，它以编码系统为基础，依据加密算法计算生成。通过整个网络的分布式数据块来记录其交易，并由整个比特币系统共同承担交易风险，且不属于某个国家所有。

自20世纪90年代以来，正是由于中央的控制造成诸如Beenz、Flooz等电子货币的失败。比特币基于加密算法的生成办法使得货币系统不再受限于中央发行机构，从而能够规避金融垄断。

（3）关于价值类"黄金性"

比特币不是通过空想设计出来的虚拟货币，而是经过计算"生产"出来的。就像采矿需要众多的人力和物力，比特币的产生同样消耗了大量的计算资源、时间和能源等。这从某种意义上来说也是固化在商品中的社会必要劳动时间。从本质上看，比特币是一种新形式的一般等价物而非货币符号，同时也有望成为互联网环境下等价于黄金的新货币。

不过黄金在漫长的历史中除了成为货币外，还演变为装饰元素，拥有自身的使用价值，比特币要走的路还很长。

（4）缺乏法定信用担保

货币的发行依靠国家信用做保证，而比特币发行的"去中心化"，就等于宣布自己是一个缺乏信用保证载体的货币，其背后缺乏任何政府和机构为其信用背书。这一特征决定了比特币只有赢得越来越多的认可，才能真正成为一种稳定可靠的货币。

(5) 独特的匿名性

由于采用 P2P 技术以及公私密钥方法，在资金转移时不需要个人信息的认证。没有中间机构记录交易信息，政府、组织或他人也无法跟踪账户、冻结资产。通过比特币可以实现免税，大大降低交易成本，真正匿名地管理个人资产。

但这种匿名性容易导致犯罪与非法交易的产生。同时，匿名性也容易导致个人的比特币财产丢失。在比特币系统中，每个人的财产都是以文件形式保存在个人电脑中的，因此电脑的损坏、丢失都会造成财产的损失。

三　虚拟货币对货币政策的影响

（一）虚拟货币对央行货币政策的挑战

虚拟货币在一定范围内替代了法定货币，原有的货币供求理论受到挑战。但是依据欧洲央行 2012 年 10 月 29 日发布的《虚拟货币架构》（*Virtual Currency Schemes*）报告，如果虚拟货币的货币创造继续处于一个低水平，就不足以对价格稳定构成威胁。目前比特币和经济的联系有限，只在一定范围内少量流通，其流通和支付手段的功能不可能无限扩大，因此不会冲击金融秩序、危害金融稳定。而如果比特币的用户庞大，介入实体经济活动，创造体系外的 M1、M2，出现货币替代现象，产生挤出效应，影响法定货币的流动速度，则将会对货币政策与金融稳定产生影响。

1. 虚拟货币对中央银行垄断地位的影响

目前，世界各国都实行中央银行制度，中央银行处于国家金融体系的核心地位，代表国家制定和实施货币政策，对整个国民经济的宏观调控起着十分重要的作用。货币发行权的垄断是中央银行实施货币政策的重要前提，只有掌握了货币发行权，中央银行才能够通过控制基础货币来控制货币供应量。然而，虚拟货币的发行脱离了中央银行的掌控，因此虚拟货币分散发行的现状及其对现金的替代，必然会造成货币流通的混乱，不利于中央银行制定和实施货币政策，有效地调节流通中的货币量。

虚拟货币的发行权没有归属央行，冲击了中央银行获得铸币税收入的特权。狭义的铸币税指货币发行主体凭借其发行特权所获得的货币面值与发行成本之间的差额。在信用货币阶段，由于货币发行成本极低，铸币税可以看作是中央银行在一定时期内增加创造的货币量。铸币税收入是通过国家立法强制执行的，是国家财政收入的重要来源。

虚拟货币的出现，对中央银行的铸币税收入构成了威胁，使得私人或私人部门分享了原本由政府独占的铸币税收入，产生了货币供给的竞争性格局。虚拟货币大多采用预付的形式取得，用户持有虚拟货币的期间，虚拟货币发行者不用支付利息，相当于他们从用户手中获得了不用支付利息的贷款。这部分无息负债可使虚拟货币发行者获得利息性资产收益，也是铸币税收入的一种形式。发行的虚拟货币越多，虚拟货币发行者获得的无息贷款就越多，因此，他们会尽可能地增加虚拟货币的发行量，从而可能导致虚拟货币发行失控。另外，如果虚拟货币被广泛地作为小额交易的支付工具使用，人们对法定货币的需求就会随之减少，中央银行所发行的通货将被明显取代，中央银行的铸币税收入也会减少，中央银行发行的货币竞争力越弱，铸币税减少的程度就越严重，从而危及中央银行的垄断地位。

2. 虚拟货币对货币供需的影响

（1）虚拟货币对货币供给理论的影响

在货币银行理论中，商业银行的存款准备分为准备存款和库存现金，"漏损"的现金，不仅脱离中央银行而且也脱离商业银行，这两者构成了基础货币，即 $B = C + R$。B 为基础货币，C 为流通于银行体系外的现金量，R 为银行准备金（即商业银行的准备存款和库存现金之和）。因此，按照货币供应理论货币的供应量 MS 是基础货币 B 和存款货币创造乘数 k 的乘积，即 $MS = Bk$。依据货币供给层次，狭义的货币供应量为流通中的现金和商业银行中的活期存款（D）之和，即 $M1 = C + D$。那么货币创造乘数 k 可以表示为：

$$k = \frac{MS}{B} = \frac{M1}{C+R} = \frac{C+D}{C+R} = \frac{1}{r_d + c + e + r_t \times t} \tag{1}$$

这里，r_d 表示活期存款法定准备金率，r_t 表示定期存款法定准备金率，c 表示现金漏损率，e 表示超额存款准备金率，定期存款与活期存款之比为 t。

对于现金漏损率c,其大小取决于私人部门（包括个人与公司）的行为,t由商业银行的存款客户决定,r_d和r_t的取值由中央银行决定。由此可见,货币乘数k的变化反映了中央银行、商业银行和公众的合力。

但具体到各个国家的货币创造乘数,各个国家均有其特别的计算方法和计算公式。我国和美国均采用因素法来设计各自的货币创造乘数:

$$k = \frac{1}{r+e+c+h-(r+e)\times(c+h)} = \frac{1}{r+e+(1-r-e)h+(1-r-e)c} \quad (2)$$

这里,r表示法定准备金率,h表示财政性存款比率。

由于虚拟货币的充值绑定了法定货币并具有购买能力,因此对货币创造的乘数产生了影响。

对r的影响。存款准备金是央行为了保证商业银行的流动性兑付而设立的一个屏障,以备在特定情况下行使最后贷款人的角色。虚拟货币由于其具有的支付能力,降低了商业银行的流动性约束,从而减少了同业拆借金额。因此,虚拟货币的出现使得r呈下降趋势。

对e的影响。虚拟货币的出现减少了个人对现金的使用,使信用货币的使用量增加,降低了提现的可能。而超额准备金往往取决于商业银行自身的经营策略,商业银行会因此削减超额准备金的持有量,使超额准备金率e呈下降趋势。

对c的影响。虚拟货币更多地用于满足网络支付,随着其货币属性的进一步完善,势必降低个体为满足流动性需要而持有的现金。虽然虚拟货币尚处于成长阶段,使用范围还不广泛,但随着手机等移动设备的普及,当影响力达到一定程度后,现金漏损率c将不断下降。

对t的影响。t取决于个体的资产选择行为,受定期存款利率的影响。虚拟货币减少了个体对现金持有量的预期,人们为了获得更多的利息收益,会相应地在个人资产中增加定期存款的比例,使t呈上升趋势。

综上所述,虚拟货币的出现使c、e和r都呈下降趋势而使t呈上升趋势,因此虚拟货币的进一步发展所产生的合力必将在短期内使货币创造乘数不断变大。

（2）虚拟货币对弗里德曼货币需求理论的影响

货币主义典型的代表是弗里德曼对货币需求函数的设计。在弗里德曼的货币需求理论中,他比较看重货币数量与物价水平之间的联系,又沿袭了剑桥学派和凯恩斯的微观主体视角,把货币看作受利率影响的一类资产,提出了恒久性收入。用资产需求理论来分析恒久性收入对货币需求的影响,设计了货币需求函数:

$$\frac{M_d}{P} = f(y, w; r_m, r_b, r_e, \frac{1}{p} \cdot \frac{dp}{dt}; u) \tag{3}$$

在弗里德曼的理论中,恒久性收入的提出表现了不同的财富结构是各种资产预期收益和机会成本的组合,货币、债券、股票和非人力财富的总和等同于恒久性收入 y [见(3)式],与货币需求正相关。先前的凯恩斯货币理论学派则假设货币在不同用途间存在明确的界线,彼此可以相对独立。而货币持有的预期动机成为划定界线,分割了货币本身。电子技术的发展和虚拟货币的产生,使得按不同用途划定货币变得困难,界定变得模糊,货币间的转化反而变得更为容易,加大了货币的流速。同时货币需求的结构也发生了变化,个体对交易和预防性的货币需求持续下降,投机性需求增加。虚拟货币流通速度的加快减小了弗里德曼货币需求理论中不同资产回报率之间的差异。

虚拟货币加大了利率的波动。凯恩斯和弗里德曼的货币需求都支持货币流通速度可变的观点。前者认为货币流通速度是随着人们的流动性偏好和利率不断发生变化的,后者则强调这一流通速度是一个可预测的变化值。虚拟货币的产生在支付环节使商品的流通更便捷,影响了货币的流通速度,也影响了货币的需求结构,依据货币数量论,其引发了货币需求的不稳定,加大了利率的波动性。同时利率的波动又反作用于货币需求,加大了决策者预测货币需求量的难度。

3. 虚拟货币对货币政策的影响

货币政策的要素包含货币政策目标、中介目标和政策工具,货币供给的外生性是中央银行通过货币政策调控货币供给的基石,而虚拟货币的内生性问题在某种程度上已经影响了货币政策的有效性。

(1) 对货币政策中介目标的影响

货币政策的中介目标处于最终目标和操作目标之间,是中央银行货币政策执行和货币政策传导准确度的依据变量,可分为两类:一是数量信号目标,以货币供应量 M1、M2 为代表；二是价格信号目标，以利率为代表。中央银行选择中介目标必须满足可测性、可控性及其与最终目标的相关性三个标准。根据 IS – LM 模型，中央银行在制定货币政策时很难同时兼顾两类目标。当出现经济波动时，中央银行要维持利率的稳定，就必须调整货币供应量；要维持货币供应量，就会影响利率水平的稳定。

根据金融资产的流动性可将货币供应量分为 M0、M1、M2 三个不同的层次，货币层次的划分是货币供应量作为中介目标的前提。虚拟货币的广泛使用会对这一中介目标产生影响，与法定货币不同，虚拟货币的发行主体是不同的网络经营商，不再是中央银行。其便捷性会加快货币的流通速度，给货币供应量的定义和计量带来很大的困难，货币供应量的可测性也就降低了。

如前文所述，虚拟货币的出现使货币乘数有上升的趋势，但上升的幅度却取决于个人的行为、技术进步、商业银行的行为等多种因素。这样就加大了货币供应量的内生性，使中央银行不能对货币乘数的变化做出准确预期，对货币供应量的控制也无法做到准确，效应大打折扣。

在相关性方面，只有保证货币流通速度稳定或变化可预测，才能保证货币供应量和货币政策最终目标之间的紧密耦合。否则，即使中央银行对货币的发行拥有足够的控制力，货币政策最终目标也会由于控制力打折扣出现较大的偏差。而货币流通速度也因虚拟货币的出现变得更加不可预测，进而影响到货币供应量与最终目标的相关性。因此我们认为，货币供应量目标和价格信号目标相比，价格信号的利率目标更为合适。首先，与货币供应量相比，中央银行更容易从市场中观测到利率的水平和结构，利率的可测性更强。其次，从可控性方面考虑，中央银行的三大货币政策都能影响到利率水平，其变化将会对产出和收入水平产生影响，货币的供求相应地也会受到影响。因此，中央银行通过货币供应量的变化影响利率水平，而利率水平间接地影响货币供给。最后，利率的变化能直接影响信贷、消费、储蓄和投资等经济因素，从而对货币政策的最终目标和经济运行过程造成更加直接的管控。

但是，虚拟货币的出现对货币的供给和需求造成影响，使其波动更加剧烈，利率的形成机制也更加复杂。首先，选取市场中所有利率的加权平均数作为货币政策的中介目标更为合理，但中央银行只能获得公布利率，对于大部分民间借贷市场上的利率无法获得，借款的手续费、补偿性余额、银行对企业的限制及信用配给制度的存在也会对公布的利率造成不同程度的影响，虚拟货币的出现加大了有关利率的信息获取难度。同时，即使市场上所有的利率水平都能够获得，其加权平均数的计算也是一大难题，如权重的确定，不同年份利率水平的加权问题等。其次，利率是由货币的供给与需求双方共同确定的，虚拟货币的出现在使货币供给的内生性增强、可控性下降，同时也降低了中央银行对利率的控制能力。最后，社会的发展、科技的进步使得人们对现金的需求日益下降，人们对各类金融资产的投资比例上升，货币需求与收入的相关性下降，而与利率的相关性却上升了。货币需求的波动更加频繁，这种波动又使利率面临更加复杂的形成机制。

综上所述，虚拟货币的出现及广泛使用在使基础货币变得不稳定的同时，也对货币供给的稳定性造成了影响，货币供应量作为货币政策的中介目标不再合适，利率成为更好的选择。但虚拟货币的出现使货币供给与需求的波动更加剧烈，二者的相互作用使利率的形成机制更加复杂。

（2）对货币政策工具的影响

一般来说，货币政策工具主要包括法定存款准备金、公开市场操作、再贴现率。虚拟货币的产生与发展，必然会对三种政策工具的作用产生一定的影响，但由于虚拟货币目前还处在初级阶段，未来的发展充满不确定性，对货币政策工具的影响程度还不确定。但我们可以借鉴电子货币的发展对货币政策的影响，并据此推断虚拟货币的情况。

（3）虚拟货币对法定存款准备金制度的影响

法定存款准备金制度是中央银行调节货币供应量的重要的货币政策之一，我国中央银行曾经多次上调存款准备金率以控制货币供应量。法定存款准备金政策运用得如此频繁的原因在于，法定存款准备金率在货币乘数中有着绝对的调控能力，可以影响最终货币创造。但是该政策也具有局限性，首先，从理论上看，存款准备金的小幅度调整也会带来货币供应量的巨大震动，同时现金漏损率、超额准备金率等因素也制约着法定存款准备金率的政策效果。其次，法定存款准备金政策作用的领域主要是银行传统的信贷部门，但近年来，金融创新不断，金融市场发展迅速，银行的传统业务在金融业务中的比重下降，存款准备金政策对社会信用总量的调节效果也受到较大的影响。最后,如前文所述,存款准备金政策的有效性也因货币供应量越来越不适合作为货币政策的中介目标而受到质疑。

虚拟货币的出现使中央银行更难确定法定存款准备金率。首先,要考虑虚拟货币是否需要向中央银行缴纳存款准备金,如果需要,其发行主体及监管主体该如何明确。如果虚拟货币像电子货币一样明确了货币地位,那么央行在制定准备金率时就应当将其考虑在内。其次,虚拟货币不是中央银行发行的,其发行量的测算得不到监管。不同于法定货币,虚拟货币的发行只是数据形式的简单复制,发行市场极易混乱。最后,虚拟货币种类繁多,有些可以像现实货币一样进行借贷,支付存款利息,因此会造成货币乘数和基础货币的波动,但其波动幅度难以测定,存款准备金政策的效果变得更加不易控制,时机与幅度的选择更是难上加难。因此,虚拟货币的出现使存款准备金政策受到深刻影响。

(4) 对公开市场操作业务的影响

公开市场操作是指中央银行通过在公开市场上买卖有价证券向社会注入或回收基础货币,进而调节货币供应量的一种手段。中央银行对货币发行权的垄断是公开市场操作的前提,但虚拟货币的出现影响了中央银行的垄断地位,公开市场操作业务的效果也受到影响。例如,如果虚拟货币能被公众广泛接受且存在一定的借贷市场,那么当经济过热时,中央银行在公开市场上卖出国债,在传统经济条件下,商业银行通过购买国债降低在中央银行的准备金,在货币乘数的作用下货币供应量减少,利率上升,投资减少,经济过热得到一定抑制。但如果此时虚拟货币的发行不受控制,增加虚拟货币的发行量,中央银行的政策效果必然会受到影响。即使将虚拟货币纳入监管,不允许进行如上操作,也会对中央银行的公开市场操作业务造成影响。公开市场操作业务对货币供应量的调节是通过调节基础货币来完成的,而虚拟货币的出现本身就会对基础货币产生影响,对央行公开市场业务的政策效果进行评价时,很难分清楚基础货币的变动是由虚拟货币造成的,还是由政策影响造成的,以及二者的影响幅度各有多大。同时,中央银行能够及时进行大规模货币吞吐操作的前提是中央银行具有充足的资产规模,一旦虚拟货币大规模进入流通领域,中央银行的资产负债规模就会缩小,从而影响公开市场操作的实效性和灵活性。

(5)对再贴现政策的影响

再贴现政策作为一种货币政策工具,是通过调整再贴现率来影响市场利率,从而实现对货币供应量的管控的。但是虚拟货币和线上二级市场相结合,势必影响中央银行通过再贴现率管控货币资金"价格"的能力和货币资金价格调整货币供应量的效率。同时结合利率市场化的大背景,发行市场处于充分竞争的状态,对再贴现政策的敏感度增加,市场的长期均衡利率下降,并最终维持在一个较低的水平。由于虚拟货币的发行者非中央银行,且发行者未在完全监管之下,因此虚拟货币在一定程度上无须依赖中央银行而可以按照自身意愿进行头寸调节。

综上所述,如果不对虚拟货币加以监管,任其自由发展,其将会对中央银行的货币政策造成重大影响,从而引起更大的金融秩序混乱。因此,虚拟货币的发展应引起监管当局的足够重视,在不阻碍虚拟货币进步的同时,应有效控制其发展,将由此引发的金融风险阻断在源头。

(二)虚拟货币与通货膨胀

目前,通货膨胀被讨论得沸沸扬扬,成为各界人士关注的热点问题。通货膨胀是指在纸币流通条件下,流通中的货币量超过商品流通中所需要的实际货币量而引起的货币贬值、商品价格上涨的现象。虚拟货币是由网络运营商自主发行的,其发行量不受中央银行的控制,目前也不向社会公众公布。现实世界的通货膨胀是不是由虚拟货币的滥发引起的成为一个值得关注的潜在问题。

首先,如果网络运营商规定只能用法定货币购买虚拟货币,不能通过长时间在线或其他方式获取的话,通货膨胀就不会发生。比如用户用人民币按1:1的比例购买Q币,用其购买腾讯公司的商品或服务,这部分人民币实际上就是腾讯公司对用户的预收款项,流通中货币的购买力不会因为Q币的发行而有所增加。在这种情况下,虚拟货币的发行量就取决于消费者有真实商品作为保障的购买需求,而不取决于发行商的主观意愿。这样,虚拟货币的发行量就是可控的,不会导致通货膨胀。

其次，现实中流通的大多数虚拟货币还可以通过玩游戏等方式获取。网络运营商无偿发行这种虚拟货币的原因在于他们可以获得广告收益。很多网络运营商通过"试用""免费赠送"等方式吸引更多的消费者，获得更多的点击率，通过增加虚拟货币的发行量扩大用户群体，增加广告收入。腾讯公司就经常进行赠送Q币的活动，而用户点击的页面有大量的广告，其广告收入也逐年增加（见表3）。用户获得的虚拟货币可以购买网络运营商自身的商品或服务，也可以购买其合作商家的商品或服务，网络运营商再向合作商家支付人民币。因此只要网络运营商把握好虚拟货币的发行量，在牺牲小利益的同时获得更大的利益，就能维持虚拟货币的物价，不会发生通货膨胀。

表3　腾讯公司网络广告收入

年份	2006	2007	2008	2009	2010	2011	2012	2013
网络广告收入（万元）	26668	49302	82605	96217	137252	199220	338230	588340
增长率(%)	136.4	84.9	67.5	16.5	42.6	45.1	69.8	73.9

资料来源：腾讯公司年报。

最后，由于大量专业玩家、打金工作室和虚拟货币交易平台的存在，玩游戏赚取的游戏币会兑换成虚拟货币，虚拟货币再与法定货币进行兑换，虚拟货币就会进入流通领域，网络运营商也无法控制。这样，流通中的虚拟货币量就有所增加，购买力也增强了。用这些增加的虚拟货币来购买运营商或其合作商家的商品或服务对他们来说是一种损失，如果损失过于严重，他们就会提高商品或服务的价格，造成虚拟货币贬值，他们也就获得了所谓的"铸币税"。如果虚拟货币购买的商品仅限于虚拟商品，那么因为这些商品是没有边际成本的，网络运营商就可以多提供。如果购买的商品还包括现实商品，如电子产品、服装等，那么就会增加真实的购买力，发行过多的货币追逐过少的商品，即发生通货膨胀。

不过，通货膨胀是由法定货币决定的货币现象，虚拟货币发生通货膨胀并传导到现实世界是在中央银行等监管当局不作为的情况下发生的。反过来，只要做好对网络运营商的监督管理工作并制定相应的货币政策，就能很好地防止通货膨胀的发生。目前,虚拟货币刚刚起步,虽然发展迅速,但其规模相对于实体经济而言甚小,其影响力还没有显现,因此不会引发现实货币的通货膨胀。但是,随着虚拟经济的发展及其影响力的扩大,虚拟货币对现实经济的冲击应引起相关部门的重视,应对其进行适当的监督和引导。

四 虚拟货币存在的问题

(一)虚拟货币在使用中的安全问题

虚拟货币是以电子化形式存在的,流通交易是数据的传输与存储过程。科技的进步使虚拟货币在快速发展的同时,也使其暴露在黑客、病毒和系统漏洞等方面的技术安全风险之下。这些风险同样威胁着虚拟货币的持有者、发行方及接受虚拟货币的第三方商家。

这一点在比特币上表现得尤为突出,比特币炒作投机的火爆,增加了黑客攻击比特币交易、储值平台的可能。360安全中心的《2013年第三季度安全报告》显示,比特币投资者正面临比特币"挖矿木马"、投资账户盗号以及交易市场沦陷三类威胁。如2014年2月,黑客入侵了比特币最大的交易平台Mt. Gox的用户账号,造成85万枚比特币被盗取,也最终导致了Mt. Gox的破产倒闭。比特币交易平台Bitconica 2012年存储在服务器上的电子钱包失窃,瞬间损失了4万多枚比特币。因此,比特币受限于技术风险,这一点使其很难成为大范围的交易媒介。

(二)虚拟货币带来的社会危害

虚拟货币的匿名性、虚拟性使人们可以通过互联网匿名地完成货币的支付,从而方便了非法分子利用这一工具进行赌博、洗钱等非法活动。网络游戏中的博彩方式,一是用虚拟货币或虚拟财产进行赌博,二是用所购游戏卡中包含的财富值或点数进行抽奖,这两种形式的奖品均为游戏中的虚拟货币或虚拟财产,三是用免费获得的分数值作为彩头赌输赢或进行抽奖,奖品为现金或者实物。更有甚者,一些游戏平台打着网游的幌子,在博弈游戏中利用虚拟货币变相进行网络赌博。洗钱是利用虚拟货币进行的另外一种犯罪行为，其大多数是在网上进行的。

如图 15 所示，由于网络账户并非实名制，个人可以注册不同的账户并购买不同类型的虚拟货币，持有者可以将其直接转给其他账户，也可以在第三方交易平台上进行交易转换，即将所购虚拟货币兑换为其他类型的虚拟货币，或直接兑换为现实货币。我国现阶段实行虚拟货币单向兑换，对比特币则采用更为严格的措施限制对其直接充值。但是虚拟货币还是可以兑换成现实的法定货币，第三方交易平台的存在成为这一兑换的唯一途径，即存在所谓的网络"黑市"。互联网的发展为洗钱犯罪提供了便利，目前我国的第三方交易平台已和国际接轨，这样犯罪者就可以轻松地进行国际兑换。图 15 的流程只是假

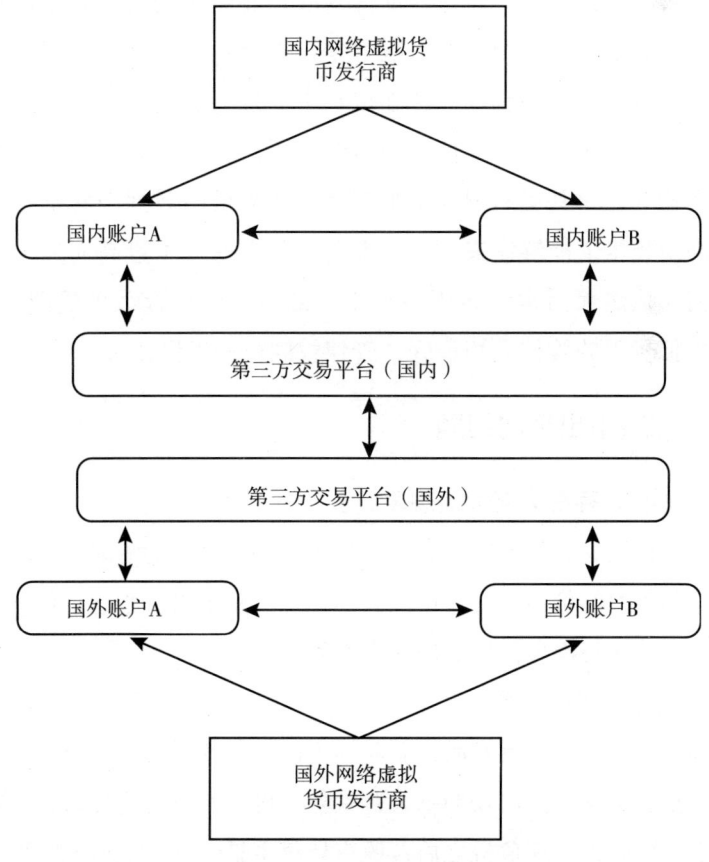

图 15　虚拟货币洗钱流程

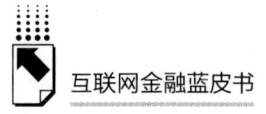

设四个账户参与洗钱活动,在实际操作中,参与账户可能更多,这无疑给警方办案增加了难度。

由于虚拟货币的特殊性,通过虚拟货币进行的洗钱犯罪活动具有自身的特征。首先,网络的即时性为洗钱犯罪提供了更高的便捷性。洗钱犯罪不再受空间和时间的限制,虚拟货币可以利用网络无处不在、无时无刻地进行交易,将资金在全世界范围划拨,增加了执法部门的刑侦难度。同时,虚拟货币的交易是电子数据的传输,犯罪者可以在短时间内将洗钱活动的电子数据清理干净,加大了犯罪的取证难度。其次,虚拟货币的匿名性和金融脱媒性降低了反洗钱监管的力度。传统的洗钱活动往往需要犯罪者之间或犯罪者与金融机构之间进行面对面的交易,很多国家的反洗钱法律要求提供交易对象的身份并保留交易记录等,但这些证据的取得在传统交易中就很困难,在虚拟环境中更是难上加难。用户注册账号是没有笔迹、签名等实质痕迹的,运营商随时更新数据。金融脱媒性使虚拟货币的发行、交易脱离了传统的金融机构,避开了金融机构对交易信息的监测。再次,由于虚拟货币的发行方及交易平台大量存在,其交易记录很难汇总,从大量的数据中甄别可疑交易更是困难,即使技术上能够完成,往往也会因其交易成本过高而失去商业价值或执行价值,执法部门常常会望而却步。最后,虚拟货币不受国界的限制,而各国对虚拟货币的管控大相径庭,管辖权同样难以操作。

(三)比特币出现的问题

1. 币值不稳,存在大起大落现象

比特币发行量少、集中度较高,交易市场缺乏足够的流动性,较小的交易量就能够引起很大的价格波动,币值极不稳定。其中投机心态、信息安全和政策布局成为影响比特币币值稳定的最大因素。

(1)投资者投机心态严重

当塞浦路斯银行危机爆发后,政府推出高额存款税及资本管制措施,欧洲富豪们除了把资金移往美国及加拿大避险外,也开始投资比特币,比特币的价格开始高涨。同时,金融危机之后,股市持续不景气、房地产风险加剧、部分理财产品的不可靠以及通胀压力,使庞大的民间资本急需一个合适的对象来进行风险规避和保值增值。比特币诞生于2009年，由最初1比特币兑0.03美元，到2013年11月底突破1000美元的历史大关，在短短三年时间中，比特币的价格上涨了3万倍，而且在2013年的11月29日突破了1242美元，上涨了7600%。超过了同期1盎司黄金的价格（1241.98美元）。

比特币疯狂的涨势刺激了人们的投资预期，加大了人们的投机心理。根据Bitcoin Average的数据，中国目前的交易总量约占全球的62%，日均交易额达3.5亿元，参与交易的二级市场平台有近30家，总注册用户超过20万户，其中日均活跃用户为4万户。中国已经成为虚拟货币交易的主要参与者。进入2013年11月，中国国内比特币持有量已稳居世界第二，交易量跃居世界第一。

（2）信息安全事件频出

比特币价格的暴涨、投资者参与的盲目性以及比特币特有的网络虚拟性，使比特币成为诈骗犯罪、黑客攻击的理想对象。其安全防范更多地体现在技术层面，通常受攻击的要么是交易平台本身，要么是网络电子钱包。对于前者，被盗案件屡有发生，以2013年2月24日东京地方法院裁定Mt. Gox正式启动破产程序最为典型，这个全球最大的比特币交易平台因黑客盗取而宣告破产，据估计丢失用户和平台自身的比特币约85万枚，折合4.67亿美元，约占全球比特币发行量的7%。在中国，2013年10月26日比特币交易平台GBL网站突然无法登录，首页显示黑客攻击，随后平台关闭。据初步估计，其损失了400万元人民币和8000枚比特币。至于后者也有案例，成立于2013年7月的inputs. io在10月23日和26日遭到黑客入侵，损失了4100枚比特币，市值130万美元。同年11月丹麦的BIPS因黑客发起分布式拒绝服务攻击（DDos），丢失了近1300枚比特币。这些事件都引发了人们对比特币安全的担忧，类似案件的爆发加大了比特币币值的波动性。

（3）监管政策跟进

创新意味着新生事物要突破原有的边界，对新事物的监管往往存在滞后性。监管政策一旦出台，就会在很大程度上干扰投资者的投资心态。2013年12月5日，中国人民银行等五部委发布了《关于防范比特币风险的通知》，明确了比特币是一种特定的虚拟商品，并不是真正意义上的货币，不具有与货币等同的法律地位。文件公告一小时后比特币在中国市场上的价格跌幅超过

33%。同年12月16日,央行约见了10余家第三方支付公司,通知他们不可以对比特币、莱特币等虚拟货币进行清算,之后就出现了抛盘、暴跌现象,这些都间接影响了国内比特币交易平台的生死存亡。

2. 退货币性,容易造成通缩风险

比特币发行的"去中心化",使得货币的供给与市场需求和经济发展无关。虽然比特币在理论上消除了通胀,但是其总量的相对匮乏使其比金本位币更容易带来通缩,囤积比特币坐等其升值使其货币属性退化,投机者炒作比特币就是通缩风险的外在表象。

3. 热钱流动的风险

从短期来看,引发热钱流动是目前比特币最大的潜在风险。可以通过比特币轻易地进入货币管制的国家,再通过二级市场完成该国法定货币的兑换进行套利投机,也可以直接运用比特币投资住房等商品。比特币最早接触国人,就是利用它绕开中国严格的资本管制,达到在国内外流转资金的目的。一旦比特币规模的增长满足短期跨境资本流动的需要,热钱流动风险就将导致国家资本管制效率的下降。

4. 可能存在庞式骗局

欧洲央行的研究报告指出,用户购买比特币,要想变现就必须卖出比特币,就要有新的比特币需求出现,这看上去类似"庞式骗局"。另外比特币系统非常复杂,可能导致潜在用户难以理解,用户不清楚工作原理和风险,加上法律的不确定以及有效监管的缺乏,比特币的运作很容易出现风险。尽管目前难以确定比特币是否按照"庞氏骗局"那样运行,但客观来讲,比特币的确是具有高度风险的系统,当用户试图变现而网络流动性不足时,整个系统就会崩溃。

5. 竞争威胁,呈"泛比特币"现象

比特币并非网络虚拟货币的终结者,也就是说比特币并非唯一的虚拟货币。目前网络创新日新月异,既然可以发明一种算法创造比特币,就可以发明新的办法创造网络货币。继比特币之后,又有Litecoin、Namecoin、PPcoin等八种类似比特币的"泛比特币"相继出现。比特币的模式可复制,一旦更新的虚拟货币得到市场认可,比特币系统就会遭受巨大打击。

比特币的出现带动了中国人在这一领域的投资热潮，同时国内虚拟货币市场乱象丛生。山寨比特币——"认购币"就是一种类型，这类"山寨"币有诸如文化币、导航币、世界宝、宝通币、天朝币、分红币、贝元币、文化币、风投币、梦币、空间币、永发币、聚泰币、元亨币、阳光币、欢乐币、咸丰币等。所谓"认购币"就是某一个平台或者某一个组织、公司发行的类似于股票认购的一种货币。这类货币鼓吹认购门槛低，升值潜力大，但其中人为的控制使得此类虚拟货币成为非法诈骗的工具。"咸丰币"案件是浮出水面最典型的案例。

五　相关建议

（一）虚拟货币的监管现状

虽然虚拟货币具备货币的大部分属性，理论上应当由各国的货币当局对其进行监管，但虚拟货币作为一种新生事物，具有自身的特殊性，无论从监管成效还是从其社会影响的角度来看，都需要金融监管部门、信息管制部门、司法部门乃至国际机构等多方面联动对其进行管制。

1. 国外虚拟货币的监管现状及经验借鉴

（1）传统虚拟货币的监管

韩国网络游戏产业的快速发展使其在虚拟货币管理方面有较成熟的经验，其虚拟货币管理实现了两项突破。

首先，韩国对虚拟物品规定物权。在法律上承认虚拟物品（包括虚拟货币）的合法性，为虚拟交易提供法律保护，明确游戏中的虚拟角色和装备独立于游戏服务平台，属于用户的私有财产。同时，规定参与虚拟物品交易的交易者必须年满19岁，进行实名制注册。

其次，韩国对虚拟物品的交易征税。2007年7月1日实施的《虚拟物品交易法》对虚拟物品的交易开始征税。征税依据半年期交易额划分为三个等级，即600万韩元（约合5万元人民币）以下、600万~1200万韩元（约合10万元人民币）和1200万韩元以上（见表4）。

表4　韩国对于虚拟物品交易的分级征税

征税等级	征税范围	征税措施
一级	600万韩元以下	免税
二级	600万~1200万韩元	①完成商业许可 ②提交财务报表进行缴税
三级	1200万韩元以上	1200万~4800万韩元（不含1200万韩元）　按"简易纳税者"进行缴税
		4800万韩元以上　按"普通纳税者"进行缴税

美国是网络游戏较为发达的国家，但是除电子信箱和电子邮件系统外，其尚无正式的法令对其他类型的虚拟货币或财产做出规定。不过美国涉及虚拟物品的案件可以在以往类似的案例判决中得到借鉴。例如在第二人生中引发了一些虚拟财产的纠纷案，都得到了很多的司法裁定。

（2）比特币的监管现状

比特币的未来存在太多的不确定性，各国对其认识和风险的把控也并不一致，因此对比特币的监管政策需要因地制宜。

一是澄清比特币的性质。迄今为止没有任何一个国家确定比特币为该国法定货币。2013年11月，美联储主席伯南克在致参议院听证会的信中指出，比特币属于虚拟货币，美联储无权直接监管。欧洲央行将比特币归为具有双向流动特征和买卖价格，可用来购买虚拟或现实商品和服务的第三类虚拟货币。德国认为比特币既非电子货币，也不是法定支付手段，承认比特币为"记账单位"，可以用于交税和从事贸易活动。同时德国比特公司（Bitcoin Deutschland）成为世界上首个与银行打通货币流通标准并纳入金融体系的比特币交易公司，该公司经营比特币与法定货币的兑换业务。法国央行12月5日指出，比特币作为一种有代表性的虚拟货币，迄今为止尚未被列入监管范畴。中国香港金管局12月6日指出，比特币不受金管局监管，不是货币，也没有条件成为支付媒介。泰国和韩国拒绝承认比特币的合法地位，泰国央行甚至认为使用比特币属于非法交易，必须暂停比特币业务。

二是以交易平台登记注册为重点，纳入国家金融监管体系。2012年12月，法国政府批准成立了比特币交易平台"比特币中央"，成为首家在欧盟法律框架下运作的比特币交易所。2013年初,比特币中央取得一般欧洲银行用来辨别身份的国际银行账号(IBAN),跻身准银行之列。2013年3月,美国财政部下属的金融犯罪执法网络(Financial Crime Enforcement Network)发布《监管规定适用于管理、交换和使用虚拟货币的说明》,明确包括比特币在内的虚拟货币一旦涉足交易或转账,就应该被视为"货币服务业务"。这意味着比特币交易平台必须向政府提交相关信息并披露反洗钱信息。2013年12月,韩国金融监管委员会表示,将督促本国金融机构加大对虚拟货币交易尤其是洗钱及其他违法活动的监督力度。

三是提示投资风险。2013年5月7日,美国商品期货交易委员会(CFTC)表示,正在考虑将比特币纳入其管辖范围。2013年12月3日,荷兰央行发表声明明确比特币存在"存储无保证、无中央发行者承担责任、波动性过大"等风险。12月5日,法国央行指出,比特币具有高度投机性质,可能给持有者带来金融风险,目前没有任何机构担保比特币平台本身的风险。一旦发生网络攻击,虚拟货币的用户将损失惨重。12月6日,中国香港金管局发表声明,呼吁市民慎重进行比特币交易或投资,谨防投资风险。12月12日,欧洲银行管理局发出警告,提醒人们关注比特币价格的剧烈波动、"数字钱包"非法入侵以及消费者缺乏合法保护等风险。

四是采取执法行动。2013年5月15日,美国国土安全部以未在金融犯罪执法网络登记为由,冻结了比特币交易所Mt. Gox(现在已经倒闭)的两个账户。2013年10月,美国关闭了利用比特币进行非法交易的"丝绸之路"网站。2013年7月,泰国央行宣布,买卖比特币、用比特币消费和与泰国境外发生相关比特币交易行为均属非法行为。

2. 我国虚拟货币的监管现状

我国互联网发达,虚拟货币发展较快,种类繁多,使用范围广,影响力大。西方国家虚拟货币的发展模式以MMOG游戏币为主导,而我国以SNS虚拟货币为主,并走在世界前列。市场的庞大、使用主体的年轻化及监管机制的不健全引发了诸方关注。因此,我国虚拟货币监管的实现和完善更为迫切。

2007年2月26日,公安部、信息产业部、文化部、新闻出版总署联合发布通知,禁止通过虚拟货币进行网络赌博。2009年6月27日,文化部、商务部发布了《关于加强网络游戏虚拟货币管理工作》的通知，首次明确网络游戏虚拟货币的定义，提出要加强市场主体的管理，明确企业责任，保护用户的合法权益，加大对非法主体的打击和监管力度，从多个流通环节杜绝虚拟货币可能引发的风险。根据该通知，2009年7月23日，文化部又发布了《网络游戏虚拟货币发行、交易企业申报指南》，内容包括申报条件、申报材料、申报流程等具体申报细则，对有关企业的申报进行指导。

针对比特币的监管，中国人民银行等五部委于2013年12月5日联合下发了《关于防范比特币风险的通知》，明确了政府当前对比特币的态度。一是不承认比特币的货币地位，但明确比特币为"特定的虚拟商品"，认为其"不具有与货币等同的法律地位"，因此"不能且不应作为货币在市场上流通使用"。在充分提示风险的前提下，允许公众在自担风险的前提下自由参与。二是将比特币和金融系统隔离。强调现阶段"金融机构和支付机构不得开展与比特币相关的业务"，防止比特币的投机风险向金融体系传导。三是加强对比特币交易平台的监管。明确要求比特币交易平台在电信管理机构备案，并应切实履行反洗钱义务，对用户身份进行识别并报告可疑交易。12月16日，央行约谈银行、支付宝、财付通等第三方支付平台相关负责人，明确要求银行、支付机构不能给比特币等交易网站提供支付与清算服务；对于已发生业务的支付机构，应解除商务合作；对于存量款项，可在2014年春节前完成提现，不得发生新的支付业务。

由于目前虚拟货币存在的问题不是某一个监管部门或机构能够解决的，为了确保其健康有序地发展，还需社会各界及相关部门的共同努力。

（二）我国虚拟货币发展的建议

虚拟货币有风险并容易滋生犯罪，其发行机制已经打破了中央银行垄断发行的局面，趋于分散化，而货币政策的有效性在很大程度上来自中央银行的垄断。从前文的分析讨论中我们可以看出，当流通中的虚拟货币达到一定规模时，必然会对未来的中央银行及货币政策产生负面影响，这种影响可能是使传统的金融理论发生改变。同时现阶段对比特币的定性和采取的监管措施是适度的，具有探索性。未来可考虑从以下几方面进行完善并进行持续的跟踪和研究。

第一，设立市场准入门槛，建立保证金制度。规定虚拟货币的发行商需要经过中央银行报备和审批，取得发放权限，保证虚拟货币的发行规模满足中央银行的管控需求。同时，中央银行可根据虚拟货币发行商的规模、信誉、财务等因素确定其所发行的虚拟货币与法定货币的兑换比率，并要求其缴存一定的准备金。对于比特币这类新兴虚拟货币，我们要在捍卫人民币法偿货币地位的同时积极研究这一经济现象，尤其需要认真研究类似非主权货币存在并发挥作用的可能性。

第二，完善现有的网络支付工具并建立网络金融的监管、司法保护体系。借助比特币等虚拟货币的快速发展，重新思考货币、金融的本源含义，跳出原有的宏观调控和监管框架，因地制宜地构建符合我国国情的监管和司法保护体系。同时针对虚拟货币违法犯罪的调查、取证、执行等环节建立多部门共同参与的协调管理机制。

第三，健全信息系统安全管理体系，对于虚拟货币在使用过程中的安全性问题，首先应增强先进的认证许可、数字加密、防火墙等信息安全技术。另外，防范和保护要动态跟进，应对互联网发展的快速和不确定性，对系统中存在的潜在问题应进行及时有效的防范，异地备份和容灾处理也是必要的。

第四，防范虚拟货币的洗钱犯罪。面对新型的虚拟货币洗钱行为，要加快虚拟货币的反洗钱立法进程，尽快制定相关法律法规，规范虚拟货币的交易和流通。对各交易主体的责任和义务做出明确规定，切实履行反洗钱、反恐融资的义务，成立专门机构进行客户身份的识别、交易记录的保存及可疑交易的报告等，加大反洗钱监管的力度。

第五，建立互联网金融教育的长效机制。中国人民银行金融消费权益保护局需要针对目标群体，把互联网知识和金融知识结合起来，通过多样化的教育模式，建立金融消费者教育的长效机制，增强金融消费者的风险意识和防护能力。

六 结束语

目前，世界上流通的货币主要是主权货币（如美元等），主权货币体系蕴涵着巨大的"道德风险",如日本和美国采取的量化宽松措施,其实质就是政府不守信用的违约行为。2008年美国次贷危机和全球金融危机以后,独立于主权货币体系之外的比特币像是受到时代召唤一般,应运而生。"布雷顿森林体系"时期所采用的金汇兑本位制,曾经发挥过类似"去中心化"的作用,使当时的国际货币结构得以相对稳定。但是,随着信息时代的来临,在知识经济爆发的今天,它已经阻碍了贸易往来和生产力发展。中国人民银行行长周小川在《关于改革国际货币体系的思考》中提出了自己的观点:建议以"特别提款权"为蓝本推出一种"超主权货币",建立一个符合当代需要的"去中心化"的货币体系。而虚拟货币的出现有意无意地迎合了这种需求,一方面拓宽了传统金融服务的边界,增加了服务的深度和广度;另一方面变革着现有金融本身的概念和体系。

因此我国在顺应这一历史潮流的同时,必须有长远的发展眼光,高屋建瓴地面对未来更复杂、更激烈的国际竞争格局,从战略高度构建我国金融业发展的平台框架,包括金融体制、体系、监管制度安排等,建立健全、高效、安全的金融运行机制与虚拟货币监管体系。

参考文献

Aleksande, B., 2008, "Virtual Money: The Next Big Thing in the Payments Market?" *Preview Market Watch*: *Financial Services*, Mar., pp. 10 – 11.

Chaum, D. "Online Cash Cheeks," *Advances in Cryptology Eurocrypt*, 1989, Springer, pp. 288 – 293.

Guo, J., Chow, A., Wigand, R., 2010, "Virtual Wealth Protection through Virtual Money Exchange," *Electronic Commerce*.

Lehtiniemi, Tuukka, 2007, "How Big is the RMT (Real Money Trading) Market Anyway?" http://www.virtual-economy.org/blog/how_big_rmt_market_anyway.

Linden Lab, "Economic Statistics," http://secondlife.com/statistics/economy-data.php.

Mackenzie, R. "Virtual Money, Vanishing Law: Dematerialization in Electronic Funds Transfer, Financial Wrongs and Doctrinal Makeshifts in English Legal Structures," *Journal of Money Laundering Control*, 2, 2007, pp. 22 – 32.

Peng, H., and Xu, X. "The Analysis of Virtual Money Demand Under One – way

Exchange Mechanism," In 1st International Workshop on Education Technology and Computer Science, Wuhan, Hubei, China, 2009, IEEE Computing Society Press, LosAlamitos, C. A., 2009, pp. 719 – 723.

Solomon, E. H., 1997, *Virtual Money*, Oxford University Press.

Wang, Y., and Mainwaring, S. "Human – curreney Interaction: Learning from Virtual Currency Use in China," In Proceedings of the 26th International Conference on Human Factors in Computing Systems, Florence, Italy, April 5 – 10, ACM Press, New York, 2008, pp. 25 – 27.

毕夫:《比特币:泡沫中堆积风险》,《新观察》2014 年第 2 期。

洪蜀宁:《比特币:一种新型货币对金融体系的挑战》,《支付创新》2011 年第 3 期。

雷曜:《互联网语境下的货币概念》,《中国金融》2014 年第 17 期。

赵严冬、郑丽:《基于交易模式的比特币对人民币的影响分析》,《北京邮电大学学报》2014 年第 16 期。

鲁弈彬:《借鉴超主权货币的效能推进世界货币体系的探索》,《经济师》2014 年第 4 期。

吴晓光等:《论加强对虚拟货币市场的监管》,《金融监管》2012 年第 1 期。

中国互联网络信息中心(CNNIC):《第 33 次中国互联网络发展状况统计报告》,2014 年 1 月 16 日。

包春静:《网络虚拟货币的特性、成因及对银行业的潜在影响》,《上海金融》2009 年第 12 期。

蔡则祥:《网络虚拟货币的本质及其风险管理》,《管理世界》2008 年第 2 期。

陈宇佳:《以 Q 币为视角探析虚拟币对现行货币体系的影响》,《商场现代化》2011 年第 7 期。

程皓:《中外虚拟货币的含义及其研究视角——兼评 Q 币的性质》,《江西师范大学学报》2009 年第 4 期。

余希:《虚拟货币及其对货币政策的影响》,厦门大学出版社,2008。

丁建兵:《虚拟货币该是纳入监管的时候了》,《时代金融》2007 年第 1 期。

范友鹏:《基于电子商务的虚拟货币研究》,北京邮电大学硕士学位论文,2008。

方圆:《虚拟货币对人民币的冲击及风险监管》,复旦大学硕士学位论文,2009。

耿运栋、魏来:《新型支付方式对货币乘数的影响》,《商场现代化》2007 年第 82 期。

何畅:《我国当前虚拟货币定位分析》,《财经界》2009 年第 12 期。

黄达:《金融学》(第二版),中国人民大学出版社,2009。

黄良友:《网络货币对现行金融体系的影响和挑战》,《西南金融》2008 年第 7 期。

黄志云、程皓、程雯:《虚拟货币对货币供给量和货币政策影响的研究》,《价格月刊》2008 年第 12 期。

姬智敏、吴洪、尚文敬:《网络经济背景下虚拟货币发展及兑换博弈分析》,《北京邮电大学学报》2008 年第 6 期。

李翀：《虚拟货币的发展与货币理论和政策的重构》，《世界经济》2003年第8期。

李嘉文：《虚拟货币统一发行的必要性探讨》，《中国商贸》2009年第9期。

李乐：《论网络虚拟货币的双重属性——商品的本质属性和类货币的衍生属性》，《重庆邮电大学学报》2008年第5期。

李敏：《电子货币对我国金融体系的影响及监管研究》，北京邮电大学硕士学位论文，2008。

李晓媛：《虚拟货币对我国金融市场冲击的可能性研究》，青岛大学硕士学位论文，2008。

李大庆、蒋立佳：《虚拟货币的本质属性、风险及监管创新》，《财会月刊》2008年第5期。

刘义纯：《网络虚拟货币与现实法定货币的本质区别及其发展的思考》，《科技信息》2008年第36期。

彭燕：《虚拟货币对中央银行职能的影响》，东北财经大学硕士学位论文，2010。

宋应龙：《我国虚拟货币监管机制研究》，《上海金融学院学报》2009年第3期。

苏宁：《虚拟货币的理论分析》，社会科学文献出版社，2008。

武庆悦：《虚拟货币及其对货币政策的影响研究》，西安电子科技大学硕士学位论文，2009。

肖永红：《对虚拟交易征税的法律探讨》，《长春大学学报》2011年第7期。

谢灵心、孙启明：《网络虚拟货币的本质及其监管》，《北京邮电大学学报》2011年第1期。

徐晋：《虚拟货币与虚拟银行学》，上海交通大学出版社，2008。

杨丽：《虚拟货币对现实金融影响的分析》，《企业科技与发展》2009年第18期。

杨旭：《我国网络货币的发展与政策研究》，《财经问题研究》2007年第10期。

张浩：《我国虚拟货币市场的规范与监管》，东北财经大学硕士学位论文，2007。

赵锐：《基于互联网的虚拟货币对微观经济影响的分析》，中国人民大学硕士学位论文，2008。

郑榕凌、田甜：《当虚拟货币不再"虚拟"——虚拟货币现实流通状况调查报告》，《金融管理与研究》2007年第8期。

邹恒：《构建我国虚拟货币监管制度的思考》，《南方金融》2008年第5期。

B.5
互联网金融与征信

摘　要： 本报告对互联网金融的核心问题——征信进行相关研究。首先介绍互联网金融和征信的关系，回顾了国内外在这个领域的研究情况。征信发源于欧美，一些国际知名征信机构在促进国外互联网金融创新和发展方面起了重要的作用，所以本报告也阐述了国际征信业的进展及其在互联网金融方面的实务。同时国外一些互联网金融创新企业在信用风险方面的积极尝试也值得国内快速发展的互联网金融企业参考。最后，本报告对国内互联网金融的征信现状进行了简单剖析，并就如何进一步完善互联网金融的征信体系进行了相关的讨论。

关键词： 征信体系　征信机构　信用风险管理　信用评分　大数据　数据挖掘

一　引言

（一）互联网金融和征信的关系

互联网金融是互联网等信息技术与金融的融合，是借助于互联网、大数据、云计算以及移动终端等先进的信息技术实现货币流通、金融产品销售、借贷、支付和信息中介功能的金融新模式，对传统的金融和互联网信息技术领域将产生重大的影响。

征信是指依法搜集、整理、保存、加工自然人、法人及其他组织的信用信息，并对外提供信用报告、信用评估、信用信息咨询等服务，帮助客户判断、控制信用风险，进行信用管理的活动（安建、刘士余，2013）。通过对信用主体（市场参与者）提供的信用或资信情况进行调查、报告，征信发挥着消除或降低信用交易双方信息不对称的作用。征信是未来互联网金融发展的核心内容，作为金融基础设施的征信系统将会在互联网金融的风险管理中发挥关键作用。

互联网金融不仅可以降低交易成本，促进普惠金融，还能给金融领域带来信息技术革命和商业模式变革。互联网金融的一些形态具有影子银行的特点，是游离于银行监管体系之外、可能引发系统性风险和监管套利等问题的信用中介体系。互联网金融虽然提供了便利的服务，但是人与人之间的距离被互联网虚拟化，导致信息不对称问题加剧，更容易引发信用风险，例如，由于有效的风控手段缺失，2013年底出现了P2P网贷公司的倒闭潮。

图1描绘了互联网金融和征信体系之间的关系。一方面，征信系统是互联网金融的基础设施和组成部分；另一方面，互联网金融也会促进征信系统的发展，为征信系统带来新的数据源、全新的服务理念以及信息技术，使其更好地服务于传统金融领域。征信系统是互联网金融体制机制创新的重要配套措施和组成部分，随着金融自由化改革和以大数据为代表的信息技术新浪潮的推进，目前的征信系统面临诸多挑战，亟须改革完善，以顺应未来社会发展的潮流。

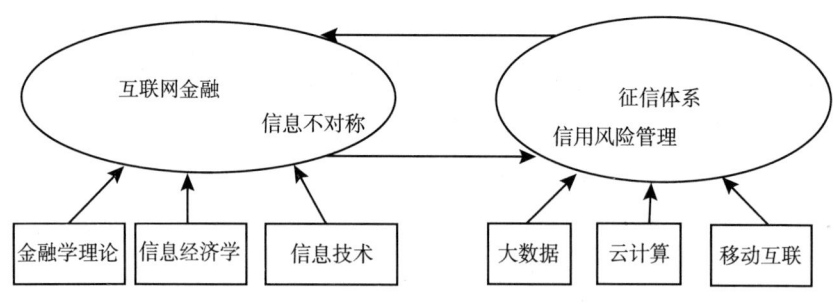

图1 互联网金融和征信体系的关系

按照国内互联网金融的逻辑和内涵，为了便于理解，本报告将这种主要面向互联网金融的征信称为互联网征信。

（二）国内外研究情况

互联网金融研究属于新兴领域，国外研究比较少，国内也才刚刚开始，学术资料严重缺乏，本报告主要选择了知名学者在权威财经报刊上发表的文章。

1. 国内研究现状

互联网金融模式的概念最早由国内学者提出（谢平、邹传伟，2012），认为互联网金融是既不同于商业银行间接融资，又不同于资本市场直接融资的第三种金融融资模式。这种开拓性的观点一经提出就迅速受到金融领域的广泛关注，许多业界人士对互联网金融期望很高，认为它能够颠覆传统金融，成为解决目前中国金融困局的利器（李博、董亮，2013）。

随着对互联网金融发展态势的进一步观察，有研究人员指出互联网金融的出现改变了金融交易的范围、人数、金额和环境，但并没有改变金融交易的本质，只是金融销售渠道、金融获取渠道意义上的创新；互联网金融目前享受着监管红利，随着监管的深入会挤走这些泡沫；互联网金融目前没有金融中介在其中提供各类信用增强服务，互联网金融公司本身也存在信用风险问题（陈志武，2014）。

有研究人员认为互联网使得金融风险管理面临新的挑战：互联网虽然使得风险对冲需求下降，但是并没有从根本上改变各类资金配置型金融活动的风险要素，只是重组了风险与收益的结构特点；很多金融创新反而承受更高的风险，以换取服务的便利性和资金的可得性；基于互联网数据挖掘而产生的征信手段创新能够培育新的信贷客户，因此互联网有助于用信息支撑新型信用体系建设（杨涛，2014）。

还有一些针对互联网金融信用风险问题的新思路出现，例如通过企业商业信用和金融信用的融合来解决互联网金融中的风险管理问题（谢清河，2013）。有研究人员对互联网金融和传统金融进行比较，认为银行与互联网金融具有不一样的风控，只要大客户存在，银行就不会变成"恐龙"；互联网金融若要进军大客户，需要考虑有足够的资本来覆盖尾部风险；无论对于传统金融还是互联网金融，目前的征信系统都存在一些问题，例如信用信息滞后、缺少前瞻性的综合预测信息（刘明康、梁晓钟，2014）。

国内对征信领域的研究早已开展，并且在宏观领域取得了一些成果，例如出现了一些针对国内现状的信用理论，以金融征信为核心的互相补充和各有侧重的三大征信体系的设想被提出（吴晶妹，2011，2013）。但是从微观层面研究征信系统，并结合目前的信息技术进行的深入研究还比较缺乏（王希军、李士涛，2013）。

2. 国外研究现状

国外学术界并没有严格意义上的互联网金融的提法，不过相关的研究和实践早已经开展。国外研究人员注意到可以发挥互联网相关技术与金融相融合的积极作用，例如通过借款人的社会网络可以减少不利因素，使贷款违约概率更低（Lin 等，2009）。对于 P2P 网贷中的信息不对称问题，研究人员通过对国外互联网金融公司 Prosper 的研究发现，社会网络揭露的借款的"软信息"有利于补偿已有的信贷交易"硬信息"的缺失（Freedman 等，2008）；当贷款组织者在为获取高管理费收入而置贷款风险为次要位置时，贷款的违约风险就会变大。

关于信用风险管理的研究，国外相对比较成熟，有专业人士认为通过完善的信用风险管理、全面可靠的信息搜集以及精确客观的量化分析，可以解决银行信贷交易的信息不对称问题。无论是法律很健全的发达国家还是发展中国家，信用风险管理的作用在金融交易中都很重要。

（三）征信是互联网金融健康发展的重要基础设施

互联网金融并非全新的革命，但是带来了商业模式的改变。互联网金融带来了成本的降低和操作的便利，同时也使信用风险加大，信用风险管理变得复杂，需要更加有效的金融风险管理理论和技术，完善互联网金融业务的发展环境。征信是金融经济发展的基础设施，尤其互联网金融的发展亟须征信体系的健全。

在互联网金融中，电子商务、移动商务的发展和跨界交易的增加意味着互联网金融机构需要验证客户的身份并理解他们的交易对手，例如在互联网金融的众多业态中，P2P 和众筹是"自金融"的典型形态，其关键是信用评估和征信服务，让投资方在信息充分披露的基础上自主做出决策（吴晓灵，2014）。

此外，国外征信机构可以为个人消费者提供在互联网上的身份保护、信用检测和防欺诈等征信衍生服务，这都有助于互联网金融的健康发展。

互联网金融野蛮生长和急剧发展的同时也伴随着危机。P2P网贷平台（如网赢天下）倒闭以及负责人跑路事件频现，这其中有缺乏相应的监管，P2P网贷公司进入门槛比较低的原因，也有互联网金融企业信用风险管理水平比较低下的原因。与银行较为成熟的风控体系相比，新生的互联网金融的风控体系显得弱不禁风，建立与互联网金融配套的征信体系，为互联网金融的发展奠定坚实的基础势在必行。这不但能降低互联网金融公司建立客户诚信档案的成本，还能降低坏账发生率及平台崩溃的概率，促进整个互联网金融行业的健康、快速发展。信用经济是现代经济的基石，健全中国的信用体系是未来经济的必经之路。而互联网金融中的借贷行为是信用经济的创新发展，建立互联网征信体系是健全信用体系的重要部分。①

央行在《2013年第二季度中国货币政策执行报告》中表示，与传统金融业相比，互联网金融业的风险主要集中在消费者信息安全和风险管控等方面。应积极适应趋势性变化，开展相关研究和立法工作，充分认识和合理评估互联网金融业的发展特点及潜在影响；明确监管部门，提高监管的针对性和有效性。

（四）互联网金融将加速征信系统的发展和完善

互联网金融作为一种新的金融形态不断地发展和壮大，将对作为基础设施的征信系统产生深远的影响。

1. 互联网金融给征信系统带来多方面的改变

从数据采集的角度来说，在传统金融模式下，银行只能通过历史信贷信息判断授信对象的信用水平。而在互联网金融模式下，贷款方可广泛利用信用量化评分模型，利用互联网信息平台上的交易行为、关联关系、支付等大数据来综合判断授信对象的信用状况。随着互联网金融的发展，征信信息的征集范围

---

① 《应将互联网金融信用档案纳入央行的征信系统》，中国财经时报网，2013年9月3日。

将不断扩大。在征集互联网上的信用信息之后，征信机构可整合信贷、证券、保险、政务、司法和电子商务领域的信用信息，专业化程度将进一步提高。传统的社会征信机构将利用互联网技术扩大信息征集范围，同时互联网公司如阿里巴巴、腾讯和百度等将依托电子商务平台、社交网络和搜索引擎等工具征集和整合信用信息。随着互联网金融的兴起，传统的信贷机构也可以通过互联网大数据综合判断授信对象的信用状况，这将推动我国征信系统信用评分模式的转变。

就信息技术而言，金融业本质上是一个信息行业，其运转的核心就是搜集、整理、加工和使用各种信息，互联网金融将促使征信机构更好地将互联网技术应用于互联网非结构化数据的采集和互联网数据的传输。

2. 互联网金融催生了征信系统新的需求

随着信息技术的发展，越来越多人的技能将被计算机代替，征信系统可以利用以大数据为代表的新的信息技术更好地为互联网金融服务，解决信息不对称问题。

对征信业务的需求将快速增长。在互联网金融时代，以客户为中心提供精细化和个性化的服务，并对零售客户进行批量化和自动化处理将成为主要的业务模式，而业务的开展以准确掌握服务对象的信用状况、风险偏好和消费习惯为前提，对征信业务的需求将随之增加。银行类金融机构将在查询信用报告、开展信贷业务的基础上，开展商务领域和互联网平台上小微企业和个人的信用信息征集，以拓展金融服务领域。P2P融资、网络小额贷款以及电子商务的开展，必须以交易对象的信用信息为基础，这也将催生大量的征信需求。此外，金融服务和产品的升级还需要征信机构提供个人信用评分、行业历史违约率和重要风险预警等高端产品，从而有效防范违约风险。可见，征信业将具有更加广阔的市场空间。

征信服务产品将更加丰富。云计算、搜索和数据挖掘等技术的进步将推动传统征信服务升级并催生新的征信产品。传统征信业务将进一步优化，比如依托互联网信用信息平台拓宽信用报告的查询渠道，利用互联网环境验证个人的身份信息以及在互联网平台接入村镇银行和小额贷款公司等小型机构。高端的征信产品也被逐步开发。资金需求方的信息通过互联网信息平台得到匹配，并能够得出资金需求者的风险定价和动态违约概率，提供更为详尽的征信内容。在拥有完整历史数据的基础上，还可以利用数据挖掘技术提供更为宏观的经济形势预测、行业风险分析和重大风险预警等服务（王希军、李士涛，2013）。

3. 互联网金融能够促进征信体系的建设，完善社会信用体系

征信系统是保证互联网金融揭示、管控、测度风险和正常运行的基础设施。完善已有的征信系统和建设未来多层次的征信系统，可以解决互联网金融中一些主要的信用风险问题，突破互联网金融的信息不对称困局。同时互联网金融也会给征信系统带来机遇和挑战，例如信息技术的革命和全新的数据源推动着征信系统向前发展，促进了社会信用体系的建设和完善。

在互联网金融时代，征信机构的构成将更加多样化。目前，我国主要有公共征信机构——中国人民银行征信中心及其他70余家社会征信机构。在互联网金融时代，互联网企业和金融机构也将进军征信业，建立新型的征信机构。例如，以阿里巴巴为代表的电商企业组建的征信机构，依托于"诚信通"平台和支付宝已建成的涵盖数十万家企业的信用信息数据库，开展了网络联保贷款、小额贷款和余额宝等多项业务，已经具备成立专业征信机构的基础和实力（王希军、李士涛，2013）。

二 国际征信机构及其互联网金融实务

（一）国际征信机构简介

征信业发源于欧美发达国家，随着现代金融的不断发展而成长，经过市场竞争，大大小小的征信机构不断地整合、并购，目前已经形成四大国际征信机构，其中益百利（Experian）、艾克飞（Equifax）和环联（TransUnion）主要面向个人消费者，邓白氏（Dun & Bradstreet）则面向商业机构（企业）。

1. 益百利

益百利是全球第一大个人征信机构，美国三大信用局之一，创建于1996年，是全球领先的为各大公司和消费者提供信息解决方案的公司，也是四大征信机构中最年轻的一家。拥有来自31个国家的12000名专家和分布在超过60个国家的50000名客户。益百利是搜集消费者和商业组织机构（企业）的信用数据、营销数据、保险数据、医疗支付数据、汽车贷款数据等的行业专家。通过提供信息解决方案和信息处理服务，帮助消费者了解、管理和保护私人信息，帮助公司发掘、发展和管理可获利的客户关系，涉及领域包括政府部门、金融服务、电信、医疗保健、保险等，年销售额超过22亿美元。[1]

2. 艾克飞

艾克飞是全球第二大个人征信机构，美国三大信用局之一，由凯特·伍福特创立于1899年，坐落于佐治亚州的亚特兰大。艾克飞是三家机构中历史最悠久的，它搜集和维护全球超过4亿个信用主体的信息。艾克飞是全球服务提供商，年收入达15亿美元，有超过7000名雇员，在14个国家运行，在纽交所上市，并且是标普500的成员之一。[2]

3. 环联

环联是全球第三大个人征信机构，美国三大信用局之一，创建于1968年，是世界领先的商务咨询公司。向全世界50多个国家提供550种产品和服务，总营业额超过68亿美元。自1988年起，环联开始提供美国全国性消费者信用调查报告。环联的数据库拥有2.2亿名消费者的档案资料，覆盖美国、加拿大、维尔京群岛和波多黎各。在数据的采集方面，环联公司拥有7000个数据供应机构，不间断地对其提供数据，从而使公司有能力、有资源每个月12次更新客户资料，每次更新20亿条数据档案记录。其信用报告的网上销售次数每年达4亿次，其他传统方式的查询更达150亿次之多。[3]

4. 邓白氏

邓白氏是全球最大的企业征信机构，创立于1841年，是世界著名的商业信息服务机构。邓白氏拥有全球最庞大的商业数据库，覆盖全球214个国家、95种语言及181种货币，拥有超过8300万家企业的信息，其客户超过15万家，其中80%以上为《财富》500强企业。同时，这一数据库也是同类数据

---

[1] http://www.experian.com/, http://en.wikipedia.org/wiki/Experian.
[2] http://www.equifax.com/corp/aboutefx/corporateprofile.shtml.
[3] http://www.transunion.com/index.jsp；http://en.wikipedia.org/wiki/TransUnion.

库中综合性最强的数据库。该数据库每日更新100万次,以确保信息的精确性、完整性、及时性和跨领域的一致性。①

四大国际征信机构的基本比较如表1所示,可以看出国外征信机构已经有上百年的历史,营业额都达到几十亿美元。

表1 国际四大征信机构的简单比较

征信机构名称	成立年份	年销售额(亿美元)	更新速度/每日
益百利	1996	47	无数据
邓白氏	1841	14	100万次
环联	1968	68	6600万次
艾克飞	1899	15	6500万次

(二)国际征信机构的主要业务

国际征信机构的业务最初以提供基于信用报告的信用服务为主,随着征信业的发展,这种基本的信用服务的比例已经下降到不到一半,随之而来的是基于数据挖掘的决策分析业务,利用基本的征信数据为金融行业提供市场营销方案,为高端个人消费者提供信息安全、身份防欺诈和信用状况监测等服务。下面以益百利为例,介绍其业务基本情况,各项业务所占比例如图2所示。

1. 信用服务(46%)

益百利管理由借贷者、其他享受信用服务的成员提供的信用申请、偿还信息和由第三方提供的特定公共记录,如抵押、判决和破产记录。经过数据整合生成消费者和商业组织机构(企业)的信用报告。

利用消费者和商业组织机构(企业)的信用申请和偿还数据,帮助借贷者做出更好的信用决策,帮助企业发掘、发展和管理可获利的客户关系。

2. 决策分析服务(11%)

决策分析使企业能够把数据转化成有价值的商业决策。利用分析工具、评

---

① http://www.dnbasia.com,http://www.dnbasia.com/cn/chinese/.

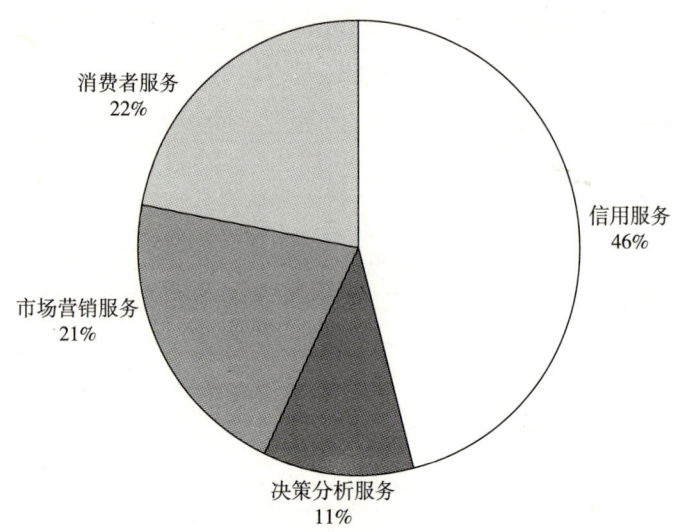

图2 益百利各项业务所占的比例

分模型和应用软件评估、分析数据,帮助企业管理信贷资产,防止欺诈行为,锁定目标市场营销的策略并使决策自动化。益百利的解决方案包括申请处理、客户管理、欺诈方案和身份解决方案、收款软件和系统等。

3. 市场营销服务（21%）

益百利利用数据管理的优势维护着世界上最大的消费者营销信息数据库。丰富的数据资源帮助市场营销人员辨识潜在顾客,理解他们的行为和动机,进而细分消费者,同消费者互动。

益百利帮助客户开展营销活动,开发信息渠道和交互渠道,并测量营销活动的成功率,确保提供实时、个性化的跨渠道服务来满足顾客的需要。这种集中的、数据引导式的、以消费者为中心的方法,使客户从不断增加的投资回报和不断提高的顾客参与中受益。

4. 消费者服务（22%）

益百利向英美消费者提供信用检测、欺诈保护和身份管理服务。利用交互工具,消费者可以通过向益百利订购服务来监测自己的信用。同时,益百利可以帮助用户查询其信用报告和信用评分,并防止欺诈和身份盗用。在存在欺诈的情况下,益百利会向消费者提供解决方案并支付保险费用。

（三）国际征信机构的发展趋势

国际征信机构随着信息技术的发展和金融创新的发展而不断推陈出新，目前的发展趋势如下。

1. 新领域的客户细分

越来越多行业的顾客对数据和分析方案产生需求，这将帮助他们提高业务决策能力和增加客户经验。征信机构将信用风险评估技术扩展到许多细分行业，例如公共部门、电信、中小企业（SME）、健康支付、保险和公用事业部门，帮助他们更有效地管理客户关系。

2. 全球化战略促进征信信息的共享

国际征信机构用全球化的方法来开展业务：通过大胆地收购或者有组织地建立新的征信机构，将现有的产品拓展至新的区域，并对产品和平台进行投资，将产品引入新兴市场。

3. 追求产品创新

利用大数据技术，国际征信机构加大对创新竞争力的投入，不断推出创新的产品，例如通过投资新的决策管理软件，开发新的欺诈和身份管理产品，利用跨渠道营销能力以及新技术，支持公司的扩张服务，为顾客搭建新的商业信息和征信机构平台。

4. 征信衍生服务

国际征信机构利用征信业的上下游业务环节提供相关征信衍生服务，例如债务收账和财务管理。

（四）征信机构的互联网金融实务

国际征信机构利用其信用风险管理优势积极参与互联网金融实务，例如Biz2Credit 网络贷款平台。Biz2Credit 成立于 2007 年，是全球第二大征信机构艾克飞搭建的企业 P2P 信贷平台，为中小企业搭建与贷款机构、服务提供者和互补性业务工具供应商联系的桥梁。该公司根据每家企业的自身情况，只需不到 4 分钟的时间就能以安全、高效、价格透明的方式帮助借款方找到合适的金融机构。Biz2Credit 的网络包括 160 万名使用者、1110 多家贷款机构、邓白氏公司和艾克飞等信用评级机构,以及包括注册会计师和律师在内的小企业服务提供方。Biz2Credit 已经帮助整个美国的中小企业获得了超过 10 亿美元的资金,可以实现对 150 家银行、金融机构与小企业的实时匹配,并有金融专家支持。Biz2Credit 被公认为小企业贷款、信贷额度、设备贷款营运资金及其他资金种类的头号在线信贷平台。①

Biz2Credit 提供的贷款产品包括:传统的商业贷款、中小企业贷款(SBA Loans)、微型贷款、商业房地产贷款、商业信用额度和其他小企业理财产品。

2011 年 3 月,艾克飞宣布将小企业信用信息服务并入 Biz2Credit 的信贷评估中,小企业用户可以从 Biz2Credit 平台上下载艾克飞商业信用报告,该报告向小企业展示了自身的信贷风险状况和贷款人做出信贷决策时看重的信息。作为全球第二大征信机构,艾克飞不仅拥有庞大的数据库,而且通过与小企业金融交易所(SBFE)的独家合作,可以提供从其他渠道无法获得的信用信息,有能力发展互联网企业 P2P 平台。

三 互联网金融的创新实例

美国是互联网金融的发源地,同时也是世界范围内技术创新和金融创新的源头。美国一些优秀的互联网金融公司利用先进的大数据技术和创新思维来应对征信的挑战,取得了不错的效果,这些成功的实践值得国内互联网金融行业学习和借鉴。征信业务按照信用主体可以分为个人征信和企业征信,这也是国内征信体系的标准分类方法,本报告将主要介绍两类互联网金融公司——面向个人消费者的互联网金融公司 ZestFinance 和面向小微企业的互联网金融公司 Kabbage,同时也将对国内新出现的创新型互联网金融平台闪银(Wecash)进行简单介绍。

(一)面向个人消费者的 ZestFinance

ZestFinance 信用评估公司原名 ZestCash,由谷歌前 CIO 道格拉斯·梅里尔

---

① http://www.ieforex.com/huanqiucaijing/guojicaijing/2013-03-19/175018.html.

（Douglas Merrill）和第一资本（Capital One）高级信贷员肖恩·布德（Shawn Budde）于2009年联合创立，总部位于美国加州洛杉矶。2013年7月，ZestFinance获得2000万美元的C轮风险融资，该轮融资由全球第三方支付平台PayPal联合创始人、美国知名投资人彼得·泰尔（Peter Thiel）领投，引起业内人士的关注。此轮融资后，ZestFinance的总资本达到1.12亿美元。

ZestFinance试图建立一个新的信用评估体系，为缺乏银行服务的低收入人群创造更有利的贷款和信用环境。ZestFinance声称这种方式将传统衡量模型的计算性能提升了60%，还款率也比传统方法高出90%。

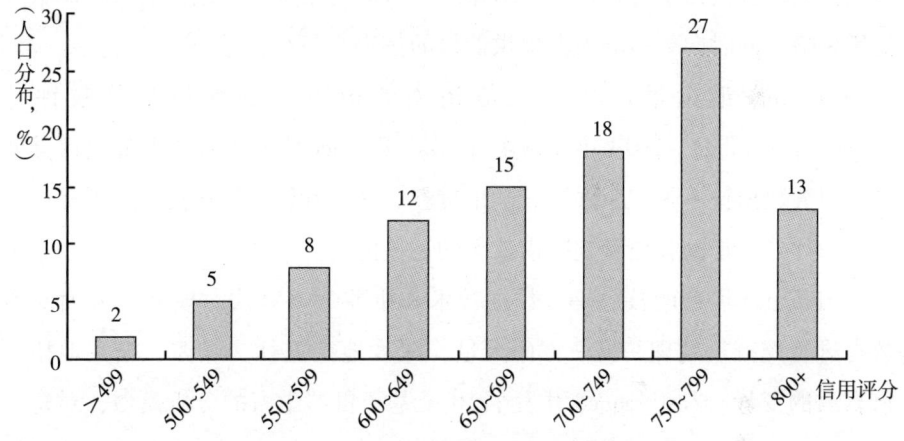

图3 美国FICO信用评分及其人口分布

传统上，美国的金融机构在对个人消费者发放贷款时，要参考该人的FICO信用分值，FICO的评分范围为325～900分，图3显示了美国个人消费者的FICO评分和相对的人口分布情况。美国的金融体系比较发达，针对FICO评分不同的人群，都有相对应的金融机构提供配套服务。其中信用分数高于650分的人群主要由美国的银行体系为其提供金融服务，例如花旗、大通、富国、美国银行等；信用分数为600～720分的人群，因为难以控制风险，传统银行很少对这类人群提供信贷服务，主要由网络贷款公司如Lending Club等为其提供金融服务；信用分数为500～700分的人群，由于风险变化性强，识别度差，主要由互联网小贷公司如Spring Leaf为其提供服务；最后一类是信用分数低于 500 分的人群，这部分人的还款能力难以判断，而且存在欺诈风险，往往由发薪日贷款机构为其提供金融服务，风险很高，利息也很高。发薪日贷款是由放款人提供的短期无担保贷款，借款人承诺在发薪日偿还。额度一般为 100～1500 美元，期限为 2 周，平均年息高达 391%。借款人大多数是不太富裕的消费者。[1] ZestFinance 认为该类人群对信贷服务的需求比较迫切，但是信贷成本太高，于是把该类人群视为服务对象，利用大数据技术挖掘出信用特征，降低这部分人群的信贷成本。

ZestFinance 在创始之初就开展了信贷审批（Credit Underwriting）业务，利用谷歌大数据和机器学习技术，ZestFinance 帮助贷款人更好地评估潜在借款人的信用风险，同时向更多的人群提供低价的信贷产品和服务。[2]

ZestFinance 最近推出了与征信相关的衍生业务即债务催收评分（Collections Scoring）。2014 年 2 月 4 日，ZestFinance 宣布上线债务催收评分业务，利用大数据技术为汽车融资、学生贷款、法律和医疗领域的收债者提供特定行业的评分，帮助收债者判断借款人的还债能力。

ZestFinance 模型的核心是大数据技术和机器学习算法。模型一方面对海量数据进行挖掘、处理，另一方面大量、深度地挖掘社交媒体，极大地拓展了借款人的变量。ZestFinance 开发了 10 个基于机器学习的分析模型，对每位信贷申请人超过 1 万条的数据信息进行分析，并得出超过 7 万个可对其行为做出测量的指标，而这在 5 秒钟内就能全部完成，最后各模型的结果被整合成最终结果。与传统借贷者仅使用 10～15 个数据变量相比，ZestFinance 能够更精准地评估消费者的信用风险。图 4 展示了 ZestFinance 的信用评估分析原理，其中用到了多种信息源和分析模型，最后按照模型投票的原则进行信用风险评估。

ZestFinance 期待在未来的 10～15 年内，基于大数据的信用评估方法能够取代现行指标成为申请信贷的唯一评估标准。同时，希望把其在发款日贷款上的优势继续拓展到其他贷款领域，包括信用卡、汽车贷款甚至包括房屋贷款。

---

[1] http：//bank.hexun.com/2011-12-05/135972332.html.

[2] http：//www.zestfinance.com/.

互联网金融与征信

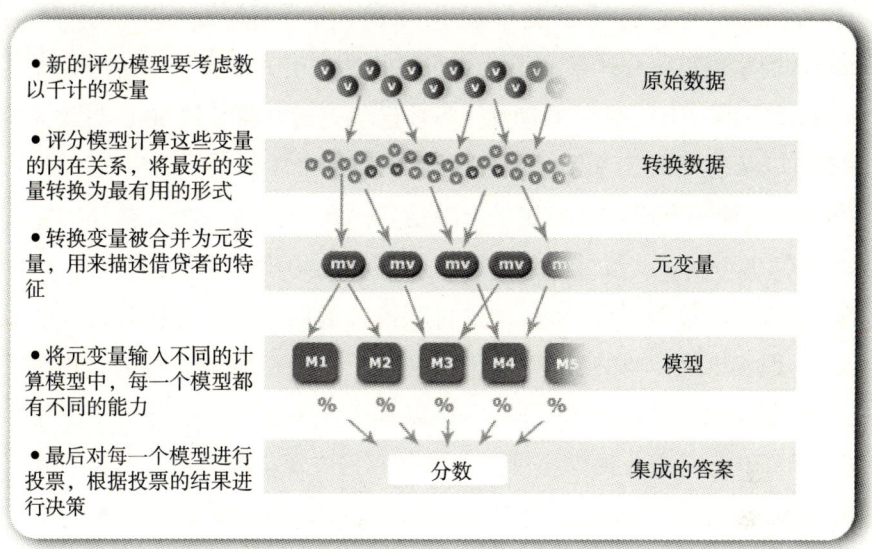

图 4　ZestFinance 的信用评估分析原理

资料来源：http：//www.zestfinance.com/。

（二）面向小微企业的 Kabbage

Kabbage 是一家为小企业提供贷款服务的在线金融公司，2009 年底创立于美国佐治亚州的亚特兰大。Kabbage 利用各种各样的数据，例如来自商业检查账户、记账软件、支付终端处理器的数据以及包括大型电子商务网站在内的在线工具来挖掘需要获取资金的小企业。Kabbage 目前已经有数万个客户，80% 的客户是老客户。①

Kabbage 为借款人提供 500～10 万美元的预付款，根据一系列非传统信用维度，包括商业规模、从业时间、交易量、社交媒体活跃程度以及卖方的信用评分，整合多元化的数据，利用大数据重构信用评估体系。② 经过五年多的发展，Kabbage 由最初的只向 eBay 网店提供服务，扩展到为 Yahoo、Amazon、

---

① http：//en.wikipedia.org/wiki/Kabbage.
② Crosman，Penny，"Kabbage Crunches UPS Shipping Data to Approve Small Business Credit," *American Banker Article*. Retrieved on 2013 - 09 - 04.

203

Shopify 和 Etsy 等电商平台提供服务。2011 年，Kabbage 还推出了 Social Klimbling 商家信用评分体系，把社交网络的数据引入商家信用评分体系，完全颠覆了传统信用评分体系的理念。目前已经完成三轮共约 5000 万美元的股权融资，以及近 9000 万美元的债权融资（廖理，2014）。

Kabbage 的一个成功之处在于金融创新，在信贷的一些关键环节做了大胆的尝试。Kabbage 以预付款的名义向申请获批的小企业提供资金，然后向这些小企业收取报酬。Kabbage 的预付款模式沿用了传统商业预付款的概念与形式，但实质上却与贷款非常相似。首先，作为一种商业行为，预付账款是为了换取企业未来的收入。Kabbage 以小企业未来的一部分现金流作为一种交换条件，为小企业提供预付款，并收取相应额度的报酬。其次，预付款收回的现金流是基于小企业的实际经营状况，企业对现金流的管理更加灵活。最后，通过与支付中介合作，Kabbage 可以更详细地了解企业的实际运营状况。

征信创新也是 Kabbage 取得成功的另外一个重要原因。通过分析网店的店铺信息（商品浏览数、价格、评价、物流、税务登记号等）、预付款可用余额、经营情况（销售量、库存量、营业收入等）和社交网络上与客户的互动情况等指标，Kabbage 会为网店生成信用评分报告 Kabbage Score Kard，该报告提供正向的价值导向，网店可以根据评分指标改善信用评级，从而增加贷款额度（廖理，2014）。2011 年 9 月 20 日，Kabbage 推出 Social Klimbling 项目，将社交网络数据纳入贷款资格考量范围，鼓励网商将 Facebook 或 Twitter 的数据链入 Kabbage。这一方面有助于网商建立、维护客户关系，另一方面增加了 Kabbage 的资料来源。

（三）国内新型的互联网金融平台闪银

国内最近也出现了利用大数据做征信的互联网金融平台闪银（Wecash），虽然还处于初创期，业绩尚难评价，但是其利用大数据技术和金融创新思维的实践值得关注。闪银是北京玖富时代投资顾问有限公司（简称"玖富投顾"）开发的基于互联网的海量信息，通过大数据分析技术聚合形成个人信用码的新科技平台。闪银使用大数据分析和复杂的机器学习算法，结合个人社交行为，对个人信用进行在线评分,实现快速和精准的信用决策。基于强大的数据点基础,闪银可以在数秒内完成信用决策,并在15分钟内撮合投资方与资金需求方,大幅减少信息不对称现象并降低交易成本和坏账率。①

闪银的主要业务是运用大数据技术和机器学习算法,为没有资信数据和借贷记录的短期小额借贷者提供基于移动端的互联网授信产品,对用户进行信用评级,继而提供现金分期、购物分期等服务。

在线授信过程是数据整合与分析的过程:基于个人的多种类型数据,综合判断个人信用。其数据主要来源于以下四方面:①用户填写的资料,只要填假资料则可判定其没信用;②用户的公开数据和分享信息,来源于用户的社交网络,通过绑定微信、微博、人人网等方式采集用户信息;③用户主动提交的私人数据,例如留在各个电商的购物资料以及支付宝等工具的使用记录;④一些专门的黑名单数据库,包括违约记录等,主要来自闪银的合作机构。

闪银利用用户自主授权给社交媒体的数据资源和搜索引擎抓取的用户网络数据结果,将所有信息进行交叉检验,继而得出授信申请人的工作、生活、信用状况等多维度信息,再根据这些信息进行综合评定,将采集的近6000个数据点聚合成7个指标,最终综合算出个人的信用评分(个人信用码),用于对用户进行信用额度和偿还能力的评估,从而判断使用者是否拥有一定额度的贷款资格。

(四)传统征信体系和互联网征信的比较

如表2所示,我们将基于大数据技术,面向互联网金融的征信体系称为新征信体系,通过和传统征信体系(以美国的征信体系为例)的比较分析,我们发现两者主要存在以下三方面的区别。

首先,从服务的人群来说,这种新征信体系可以服务没有被传统征信体系覆盖的人群,即没有征信记录的人群(在美国,这类人群占美国总人口的15%)。

---

① http://www.wecash.net/about.html.

表 2 传统征信体系和互联网征信体系的比较（以美国为例）

	传统征信体系	互联网征信体系
服务人群	有丰富信贷记录者(85%)	无信贷记录者,例如发薪日贷款者
数据格式	结构化	大量非结构化数据
数据类型	信贷数据	网络数据,社交数据
理论基础	基于FICO逻辑回归	机器学习
变量特征	还款记录,金额,类别	IP地址,邮箱姓名,填表习惯等网络行为
资料来源	银行提交给第三方的数据和银行当地数据	第三方（如电话账单和租赁历史等）和借贷者本身提供的数据
变量个数	15~30个（变量库400个）	多达几千到一万个

其次，从数据源来说，这种新征信体系采用大量非传统的信用数据，包括互联网上的行为数据和关系数据，传统的信用数据（银行信贷数据）在新征信体系中的比重仅占40%，甚至有一些互联网金融公司不使用传统的信贷信用数据。

最后，信用量化评估的方式也发生了改变，新征信体系抛弃了只用很少变量的FICO信用评分模型，而是基于大数据技术，采用机器学习模型，使用更多的变量，不仅可以使决策效率提高，还明显降低了风险违约率。

尽管这种新的征信体系还不够成熟和完善，尚处于初始发展阶段，但是其对传统征信体系的挑战和积极作用不容忽视，特别是对中国征信体系的建设有一定的启示作用。

首先，互联网金融的征信创新可以使普惠金融成为现实。国内目前真正发挥作用的征信体系主要是央行的征信系统，所覆盖的人群还非常有限，远远低于美国征信体系85%的覆盖率。有征信记录的个人仅为3.2亿人，约占13.5亿人口中的23.7%，信贷记录活跃的人就更少了。大量未被传统征信体系覆盖的人群同样需要信用服务，这就需要探索新的征信思路。同样，国内小微企业的征信一直是一个难题，主要原因就是小微企业不是传统的银行体系的服务对象，从而在央行的征信体系中没有这些小微企业的信用记录。与中国相比，美国的互联网金融公司，无论是ZestFinance，还是Kabbage，都将无信贷记录或有不良信贷记录的对象（个人或企业）视为服务目标，使这些没有被传统征信系统覆盖的对象也能够享受到低成本的金融服务，这些成功的实践向我们展示了征信体系的不断创新可以为普惠金融开辟道路。

其次，互联网上的信息可以成为征信体系的新数据源。前面介绍的美国互联网金融公司的成功经验之一就是大量利用互联网上的数据作为征信的数据源。中国目前是世界上使用互联网人口最多的国家，截至2013年12月，中国的网民规模达6.18亿人，互联网普及率为45.8%，其中手机网民规模达5亿人，继续稳定增长。2013年中国网络购物的用户规模达3.02亿人，网络使用率达到48.9%。截至2013年12月，我国使用网上支付的用户规模达到2.6亿人。这些海量而且丰富的互联网资源可以被国内征信体系很好地利用，通过分析互联网上这些信用主体的基本信息、交易行为信息和金融或经济关系信息，同样可以挖掘出这些信用主体的信用模式。信贷客户在互联网上沉淀的大量信息碎片往往都是有价值的信息，例如某一个在社交网络上的粉丝数量达到50人以上的信贷客户，其违约率可能只有那些粉丝数量在50人以下的信贷客户的1/3；深夜两点后上网的客户的违约率是两点之前上网者的两倍多，这些信息都可以作为征信量化评估的一个维度。

最后，大数据技术使"一切数据皆信用"成为可能。以大数据为代表的信息新技术的应用，给征信体系建设带来了新的思路，原来海量、庞杂、看似无用的数据，经过清洗、匹配、整合和挖掘，可以转换成信用数据，而且信用评估的效率和准确性也得到了一定程度的提升。新征信体系的一个颠覆性的基本思想是一切数据皆信用，而这是需要大数据技术来支撑的。国内征信体系的建设应当关注大数据技术的应用和发展，并加大投入，勇于实践。

四 国内互联网征信现状

（一）国内征信体系发展历程

我国征信业的发展，自1932年第一家征信机构——中华征信所诞生算起，已经有了80多年的历史。但其真正得到发展，还是从改革开放时期开始的。

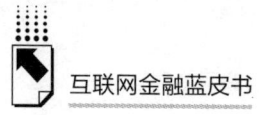

改革开放以来,随着国内信用交易的发展和扩大、金融体制改革的深化、对外经济交往的增加以及社会信用体系建设的深入推进,我国征信业得到迅速发展。①

征信体系是重要的金融基础设施,是获得便利金融服务的必要条件。我国金融领域内的征信体系建设是随着金融体制改革的深化、金融市场的逐步完善而产生和发展的。20世纪90年代,四大国有银行开始由专业银行向商业银行转型,实行市场化运作,客户群体多元化,同时随着股份制银行和地方性银行的陆续设立,金融市场的竞争加剧。2003年以后,国家开始对国有商业银行实行股份制改造,以提高银行的经营管理水平和风险防控能力,维护金融稳定,发挥金融在经济中的核心作用。在金融体制改革中,中央银行、商业银行开始逐步认识到征信在防范信用风险、降低融资成本、维护金融稳定和改善金融生态方面的重要作用。

根据《中国征信业发展报告(2003~2013)》,截至2012年底,我国有各类征信机构150多家,征信行业的收入为20多亿元。目前,我国征信机构主要有以下三大类。

第一类是有政府背景的信用信息服务机构,有20家左右。近年来,各级政府推动社会信用体系建设,政府或其所属部门设立征信机构,接收各类政务信息或采集其他信用信息,并向政府部门、企业和社会公众提供信用信息服务。

第二类是社会征信机构,有50家左右。其业务范围扩展到信用登记、信用调查等。社会征信机构的规模相对较小。机构分布与区域经济发展程度相关,机构之间发展不平衡。征信机构主要以从事企业征信业务为主,从事个人征信业务的征信机构较少。征信业务收入和人员主要集中在几家大的征信机构上。

第三类是信用评级机构。目前,纳入中国人民银行统计范围的信用评级机构共有70多家,其中8家从事债券市场评级业务,收入相对较高,人员和业务规模相对较大;其余从事信贷市场评级业务,主要包括借款企业评级、担保

---

① 中国人民银行《中国征信业发展报告》编写组:《中国征信业发展报告(2003~2013)》,2013年12月。

公司评级等。

国内征信业最具影响力和公信力，在社会中发挥作用最大的征信机构是中国人民银行征信中心的征信系统，正式的名称是国家金融信用信息基础数据库。

我国的个人征信工作从1999年开始试点，2004年开始建立全国集中统一的个人征信系统，2006年1月，企业征信系统和个人征信系统升级为全国统一的系统。2013年3月15日正式实施的《征信业管理条例》，将征信系统明确定位为由国家建立的金融信用信息基础数据库。目前，征信系统已经为1800万户企业建立了信用档案，为8.3亿人建立了"经济身份证"。自2006年以来，企业征信系统累计查询3.4亿次，2013年日均查询约30万次；个人征信系统累计查询13.7亿次，2013年日均查询近100万次（王晓蕾，2014）。

截至2012年5月底，企业征信系统累计接入636家机构，包括全国性商业银行21家、地方性金融机构258家（城市商业银行143家、合作金融机构93家、村镇银行22家）、住房储蓄银行1家、外资银行110家、财务公司84家、信托投资公司64家、租赁公司12家、小额贷款公司77家、汽车金融公司9家；个人征信系统累计接入920家机构，包括全国性商业银行21家、地方性金融机构232家（城市商业银行147家、农村信用社60家、村镇银行25家）、住房储蓄银行1家、外资银行16家、消费金融公司3家、汽车金融公司11家、贷款公司3家、财务公司5家、小额贷款公司12家以及住房公积金中心310家等。

中国人民银行牵头建设金融业统一征信平台，积极与银监会、证监会、保监会和外汇局沟通协调，重点推进金融监管部门共建金融业统一征信平台建设工作，于2009年与银监会联合下发了《关于开放企业信用信息基础数据库查询服务的通知》（银发〔2009〕264号），实现向银监会及分支机构开通企业征信系统在线查询服务，并于2010年与证监会联合下发了《关于做好证监会系统参与金融业统一征信平台建设工作的通知》（银发〔2010〕300号），实现征信系统与证监会的网络链接，采集上市公司的监管信息，并向证监会提供企业和个人征信系统查询服务。

央行目前逐渐放开了对个人的数据征信查询，宣布9省市公民可以查询自

己的个人征信记录,这也是破例推动社会整体征信的表现。央行征信中心已经自主完成了个人信用评分的第二版,小微企业评分也在研发过程中。

我国的征信体系建设取得了长足的进步,从无到有,处于不断完善的发展过程中,但是和欧美发达国家的征信体系相比较,还有很大的差距。到2012年底,我国各类征信机构达到150多家,整个征信行业的收入才20多亿元。而欧美的知名征信机构的收入都在几十亿美元(例如征信机构益百利在2013年的收入是47亿美元),所以中国的征信体系还存在很大的提升空间。

征信业作为一个国家金融的基础设施,其发展水平受该国金融发展水平所限。欧美国家的征信体系比较完善是由于欧美国家有历史悠久、相对完善的金融体系做支撑。目前国内的征信体系发展状况受限于国内金融服务业的发展水平和覆盖范围,例如国内银行主要服务于大中企业,在个人方面主要服务于有抵押的财务状况良好的人群,这种不够发达的金融现状导致了不够发达的征信业。

国内征信市场强大的需求与目前不够完善的征信体系形成了较大的反差,信息新技术和大数据的力量带来的创新以及后发优势,会使未来中国征信业快速地发展。同时随着国内经济市场化的不断推进,社会信用意识的不断增强,以及金融自由化的快速发展,征信业的市场会越来越广阔。

(二)互联网征信现状

在互联网金融行业中,风险管理是关键,互联网金融的健康和长远发展离不开一个强大的征信系统。征信就是未来互联网金融的水电煤,是一项基础设施。多年缓慢发展的征信行业正在被互联网金融的蓬勃发展推向风口浪尖,互联网金融的多种形式,例如电商供应链金融、P2P网贷、第三方支付的兴起,都在倒逼征信业的进步。在北京召开的第十七届科博会金融论坛上,专家们纷纷表示,健康、繁荣的征信业是支撑经济发展的重要基础设施,政府应出台相关的配套政策予以支持,鼓励征信行业的市场化。同时,应在研究论证的基础上将网贷信息纳入央行的征信系统。①

目前国家金融信用信息基础数据库即央行征信体系,主要包含银行信贷数

---

① 王晓洁:《互联网金融撬动征信行业大数据驱动信用经济》,新华网,2014年5月18日。

据,截至2013年底,有征信记录的个人仅有3.2亿人,有征信记录的企业仅有959.7万家,一般为大中型企业。而互联网金融服务的对象主要是新兴消费者和小微企业,他们一般缺乏有效的银行信贷记录,没有被央行的征信体系所覆盖,所以如何为互联网金融行业提供征信服务面临很大的挑战,更何况互联网金融由于自身的监管和合法地位没有得到明确,还无法从正规渠道获得征信系统提供的信息服务。没有统一的征信体系,意味着这些互联网金融机构在开展金融业务时无法全面准确地判断其客户(包括企业或个人)的信用情况,同时客户的不良信用记录,例如逾期、坏账等信息不会进入信用信息基础数据库,致使失信惩戒机制缺失,借款人失信成本低,给P2P网贷的正常资金借贷流转带来威胁。一个在互联网金融领域广为流传的故事是:2012年有一位"老赖"在人人贷平台拍拍贷上借了1万元,后来因逾期上了拍拍贷自身征信系统的黑名单,可随后由于没有共享的信贷记录,这位"老赖"竟然又从江苏和广东两家不同的P2P平台借到了100多万元和50多万元的贷款,最后全部逾期。由征信缺失带来的信息不对称,使得多家P2P平台受到了不同程度的损失。由于缺乏有效的风控手段等原因,从2013年10月开始,P2P网贷市场迎来"倒闭潮",截至2013年底,已有74家P2P平台出现问题,倒闭的网贷企业占所有网贷企业的10%,涉及资金约为10亿元,占总资金的4%。①

征信监管的相关政策的明朗化为创办征信机构提供了契机。2013年12月20日中国人民银行出台的《征信机构管理办法》开始正式实施,明确中国人民银行为征信业监督管理部门,征信行业步入了有法可依的轨道。《征信机构管理办法》详细规定了设立企业征信机构和个人征信机构的准入门槛,中国人民银行征信管理部门开始受理征信牌照。征信业务按照信用主体的不同可以划分为个人征信与企业征信。设立个人征信机构应当经中国人民银行征信管理局批准,取得个人征信业务经营许可证。个人征信由于涉及个人隐私和信息安全,所以对征信机构的资质要求比较高,截至目前尚无个人征信的牌照发放。企业征信采取备案制,设立企业征信机构需要向所在地的中国人民银行省会(首府)城市中心支行以上分支机构备案。

---

① 网贷之家。

金融信用风险管理的迫切需要和征信监管政策的明朗化极大地刺激了那些有意在互联网金融领域一展宏图的企业。目前准备尝试互联网金融征信的机构主要分为以下两大类。

第一类是互联网金融机构本身。阿里巴巴集团正准备申请征信牌照，利用自己电商和支付平台沉淀的数据进行客户风险评估。京东商城从2012年起与银行合作，向合作伙伴提供基于交易数据的贷款。2012年，苏宁电器宣布发起设立"重庆苏宁小额贷款有限公司"，发展供应链金融服务体系，基于供应链上企业的上下游关系，进行相应的信用风险评估。一些P2P网贷平台也在建立自己的征信数据库，例如拍拍贷、安融惠众、平安集团的陆金所、人人贷、信而富等互联网金融企业。对个人征信牌照感兴趣的还有易宝支付等第三方支付公司以及腾讯等互联网企业等。网信金融高层曾经表示网信金融有意切入征信系统领域，网信金融旗下众筹、第三方支付等业务与征信高度相关。

第二类是独立的第三方专业征信机构，如上海资信有限公司、安融惠众、中诚信征信有限公司等。中诚信的业务范围以企业征信、互联网金融平台授信的小微企业和个人征信为主，针对网贷平台的风控需求量身定做风控模型，阿里巴巴就是其客户。如今，安融惠众已有207家会员，90%是P2P机构，会员之间可共享信息。截至2013年4月底，在安融惠众的征信平台具有信贷记录的自然人数量已达近60万人、日信息查询量约为5000次。①

虽然征信已经引起了互联网行业的重视，上述多家互联网金融公司纷纷跃跃欲试，但是互联网金融创办征信机构目前还存在诸多挑战。

第一，互联网金融机构不是独立的第三方，无法做到信息的共享。欧美成功的征信机构都是作为独立于金融交易的第三方进行信用数据的收集和信用风险的管理。国内现有的一些P2P平台建立了自己的征信数据库并使用各自的风控模型，资料来源单一，创建征信机构首先是为了满足自己的风险管控的需要，由于商业竞争关系，很难把数据拿出去共享，或者是采集其他P2P平台的数据，缺乏独立性和公信力。

第二，信用数据来源有限。中国个人信用体系碎片化现象严重，政府的一

---

① 王晓洁：《互联网金融撬动征信行业大数据驱动信用经济》，新华网，2014年5月18日。

些公开的信用信息还无法实现共享。政府信息"孤岛"林立,数据搜集困难。政府是掌握数据的"大户",但是,其往往由于管理和内在利益的问题而不愿意公开信息,或者由于技术问题,各部门的信息散落,没有联网,加大了征信机构搜集数据的成本。

第三,征信系统建设周期长、投资巨大。征信系统的创建在前期需要大量的投入,耗资巨大,需要很长的建设周期,是一个不断积累的过程。比如以身份认证服务为主要业务的个人征信机构国政通,该机构已经投入了大量的人力和物力,开展了6年的身份信息核查及信用服务建设,但是至今盈利微薄。征信机构有一定的服务社会的公益性,并不能完全追求利润最大化。征信业的进入门槛也很高,例如《征信管理条例》规定,个人征信机构的注册资本不得低于5000万元,对征信从业人员的资质要求也很高。

第四,互联网金融自身不够完善,监管和法律地位并不明确。作为新生事物,互联网金融的法律地位和行业的监管框架还没有完全明确。由于互联网金融行业的准入门槛相对比较低,技术实力和管理运营能力差异较大,所以目前互联网金融行业的信用信息还比较不规范,相关的业务标准还没有形成。

第五,互联网金融企业的技术基础薄弱,征信的专业水平比较低。例如目前大部分互联网金融公司不具备开发信用模型的实力,而且对征信的专业知识了解得很少,缺乏对结合中国国情的征信的前瞻性研究。征信业是以信息技术为核心的金融服务,对信息技术的要求比较高。

第六,征信的商业模式不够清晰,对如何盈利还存在疑惑。国外的征信机构可以通过征信数据做市场营销,利用数据挖掘开发大量的增值产品,为客户提供更多个性化的信息服务或者是行业细分的数据服务。这些盈利模式由于法律问题和技术问题等障碍在国内还无法实现。

互联网金融的征信思路:征信是国内互联网金融公司业务流程中不可缺失的一环,以P2P网贷平台为例,现在国内很多P2P从征信开始做,征信做完做评分,然后再撮合借贷款双方,把三个产业的事情都做了,所以在国内做P2P非常辛苦。但是征信业务有其自身规律,经过在欧美上百年的发展历史,有着成熟的专业框架和细致的分工,征信机构和金融服务机构的业务界限明显,一些小型公司和机构专门提供信息采集服务,有专业的公司提供针对信用风险管理决策分析的建模工作,最近还出现了专门向个人消费者提供征信服务的公司,而且未来的细分趋势会更加明显。国内的互联网金融既要做金融,也要做征信,需要大量的人员、技术和资金的投入,这就加大了风险控制的成本。因此需要转换思路,互联网金融在未来不必负重前行,互联网金融企业可以利用互联网平台的优势,承担起金融中间人的角色,征信的工作可以由专门的征信公司来承担,作为独立的第三方,可为互联网金融提供外部支撑。

(三) 互联网征信平台

目前已经出现了针对互联网金融的独立的第三方征信平台,其中有代表性的是上海资信有限公司的网络金融征信系统(NFCS)和北京安融惠众征信有限公司的小额信贷行业信用信息共享服务平台(MSP)。

上海资信有限公司是中国人民银行征信中心控股的征信机构,近日推出全国首个基于互联网的专业化信息系统,用于收集P2P网贷业务中产生的贷款和偿还等信用交易信息,并向P2P机构提供查询服务,希望能够解决困扰P2P行业的征信难题。网络金融征信系统收集并整理了P2P平台借贷两端客户的个人基本信息、贷款申请信息、贷款开立信息、贷款还款信息和特殊交易信息,通过有效的信息共享,帮助P2P平台机构全面了解授信对象,防范借款人恶意欺诈、过度负债等信用风险。网络金融征信系统的建设目标是实现网贷企业之间的信息共享,打通线上线下、新型金融与传统金融的信息壁垒,让网贷违约无处遁形。网络金融征信系统是网络金融开展业务的必要基础设施,是央行征信系统的有效补充。截至2013年12月31日,网络金融征信系统已与102家P2P网贷企业签约。已报数机构累计达49家,共报送客户数超过11.5万人,黑名单人数达1034人,入库记录达140.95万条,入库率达84.63%。已为23家机构开通了查询权限。网络金融征信系统已经初具规模,在行业内产生了良好影响。[①]

NFCS是中国人民银行征信系统的有机组成部分,未来条件成熟后NFCS的数据有望进入中国人民银行征信系统,将借款人线上线下融资的完整债务历史整合起来。在形式上,NFCS会成为征信系统下的子系统,由上海资信独立运行。

---

① 上海资信有限公司网站,http://www.shanghai-cis.com.cn/ciszxqfw.aspx。

互联网金融与征信

NFCS 服务对象的选择,以和中国人民银行征信系统补位发展为基本原则。①

通过借鉴国外的成功经验和国内的发展实践,北京安融惠众征信有限公司创建了以会员制同业征信模式为基础的"小额信贷行业信用信息共享服务平台"(MSP),采用封闭式的会员制共享模式,主要为 P2P 公司、小额贷款公司、担保公司等各类小额信贷机构提供同业间的借款信用信息共享服务,旨在帮助业内机构防范借款人多重负债,降低坏账损失,建立行业失信惩戒机制。MSP 平台采用独特的"信用信息查询与报送并行"的共享方式,为 P2P 公司、小额贷款公司、担保公司等各类小额信贷机构提供全面、综合的借款人信用信息共享查询服务,提高共享信息的及时性与完整性,规避信息随意查询使用。同时,考虑到行业征信服务处于发展的初级阶段,为了满足一些业内机构先期仅进行"借款人黑名单"信息共享的需求,MSP 还设有独立的"借款人不良信息共享查询"服务功能,采用传统的信用信息批量归集、定期更新和查询服务方式,使业内机构可以规范地对"借款人黑名单"信息在行业内、会员机构间进行披露和使用,从而起到防范授信风险、惩戒违约失信行为的作用。MSP 平台建立了统一的会员章程和会员服务协议,设置了完善的会员保护机制,保障会员信息共享行为的合法性,保护会员的客户信息资源。同时,组建了由会员机构代表以及相关领域专家组成的"监督委员会",履行对 MSP 平台的监督职责,保证 MSP 平台透明、规范地运行,维护会员的共同利益。MSP 同业征信平台是央行征信系统的重要补充,也是我国小额信贷行业的基础设施,具有一定的行业公共服务性质。当前,MSP 平台处于推广期间,不向会员机构收取任何费用。为了保持 MSP 平台的可持续运营,将来会与会员机构共同协商确定统一的收费标准。会员机构具有随时自主退出的权利。MSP 平台将以会员机构的需求为驱动力,不断整合行业外的信用信息资源,致力于为会员机构提供更加精准、高效、多样化、一体化的征信服务。

(四)呼唤中国的 FICO

如前所述,欧美征信业的发展非常规范,而且专业分工非常精细。其中一

---

① 高翔:《互联网金融征信体系的野蛮生长》,《上海证券报》2014 年 4 月 10 日。

个重要的环节就是基于征信数据的决策和分析（或者信用数据挖掘）由专门的公司来完成。目前国际知名的三大征信机构自己也开始做数据分析，但是在初始阶段是由专业的公司来承担这个工作。近年来，由于信息技术的进步和大数据时代的到来，各个征信机构自己开始做数据挖掘，但是还是和专业的数据挖掘公司保持密切的合作。在这种业务模式下，征信局专注于数据搜集和服务，由专门的公司做数据挖掘，一个典型的代表就是美国数据挖掘公司费埃哲（Fair Isaac Corporation，FICO）。

FICO 是一家美国公司，其提供分析和决策服务（主要基于风险管理），目的是帮助金融服务业做出复杂的决策。它由来自斯坦福大学的一位工程师和一位数学家在 1956 年创建。作为信用风险的一种度量方式，FICO 信用评分（FICO Score）已经在各大征信机构中广泛使用，在美国的房贷市场发挥了非常大的作用。在中国征信业发展过程中需要 FICO 之类的提供专业数据挖掘的高科技公司，通过海量、结构复杂的数据分析，为互联网金融提供控制风险的利器。

美国 FICO 公司虽然在中国开展了业务，但是和其他知名跨国公司一样，在中国的人员和技术的投入有限，而且核心技术研发也在美国进行；中国的实际情况和美国不太一样，数据特点和应用情况都有很大的不同，很多东西不能照抄、照搬，需要深入地理解和把握。

互联网金融数据具有明显的大数据特点：海量、结构复杂、流量大，需要快速处理，而大数据应用最重要的本质就是利用先进的数据挖掘技术来发现蕴涵在数据中的最大的价值。

目前国内金融业已经越来越重视大数据的技术和应用，各种各样的研讨和文章漫天飞，但是真正像 FICO 这样专业的数据挖掘公司还是非常罕见，因为创建这类公司不仅需要对最新的信息技术保持足够的敏感度，而且要有一定数量的精通业务和技术的数据科学家存在。尽管如此，互联网金融的征信呼唤具有创新实例的中国版 FICO 公司的出现。

（五）互联网征信与大数据技术

在金融领域，征信是以信息技术为核心的金融基础设施，和大数据技术有着密切的联系。对大数据的定义和理解，从国内到国外，从学术界到工业界有很多种，每一种说法都有其内在的合理性和不完善的地方，但是大家一致认为数据是越来越重要的资产，应从数据中挖掘更多的价值。国际第一大征信机构益百利的数据分析部门的负责人 Paul Russel 先生曾经在 2014 年 4 月在英国南安普顿举行的信用风险管理研讨会上发表演讲，他说益百利早已经是一个大数据公司，从各种各样复杂数据的采集，实时处理海量数据，深入地分析和挖掘，到丰富多样的数据服务，分工非常细致，每一个方面都有相当规模的团队投入。

互联网征信和大数据的技术更是有着天然的联系。互联网征信的基本理念是一切数据皆信用，需要强大的大数据技术支撑。例如互联网上的复杂数据，不仅需要利用大数据技术来提高数据质量，而且需要数据整合和匹配技术来解决信息和数据碎片化的现状；批量化、智能化的风险分析需要深入发展数据挖掘技术；互联网上的数据服务需要更加完善的信息安全保障等，这些互联网征信的功能需求的满足都需要完善的大数据技术作为基础。

国内的征信业还处于起步阶段，互联网征信更是处于原始状态，但是可以充分发挥后发优势，充分利用目前的大数据技术，改变基础薄弱的现状，打破数据垄断的格局，利用技术的创新带动金融的创新，实现跨越式发展。当然，并非振臂一呼或者直接地模仿就能解决所有问题，大数据技术仅仅是一种工具，核心问题还是对互联网征信业务本身问题的深入理解，要学习国外先进的征信经验并投入人力、物力进行大量研发。国内传统数据挖掘技术还远未得到普遍应用，互联网征信对大数据技术的应用将是一个循序渐进和长期的过程。

五 小结

征信体系是互联网金融的核心问题，征信体系的建立和完善是互联网金融健康发展的关键，本报告围绕这一内容展开讨论。

首先，本报告对互联网金融和征信的关系进行了梳理，介绍了国内在这一领域的相关研究，认为一方面征信是互联网金融的基石，另一方面互联网金融的发展也可以促进征信体系的完善。

其次，本报告介绍了国际征信体系中有代表性的四大征信机构和相关的业务概况，特别对这些先进的征信机构的未来发展趋势和一些有特色的互联网金融实务进行了重点阐述。和国外征信机构相比，国内征信体系无论是在经济收入、市场化程度，还是在创新能力和业务内容上都还存在相当大的差距，这也说明国内征信体系的建设还有很大的提升空间和市场份额。

再次，本报告以美国两家有代表性的互联网金融公司——面向个人消费者的ZestFinance和面向小微企业的Kabbage为例，探索了如何建立面向互联网金融的征信体系。这些互联网公司的大数据技术和创新思维可以为国内互联网金融解决征信难题提供思路。

最后，本报告总结了国内征信业的现状，对国内互联网公司的征信现状进行了回顾，并对面向互联网金融，作为央行征信系统的补充的网络金融征信系统进行了重点介绍，认为征信体系的建设需要行业细分，不同的机构可以承担不同的任务，国内目前的征信建设缺乏像美国费埃哲公司那样的数据挖掘公司，不能够充分挖掘征信数据的价值。

近年来，互联网金融和大数据成为国内的热门话题，与两者紧密联系的征信体系也被热炒起来，甚至被誉为"躺着挣钱的行业"，引起了国内很多投资者的关注，多家互联网金融机构跃跃欲试，申请开展征信的牌照。14年之前，在美国的互联网泡沫破灭之前曾出现这样的情况，美国那次互联网泡沫在2000年达到顶点，在2001年"9·11"之后开始崩盘。当时有一家专注于使用卡车从事冷冻食品速递的运输公司，没有在经营模式上做一丝一毫的更改，就是在食品速递公司之前加了"互联网"三个字，结果就受到了当时诸多盲目投资者的热捧。虽然今天的互联网金融热还远远没有达到14年前那种疯狂的程度，但是多多少少能感觉出一点这种味道，因此冷静的思考和深入的前瞻性研究在目前显得格外重要。

参考文献

Bart Baesens, *Credit Risk Management*：*Basic Concepts*, Oxford Press, 2009.

Seth Freedman, Ginger Zhe Jin, "Do Social Networks Solve Information Problems for Peer – to – Peer Lending? Evidence from Prosper. com," 2008.

Seth Freedman, Ginger Zhe Jin, "Dynamic Learning and Selection: the Early Years of Prosper. com," Working Paper, University of Maryland.

Mingfeng Lin, N. R. Prabhala, and Siva Viswanathan, "Judging Borrowers by the Company They Keep: Social Networks and Adverse Selection in Online Peer – to – Peer Lending," 2009.

Mingfeng Lin, N. R. Prabhala, and Siva Viswanathan, "Social Networks as Signaling Mechanisms: Evidence from Online Peer – to – Peer Lending," Working Paper, 2009. Smith School of Business, University of Mayland.

安建、刘士余:《〈征信管理条例〉释义》,中国民主与法制出版社,2013。

巴曙松、谌鹏:《互动与融合:互联网金融时代的竞争新格局》,《中国农村金融》2012 年第 24 期。

陈志武:《互联网金融到底有多新?》,《经济观察报》2014 年第 106 期。

第一财经新金融研究中心:《中国 P2P 借贷服务行业的白皮书(2013)》,中国经济出版社,2013。

廖理:《Kabbage:数据驱动的"贷款"公司》,《清华金融评论》2014 年第 2 期。

李博、董亮:《互联网金融的模式与发展》,《中国金融》2013 年第 10 期。

刘明康、梁晓钟:《银行与互联网金融:不一样的风控》,《新世纪》2014 年第 3 期。

刘士余:《秉承包容与创新的理念正确处理互联网金融发展与监管的关系》,《清华金融评论》2014 年第 2 期。

芮晓武、刘烈宏:《中国互联网金融发展报告(2013)》,社会科学文献出版社,2014。

万建华:《金融 e 时代——数字化时代的金融变局》,中信出版社,2013。

王汉君:《互联网金融的风险挑战》,《中国金融》2013 年第 24 期。

王晓蕾:《互联网金融与征信体系》,《清华金融评论》2014 年第 4 期。

王希军、李士涛:《互联网金融推动征信业发展》,《中国金融》2013 年第 24 期。

吴晶妹:《信用管理概论》(第 2 版),上海财经大学出版社,2011。

吴晶妹:《未来中国征信:三大数据体系》,《征信》2013 年第 1 期。

吴晶妹:《三维信用论》,当代中国出版社,2013。

吴晓灵:《互联网金融争议根源在哪?》,福布斯中文网,2014 年 3 月 9 日。

谢平、邹传伟:《互联网金融模式研究》,《金融研究》2012 年第 12 期。

谢清河:《我国互联网金融发展问题研究》,《经济研究参考》2013 年第 49 期。

杨涛:《中国互联网金融:浪潮还是浪花?》,《金融时报》(中文版),2014 年 1 月 3 日。

B.6
移动支付发展

摘　要： 2013年我国移动支付产业蓬勃发展，市场竞争日益激烈，产业融合趋势明显，不仅改造了许多传统行业的运营模式，也改变着我们的工作和生活。本报告首先概述了我国移动产业规模高速增长情况，介绍了金融机构、移动通信运营商及第三方支付机构主导下的三种产业运营模式和支付安全发展现状，并总结了移动支付诈骗的常见类型及防范措施。其次，在移动支付业务创新和技术发展方面，重点介绍了NFC的快速推广，并对备受关注的二维码业务受阻进行了解读，同时简述了声波支付、空付、静脉支付等几种比较前沿的移动支付创新技术。最后，在对比国内外移动支付发展概况的基础上，总结了我国现阶段移动支付发展的主要特征及趋势，并评价了其对我国经济生活的重要意义。

关键词： 移动支付　NFC　支付安全

一　移动支付发展概况

（一）基本内涵及特点

移动支付（Mobile Payment）是指借助手机、各种Pad（Portable Device）等便携式移动通信终端和设备，通过无线网络所进行的支付、转账、缴费等商业交易活动。[1] 它由单位或个人等用户通过移动终端设备、无线互联网或者近

---

[1] 根据Mobile Electronic Transaction组织的定义。

距离传感直接或间接向银行等金融机构发出支付指令，从而产生相应的货币支付与资金转移行为，实现移动支付功能。移动支付将移动终端设备、互联网、应用提供商以及金融机构紧密融合，为用户提供货币支付、转账、缴费等金融服务。

移动支付主要可分为近场支付和远程支付两种类型。所谓近场支付，就是指收款方、付款方（或相关设备）处于同一地点，利用近场通信技术（Near Field Communication，NFC）、红外线、蓝牙等非接触式射频技术完成支付交易，主要用于支付出租车费、超市购物等，便利且快捷。远程支付是指付款方与收款方不处于同一地点，非面对面式接触，付款方使用移动终端在应用平台选购商品或服务，需要付款时，通过无线通信网络，发出相应的支付指令，与后台服务器之间进行交互处理，由服务器终端完成交易的支付方式，如二维码支付等。

移动支付的命脉所在是安全，而最大的特点是便捷性：账户管理便捷，用户可以随时随地查询账户余额、交易记录，进行实时转账、修改密码等，管理自己的移动支付账户；交易付费便捷，既可以近场小额支付，又可以远程转账付费，而且不受时间和地点等约束；综合服务便捷，既可用于公交、食堂、购物等消费，又可用于考勤、门禁、会员识别等方面的服务；时间利用便捷，有关调查显示，大量移动支付用户是在出差途中、会议间隙或公交地铁机场等待时间等日常生活中的"碎片化"时间来使用移动支付的相关服务。

（二）总体发展概况

自2013年以来，我国移动支付市场发展迅猛，创新迭出，异彩纷呈。随着移动智能终端在我国全面普及，移动互联网的快速发展推动远程支付全面爆发，互联网金融创新与传统金融机构之间博弈加剧，传统企业和商家纷纷借力移动支付的蓬勃发展之机，向O2O模式（即Online to Offline，线上到线下，是指将线下的商务机会与互联网结合，如团购网站）转型。移动支付产业链日益拓展和完善，各方参与企业纷纷加大资金投入，在应用场景、技术标准、市场份额等领域展开激烈的竞争。虽然受基础设施环境建设落后、用户支付习惯尚待培养、产业链各方利益有待平衡、相关法规缺位等多重因素的制约，我国移动支付产业尚处于初级阶段,但在政策支持、技术创新和市场需求的强力驱动下,移动支付市场在我国已展现出巨大的发展潜力和广阔的市场前景。

1. 移动支付产业蓬勃发展,业务量迅猛增长

中国人民银行2014年2月17日发布的《2013年支付系统运行总体情况》显示:2013年,我国共办理非现金支付业务501.58亿笔,金额达1607.56万亿元,同比分别增长21.92%和24.97%。其中,移动支付业务达16.74亿笔,金额9.64万亿元,同比增长达212.86%和317.56%(季度增长情况见图1)。此外,根据360互联网安全中心发布的我国首个移动支付安全报告《中国移动支付安全报告》(以下简称"报告"),2013年,我国手机支付用户规模达到1.25亿,同比增长了126.0%。可见,我国移动支付产业迅猛发展,用户规模高速增长,单笔支付金额大幅提高。

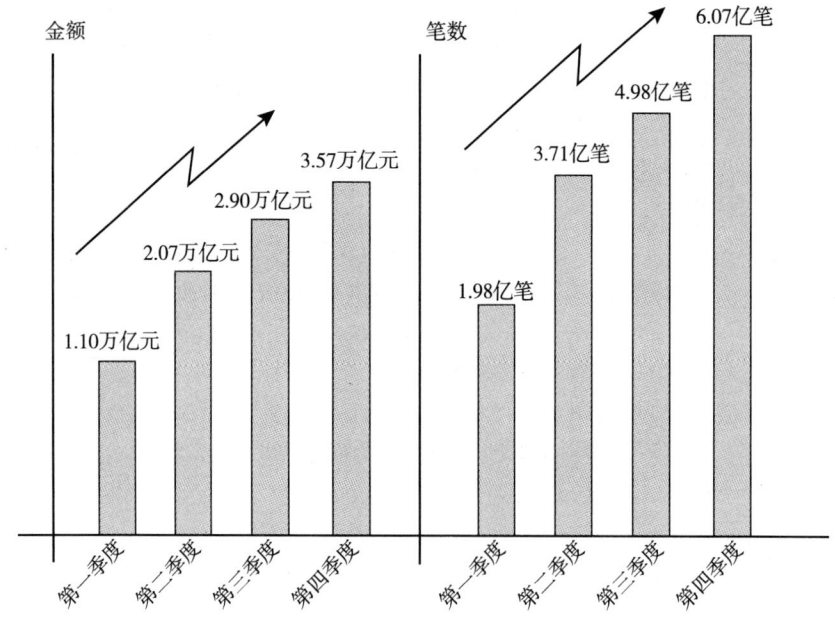

图1　2013年移动支付季度增长情况

资料来源:中国人民银行。

2. 移动支付应用以支付宝和网银为主

根据报告显示,我国手机支付、网络银行、金融证券管理相关的各类手机应用软件的累计下载量超过4亿次。其中,支付宝钱包下载量占比高达58%,而所有银行的手机网银客户端软件下载总量占比为27%(见图2)。此外,与支付宝相关的各种应用的下载量占比也达8%。由此可见,支付宝目前在移动支付领域占有绝对的优势地位。中国电信翼支付在企业、校园和公交系统中被广泛使用,其下载量占比为3%,各种金融证券类应用的下载量占比为2%。需格外关注的是,目前各类应用下载中,安全支付控件的下载量占比仅为1%,反映出用户支付安全意识亟待加强。

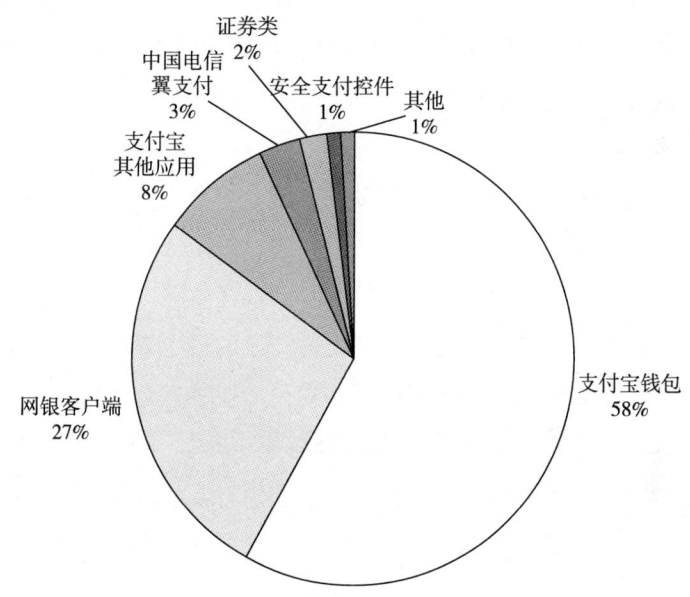

图2 支付类手机应用下载量的详细比例分布

3. 产品应用日益丰富,商业模式不断创新

蓬勃发展的移动支付产业吸引了众多互联网企业及硬件制造商纷纷竞逐其中。在移动互联网日益向各行业融合渗透的大背景下,移动支付应用日益丰富,商业模式创新不断。当前,银行等金融机构、移动通信运营商、第三方支付机构和各互联网企业等,利用或整合自己的资源优势,单独或联合创新移动支付产品。例如,中国移动先后与多家银行以及北京市政交通集团等企业合作,推出"手机钱包"。2013年7月正式落户京城的"移动NFC手机一卡通"

让移动支付开始真正走进社会大众的日常生活。中国联通、中国电信也相继推出了类似支付产品。同时，从阿里巴巴的支付宝钱包到腾讯的 QQ 钱包、微信支付，再到百度发布的支付品牌"百度钱包"，BAT 三巨头[①]在移动支付领域加大投入，抢占市场，不断升级并创新自身移动支付应用。另外，当前客户端功能覆盖了存取款、付款、转账、缴费、充值等功能，将来还可实现银行快捷支付、考生报名费支付、NFC 支付、信用卡还款、交通罚款、停车费支付以及电影票购买等。作为传统金融机构代表的各家商业银行，也都推出了各自的移动支付产品。例如，建设银行、工商银行、中国银行、招商银行、农业银行、民生银行等推出的手机银行，普遍具有查询、转账、支付等功能。

（三）主要的产业运营模式

中国的移动支付产业链由银行等金融机构、移动通信运营商、第三方支付机构、硬件设备制造商、产品提供商和终端用户等组成，产业链参与各方的互动、博弈、合作、竞争推动着移动支付产业的快速发展。银行等金融机构、移动通信运营商和第三方支付机构是移动支付产业的最主要参与方，当前它们正结合自身优势，逐渐形成几种主要的移动支付产业链运营模式。

运营模式一：金融机构（中国银联和各家银行）主导模式。这种模式主要是各家银行机构通过专线与移动通信运营商进行系统对接，主推各自的手机银行，用户通过绑定的银行卡账户进行移动支付，可实现的功能范围很广，包括查询、转账、支付、营销、客服等许多领域。银行负责为用户提供交易平台和付款路径，移动通信运营商只为银行和用户提供信息通道，而不直接参与支付过程。金融机构主导的运营模式以提供专业化的金融服务为主，同时可以整合利用现有的金融网络、清算系统、客户和商户资源，但这种模式对终端设备制造商的控制能力较弱。

运营模式二：移动通信运营商（中国移动、中国联通、中国电信等）主导模式。这种模式下主要的移动通信运营商争取控制交易账户和交易流程，来推动整个移动支付产业的发展，其特点是移动运营商直接与用户联系，不需要

[①] 指百度、阿里巴巴、腾讯三家公司，由其公司首字母组合而成的简称。

银行参与，技术成本较低。移动通信运营商以用户的手机话费账户或虚拟银行账户（即在银行账户下专门设立一个虚拟银行账户，专门用于这种模式下的移动支付）作为手机支付账户。这种模式对终端用户和终端设备制造商的控制能力较强，但缺乏广泛的商户资源。

运营模式三：第三方支付机构（支付宝、财付通等）主导模式。第三方支付机构借助电商、IM（即时通信）等工具集成线下应用，同时利用银联跨行结算合作门槛高、费用贵的特点，加强与金融机构和移动通信运营商之间的合作，借助智能手机的上网功能，利用客户端软件实现无线移动支付，提供支付结算等服务。比如，利用手机上的支付宝客户端，用户便可实现查询、缴费、转账等服务。以支付宝、财付通为主的第三方支付机构正在凭借其庞大的用户群，拓展服务，培养用户习惯，力争控制终端消费人群。第三方支付主导模式在用户和商户资源上具有明显优势，但目前线下商户资源不足，同时对终端设备制造的制约力也十分有限。

各种模式虽然面临诸多挑战，各有所长，但各参与方在合作共赢的基础上，开展竞争与创新，产业格局与商业模式在探索与变化的过程中日益明朗，竞争、合作、发展将成为移动支付产业未来发展的战略主题。

（四）移动支付安全发展

1. 移动支付安全概况

2014年必将是移动支付市场全面爆发、突飞猛进的关键一年，移动支付伴随着智能手机的普及和网络购物的兴起，已逐渐融入我们的日常生活。根据腾讯最新发布的《2014年第一期手机支付安全报告》（以下简称腾讯报告），2012年、2013年，腾讯手机管家截获的手机病毒包分别为177407个、763351个。2013年截获的手机病毒包是2012年的4.3倍。2014年第一季度，截获手机病毒包143945个，感染手机病毒用户数达到4318.81万户，其中，手机支付类病毒数量呈现突飞猛进的增长势头。腾讯报告还揭示了当前移动支付安全的三大威胁。

威胁之一：电子商务类APP染毒数量最多。根据腾讯报告，在手机网银类、第三方支付类、电子商务类、团购类、理财类这五大类手机支付购物软件中，合计有320款软件被恶意植入病毒代码。其中，电子商务类APP软件感染病毒的数量占39.69%，排名第一；其次是理财类APP软件感染病毒的数量，占27.19%，位居第二；紧随其后的是第三方支付类APP，感染病毒的数量占13.44%，排名第三。团购类、手机网银类、航空类APP感染病毒占比分别为11.25%、7.18%、1.25%（见图3）。手机网银类APP感染病毒比例明显偏低，反映出银行在安全方面的意识较强，技术也具有一定优势。

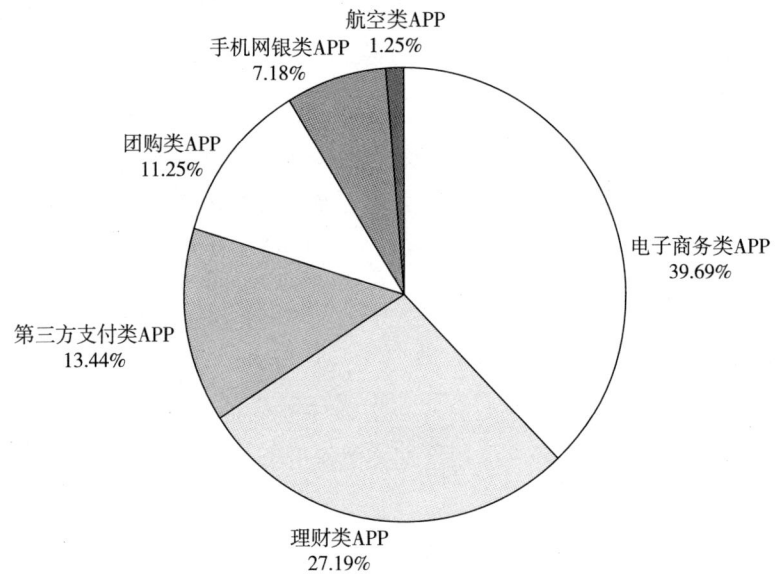

图3 移动支付类APP软件染毒比例分布

资料来源：腾讯移动安全实验室：《2014年第一期手机支付安全报告》。

威胁之二：病毒行为威胁资金和隐私安全。腾讯移动安全实验室对所截获的82800多个手机支付类病毒进行了深入且详细的分析，公布了手机支付病毒的13个特征，其中最大特征表现为静默联网，静默删除短信，静默发送短信、读取短信，开机自启动。其中占比最高的是静默联网类病毒，比例高达61.09%、占比第一，静默删除短信、静默发送短信、开机自启动、静默读取短信的病毒依次占比为37.3%、36.51%、30.1%、19.74%（见图4）。占比最高的"静默联网"会消耗手机用户的资费，同时病毒还通过手机联网功能将用户手机上的各种关键信息或隐私信息，如手机网银、支付账号、支付密码、开机口令等内容上传至指定服务器，造成用户隐私泄露和资金被盗风险。

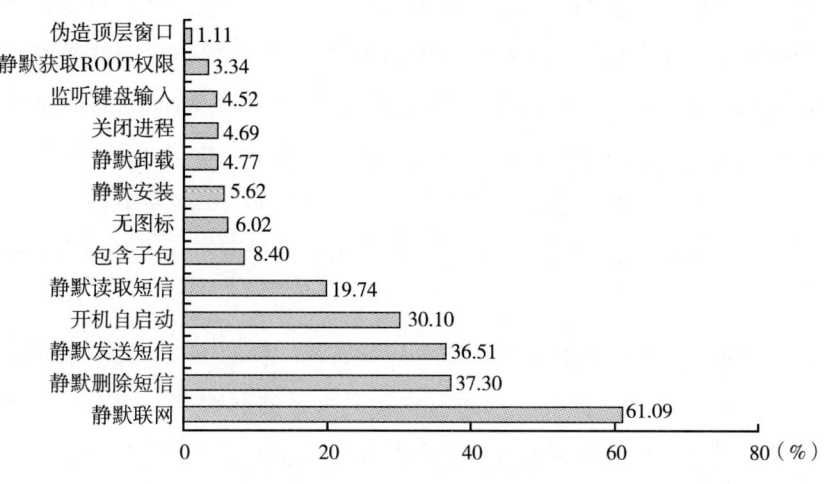

图4　手机支付类病毒行为比例

资料来源：腾讯移动安全实验室：《2014年第一期手机支付安全报告》。

威胁之三：二维码成支付病毒传播关键渠道。用户要加强手机病毒的防范，至关重要的是要清楚手机支付病毒的传播渠道。根据腾讯报告，手机支付类病毒可以通过打包到手机网购、支付、理财等五大类应用，从而散布在电子商务市场、手机论坛等平台传播。同时，随着二维码支付的兴起和推广，二维码已经成为传播手机支付病毒的关键渠道。中央电视台3·15晚会曾经报道，诈骗分子利用淘宝卖家身份，利用购物折扣来诱骗用户扫描二维码，在用户扫描二维码的过程中将隐藏的手机支付病毒安装到用户手机中，然后病毒通过监控用户手机短信，上传支付短信验证码，来盗取用户账户内的资金。

2. 移动支付诈骗方式的主要类型与防范

技术的进步为我们带来生活上的便利，移动支付关乎资金往来，成为许多不法分子诈骗的目标。随着移动支付的普及和发展，相关病毒数量激增，不法分子盗取用户个人信息及资金的手法也不断创新，且更加具有隐蔽性。以下是几种较为常见且具有代表性的移动支付诈骗类型及防范措施。

互联网金融蓝皮书

诈骗类型之一：手机短信验证码大盗。诈骗者通过植入用户手机的病毒拦截用户短信，来获取用户的支付验证码。他们用偷来的验证码，得到用户的银行卡号等个人信息，从而盗取账户资金。例如，迄今为止最凶悍的监控类手机支付类病毒是"银行悍匪"（a. rogue. bankrobber）。这种病毒能够隐藏在手机后台窃取用户手机内的隐私信息和短信验证信息，同时自动删除短信和静默发送短信至诈骗者，甚至还可以窃取用户的通话记录，并根据诈骗者操控的短信命令来控制用户的手机。目前，"银行悍匪"可窃取20多家手机银行的账号和密码，并将其正规程序强制结束，同时弹出虚假悬浮窗口，骗取用户输入账号和密码。

防范措施：为保障手机支付安全和应对各种凶悍的手机病毒，用户应尽量通过正规渠道、平台或者官方网站下载安全可靠的网购类、网银类、支付类APP软件；同时，应设置手机开机密码并安装专业的手机安全防护软件，这可以为手机提供最基础的安全防护；此外，应定期删除手机垃圾、清理缓存，不要乱装各类软件或应用，不要轻易点击不确定安全性的网址链接，同时应注意不要使用公共Wi-Fi环境进行手机支付。

诈骗类型之二：二维码变种病毒。随着各类商户对二维码应用的推广，越来越多的用户开始习惯通过扫描二维码建立链接或进行支付。相应地，自2012年以来，通过二维码传播的病毒数量迅速增加。许多二维码扫描工具并没有误识别和拦截恶意程序或网址的能力，使二维码手机病毒有了极大的传播空间。较具代表性的"盗信僵尸"和"伪淘宝"等高危险性的支付类病毒主要是由制毒者上传到网络硬盘，生成藏有病毒的二维码，并将相关的二维码图片在购物网站及各大论坛传播，通过购物打折等方式诱骗用户下载。

防范措施：用户应在手机上安装必要的二维码安全检测工具；不要轻信陌生渠道发来的二维码信息，尤其是如果扫描二维码后打开的链接要求安装新的应用程序，一定要提高防范意识，不要轻易安装；提高针对二维码病毒的防范意识，切勿养成见到二维码就扫的粗心习惯。

诈骗类型之三：伪基站的短信钓鱼。不法分子将和电信运营商的无线基站同频的伪基站放到汽车中，车内的伪基站可以在人群密集的街道、社区或商圈自动搜索附近的手机用户,发送垃圾广告或诈骗短信,其中诈骗短信多冒充95533等银行服务号码或13800138000等移动通信运营商的号码,诱骗用户访问虚假的银行网站,盗刷其银行账户内资金。

防范措施:手机用户应提高警惕,即使收到银行客服发来的短信,也不要轻易点击短信中包含的网址链接,如果涉及更新网银、提示转账等操作,都应该与银行客服电话核实确认后再进行相应操作;银行账号、支付密码、短信验证码等是手机支付极为重要的关键信息,应切实加强防范,不要泄露。

3. 安全防范与行业规范逐步完善

首先,监管部门积极推进移动支付标准化工作,统一移动支付标准有利于提高金融安全,减少因移动支付系统标准差异造成的风险漏洞。中国人民银行会同相关部门,组织制定中国移动支付产业的系列标准,为移动支付业务健康发展提供技术保障。中国人民银行2014年的工作重点之一就是完善我国移动支付共同服务平台建设,最核心的环节就是解决移动支付的安全认证问题。中国人民银行计划引进公安部的EID(Electronic Identity)证书系统,以实现公民与个人签名证书认证识别和验证功能,同时与中国人民银行征信系统对接,解决移动金融发展中的信用信息不对称问题。此外,中国人民银行还要求NFC移动支付生态圈的主要市场主体尽快完成GSM与移动支付公共服务的联网,形成联网通用、安全可信的中国移动支付网络。

其次,行业自律体系逐步完善,目前互联网金融协会正在筹备过程中,其宗旨是发挥互联网金融的行业自律管理作用,推动移动支付行业建立统一的服务标准和规则体系,促进互联网金融相关企业履行其社会责任。2013年7月3日,中国银联宣布,银联移动支付SD(安全数码)卡技术规范成为"国际安全数字卡联盟"① 智能SD卡标准。这是中国银联的技术规范首次在国际移动支付领域被采纳,标志着其在支付标准国际化方面取得了重大进展。统一移动支付标准有利于提高金融安全性,减少因手机移动支付系统标准差异造成的风

---

① 国际安全数字卡联盟是制定和推广智能SD卡技术标准的国际组织,由全球知名SD卡厂商共同设立,目前拥有1000多家成员机构。

险漏洞。

再次,相关企业纷纷加强移动支付的安全防范。2014年初,百度手机卫士率先推出解决移动支付安全的"环形防护"方案(包括"应用下载保真、运行环境加固、传输过程加密、验证短信保护"四大模块,用于用户支付之前下载支付类、网银类应用软件,在应用安装后、支付过程中、支付完成后的整个支付链条的各环节,形成一个"环形防护"机制,力争全方位保障消费者手机支付安全),并在4月份与众安保险首次在业界联合推出"安全支付亿元保赔计划",首期即投入上亿元资金为用户支付安全提供保障。腾讯公司宣布成立国内首个定位于移动支付产业链安全环境建设的公益性平台,联合浦发银行支持"移动支付安全联合守护计划"。腾讯还投入5亿元资金加强移动支付安全保障,具体包括腾讯安全实验室建设、移动支付用户安全教育、移动支付安全方面的人才培养、奖励举报有关犯罪。大众点评、乌云平台、联想、知道创宇等企业成为移动支付安全联合守护计划的首批成员单位。腾讯还以手机管家为中心,横向打通微信支付、大众点评、嘀嘀打车、京东等移动支付产业服务链条,构建移动支付安全闭环。此外,移动支付产业还涌现出各类安全验证和应用服务提供商。例如,新国都是中国银联终端的主要供应商之一,正从电子支付技术服务向电子支付技术运营业务升级。而同方国芯则主要基于IC卡设计前端至后端全过程技术提供无线射频芯片或安全芯片。

最后,政府部门、各类媒体及移动支付相关企业,还要加强移动支付安全方面的宣传,加强对移动支付领域的违法欺诈等不法行为的打击力度,曝光各类移动支付相关诈骗手法和案例,引导和培养广大用户良好的支付习惯,加强支付安全意识。移动支付产业相关各参与方,各展所长,形成合力共同推动移动支付产业的健康有序发展。

二 业务创新与技术发展

在移动支付领域中,不只商业模式和相关应用创新不断,新兴技术也层出不穷,比如NFC近场支付、二维码支付和声波支付等。目前支付宝、财付通等互联网支付巨头企业主要采用二维码支付，而银行、电信运营商则重点推广NFC近场支付方式。

（一）NFC迅速发展

2014年5月1日，移动支付行业正式颁布和实施5项国家标准《信息技术基于射频的移动支付（第1~5部分）》。这5项国家标准包括移动支付射频接口、卡片、设备及应用管理和安全、测试方法等基础内容，并在攻击检测、安全引导、信号防截、识别与认证、用户安全管理防护方面，明确了一系列安全防范措施，在很大程度上确保了移动支付产品的操作性和互通性，改善了此前因缺乏统一标准而造成的市场混乱局面。

NFC技术始于2004年，是由飞利浦、诺基亚及索尼以射频识别（Radio Frequency Identification，RFID）技术为基础共同开发的，是专门针对近距离需求所设计的一种高频无线通信技术，能让各类电子装置在10厘米距离内，进行非接触式的点对点信息交换。RFID技术主要使用150kHz、13.56MHz、UHF、2.45GHz等4种信息传输频段，此次实施的移动支付国家标准，采用的是由中国银联主导制定的13.56MHz标准，而13.56MHz频率属于全球开放频带，因而制造成本相对较低。未来我国移动支付市场势必引发"近场支付"的消费风潮。

中国人民银行表示将建立我国移动支付技术检测认证体系。我国移动支付发展目标是促进移动金融服务与金融IC卡融合，以商业银行、通信运营商、中国银联的NFC移动支付电子化路线为主导，以第三方支付机构，地方性、区域性移动支付电子化路线为补充，实现优势互补、多方共赢，近场支付即将进入爆发期。NFC技术日益成熟并被广泛推广，其生态圈迅速改善。

1. 中国银联"闪付"迅速向全国覆盖

截至2014年第一季度末，中国银联在全国的"闪付"终端POS机有将近300万台，可以支持金融IC卡和NFC手机支付。中国银联每台POS终端改造成本为300~500元，其在POS机改造方面的投入已达9亿~15亿元，此外还联合第三方支付机构，补贴推广线下POS机。

2. 金融IC卡全面推广

随着金融IC卡全面迁移进入倒计时①（由于银行磁条卡盗刷现象严重，中国人民银行在2010年加快部署金融IC卡推广，规定自2015年1月1日起，所有新发行的银行卡应为金融IC卡，且实现商户POS机和ATM机受理全面覆盖），以及金融IC卡"闪付"特性的发展，其应用场景已趋成熟，近场支付功能将迅速为用户所熟悉。截至2013年底，全国累计发行5.93亿张金融IC卡，全国新增发卡量4.67亿张，占当年全国新增发卡总量的64%。

3. NFC手机日益普及

中国移动通信集团公司（以下简称中移动）总部表示为普及NFC终端，中移动4G卡默认要绑定NFC–SIM卡。同时NFC手机进展较快，中国移动的各终端合作伙伴在2014年6月30日前送测的LTE（4G）高、中、低端产品中，各档至少有一款产品具备NFC功能，而且每卖1台NFC手机，中移动给予30元补贴，按照中移动2014年实现3000万部NFC手机销量的规划，至少需要向手机设备制造商提供9亿元补贴。此外，中国电信也表示，4G天翼终端将全部具备NFC功能；中国联通也正和多家银行合作推广NFC手机钱包，在个别省份已启动NFC手机钱包专用SWP卡采购。三星、苹果、小米等手机生产商均把NFC作为新款手机的标配。

NFC的全面推广，在统一技术标准和完善产业链的基础上，应用场景建设也格外重要，如商超、POS机终端等，能否有足够的应用场景来支持满足标准的支付条件，将对产业的发展产生重要影响，在技术发展的同时，应用场景的创新将成为下一步各商家创新的重点内容。

（二）二维码支付受阻

2014年3月，中国人民银行召集部分支付公司，在小范围内下发了《支付机构网络支付业务管理办法》（征求意见稿）第三稿（以下简称《办法》）和《中国人民银行关于手机支付业务发展的指导意见》（以下简称《指导意

---

① 2014年5月14日，中国人民银行印发《关于逐步关闭金融IC卡降级交易有关事项的通知》，决定在全国范围内统一部署逐步关闭金融IC卡降级交易工作，以全面提升银行卡安全交易水平。

见》），暂停支付宝、腾讯虚拟信用卡产品及二维码支付业务。文件中提到暂停二维码支付业务是因为其应用于支付领域的相关技术、终端安全标准尚不明确，相关支付验证方式存在一定的支付风险隐患。二维码支付发生的资金损失主要是在聊天过程中扫描了含有病毒或木马的二维码，用户手机内被安装"短信转发"的木马，能够窃取用户收到的银行、支付宝、财付通等校验短信，最终影响用户的资金安全。

中国人民银行此举是出于支付安全考虑暂停而非禁止二维码支付业务。《指导意见》指出，二维码支付对于培养广大用户的手机支付习惯、便利小额非现金支付具有一定的积极作用，从鼓励创新的角度出发，可给予一定的观察期，由于目前没有统一的技术标准及风控体系，暂不宜在管理制度中对其合法性予以承认。换言之，待其技术标准和风控体系成熟之后，才可予以承认。此外，在监管实践中，也将二维码支付纳入创新业务，只须提前 30 天报备，并非禁止。

二维码支付应用场景被限制于线上业务，不能往线下扩展。在《指导意见》中二维码支付被归入网络支付的范畴，《办法》又明确规定"支付机构不得为付款人和实体特约商户的交易提供网络支付服务"。举例来讲，用户在电子商务网站购买有关商品，扫描线上二维码完成支付是符合规定的；但若在实体商店进行线下付款时，扫描二维码进行支付就是不符合规定的。中国人民银行如此规定并不是针对二维码支付本身，而是针对支付宝、微信支付从线上支付向线下支付领域的拓展。线上线下支付在安全性和成本构成上都是完全不同的，监管部门担心网络支付入侵线下支付领域会扰乱银行卡收单市场，打破当前按照应用场景分类监管的框架。

但是现在很多商家既有网店又有实体店，消费者可以选择到实体店选择满意的商品后，在其网店里使用手机在网上下单支付，从而绕开监管条例。同时，伴随 O2O 模式的迅速发展，互联网支付与银行卡收单两个本来明确的市场业务交叉增多，边界变得模糊，这让中国人民银行颁发的互联网支付和银行卡收单两个牌照及相应业务管理办法面临新的挑战。

（三）声波支付

声波支付基于一种新兴的近场通信技术，有别于之前的 NFC 和 RFID，与二维码支付类似,同样是通过互联网信号进行的一种在线支付方式。声波支付需要使用专门的通信芯片,与普通在线支付不同的是,声波支付通过付款人手机发出的一段"咻咻咻"声纹信号(仅为声效,实质信息通过人耳无法识别的超声波信号传输,声纹有效期只有5分钟)传递一串随机生成的交易号。在完成信息识别后,终端系统通过网络向远程服务器发出支付指令。也就是说,在手机没有网络信号的环境下可实现声波支付,当然其前提是售货机上的类似POS机的终端系统,必须以有线的方式接入互联网传输信号。而手机仅仅播放了存储在手机里的银行卡声波信号,售货机所嵌入的特有的声波识别模块可以读取到用户银行卡号信息。声波支付主要用于快速消费品的销售,用于地铁及地下超市等场所。

二维码支付技术具有成本较低、承载信息量丰富的优势,但它需要卖家在云端拥有支付宝账号来接受付款,并不适合快速消费品的销售,尤其是在通信信号不佳的地下超市和地铁等场所。正是由于这个原因,支付宝在实体店面推出了二维码支付,而针对无人售货机则推出了能够自动核销信息的声波支付。对于用户而言,声波识别信息不涉及金额、账户号码等信息,所以用户无须担心隐私泄露问题。对于商家而言,"声波支付"售货机成本并不比传统售货机高,而且能有效解决假钞、找零、银行兑换及售货机运营商点钞等成本问题,通过一次性投入,能够有效提升销售的便捷性。

另外,"声波支付"对小额支付便捷性的提升具有较大意义。现在大型超市结账排队现象非常严重,即使信用卡和预付卡购物能简化找零环节,但打印单据、用户签字确认仍要耗费不少时间。而声波支付方式能帮助零售企业实现快速结账,这客观上提高了顾客的购物满意度,增加了顾客流量。而且随着声波支付普及度提高,声波支付系统的成本会不断降低。

目前,支付宝"声波售货机"将登陆北京地铁4号线全线各站点,声波售货机还将进入科技公司、大学等用户接受速度较快的环境中,未来还可能推广到门票、停车收费等应用环境。

(四)创新前沿

1. 静脉支付(Pulse Wallet)

静脉支付是一台内置了生物特征的信用卡终端,它可以通过内置的红外照相机来拍摄用户的手掌静脉，然后绑定用户的信用卡。完成配对后，用户便可以直接使用手掌静脉扫描完成支付。商家可以将POS机或收银机与静脉支付终端捆绑。人与信用卡的绑定非常简单，首先在静脉支付终端刷卡，然后伸出手掌扫描静脉，输入手机号码，点击"finish"便完成绑定。静脉支付的过程：扫描用户的静脉，然后自动读取信用卡信息，完成支付。但静脉支付的推广需要两个前提：一个是广泛的支付终端，一个是拥有海量静脉ID的云端数据库，以便随时匹配身份。

2. 空付（Kung Fu）

2014年4月1日，支付宝宣布推出一种新型的支付产品——空付（Kung Fu），与"功夫"的英文译名相同。空付产品是APR（Augmented Pay Reality，即增强支付现实）技术和IRS（Information Recall Secure，即信息回溯保障）技术相结合，通过扫描进行支付授权，赋予任何实物价值，使它具有支付能力。

从支付便捷角度来看，消费者可以不用携带任何支付设备，甚至连手机都省去，由身体或者其他随身且具有唯一特征的实物（甚至宠物）来进行支付，识别的时间能够缩短到0.3~0.5秒，这大大缩短了支付宝现有支付技术的交易时间，甚至可能比NFC还要快捷。

从安全性来说，支付宝的空付与以指纹识别和人脸识别为代表的识别技术，具有一定的相似性，但目前广大用户对指纹和人脸识别的唯一性接受度较高，对于空付支付的技术安全性还存有较多疑虑。

三　国外移动支付市场发展情况

（一）发达国家移动支付发展情况

目前，主要发达国家均已建立较为完备的支付系统。例如，日本强势移动运营商NTT DoCoMo占据了日本移动支付业务市场的主导地位，它依托海量的客户群，通过混业经营、参股相关银行或信用卡公司来扩展对上下游产业链的控制，而获得巨大成功。NTT DoCoMo提供的NFC支付业务的最大优点就是极大地简化了移动支付业务的操作流程，改善了用户体验，提升了满意度。北美是全球移动支付业务发展十分活跃的地区，基于NFC技术的近场移动支付业务是北美市场的主流，同时各种移动支付创新业务层出不穷。美国各领域巨头企业纷纷联合组成产业联盟来推动移动支付业务的前进。

发达国家企业和个人用户能够通过现有支付系统和网络环境完成日常支付，对移动支付的需求不如发展中经济体用户迫切，其移动支付的发展重点侧重于个性化服务。不少发达国家利用手机电子钱包功能，通过各种新兴无线传输技术，创新手机支付模式，提供个性化移动支付服务。移动支付主要用于购买手机铃声、游戏和应用程序，而非用于普通商品的购买和支付。发达国家更多地发展非接触式和移动互联网支付，鼓励银行、贝宝等第三方支付机构大力拓展移动支付业务（见表1）。

表1 发达经济体移动支付发展情况

国家（地区）	发展情况
美国	主要包括贝宝（PayPal）支付、谷歌钱包支付和数码钱包支付。其中，在贝宝支付下，客户可用银行账户、信用卡和借记卡或贝宝账户资金，在实体商店和网上购物。店内支付可通过使用移动电话登录网上商城完成。付款时，贝宝支付将自动显示客户姓名和照片，通过发给收件人的电子邮件或电话号码完成个人转账。在谷歌钱包支付下，允许通过各种借记或贷记卡和NFC技术，实现网上和实体店购买。在数码钱包支付下，客户将借记或贷记卡连接到数码钱包账户，点开移动设备上的选项卡访问附近商店，系统将其姓名和照片发送至商店终端，客户可以用户名方式支付。数码钱包还支持通过扫描二维码实现店内零售支付
欧盟	主要包括移动银行支付和移动钱包支付。其中，在移动银行支付方式下，商户可通过短信向客户手机发起包括交易金额在内的支付请求，客户在手机界面上选择支付卡，输入密码，确认交易。同时，客户也可通过手机账户主动付款。在移动钱包支付方式下，客户可通过POS机终端输入金额，确认交易
澳大利亚	主要包括移动银行支付和贝宝支付。其中，在移动银行支付下，大多数澳大利亚银行都有手机银行应用程序，允许各种类型的网上银行交易，包括账单支付、网上转账、余额对账及专为移动电话使用的交易。此外，部分银行应用程序允许使用手机号码、电子邮件或"脸谱"（Facebook）账号完成个人间支付业务；允许用手机完成近距离无线支付。贝宝支付模式与美国情况一致
日本	主要为移动钱包支付。移动钱包使用NFC技术，不仅具备预付金交换、交通事故单处理和会员奖励计划等多种功能，而且能促进依托身份证的支付服务，帮助用户实现延迟支付

（二）发展中国家移动支付发展情况

发展中国家的移动支付市场发展水平，远高于其经济发展水平，有些国家的移动支付使用普及率甚至超过发达国家。这主要有以下几方面的原因。首先，由于发展中国家金融基础设施建设较为落后，银行网点覆盖率低，不少地区未设立金融机构网点和布放ATM自助机具，无法实现为每个人开立银行账户，为移动支付的发展提供了空间。根据有关数据显示，全球最常使用手机钱包的国家中，有3/4位于非洲，而全球移动支付最成功的案例当属非洲的肯尼亚，该国68%的成年人都在使用手机钱包，这一比例位居世界第一。其次，这些国家有线宽带普及度不及移动网络，在撒哈拉以南的非洲地区，手机使用率为53%，18%的消费者通过移动手机实现快捷支付。移动支付市场发展情况非常良好。另外，移动支付的交易成本明显低于传统支付方式。比如在菲律宾，通过传统银行完成一笔业务的成本是2.5美元，而通过手机银行来完成同一笔业务的成本仅需0.5美元。根据秘鲁信贷银行测算，通过传统银行完成现金交易的成本为0.85美元，而通过手机银行的成本仅需0.32美元。

发展中国家普遍采用的移动支付模式是手机银行，由银行托管手机账户资金，客户需通过网络代理模式管理账户资金。移动支付主要用于资金转账，占比高达约80%，并主要用于国内和国际汇款业务。此外，发展中国家正逐步发展非接触式支付和远程支付，向公共事业缴费、生活必需品支付等领域扩展（见表2）。

表2　发展中国家移动支付发展情况

国　家	发展情况
南　非	客户可使用手机，通过USSD访问无分支机构的银行网络，通过网络代理完成支付。移动支付提供的服务包括个人转账、移动账户充值、公共事业缴费和借记卡申请
菲律宾	移动账户资金存放在银行客户名下。客户可进行个人转账、支付账单、移动账户充值、接收国际汇款；可通过万事达链接，使用ATM购买有价证券和实现商场零售支付
肯尼亚、萨摩亚、斐济、汤加	通过银行信托基金存放储值资金，依托扩展网络代理进行个人转账、ATM取款、支付账单、销售点购买、移动账户充值和接受国际汇款
巴布亚新几内亚	通过手机管理银行账户，可实现移动账户充值、查询余额和个人转账汇款，并通过网络代理或分支机构存取款

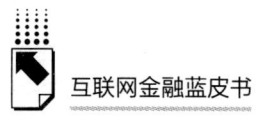

四 现阶段发展特征及总体评价

（一）现阶段发展特征

1. 远程支付先行，近场支付崛起

随着短信支付、手机银行、微信支付、支付宝手机客户端等产品的成熟和推广，以及手机购物等用户习惯的形成，远程支付的安全性和灵活性日益完善，支付操作日趋便捷，应用覆盖越来越广，用户体验逐步提升，根据《2013中国电子银行调查报告》，2013年移动远程支付的金额占比为95%。随着支付技术的创新与进步，O2O模式兴起，目前互联网支付巨头纷纷针对这一领域推出一些创新支付形态，如二维码，并经过市场调研，不断推出满足用户需求的产品形态，最为典型的是"嘀嘀打车"和"快的打车"，促进了线上线下产业的融合，以及远程支付与近场支付的交叉。

虽然目前近场支付金额占比仅为5%，但近场支付技术标准日益完善，产品创新不断增多，移动运营商和金融机构重点布局、大力推广，其生态系统逐步完善，近场支付越来越成为钱包的替代品，被广泛地应用于小额支付、日常支付、便民支付等领域，并凭借身份识别优势在考勤、门禁、会员识别等领域具有很好的发展前景，近场支付正在迅速崛起。

移动支付发展趋势如图5所示。

2. 市场竞争激烈，各方合作加深

随着智能终端全面普及，互联网、移动互联网迅猛增长，移动支付在互联网金融、移动电商、移动社交等热点领域的创新应用呈井喷态势，移动支付的战略性地位进一步凸显。各大互联网巨头集中发力移动支付业务，银行和银联等金融机构以及移动运营商纷纷加大投资，加强产品和技术研发，以抢夺移动支付市场的优势地位。金融机构、移动运营商、第三方支付机构的竞争方兴未艾，新兴社交平台又加入战局，微信、新浪微博、盛大Youni等纷纷推出支付产品。移动支付市场当前的主题是竞合中求发展，竞争激烈，合作纷呈。移动支付产业各方参与者深度依赖且交叉融合，在商业模式、技术标准、产品创新

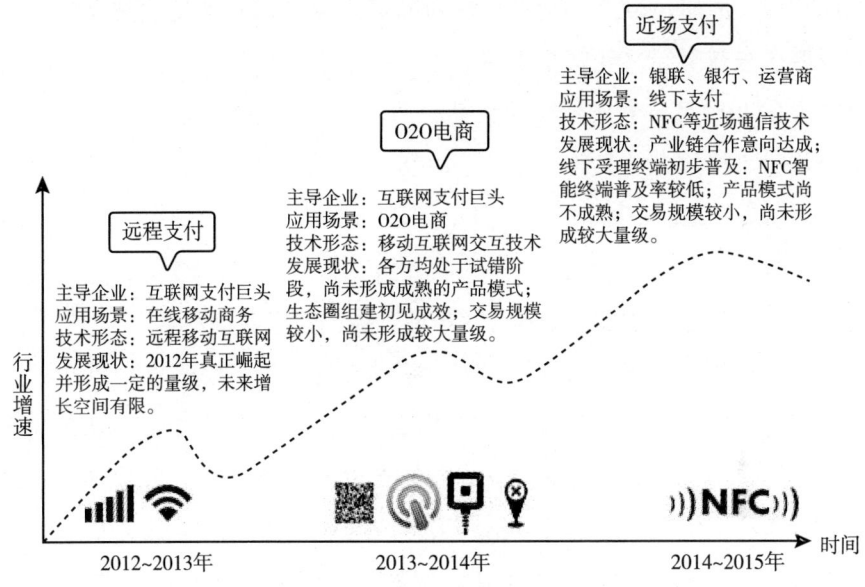

图 5 移动支付发展趋势

等方面不断探索合作模式，合作成为移动支付市场竞争的重要形式，推动着市场格局不断变化。

3. 产业发展环境日趋成熟和完善

2014年我国步入4G时代，移动互联网覆盖率和信号传输速度不断提高，用户数量迅速增加，技术日益成熟，相关标准体系日益完善，移动支付的安全防范机制逐步提高，同时各级政府也利用移动支付的快捷优势，推动服务型政府和智能型城市建设，推出各种便民的服务措施，同时利用政府的资源和优势，积极推动移动支付的应用和推广。例如，2013年12月12日，上海市静安区政府联合中国移动上海分公司与上海杉德公司发放"静安白领卡"，实现对中国移动NFC手机钱包等移动支付方式的支持，同时以"便民、惠民、利民"作为智慧城市建设的出发点和落脚点，正式启动创建南京西路智慧街区项目，旨在以移动支付概念丰富和突出街区的差异化内涵，致力于将南京西路打造成全国首个4G网络覆盖下的移动支付生态街区，推进全体市民共享智慧城市建设成果。

政府相关部门在加强基础设施和技术标准建设的同时，还加强了移动支付

安全的宣传。例如，2014年初，央视新闻等媒体围绕移动支付安全开展了一系列报道（央视财经《经济半小时》——我的手机钱包安全吗?）。中国支付清算协会在2014年3月中下旬组织其移动支付业务有关的会员单位，在全国范围内开展"移动支付安全宣传周"活动。这既有利于增强消费者移动支付安全意识，更好地防范移动支付风险，又能为移动支付业务发展创造良好的环境。

4. 边远地区逆势发展，助推传统产业升级和普惠金融发展

根据《中国电子银行报告》研究，移动支付用户主要是青年男性，且主要分布在大中城市，这符合移动支付智能、便捷、时尚的特性。但支付行为与经济行为密不可分，移动支付方式以其支付灵活便捷性、交易成本低的优势，结合移动通信工具的普及，给许多传统产业或边远的金融欠发达地区带来了极大的便利和产业模式的革新。例如，我国沿海地区海上养殖产业发达，海上现金交易量大但传统的现金交易模式既不方便又不安全。建设银行针对这类需求，在福建地区推出建行"海上移动银行"服务，通过手机银行、电话银行、短信支付、短信通、企业和个人网上银行等电子金融产品，利用建行电子产品的科技优势，解决现金交易麻烦问题，实现交易电子化。手机移动支付这一平台的推广改变了海上交易结算难的困境，结束了"麻袋运钞"的窘境，不仅满足了海上商户对资金结算的需求，实现了行业资金在建行体内循环，而且发现和扶持了一些具备先进生产技术和管理经验的中小企业，支持当地社会经济的快速发展。

国际上，南非移动支付的高速发展，也说明传统金融服务相对缺乏的人群才是移动支付的真正需求者，移动通信的普及又帮助培养了这个群体的自助使用能力。移动支付行业的不断创新和快速发展，有利于解决我国城乡二元结构和地区之间发展不平衡问题，对推动普惠金融发展具有重要意义。自2012年开始，中国人民银行组织有关支付机构在20个省份开展了农村地区移动支付试点工作，服务内容除了余额查询、跨行转账、小额取现等基础性支付功能外，还能够实现农资购销、涉农保险、农事查询等特色支付应用。

（二）总体评价

总体而言，我国移动支付产业正步入高速增长期，虽然仍面临多种挑战，例如，移动支付安全保障机制不健全、应用范围不够广泛、创新型应用的开发落后、生态环境及商业盈利模式不够成熟等现实问题，但其仍是我国当前最具发展潜力和创新活力的产业之一，其爆发式增长势必会推动我国经济发展、产业融合与升级并渗透到我们生活的方方面面。

1. 推进相关产业的融合与升级，成为我国新的经济增长点

首先，移动支付的发展推进了金融业变革，其战略布局、产品创新、服务拓展等方面变化非常明显，中国银联和移动运营商更是将移动支付作为其发展战略的重中之重，BAT 三大互联网巨头将其定位于"得移动支付者，得天下"高度，在移动支付市场展开激烈的竞争。

其次，商品交易与支付行为密不可为，移动支付的发展与创新将渗透至各行各业，引起行业的融合与升级，提高经济效率，尤其是商品批发零售业和服务业等小额支付频率较高的行业。

最后，移动支付伴随着我国手机使用的普及，凭借使用便捷和交易成本低的优势，大大推动了普惠金融发展，带动了农产品交易、农村理财及海上养殖业等相关领域的发展，拉动区域经济发展，提高了我国整体经济效率，成为新的经济增长点。

2. 有利于服务型政府建设，促进政府管理模式改革

首先，移动支付的发展与创新，直接促进了其监管模式的变革。比如，按线上线下应用场景不同分类的监管框架，随着 O2O 模式和交叉型应用场景的创新，势必面临着调整。

其次，移动支付的普及和技术的发展，尤其是移动支付身份认证技术的完善，有利于政府开展便民服务和管理。具有前瞻性视野和经济实力的地方政府，可以考虑在推进智慧型城市建设和促进政府服务转型过程中，将移动支付嵌入城镇居民社会化生活产品中，提供各类公共事业服务缴费、公交便民服务缴费等以移动支付为基础的服务。

最后，移动支付将成为主流支付手段之一，取代相当规模的现金，并可改

变货币政策的传导路径,将来在税收规范、财政补贴、养老金发放,以及科技型和人文型城镇化建设等方面大有可为,同时移动支付的身份认证功能,还将丰富政府管理源数据库。总之,移动支付的发展将引起政府履职和调控管理方面的变革。

3. 提升居民消费的便捷性和生活方式的智能化水平

移动支付的发展在提高消费支付便捷性的同时,还将完善身份认证技术和用户位置信息数据,这将在许多方面改变我们的生活方式和习惯。

首先,身份认证技术的完善将极大地提高我们日常生活的智能化水平。比如,近场支付 NFC 技术的发展和推广,将可集成门禁卡、会议签到、公交卡、演出门票、考勤等许多日常功能。

其次,基于空间的位置服务(Location Based Services,LBS)是移动互联网独有的业务特征,LBS 与移动支付的深度结合将为客户带来全新的体验,如客户可以通过手机银行查询,预约一家距离最近、折扣最大的信用卡特约餐厅,并在用餐后通过手机完成账单支付。除此之外,2014 年初分外红火的"嘀嘀打车"和"快的打车",就是既改造传统行业,又改变着我们的消费习惯的典型应用。

参考文献

郭丹等:《移动支付的天时、地利、人和》,《中国电信业》2013 年第 2 期。
章冀:《Yahoo!奇摩与淘宝网的经营模式比较》,《电子商务》2013 年第 3 期。
张华强等:《我国移动支付发展存在的问题和建议》,《海南金融》2013 年第 3 期。
张茜:《我国移动金融发展趋势及需要关注的问题》,《时代金融》2013 年第 4 期。
梁丽雯:《支付宝线下"声波传钱"运营进一步消灭钱包》,《金融科技时代》2013 年第 5 期。
胡霞等:《3G 时代移动支付产业的发展分析》,《商业经济》2012 年第 20 期。
庾力等:《中国手机银行发展:现状、问题及对策》,《西部金融》2012 年第 4 期。
戴铁君:《物联网安全问题与其解决措施》,《科技风》2011 年第 2 期。
郭效孟:《我国移动支付运营模式的比较及发展趋势》,《华北金融》2011 年第 7 期。
颖颖:《移动支付:合作乃发展之道》,《中国新通信》2011 年第 2 期。

《360发布中国移动支付安全报告，2014成移动支付元年》，科学中国，http://science.china.com.cn/2014-03/11/content_31747483.htm（科学中国）。

腾讯移动安全实验室：《2014年第一期手机支付安全报告》，http://m.qq.com/security_lab/news_detail_238.html（腾讯手机管家）。

《移动支付标准化工作起步　央行将建统一认证体系》，http://b2b.toocle.com/detail—6171488.html（中国电子商务研究中心）。

《腾讯浦发联合发起移动支付安全守护计划》，http://it.21cn.com/itnews/a/2014/0522/16/27292769.shtml（21世纪科技）。

《央行力挺NFC支付　银联、中移动贴钱》，http://tech.163.com/14/0424/02/9QII3D8Q000915BE.html（网易科技）。

《解读〈互联网支付业务管理办法和手机支付业务指导意见〉》，http://biz.jrj.com.cn/2014/03/26184316934470.shtml（金融界）。

《多元的移动金融》，http://www.21cbr.com/html/magzine/2013/120/hot/2013/0507/13252.html（21世纪商评网）。

《支付宝将推出空付　可以拿蜥蜴付款》，http://www.mpaypass.com.cn/news/201404/01110918.html（移动支付网）。

B.7
互联网金融监管的方向与路径

摘　要： 近年来，互联网金融作为一种全新的金融模式，在我国呈现强劲的发展势头，正日益成为我国金融体系的重要补充。然而，互联网金融在便利人们日常生活、改善小微企业融资环境、优化金融资源配置等多方面发挥正向激励作用的同时，也面临着除传统金融风险之外的独特风险。如何促进互联网金融可持续性发展，又能实现适度监管，守住触发金融系统性风险爆发的底线，当务之急就是大力强化互联网金融监管的方向与路径研究。本专题从五个方面分析了互联网金融监管问题，包括：互联网金融对金融监管体系的挑战、对我国互联网金融监管的争议、互联网金融监管的基本原则、互联网金融机构的发展方向和互联网金融监管的路径分析等。

关键词： 监管　互联网金融　风险

一　互联网金融对金融监管体系的挑战

互联网金融利用云计算、支付平台、社交网络以及搜索引擎等各种独特的互联网技术工具开展并完成了资金融通、支付和信息中介等业务，并且随着"云物大智"高新技术的不断突破，特别是大数据应用以及商业模式创新，不断打破传统金融格局，进而导致金融风险管控更复杂。毋庸置疑，传统金融监管体系对互联网金融存在一定的监管"真空"，集中体现在以下几个方面。

（一）监管体制与互联网金融发展趋势不匹配

基于网络金融业务的不断拓展，我国当前所实施的分业监管体制已经难以适应金融业混业经营的发展趋势。基于互联网技术，金融业衍生出了产品与业务跨越多个行业和市场的互联网金融。对此，基于传统金融监管设计的分业监管体制必然难以应对互联网金融所带来的混业经营趋势。① 这主要体现在两方面：第一，互联网的开放性和虚拟性使得互联网金融服务形式多种多样。在金融产品的网络销售中，完全可以实现在同一个网络交易平台上销售银行理财产品、证券投资产品、基金保险产品、信托产品等诸多金融产品；余额宝甚至混合了第三方支付与货币市场基金，在一定意义上还涉足广义货币，这些都使得金融机构和非金融机构之间的界限趋于模糊，更快更全面的互联网金融综合经营使不同政府部门之间的责任分担面临越来越多的问题。第二，我国对金融业实行"分业经营、分业监管"。国务院在1993年颁布了《关于金融体制改革的决定》，明确提出，对银行业、证券业、信托业和保险业实行"分业经营"原则，随后相关法律陆续颁布，正式确立了"分业监管"的思路。就互联网金融业务而言，目前涉及第三方支付的由央行监管，但对P2P和众筹的监管机构及监管方式还未确定。未来，对P2P信贷业务的监管或由银监会承担，或采取类似对小贷公司的监管方式，由金融监管机构出具总的指导原则，由地方主管机关直接监管；涉及股权筹资的众筹由证监会监管，而网络金融产品涉及保险和担保的则由保监会监管。这样，互联网金融产品的交叉性特征在很大程度上考验着现有根据互联网金融机构的牌照发放、日常监管和风险处置责任而进行分业监管的"一行三会"的智慧。

（二）规避金融安全性监管

由于各种客观原因，互联网金融可以有效规避针对传统金融机构所设置的安全性监管。这可能是由于传统金融监管以机构和金融产品为监管对象，而互联网金融却似乎既没有实体机构，又没有传统意义上的金融产品。基于信息技

---

① 杨群华：《我国互联网金融的特殊风险及防范研究》，《金融科技时代》2013年第7期。

术与计算机技术，互联网金融将金融和非金融行为混为一体，形成了行为数据，同时也促使金融和非金融行为完成各自的经济活动，特别是互联网金融技术往往领先于监管，既有的监管规则并没有对互联网金融在资本金、风险拨备和流动性等方面做出明确规定和管理要求，从而有可能对金融宏观调控造成影响。一方面，互联网金融可以产生具有较高流动性的网络货币，具有了类似商业银行的货币创造能力，能够通过改变货币乘数和货币流通速度达到影响货币调控的目的；另一方面，互联网金融的融资主要依赖于"软信息"，诸如企业和个人的信用、行为、经营等数据信息，企业和个人经营状况在经济景气时会较好，反衬出的"软信息"也较为乐观，相对来说融资也容易，而融资所得就有可能投偏，即投向产能过剩行业，使信贷调控效果受到影响。

（三）引起金融波动

互联网金融本质上还是金融，也面对着传统金融机构所面对的风险，而且有新的表现形式。例如，互联网金融借助网络完成支付交易，买卖双方只需在平台上注册虚拟账户，就可以完成交易，然而交易平台的虚拟性却加大了资金流动的监控难度，导致非法资金"合法"转移，从而加大了反洗钱工作的难度，也变相地为洗钱活动提供了可乘之机与"方便之门"。除此之外，互联网金融利用现代化的数字技术，已经摆脱了传统的监管框架，现有法律规则还没有对互联网金融机构的属性做出明确的定位，有些机构的业务活动也还没有专门的法律法规进行有效的规范，从当前情况看，一些互联网金融的模式可能蕴含较大的风险隐患，而且高频化的网络金融交易又有可能引发新的系统性风险。互联网没有边界，金融市场风险容易快速传播和蔓延，交叉传染性有可能强化。此外，互联网金融需要更高的技术管理要求。如果技术管理不到位，交易主体的资金很可能在非封闭式的网络通信系统、有缺陷的密钥管理和加密技术、有漏洞的TCP/IP协议以及黑客攻击、电脑病毒、网络诈骗等环境下出现损失。

（四）增加了金融消费者权益保障工作的压力

除防范金融风险外，积极有效地保护消费者权益也是金融监管不容忽视的问题。根据世界银行研究，金融监管主要有三个核心目标：金融系统稳定、金融机构安全稳定和保护消费者，特别是要重点保护那些只有较少金融知识的零售消费者。目前，互联网金融产品与传统金融产品最大的区别是强调互联网渠道构建金融产品的销售，在互联网金融产品销售过程中，一方面，交易信息由于互联网金融交易主体无法现场确认各方合法身份而有可能存在被非法盗取、篡改的风险，从而引发了如何保护金融消费者权益问题；另一方面，投资者或货币持有者也有可能由于网络货币贬值、非法挪用网络融资资金或交易商非法操纵价格等因素造成资金损失，因此消费者权益保护问题也同样存在于运营过程中。在互联网金融产品销售后纠纷解决机制方面，网上电子合同是否有效，是不是具有法律依据的电子合同都需要互联网技术支撑，这主要是由于互联网金融用于交易的电子合同很容易被篡改和伪造。此外，互联网金融产品交易迅速，单笔规模较小，整体规模较大，如果靠法院和仲裁，成本太高；靠集团诉讼，必须有法定依据，否则难以实现。相比而言，只有靠网上高效快捷的调解机制比较现实，这需要加强互联网金融纠纷解决机制方面的监管体系建设。

二 对我国互联网金融监管的争议

互联网金融凭借其特性，有助于打破我国金融业的垄断和惰性，提高金融资源配置效率，推动产业结构优化升级，促进实体经济转型和发展。然而，互联网金融既是一种合理存在的客观现象，又是金融体系的一把"双刃剑"，有优势也有劣势。在众多优势背后，人们又质疑互联网金融存在着强化收益、缺失风险监管等问题。因此，如何有效监管互联网金融，是一个颇具争议的问题，特别是我国2013年互联网金融出现井喷式发展以来，人们围绕互联网金融监管进行的争论不断升温。

（一）容忍创新与底线监管：互联网企业与监管机构的博弈

我国当前关于互联网金融监管原则的争议主要分为两种：第一种观点认为互联网金融发展是中国金融改革的重要力量，追本溯源，金融改革不彻底，利率管制未放开，加之以往的金融机构和金融产品都远远不能满足实体经济发展以及广大消费者、投资者的需求，从而导致互联网金融快速崛起。当然，还有部分原因是由于金融监管真空的存在，然而更需要注意的是，互联网金融之所以快速崛起还源于其所拓展的诸多金融业务与我国金融行业不断深化改革的战略方针、路线、思想相契合。例如，余额宝等金融工具的利率随行就市，已经接近于利率市场化的改革目标，市场的发展事实上已经走在了制度改革的前面，因此互联网金融的快速发展或将倒逼利率市场化改革工作不断推进。反之，若我们总是特别强调互联网金融存在监管风险，并且一味地夸大互联网金融业务拓展的不利后果，那么就又有可能迫使金融创新模式倒退回去。由于互联网金融天生就具有去中心化、跨界性、交互性以及信息海量化等特性，因此要加强金融监管，就必须创新、改变金融监管模式，从而提高监管效率。因此，针对互联网金融监管问题，应通过金融改革以及行业自律来满足互联网金融市场化的合理部分。比如说，社会大众完全可以鼓励金融机构与互联网企业两者相辅相成，实现融合发展。互联网金融千人会联合创始人黄震认为，如果想有效规范互联网金融发展，就应该采取"社会创新+柔性监管+软法自律"三者结合模式，互联网金融需要加强社会创新支持，充分发挥公民参与和行业自律的作用，监管机构可用社会组织作为缓冲带，释放政治意图。

　　第二种观点认为，金融监管远远跟不上金融创新，为此可以采取柔和策略，即先把金融监管底线确定好，之后主要由自律来解决其他问题。互联网金融既不是传统金融行业基于互联网平台的业务延伸，又不是互联网和金融行业的简单叠加，而是利用互联网和大数据等高科技手段，采取新型风险管理方式的信用中介、资金中介和风险中介，集众多融资角色于一体。然而，任何事物都存在两面性，金融创新也不例外。金融创新带来便利的同时，也埋下了一定的金融风险。而且，互联网金融除了要承担与传统金融一样的风险外，还面临着诸如法律风险、技术风险和信息安全风险等多重风险。因此，虽然秉承开拓创新理念，金融机构要大胆融入互联网开放因素，互联网企业同时也要有适度的谨慎态度。对于监管层而言，在层出不穷的跨界融合式创新中，需要用底线思维防止系统性风险，用包容心态容纳创新，并发挥好协会的自律和缓冲作用。在适当监管与为行业预留发展空间之间寻求平衡，逐步放弃"叫停"等"一刀切"控制手段，大力发挥市场的决定性作用，凸显透明化，同时强调规范化，剖析不同金融业务的性质和风险水平，采取疏堵结合方式进行金融监管，从而达到兼顾金融创新与金融监管的目的。在互联网金融监管方面，中国人民银行副行长刘士余就提出①：一是要用"海纳百川"的胸怀来尊重市场规律，从而促进金融创新；二是不能搞"一刀切"，而要因地制宜、因时制宜、因事制宜地进行金融监管；三是要兼顾好"行政监管"和"行业自律"；四是一定要守住监管底线，严厉打击违法犯罪行为。各个学者具体的争议观点如表1所示。

表1 争议观点列举

提出者	主要观点	监管主张
刘士余	鼓励互联网金融创新和发展，同时也要提倡包容失误。但这并不意味着要姑息欺诈、诈骗等违法行为。非法集资和非法吸纳公众存款更不能触碰	传统线下金融业务转到线上开展的前提是必须遵守线下金融业务的监管规定。遵守底线原则，鼓励其积极探索新业务模式
穆怀朋	实施互联网金融机构监管是必须的，但要有其发展空间，监管要适度，同时要规避监管真空	在当前金融监管部门的职能大框架内对互联网金融实施分类监管
谢 卫	互联网金融不仅要不无例外地守住监管底线，而且其所执行的监管标准要与传统金融业一视同仁	应按照产品属性确认监管归属，通过建立联席会议或专项工作小组，对互联网金融发展进程中的新问题进行研究，理顺监管思路，统一思想，严厉打击监管套利
蔡洪波	部门的监管协调是关键，为此要在互联网金融的市场准入机制、风险准备金拨备等诸多方面加大监管协调力度	监管对象范畴包括机构和功能
谢 平	主体监管侧重市场准入方面的监管，而行为监管注重持续经营等方面的监管。为此，互联网金融监管需要厘清监管对象是参与主体还是侧重于参与主体的行为	主体监管转变为行为监管有利于为市场参与主体营造公平竞争的市场环境，提高市场的开放度和有效性
张维迎	金融监管一定要适度，否则就会扼杀互联网金融创新	如果政府过早地制定金融监管规则就有可能将互联网金融创新扼杀掉
马 云	打败你的不是技术而是文件	要防范监管权力的滥用，警惕不同机构之间监管权力的竞争本身可能对互联网金融发展带来不利影响

---

① 刘士余：《秉承包容与创新的理念正确处理互联网金融发展与监管的关系》，《清华金融评论》2014年第2期。

续表

提出者	主要观点	监管主张
马化腾	对实际创新、新生支付方式,监管当局的确需要进一步了解其实际运作	监管须与时俱进防风险
李彦宏	与一般性的服务和商品不同,金融风险一旦较大,就可能是灾难性的	对互联网金融加强监管,尽可能防范和减少各种风险,为消费者提供便捷、安全和高效的服务
许建文	如果每个人都专注做仅提供金融信息服务的平台,那么这将是业内十分规范的事	长期内,通过规范行业,监管实现常态化,不仅可以排除对互联网金融的非议和猜忌,而且可以培育公平竞争环境,促进互联网金融业务有序发展
刘瑶	如果金融监管有效,那就是有百利而无一害的好事	政府需要加强指导,确定更为明确的方向

注:所列观点均摘自搜狐财经,http://business.sohu.com/guoneixinwen.shtml。

(二)机构监管与功能监管:监管机构内部博弈

互联网金融监管模式目前主要分为两类:一类是机构监管,就是将金融机构类型作为划分监管权限的依据,由不同的监管机构对不同的金融机构分别实施监管的一种金融监管方式。① 以专门的金融监管法规为依据,机构监管分设了不同的监管机构,分别对银行、证券、信托和保险机构等进行监管。考虑到我国当前的金融体制,比较务实的做法就是继续沿用机构监管框架,"谁的孩子谁抱走"。以宏观审慎、微观审慎及商业行为监管为基础,以各个金融监管机构与中央银行为监管主体,大力推进金融监管创新。由于审慎监管力求集中考虑机构整体风险和清偿能力,而功能监管相对较弱,因此强化机构监管理念是审慎监管的重中之重。与此同时,基于我国现有监管框架,我们还要对互联网金融业务进行功能甄别,然后再划归相对应的监管部门。为保证投资者资金安全、增强互联网金融机构抵御风险的能力,我们还要以互联网金融自身发展规律为指导,分门别类地实施各项针对性措施。②

---

① 李沛霖:《机构监管与功能监管的比较分析及对我国金融监管的思考》,《北京市经济管理干部学院学报》2008年第2期。
② 徐爱水:《审慎监管下的小额贷款公司——对小额贷款公司监管规范的评析》,《华北金融》2011年第3期。

机构监管在总体市场层面与个体机构层面有不同的侧重点。前者强调立法者有必要按行业类别对金融机构进行分类，然后对不同的金融机构采取不同的法规及监管规则；后者则不管金融机构从事何种业务，都必须将金融机构整体作为监管对象。由于互联网金融复杂的业态和相互交叉渗透的模式，机构监管对互联网监管比较弱，形成了互联网企业的套利空间，而且由于金融监管权限由多个监管机构分担，那么必然要引发金融竞争及其冲突。正如公共政策理论所指出的，公共政策之所以产生，主要是由于各种不同利益集团之间的特殊利益角力和妥协；金融监管机构也不例外，同样会被监管内的利益集团所左右而为其谋私利，同时也为自身谋取监管权限及其资源等私利，这就促使金融监管机构不仅要尽力维持自己的监管权限，而且还卷入所谓的"地盘之争"，即削弱其他监管机构的监管权。此外，监管机构还竞相降低监管标准，从而达到取悦本部门利益集团、吸引潜在监管对象或扩展监管势力范围的目的，这不仅从整体上削弱了金融监管水平，而且会大大损害社会公共利益以及投资者利益，出现监管套利行为。同时，由于监管权限划分不清，或是监管的目标、理念、方式或手段乃至文化等方面存在差异，又或是金融创新发展超出既有规则框架，从而导致监管机构之间职权或职责的冲突，表现为监管在实践过程中出现矛盾和分歧。①

基于以上疑虑，第二类监管应运而生，即功能监管，以企业行为而非主体作为标准的监管模式。不管监管功能由何种机构行使，只要功能相似就应受到相似的监管。功能监管有利于推动金融创新，其关注金融产品与服务的基本功能，并据此设立相应的监管机构和监管规则，能够更为有效地解决有关金融创新产品的监管权责归属问题。就互联网金融而言，社会普遍认为如果开展贷款业务，无论是银行还是互联网企业，都应该建立资本金、损失准备、拨备、风险管理制度等；金融机构只要从事存款业务，就必须要遵守存款准备金制度。中国支付清算协会副会长蔡洪波认为，基于互联网金融业务的特性，互联网金融监管既要有机构监管又要有功能监管，在市场准入、风险准备金拨备、跨界和交叉性互联网金融业监管方面，加强监管部门之间的协调。② 全国人大财经

---

① 宫晓林：《互联网金融模式及对传统银行业的影响》，《南方金融》2013 年第 5 期。
② 李沛霖：《机构监管与功能监管的比较分析及对我国金融监管的思考》，《北京市经济管理干部学院学报》2008 年第 2 期。

委副主任委员吴晓灵认为，监管当局适时出台金融政策，不是着眼于动了谁的奶酪，而是要看这项业务对货币创造、客户资金安全、社会经济秩序安全有什么影响，对投资者的保护有什么影响。

三 互联网金融监管的基本原则

目前，互联网应用的大众化和金融服务的普惠功能提升已经呈深度融合、相互促进的大趋势①，互联网金融创新更是凸显出"开放、平等、共享、普惠"等特点，不仅有利于优化资源配置，大力发展普惠金融，提高金融服务供给率，而且有利于提高金融交易效率、抵御风险的同时促进经济健康有序发展。此外，由于计算机技术与信息技术的普遍推广等客观因素，降低了互联网金融的准入门槛，从而导致非金融机构可以在较短时间内大量介入金融业务。这不仅会降低金融机构的特许权价值，而且也容易导致金融机构萌生冒险经营的动机，加之互联网具有开放性，就使得互联网金融所面临的风险要比传统金融更广，传染性也更强。这就要求金融监管部门对互联网金融业务要留有观察期，保持一定的容忍度和合理弹性空间，冷静地分析总结，一切有利于服务实体经济和促进创业增长的金融创新均应受到尊重和鼓励。② 当然，我们也一定要坚持底线思维，强化规范管理，明辨互联网金融的金融功能属性和金融风险属性，尽可能地将失误所能导致的风险控制在可预期且可承受的范围内。总体而言，互联网金融监管既要关注既定监管目标的实现，又不能忽视整体金融业务和消费者更大的利益。秉承这样的理念，互联网金融监管需要满足以下几条基本原则。③

（一）既要坚持服务实体经济的本质要求，又要科学把握创新的度与限

互联网金融的根本目的就是要以市场为导向，提高服务于实体经济的能力

---

① 《金融稳定报告：互联网金融监管应遵循五大原则》，新华网，http：//news.xinhuanet.com/fortune/2014-04/30/c_1110475794.htm。
② 《解读〈中国金融稳定报告（2014）〉官方五大监管思路》，中国支付网，http：//paynews.com.cn/article/25408_1.html。
③ 中国人民银行金融稳定分析小组：《中国金融稳定报告（2014）》，中国金融出版社，2014。

和效率。为此,互联网交易平台的服务宗旨应该是,为电子商务发展服务,为社会大众提供小额快捷便民的小微支付服务,特别是P2P和众筹融资不能变相搞资金池,而要坚持平台功能,规避非法集资等行为,更不能无视金融监管,脱离服务实体经济而抽象地谈金融创新。① 然而,互联网金融毕竟是新生事物,需要为其发展留有一定的试错空间,不科学合理的监管会抑制互联网金融的发展空间。正如美国经济学家斯莱弗所认为的,任何制度安排都需要在"无序"和"专制"两种社会成本之间权衡。② 虽然互联网金融可以"摸着石头过河",但不能犯致命性错误,互联网金融监管必须将其整体风险控制在可控范围内,既要适度监管,又要抵御风险。因此,互联网金融监管要实行动态比例监管原则,按风险大小将互联网金融监管划分为不同等级,同时要定期科学合理地评估各类金融平台与金融产品对经济、社会的影响度,以及所带来的风险度,继而根据评估结果确定金融监管的范畴、手段以及力度,实现动态实时常态化监管。

(二)既要防止监管套利,又要防控系统性风险

从本质上而言,互联网金融并没有改变金融的功能和本质,其主要还是主体业务技术和经营模式的创新。比如说,P2P、余额宝、阿里小贷等产品的主要功能还是资金融通、支付清算、价格发现和风险管理等,只是在交易的技术、渠道、方式和服务主体等方面进行了创新,而这些远没有超越当前金融体系范畴。既然同为金融,互联网金融与传统金融应实施一视同仁的监管标准,保持一致性,否则将会引发不公平竞争。这种一致性主要表现为:一是只要从事的金融业务相同,原则上都要受到一致性监管,不能利用监管标准的差异或模糊地带获取超额收益;二是互联网金融企业无论从事线上还是线下业务,都接受一样的监管。互联网金融监管要兼顾宏观调控和金融稳定两个方面,同时囊括互联网金融在内的一切金融创新都应该有助于稳定金融安全,促进利率市场化改革,加强央行对流动性的

---

① 张晓朴:《互联网金融监管十二原则》,人民网,http://finance.people.com.cn/n/2014/0120c/c1004-24175078.html。
② 罗培新:《奥氏金融制度变革中的政治与权术之争》,《证券法苑》2009年第1期。

调控，规避金融市场价格剧烈波动以及变相增加实体经济融资成本，保障银行体系流动性转化，降低银行对实体经济的信贷支持力度，最终提高金融资源配置效率。

（三）既要切实维护消费者合法权益，又要加强消费者教育

互联网金融企业在从事各项业务过程中，都应该充分披露企业的经营信息、财务信息、风险信息、管理信息，同时揭示企业各项业务所承担的风险，正确引导消费者了解产品的性质，提升风险意识。特别需要注意的是，互联网金融企业不能通过任何方式承诺收益，误导消费者。互联网金融企业要加快建立业务统计数据分析系统，提高对客户信息的保密程度，制定消费者权益保护的相关规章制度。这不仅可以促使市场参与者有效评估互联网金融业务及其内在风险，发挥外部监督作用，而且还可以提高消费者和投资者对金融企业的信任度，避免金融监管机构由于信息不对称而不能全面了解企业的经营和风险状况，从而为互联网金融行业的可持续发展奠定良好基础。与此同时，互联网金融消费者人数众多，知识水平参差不齐，应针对目标群体，探索多样化的教育模式，特别是要积极开展有针对性的互联网金融消费教育，切实提高互联网金融消费者的风险意识和自我保护能力。[1]

（四）既要营造公平竞争的市场环境，又要实现全范围的数据监测与分析

众所周知，公平竞争是市场经济条件下保证市场对资源配置起决定性作用的必然要求。为此，互联网金融企业必须严格遵守现有的金融法律法规，要公平竞争，不得用任何手段诋毁其他竞争方，要厘清各种商业模式与违法犯罪行为的界限。金融机构在线上开展线下金融业务时，必须严守当前的金融法律法规，遵守资本约束，不得制定不合理的合同条款，如提前支取存款或提前终止服务而仍按原约定期限利率计息或收费标准收费等。同时，利用"大数据"

---

[1] 罗培新：《美国金融监管的法律与政策困局之反思——兼及对我国金融监管之启示》，《中国法学》2009 年第 3 期。

互联网金融监管的方向与路径

技术及时获得足够信息特别是数据信息，实施全面的互联网金融数据监测与分析，加强对风险的识别、监测、考量和控制，剖析风险产生的根源，规避金融监管漏洞，促进互联网金融可持续发展。

（五）既要强化行业自律，又要处理好与政府监管的关系

与政府监管相比，行业自律的作用范围和空间更大、效果更明显、自觉性更强，因此强烈建议将二者有机地协调起来。依托"中国互联网金融行业协会"，制定统一的行业服务标准和规则，使互联网金融企业积极发挥自律管理作用，履行其应承担的社会责任。互联网金融行业龙头企业必须发挥主动性，在建立行业标准、服务实体经济、服务社会公众等方面，起到排头兵和模范引领作用，①树立合法合规经营意识，自主制定自律标准，建立行业内部自我约束机制，强化整个行业对各类风险的管控能力，促进互联网金融可持续发展。考虑到信息沟通不畅、政策协调不力、危机应对迟缓等问题，互联网金融企业与政府监管机构应该建立有效的沟通机制，促使企业主动就业务模式、产品特性、风险识别、法律责任界定中所出现的"瓶颈问题"与政府监管机构及时沟通，促使监管当局遵循激励相容原则制定监管规则，实现金融监管要求与行业内部风险控制要求相匹配，从而有效降低企业的合规成本，逐步建立健全互联网金融行业的规则。②

四　互联网金融监管的发展方向

（一）适度创新金融监管方式

互联网金融比传统金融更灵活、更便利，更具创新性、风险性。③然而，

---

① 李沛霖：《机构监管与功能监管的比较分析及对我国金融监管的思考》，《北京市经济管理干部学院学报》2008年第2期。
② 《金融监管应有"互联网心态"》，新浪网，http://tech.sina.com.cn/i/2014-02-21/02399179412.shtml。
③ 张晓朴：《互联网金融监管十二原则》，人民网，http://finance.people.com.cn/n/2014/0120/c1004-24175078.html。

若金融监管过度或错位,就会扼杀金融创新,严重阻碍金融市场多元化发展。反过来,监管机构也不能安于现状,更不能搞过多行政干预,而要跳出原有金融监管思维定式,从金融和信息化技术融合角度着手,加强互联网金融企业合规性管理,并提高风险防范意识。对新兴互联网金融市场需要适度创新金融监管方式,提升监管质量和效能,同时坚决守住风险底线,坚守金融信用为本,重点破解金融业务创新中的新情况、新问题,使用行业协会等手段大力引导市场主体合法合规经营,促进市场健康有序发展。此外,监管能力高低不仅体现在问题出现的频率上,而且还体现在管理效率上,同时要着力突出监管的前瞻性,抵御潜在风险。①

(二)更加突出安全稳定协调监管

虽然是创新,但互联网金融创新仍具有金融的核心功能、金融原有的契约内涵、金融风险与金融外部性的内涵。它只是互联网技术和精神对金融交易和组织形式的影响,而如何平衡效率和安全也始终是互联网金融监管政策需要衡量的关键问题。基于国情,我国更为明智的选择是保持和完善现有分业监管体制,而非实施单一监管。这是由于分业监管体制全面确立时日尚短,并且要将制度连续性和稳定性作为优先考虑的目标。金融监管机构可以通过加强协调来解决因互联网金融创新和互联网金融混业发展而加剧的金融监管冲突。互联网金融机构的性质和法律地位可以通过立法来进一步明确,并且严格规范其成立的资格条件、审查程序,制定科学合理的有关经营模式、抵御风险以及监督管理等法规条文;② 在已有的金融监管协调机制基础上,完善金融监管机构及各相关部门各司其职、相互配合的监管机制,维护金融稳定,严厉打击互联网金融违法犯罪行为,严守不发生区域性、系统性金融风险底线,加大信息共享度与透明度。总体上,我国当前以及将来一段时期内的互联网金融监管的基本定位就是:在当前分业监管框架内,逐步建立从机构监管到功能监管再到行为监管的过渡机制,最终建立中央银行主导的伞形监管架构。

---

① 丁晓东:《浅析我国现行的金融监管体制》,《今日湖北》(下旬刊)2012年第5期。
② 《互联网金融需适度监管》,人民网,http://finance.people.com.cn/bank/n/2014/0430/c202331-24958833.html。

（三）强化行业自律监管

互联网金融监管的态度和强度很大一部分取决于行业的自律程度，业务发展是否有序，最终影响整个行业未来的发展。互联网金融协会的成立预示着，互联网金融的相关业务在不久的将来都将被吸纳到监管之中，而且最有可能先从行业规范、自律开始。基于实际运作而言，我国互联网金融的部分企业并没有将业务风险防范提高到应有的位置上，反衬出这些企业严重缺乏风险意识，过于重视业务拓展，忽视风险防范。特别是少数企业只将市场营销和拓展作为经营重点而严重忽视业务的合规性管理，以风险来换取短期业绩。因此，今后一段时期，自律监管尤为重要，在引导行业健康发展方面，在全行业树立合法合规经营意识，加强风险管控的能力，推动互联网金融可持续发展。

（四）加强市场参与主体的保护

金融监管重点以及重要目标之一就是强化消费者保护。消费者与投资者包含于互联网金融的主体之中，如果对二者没有一定的保护，难以促进互联网金融的健康发展。我国当前的消费者与投资者保护体系正处于建设初期，还要花大力气来更好地保护消费者与投资者利益，首先就是引导消费者了解互联网金融业务的特性，厘清其与传统金融业务之间的差异，提高监管力度，增强抵御风险的意识，维护金融市场内各类参与主体的合法权益，重点加强客户信息保密力度，提高参与主体的信息安全程度，严厉依法打击侵害消费者各类权益的行为。此外，要以市场为导向，提高金融机构和上市公司信息披露的主动性，促进金融机构和上市公司信息的简明化和清晰化，以法律条文、规章制度等完善各金融机构之间公平竞争的规定，促进金融服务市场的公平性、有效性和创新性，加大消费者与投资者教育，提高风险防范意识，以保护消费者与投资者避免不公平和欺诈性交易，建立系统性金融市场参与主体的保护体系。

五 互联网金融监管的路径分析

针对互联网金融存在的监管真空和监管缺位问题，对互联网金融的监管要按照"鼓励创新、防范风险、趋利避害、健康发展"①的总体要求，提升金融创新力度，提高消费者权益保护力度和风险意识，坚持采用宏观审慎的管理方式，深化金融改革，推动互联网金融监管体制与制度的建立与完善，实施适度监管，促进互联网金融持续健康发展。

（一）构建有序有效的监管体系

互联网金融业务具有互联网行业和金融业两个行业的共同特征，交叉广、参与主体来源复杂，普遍存在跨领域经营的情况，因此单一的主体监管和机构监管都已经难以完全满足监管需求。对此，我国应该将互联网金融业务进行分类，按照各类业务的性质、功能和潜在影响来建立以监管主体为主，以相关部门为辅的监管体系，从而打破部门以及行业界限，实施明确的监管分工，制定有效的合作机制，制定监管部门适用的监管规则以及相互之间的沟通协调机制，充分发挥分业与混业两种监管模式各自的作用，搭建市场风险综合监管框架，提高监管效率。由中国人民银行牵头，三大金融监管机构（银监会、证监会、保监会）有效配合，坚持分类监管的总体原则，制定并颁布有关互联网金融的监督制度和经营规则，健全与完善相应的法律法规，界定互联网金融发展的"红线"，以及各自的金融监管职责分工，积极完善有关的内控合规制度，形成对支付机构的功能、支付清算、征信体系方面的监管体系等。同时，为了有效避免监管缺位和重复监管，我国组建了互联网金融监管协调小组并且建立了部门之间的监管协调机制。

（二）建立健全法律法规体系，实现依法监管

互联网金融有序发展必须严格遵守现有的法律法规，通过立法来明确互联网金融机构的性质和法律地位，通过部门规章、实施细则等手段破解互联网金融创新可能导致的金融监管漏洞，进一步规范互联网金融机构的组织形式、资格条件、经营模式、风险防范和监督管理方式等内容，研究并出台与征信数据开放、使用和保密直接相关的法律法规，形成多层次的法律监管体系，有效延伸和扩充

---

① 王菲：《我国金融消费者保护路径选择分析》，《现代商贸工业》2013年第9期。

现有金融监管法规体系，既要修补现有法律法规漏洞，又要根据新变化制定专门的规范规则，坚决打击违法犯罪活动。例如，美国、澳大利亚、意大利等国家通过立法给予众筹合法地位，而英国金融行为管理局（FCA）也正式承担了互联网金融的监管职责，同时推出了涵盖众筹、P2P等产品的一揽子金融监管细则。① 目前，我国互联网金融正处于起步发展期，当务之急是要在现有法律基础上，完善互联网金融发展相关的基础性法律以及相关制度规定，建立金融监管部门和政府相关部门各司其职、相互配合的监管机制，研究并出台互联网金融的技术规章以及国家标准，尽快制定全面规范的有关互联网金融新业态的法律法规，明确监管原则和界限，特别是要从互联网金融机构的许可设立、业务运作、资金存放与汇划以及网站的日常管理等各方面入手，实施有效监管，弥补我国当前监管制度的真空与不足。

（三）强化行业自律，规范行业行为

伴随着互联网金融从业人员人数不断增长，在政府监管的同时，也要积极推动建设互联网金融行业自律组织，以科学的互联网金融行业标准来提高行业准入门槛，推动同业监督。例如，日本采取建立互联网金融行业协会的方式进行自律监管；美、英、法等先发国家通过积极推动成立众筹协会的方式来制定自律规范；② 澳大利亚互联网金融之所以能长期安全运行，其关键因素之一就是众筹网站ASSOB注重筹资流程管理。借鉴先发国家经验，我国应该有意识地加强互联网金融的行业自律，力求充分发挥互联网金融行业自律组织的有效监管补充作用，制定科学合理的限定准入条件，提高准入门槛，加强网络平台资金管理，对资金发放、使用、还款进行跟踪管理，建立资金安全监控机制与良好的内控机制，进行稳健合规经营，监测风险发展趋势，最终达到规范和引导互联网金融机构行为的目的。

---

① 罗培新：《美国金融监管的法律与政策困局之反思——兼及对我国金融监管之启示》，《中国法学》2009年第3期。

② 罗培新：《美国金融监管的法律与政策困局之反思——兼及对我国金融监管之启示》，《中国法学》2009年第3期。

（四）加强金融监测和宏观调控，完善反洗钱制度体系[①]

随着互联网金融的不断发展壮大，我们既要尊重市场规律、鼓励金融创新，协调发展与风险之间的关系，又要加强金融监测，建立与完善金融宏观监管协调机制，积极发挥金融监管协调部际联席会议制度功能，加强政策、措施、执行的统筹协调，形成监管合力，完善反洗钱制度体系。人民银行要放宽互联网金融市场准入、明确业务范围，通过设定特定交易条件强化监管来保证交易安全，要探索国内互联网金融负面清单管理模式，从资本充足率、内部风险控制能力等方面确定互联网金融准入门槛，针对企业的不同发展阶段给予政策支持，逐步将互联网金融的融资额纳入社会融资总量统计中，实现网络信息数据公开化、透明化，制定有关数据报表，设计科学合理的网络融资统计监测指标体系；加强对互联网金融机构日常风险的监测分析与风险预警，强化对贷款利率的检查，对网络借贷资金流向进行动态监测，加强定期排查以消除风险隐患，并对网络借贷平台适当加强窗口指导，构建多层次的监管制度保证，合理引导社会资金的有效流动，建立与网络银行、网络信贷、第三方支付等相应的配套监管管理办法，监测各种网络货币交易并实时跟踪分析网络货币流程，将互联网融资平台公司、网络货币交易商都纳入反洗钱监管范围之内，保障国家利益。

（五）建立并完善征信体系，提高稀缺金融资源的配置效率

我们应该加快社会征信体系建设，大力发展信用中介机构，建立健全互联网金融机构、企业和个人信用体系，打造互联网金融发展的商业信用数据平台，推动信用评估体系建设，增加金融市场的透明度，最终达到抵御互联网金融所带来的风险、提高稀缺金融资源配置效率的目的。例如，美国通过三家征信公司建立起的征信体系，可以提供准确的信用记录，实现机构与客户间对称、双向的信息获取。[②] 相比而言，我国征信体系与欧美先发国家（或地区）的差距主要体现在征信机构的规模、征信服务能力、征信制度建设方面，因

[①] 张超：《浅谈我国金融监管模式的选择》，《新财经》（理论版）2011年第7期。
[②] 罗培新：《美国金融监管的法律与政策困局之反思——兼及对我国金融监管之启示》，《中国法学》2009年第3期。

此需要增加信息的透明度,同时还要建立健全征信的法规和标准,进一步完善征信体系,大力保护信息主体的有关权益,强化交流与合作。对此,在借鉴先发国家经验的基础上,我国征信业管理部门应参照国外有关标准并结合国情,在人民银行牵头下联合各大商业银行,同时会同有关部门制定必要的技术与业务标准,充分利用"银行信贷登记咨询系统"技术平台,制定征集信息内容标准以及技术标准等,将分散的信用信息通过接口程序进行汇总、分类、储存和分析,同时还要加大宣传力度,积极建立个人征信运行系统,连接和传输各大数据库,最终实现在法律规定和系统软硬件锁定的范围内对征信公司运营所需数据资源进行采集、检索和处理,从而能够为社会各大主体提供优良的征信服务。除此之外,我国还可以采取由央行统一管理,以会员制为核心,以股份有限公司为主体的模式,组建按市场经济机制运作的个人信用中介机构。①

(六)加强市场参与主体的权益保护,提升社会监督力

随着互联网金融的快速崛起,金融领域内跨行业组合的创新层出不穷,主要表现就是各种金融产品和准金融产品日新月异。互联网金融产品投资者在迅速增长,同时消费者参与金融活动的广度、深度与频度在不断扩展。投资者与消费者为满足自己的金融需求,逐步接受了互联网金融企业所提供的各种金融服务,然而不健全的互联网金融投资者与消费者保护体系使得侵犯金融投资者与金融消费者权利的行为屡见不鲜,使投资者与消费者的合法权益受到很大的侵害。对此,我国应积极优化互联网金融的生态环境,制定专门的互联网金融消费者权益保护办法,强化信息安全管理,明确规定交易过程中的信息披露范围、消费者个人信息保护内容等,广泛开展互联网金融企业和金融消费者教育,提高互联网金融的投资者与消费者风险意识和自我保护能力,改变不良偏好,建构消费者保护体系,确保消费者信息和资金安全,并适时出台相应的投资者权益保护法律制度,建立互联网金融投资者投诉受理渠道,解决相应的金

---

① 《互联网金融监管对策》,财经网,http://www.financialnews.com.cn/llqy/201312/t20132002_45612.html。

融纠纷,对于损害投资者利益的行为及时纠正并予以处罚,大力保护投资者的权益,促进互联网金融规范有序发展。

(七) 完善税收征管体系

随着互联网技术的不断突破以及金融业务的不断创新,互联网金融的市场份额会越来越大,地位也会越来越重要。互联网金融是一种区别于传统金融业务模式的全新交易方式,非常有可能在将来某一时间成为主导的经济模式之一。既然互联网金融交易符合现行税收制度规定,那么就应该建立并完善促进互联网金融发展的征管方式,按《税法》相关规定纳税。① 然而,由于互联网金融是新兴事物,我国《税法》目前还没有明确的税收征管规定,税务部门不仅信息化程度较低而且难以确认税收凭证、产品性质、纳税主体、税收管辖权、常设机构,难以掌握互联网金融交易活动的趋势,导致税收征管难度加大。对此,我国应尽快建立以电子商务为主体,以金融、信息、电商等为辅的征管体系,解决互联网金融交易所具有跨行业、跨市场特征,税收征收范围广、征管挑战大等问题;基于互联网金融交易涉及增值税、营业税、所得税等多项税种,我国应尽快强化适应互联网金融的税收征管和风控体系,明确征管手段原则和界限;互联网金融交易所具有的信息不对称、交易成本、监管、市场等风险因素更为复杂,容易引发税收征管风险,因此我国应尽快建立互联网金融征管风控机制,构建全行业且跨地区的信息共享系统,从而大力提升互联网金融征管信息化与专业化水平。

参考文献

杨群华:《我国互联网金融的特殊风险及防范研究》,《金融科技时代》2013 年第 7 期。搜狐财经,http://business.sohu.com/guoneixinwen.shtml。

李沛霖:《机构监管与功能监管的比较分析及对我国金融监管的思考》,《北京市经济

---

① 《央行副行长给出互联网金融监管意见》,人民网,http://finance.people.com.cn/2014/0221/c1009-24424324.html。

管理干部学院学报》2008 年第 2 期。

徐爱水：《审慎监管下的小额贷款公司——对小额贷款公司监管规范的评析》，《华北金融》2011 年第 3 期。

宫晓林：《互联网金融模式及对传统银行业的影响》，《南方金融》2013 年第 5 期。

吴晓灵：《解读央行互联网金融监管：非着眼于动了谁的奶酪》，凤凰财经，http：//finance.ifeng.com/a/20140322/11957054_0.shtml。

《金融稳定报告：互联网金融监管应遵循五大原则》，新华网，http：//news.xinhuanet.com/fortune/2014-04/30/c_1110475794.htm。

《解读〈中国金融稳定报告（2014）〉官方五大监管思路》，中国支付网，http：//paynews.com.cn/article/25408_1.html。

中国人民银行金融稳定分析小组：《中国金融稳定报告（2014）》，中国金融出版社，2014。

张晓朴：《互联网金融监管十二原则》，人民网，http：//finance.people.com.cn/n/2014/0120c/c1004-24175078.html。

罗培新：《奥氏金融制度变革中的政治与权术之争》，《证券法苑》2009 年第 1 期。

罗培新：《美国金融监管的法律与政策困局之反思——兼及对我国金融监管之启示》，《中国法学》2009 年第 3 期。

《金融监管应有"互联网心态"》，新浪网，http：//tech.sina.com.cn/i/2014-02-21/02399179412.shtml。

丁晓东：《浅析我国现行的金融监管体制》，《今日湖北》（下旬刊）2012 年第 5 期。

《互联网金融需适度监管》，人民网，http：//finance.people.com.cn/bank/n/2014/0430/c202331-24958833.html。

王菲：《我国金融消费者保护路径选择分析》，《现代商贸工业》2013 年第 9 期。http：//www.financialnews.com.cn/llqy/201312/t2013202_45612.html。

《央行副行长给出互联网金融监管意见》，人民网，http：//finance.people.com.cn/2014/0221/c1009-24424324.html。

B.8
互联网金融信息安全

摘　要： 从全世界来看，所有国家都面临互联网安全问题的挑战，中国和美国有共同的问题，但是我国面临的挑战更严峻。核心芯片、硬件设备、操作系统、数据库、存储系统、核心业务处理系统等被美国控制甚至垄断。在互联网金融领域，80%以上的业务系统也是基于IBM、Oracle、EMC、CISCO模式构建的，"棱镜门"事件曝光让我们清晰地看见了我国网络安全面临的巨大风险。发挥产业链优势，联防联控，整合行业和国家信息安全资源和能力，构建基于攻击语境的主动防御体系对我国互联网金融健康发展尤为迫切。

关键词： 互联网金融　信息安全　产业化　保障　主动防御体系

一　互联网金融信息安全风险分析

截至2013年，我国已经拥有5亿网民，电子银行、电子支付、P2P、网上理财等已经不再新鲜。然而，在人民享受互联网金融便利的同时，时常遭遇账号被盗、资金被窃、交易受骗、财产受损等安全风险。据统计，2013年我国网上银行交易规模超过1000万亿元，我国第三方互联网支付市场交易规模达到53729.8亿元。确保互联网金融安全的重要性和紧迫性可想而知。

（一）互联网金融信息安全概况

分析我国的电子支付流程，互联网金融信息安全风险事件形成的原因是多方面的，通常可以归结为以下几类。

1. 消费者安全意识淡薄

消费者安全意识淡薄是影响电子支付交易安全的一个重要原因。例如，消费者在电子支付时，没有使用正规的第三方支付平台进行支付；随意接收陌生文件；在不同网站使用相同用户名与密码；网络密码放在电脑内；使用不安全的电脑进行网络支付；资金账户仅使用数字这样的低强度密码；登录与支付使用相同的密码；随意将自己的敏感信息告诉他人；不注意妥善保存相关敏感信息，如 ATM 机取款后，随意丢弃回单，给犯罪分子以可乘之机等。

2. 消费者电子支付操作不当

电子支付技术种类繁多，可分为网上支付、电子支付、移动支付、电话支付、销售点终端交易、自动柜员机交易和其他电子支付。如果消费者不熟悉支付方式的特性，在不安全的环境下使用个人信息，交易敏感信息就可能由此泄露；此外，电子支付业务需要使用者具备一定的操作技能，如果客户对操作及流程不熟悉，可能进行误操作，导致操作风险。

3. 木马软件泛滥

在网络上木马软件泛滥，用户如果未对其计算机安装相应的木马查杀软件，就很容易被感染。一旦被感染，用户的机器就会在其毫不知情的情况下记录用户的键盘记录、屏幕截图、鼠标操作等关键的信息，再通过网络将数据发送至指定的地址，或者通过截断数据通信的方式，将用户的进出通信数据经由黑客转发。

4. 黑客攻击猖獗

现在，黑客产业链业已形成，从漏洞挖掘到漏洞利用工具的生成，从敏感信息的收集与贩卖到伪卡制作，在网络上都能找到相应的服务提供商。简单易用的黑客工具已经随处可见，即使电脑"门外汉"，只要按照某些教程运用黑客工具，也能进行有效的攻击。同时，不少犯罪分子也可广泛利用短信、邮件等方式骗取客户的银行卡信息，盗取客户资金。2005 年 4 月，银行卡短信诈骗案件在厦门发生，随后蔓延到杭州、上海、南京和广州等沿海城市，10 月下旬波及除西藏和青海以外的绝大多数省份，使上百万人受害，涉及金额达千万元。

当前,针对黑客攻击仍缺乏有效的应对手段。一方面,目前黑客攻击行为逐步采用匿名技术和分布式技术等手法,给追踪黑客活动的行为主体带来困难,导致黑客在实施破坏活动时怀有侥幸心理;另一方面,黑客的网络攻击行为更多的与移动互联网、云计算等新技术联系起来,面对黑客的攻击破坏行为仍缺乏有效的应对手段。

5. 网络钓鱼欺骗

最典型的网络钓鱼(Fishing)攻击是将消费者引诱到一个精心设计的、与目标组织网站非常相似的钓鱼网站上,并获取消费者在此网站上输入的个人敏感信息(如用户名、口令、账号、密码等),通常这个攻击过程不会让受害者察觉。

据国家互联网应急中心(CNCERT)发布的《2013年我国互联网网络安全态势综述》:2013年钓鱼网站数量继续迅速增长,CNCERT共监测发现针对我国银行等境内网站的钓鱼页面30199个,涉及IP地址4240个,分别较2012年增长35.4%和64.6%。

钓鱼网站往往采取与正常域名和网站内容相似等手段来欺骗访问者,甚至恶劣地将目标网站黑掉,篡改成钓鱼页面,欺骗或者诱导用户访问,以盗取用户信息(如姓名、手机号、通信地址、身份证号、银行账号和密码等),进而进行各种非法行为。黑客利用这些信息可以进行多种危害用户合法利益的行为,包括将用户资料兜售牟利、盗取信用卡和银行卡信息恶意透支、通过破解用户邮箱账号窃取个人隐私进行敲诈、转移用户资金等违法犯罪行为。

根据国家计算机网络应急中心估算,仅2009年境内"网络钓鱼"让网民的损失已经达到76亿元,而更多的经济之外的损失更是难以统计。

(二)互联网金融常见的不同类别信息安全风险

我国互联网金融面临的主要风险如下。

1. 客户端安全认证风险

客户端使用用户名和密码方式进行认证,一旦用户计算机感染病毒、木马程序或被黑客攻击,没有进行安全认证,用户所做的操作,均会被发送至计算机感染病毒、木马程序或被黑客攻击的服务器后端,严重威胁互联网金融业务账户和密码安全。近年来商业银行均出现过假冒互联网金融业务，这些互联网金融业务与真的服务网站域名和页面非常相似，用户很难分辨。一旦登录到这些钓鱼网站，网站会通过键盘记录或屏幕录制等方式，把账户和密码信息传输至窃取人指定的服务器中，危及用户资金安全。互联网上还出现了专门的网银病毒，如"网银大盗"病毒是针对某一国有银行互联网金融业务的，专门窃取该银行互联网金融业务用户的账户、密码、验证码等敏感信息，给互联网金融业务带来很大的信息安全风险，对银行客户的财产造成严重的威胁。

2. 信息通信风险

互联网金融业务通过网络在银行、互联网金融机构、用户之间进行数据传输，在数据传输过程中要求进行数据加密，一旦网络传输系统和环境被攻破，或者加密算法被黑客攻破，将使得互联网金融业务客户的资金、账号、密码在网络中明文传输，造成客户信息泄露，严重影响互联网金融业务用户的信息安全。

3. 系统漏洞风险

互联网金融业务应用系统和数据库，不管使用 Java 进行系统开发还是使用其他工具开发，在技术上必然存在一些系统漏洞和隐患，这些漏洞往往会被黑客、计算机病毒所利用，给其带来巨大实际利益。因此，出现黑客产业链，有专门技术人员去发现互联网金融业务系统的漏洞，出售给病毒制造者，对互联网金融业务的系统造成很大的信息安全风险。

4. 数据安全风险

互联网金融业务的数据要求绝对安全和保密。用户基本信息、用户支付信息、资金信息、业务处理信息、数据交换信息等的丢失，泄露和篡改都会使商业银行产生不可估量的损失。在互联网这样一个开放式的环境中，确保数据输入和传输的完整性、安全性和可靠性，防止对数据的非法篡改，实现对数据非法操作的监控与制止是互联网金融业务系统需要重点解决的问题。

5. 系统应急风险

目前大多数互联网金融机构在系统建设和运行中，特别是尚未纳入监管体系的 P2P 等机构系统，没有很好地按照业务运行应急计划进行实际演练，应对电力中断、地震、洪水等灾害不到位，一旦发生上述情况，如果平时没有执行应急演练计划，将带来巨大损失。如美国"9·11事件"，由于没有建立灾备系统，没有执行好应急演练计划，一些公司系统和数据全部丢失，造成公司彻底破产和消失。

6. 内部控制风险

互联网金融服务内控制度对业务日常运行处理进行流程或制度规范，一旦互联网金融业务内控制度建设或执行不到位，将会造成互联网金融业务在运行或业务操作中出现问题。比如由单个维护人员完成对客户的密码重置或客户账户信息调整等，会造成互联网金融业务信息安全风险。

7. 外包管理风险

互联网金融业务在快速发展过程中，由于机构相关人才不足，在系统开发、运行过程中，很多是通过购买第三方外部服务的方式提供互联网金融业务技术支持。但是如果互联网金融业务外包服务管理不到位，将给服务机构带来数据泄密的风险，这种案例在国内曾发生过多起。同时，如果外包服务公司经营不善或破产，造成互联网金融业务外包服务突然中断，也会严重地影响互联网金融业务安全稳定的运行环境。

8. 操作风险

操作风险指由机构内部员工或用户的错误操作、恶意操作而导致的潜在风险。机构员工对业务不熟悉，有可能导致严重的互联网金融业务操作风险，从而危及互联网金融业务的总体安全。此外，像在传统商业银行业务中那样，客户的疏忽也是操作风险的另外一个来源，互联网金融业务可能会因为客户欠缺网络安全知识而面临相当高的操作风险。

9. 法律风险

互联网金融业务的法律风险源于违犯相关法律、法规和制度，以及在网上交易中没有遵守有关权利义务的规定。目前电子商务和互联网金融业务在我国正处于加快发展阶段，政府有关法规中对于网上交易权利与义务的规定还不清晰，所以互联网金融业务中存在相当大的法律风险。

（三）移动支付主要风险分析

概括来说，移动支付风险主要来自移动操作系统层、移动客户端和针对移动金融服务业务的外部威胁，具体如下。

1. 移动操作系统层安全风险

"裸奔"的风险。手机作为广大用户的通信工具很少被安装杀毒软件，大部分用户的手机还都是"裸奔"状态，不带有任何安全防护体系的操作系统是非常脆弱的。

越狱、ROOT的风险。在越狱、ROOT操作系统上，黑客可以静默安装具有针对性的攻击软件，或者直接卸载手机银行APP并替换成钓鱼软件。普通的用户很难发现这些操作，如果其手机受到攻击，必然会造成严重的后果。

刷机风险。手机用户普遍都有过刷机经历，网上下载的自制ROM木马携带率很高，如果刷了带木马的ROM，无疑是将自己手机银行的账户信息暴露出来。

2. 移动终端客户端安全风险

除了操作系统的风险外，手机终端客户端软件也存在着一定的风险。

密码截获风险。用户在手机终端客户端软件中输入密码的时候，木马程序可以随时监视并获得用户输入的密码信息。

短信验证码风险。有些手机终端客户端软件采用短信动态验证码的机制作为辅助安全手段，但在移动平台上截获短信是轻而易举的事情，黑客可以利用自动化控制工具在用户毫不知情的情况下操作客户端，将短信动态验证码截获并自动带入非法业务操作中，一笔用户毫无觉察的非法交易就已经操作完成了。

交易劫持风险。用户在使用手机处理金融业务时，木马监听程序在用户数据提交之前可预先篡改交易数据，而用户只能看到篡改前的正常数据，但提交到银行的交易数据，如交易金额、收款账户等信息都已经被替换掉，用户很难及时发现攻击行为。

3. 针对移动支付的外界安全威胁

移动支付同样存在人为欺诈行为。正因为手机银行快速便捷，受害人容易在受人蛊惑后在没有充分考虑的情况下就在手机银行上进行交易操作，事后反省过来为时已晚，资金已经划出。

用户对移动支付的安全意识淡薄。用户容易将自己的敏感信息泄露出去，或开通移动支付业务的时候错将别人的手机号登记上去，从而造成不可挽回的损失。

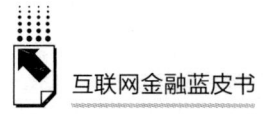
互联网金融蓝皮书

手机丢失后移动支付业务存在风险。如果用户不妥善保管手机，导致手机丢失或被盗等，在用户手机金融业务密码设置过于简单的情况下，手机丢失后其账户安全会存在较大的风险。

（四）互联网金融数据安全分析

近期几个重要的互联网金融数据安全事件说明该领域存在突出的相关安全隐患。

事件一：2014年2月28日，世界最大规模的比特币交易所运营商Mt. Gox宣布破产，因交易平台的85万个比特币被盗一空，公司已经向日本东京地方法院申请破产保护。[①]

事件二：2014年3月20日，国内最大、最具影响力的P2P网络借贷行业门户网站网贷之家发布公告：自2014年3月16日起，网贷之家官网持续多日受到黑客的严重恶意攻击，持续十分钟的30G流量攻击，同时数万个IP的CC攻击，短短几小时内6亿次的连续攻击。[②]

事件三：2014年3月22日，全国知名票务服务公司、在美国纳斯达克上市的携程旅行网被曝：其支付日志存在漏洞，用户银行卡信息可被黑客任意读取。这一事件引发大量用户更换信用卡，使互联网金融领域支柱之一的互联网支付蒙上了一层阴影。[③]

事件四：Netflix和AOL已经因为其管理的大量数据和对个人信息的保护被发布而受到金额达数百万美元的起诉（某些已经立案），尽管他们已经对这些数据做了"匿名化"处理并且是为了研究才公布的。

这四个事件分别从数据质量的安全、数据容灾安全、数据访问控制安全、敏感数据分析安全等不同角度说明了互联网金融数据安全性面临的挑战和风险。可以看到这一系列数据的安全性对整个互联网金融行业至关重要。

1. 数据质量的安全

互联网金融企业区别于传统金融机构的最大特点是其所有的业务均通过互

---

① http：//www.8gyu.com/hot/20140302/3162.html.
② http：//www.admin5.com/article/20140321/540005.shtml.
③ http：//big5.ce.cn/gate/big5/finance.ce.cn/rolling/201403/24/t20140324_2535350.shtml.

联网和信息系统完成。而信息系统处理的核心是其包含的业务数据。由此,互联网金融机构业务系统所包含数据的可靠性是其需考虑的首要问题。

大数据时代的互联网企业,如电子商务服务商、电子邮件服务商、搜索引擎服务商、门户网站、SNS(Social Network Services)等,为使自己的系统架构具有适应大规模用户访问、使用的性能,通常采用了并行集群计算的框架,这其中包括 Google 的 Bigtable 以及延续 Bigtable 思路的 Apache Hadoop 框架。这种框架的优势在于,可很好地以相对低廉的成本构建具有高并发访问性能、弹性计算性能的 IT 架构,以适应当前随互联网浪潮掀起的大数据浪潮。这种系统架构的特点是在牺牲部分数据准确性及可靠性的前提下提高了海量用户并发访问的性能。由此,该类系统具备利用海量的用户产生内容(User Generated Content,UGC)及相关数据为所有用户提供良好的访问体验的能力。在相关的大数据技术的保障下,新兴的互联网企业能在短期内积聚大量的用户,极大地降低了信息沟通成本,产生了大量商机。以此为蓝本,大量互联网金融公司架设了自己的大数据 IT 架构,借大数据的东风力推自己的虚拟金融服务。

相对于互联网金融公司的迅猛发展,传统金融机构(如银行机构、证券行业等)的信息化具有自身的特色。传统金融机构以交易及资金为核心,其主要业务为事务处理(On Line Transaction Processing,OLTP)及大量分析性业务。为处理相关业务,传统金融机构使用了关系型数据库并搭配传统的数据仓库方式搭建自己的 IT 架构,以处理相关的核心业务数据。传统的事务性处理最大的优点是在处理交易数据时其原子性、严格的事务性的特点可以很好地维护数据质量及可靠性;然而,其最大的问题在于,当该类系统在面临互联网化的浪潮带来的海量用户并发访问的环境时,无法保证应用的稳定性和效率,其维护成本及更新成本很高。为抢占互联网金融时代的先机,部分国内金融机构尝试使用互联网企业的大数据处理技术及架构来重构自己的互联网业务。

无论是新兴的互联网金融业务还是传统金融机构的互联网化,这两个趋势业务的底层 IT 系统架构均建立在当前的大数据技术基础上。借互联网海量用户信息及信息沟通成本低廉的东风,近年国内的互联网金融行业快速扩张、发展,而数据质量本身的安全性却被放在了次要的位置,现有大数据系统架构的

顽疾，如数据准确性、一致性差，数据质量及可靠性不高的特点均不同程度地保留在互联网金融机构的核心业务数据系统中，埋下了一颗不小的定时炸弹（Bigtable、Hadoop等系统均未得到很好的解决）。由此，当前互联网金融数据迫切需要能保证数据质量的、可靠性的、能保证高并发事务性处理的新的大数据IT系统框架及技术的出现。

2. 数据访问控制安全

数据的访问控制主要是针对越权使用资源的一系列防御措施。数据访问控制安全机制能防止对数据资源进行未授权的访问，从而使计算机系统在合法范围内使用，它决定用户能做什么，也决定代表一定用户利益的程序能做什么。

由于大量互联网金融机构使用了新兴的大数据相关技术，技术本身的成熟度和倾向性使当前互联网金融机构的底层IT系统架构难以保证数据的质量和可靠性。更为严重的是，在这样的系统中，往往为了应对大数据的处理效率，简化了数据访问的权限控制机制。由此，一旦相关互联网金融机构内部出现错误操作或"害群之马"时，往往可能造成灾难性的后果。

传统数据库领域存在软件及硬件加密的数据库系统，然而在大数据的分布式处理架构下，暂未有合适的工业级别的加密数据库，这使得互联网金融行业的数据底层在企业内部存在相当的操作风险。

当前互联网金融企业所使用的大数据分布式处理架构Hadoop提供了一个与POSIX系统类似的简单的文件和目录的权限模型。基于Hadoop的Hive也开始逐渐细化对数据元组级别及属性级别的访问控制安全机制。然而数据访问控制及其处理的性能始终存在一定的矛盾，这也是今后互联网金融机构底层的IT架构需重点解决的问题。

3. 数据容灾安全

互联网金融机构的主要业务交易借助互联网完成，其主要利益包含在它们的核心数据中。尤其是以经营虚拟货币为主业的相关单位，其核心数据的安全性显得非常重要。

在网络时代，互联网企业面临一系列安全性风险：系统意外故障、黑客入侵、天灾人祸等。数据容灾主要指在遇到突发的各种故障和灾难时，相关企业的数据（尤其是涉及核心利益的数据）可以在一定程度上得到恢复，以免遭受如 Mt. Gox 公司那样的毁灭性打击。

当前广为使用的基于 Hadoop 的大数据技术所搭建的集群不具备完善的容灾功能，当系统中出现 Named Node 崩溃时很难直接恢复。此外由于大数据时代的互联网金融数据的海量规模，传统的基于冗余磁盘阵列方式的容灾技术面临性能和吞吐量的挑战。尤其在面临大规模数据异地集群备份时，相关问题会显得更加严重。

除技术层面的考虑外，在法律上还需针对敏感数据容灾备份制定专门的管理条例和规则，在政策上为互联网金融容灾备份中心搭建便利的平台。

4. 敏感数据分析安全

大数据环境下，很多组织和机构都在对自己从不同源头收集的海量数据进行分析，并基于这些分析结果做出相应的决策。而在互联网金融的特定情境下，这些数据都是一些敏感数据，因此首先需要保证数据分析人员的安全可靠；其次，应该按照分析人员的级别和分析需求，提供其相应敏感级别的数据，并且必须明确发布这些数据及其分析结果可能产生的后果。从事件四中可以看出，即使已经对发布的数据进行了"匿名化"处理，但一些敏感信息依然会被发布出去进而遭到惩罚。

二 互联网金融信息安全主要解决方案

2014 年，Windows XP 停止服务是我国互联网金融行业的一件大事。Windows XP 操作系统于 2001 年发布，目前依然在各领域广泛使用。除了个人电脑外，XP 系统还广泛应用于 ATM 机、医疗设备、工业控制系统和一些信用卡的刷卡设备。据全球最大的 ATM 机制造商 NCR 公司的数据，目前超过 95% 的 ATM 机采用的是 XP 系统。因此，金融行业面临着较大的安全风险。

（一）中国电子基于攻击语境的主动防御体系

传统防护体系采用被动防御方式解决信息安全问题，发展到今天已经难以

为继,主动防御势在必行。传统的信息安全防御体系主要基于扫漏洞、打补丁和利用特征库识别恶意行为,不能满足金融业务等高等级的安全需求,特别是针对渗透攻击缺乏有效的防御手段。建立的安全机制极其脆弱,现有安全防护产品"重功能,轻保障",安全保障能力欠缺,自身安全机制容易被篡改。形成的安全管理机制分散低效,一方面各产品难以联动,不能构成整体防御,另一方面运维效率较低且缺乏预测能力。

2013年9月12日,马凯副总理在中国电子调研信息安全时特别指出:"要大力发展国产化替代工程,要加强防护性措施,可信计算是解决信息安全问题的一个重要途径。"

国产化替代是国家长期的、持续的基本发展战略,需对替代的全程进行统一安全防护。第一阶段在大量国外产品环境中构建主动免疫的自主防御体系,确保计算环境的"安全可控";第二阶段在自主产品和非自主产品的混合环境中,建立统一的主动免疫防护体系;第三阶段在完全自主产品环境中建立主动免疫防护系统,达到"本质安全"的目标,为国家自主可控战略保驾护航。

1. 基于可信计算技术的"白细胞"操作系统免疫平台

信息系统不安全的根源是由于PC结构的简化,对系统中的进程、程序没有校验,导致可执行程序、进程在非授权情况下任意执行,实施恶意行为,而传统的防火墙、防病毒、IDS都是以外围封堵、事后升级病毒代码库为主,不能主动防御、积极防御。可信计算通过在硬件上引入可信芯片,从结构上解决了个人计算机体系结构简化带来的脆弱性问题。可信计算基于硬件芯片,从平台加电开始,到应用程序的执行,构建完整的信任链,一级认证一级,一级信任一级,未获认证的程序不能执行,从而使信息系统实现自身免疫,构建安全等级的信息系统。

美国微软公司宣布2014年4月8日完全停止对Windows XP系统提供补丁和安全更新,这给我国的信息系统运维安全及数据安全带来严重威胁。

为此,工信部副部长杨学山与国内权威院士、专家进行了深入研讨,最终达成共识:"国外其他商业操作系统迟早也会停止补丁更新,因此需要采取操作系统加固措施提供安全保障。现阶段国家政策上不提倡将Windows XP系统升级到 Windows 7/Windows 8 系统,如需考虑升级,建议搭载操作系统安全加固产品提供安全保障,并且在今后的信息系统安全检查中应加入针对性检查。"

中国电子推出的"白细胞"操作系统免疫平台(如图 1 所示)以可信计算技术为基础,以《信息安全技术信息系统等级保护安全设计技术要求》(GB/T25070 - 2010)为依据,让操作系统具备了自免疫能力,让计算机有了自己的免疫"白细胞"。"白细胞"操作系统免疫平台实现了主动防御,有效解除了系统被未知漏洞、未知病毒、未知木马攻击而造成的风险,能够解决 Windows XP 停止服务带来的安全问题。

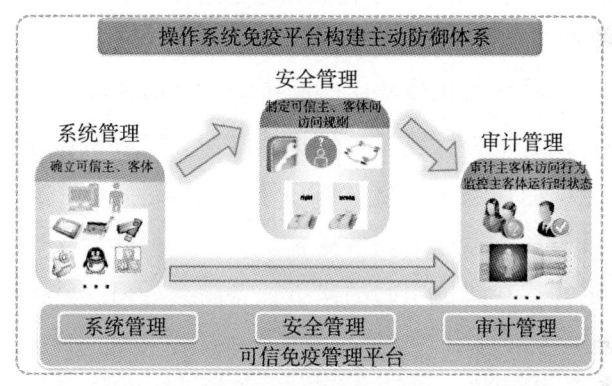

图 1 "白细胞"操作系统免疫平台架构

"白细胞"操作系统免疫平台基于可信计算技术进行设计,设计和实现中用到了多种前沿技术,主要包括内核级系统监控技术、文件可信校验技术、动态度量技术、可信网络连接技术、可信审计技术等关键技术。

2. 可信网络安全解决方案

我国互联网金融重要信息系统正面临着多角度、多维度、复杂环境下的信息安全挑战。2013 年 6 月 9 日,美国中央情报局前雇员爱德华·斯诺登曝出了"棱镜门"事件,材料显示自 2009 年以来美国国安局就持续入侵和监视中国内地和香港的电脑网络。据德国《明镜》周刊引述泄漏的美国国家安全局文件指出,美国在全球约 80 个地点设有特殊情报搜集部(Special Collection Service,SCS),从事电话监听和网络通信监控,香港、北京、上海、成都、台北等亚洲城市榜上有名,美国在东亚的两个盟友韩国与日本则不在名单之上。根据《明镜》此前报道,SCS专门监控所在地区政府部门的通信。斯诺登事件表明,在政府、军队、央企、金融、运营商等重要行业中,对重要人员数据信息无时无刻的监控窃取成为新的安全威胁。如何有效应对影响国家安全和经济发展的信息安全威胁,成为当前亟待解决的问题。

中国电子可信网络安全解决方案就是要建设一个"三明治"结构的封闭网络即可信任网络,把网络设备转发的数据包标记为可信任数据包,通过数据包白名单校验的方式发现网络设备自己产生的流量,并做分析和审计,发现"后门"线索。可信任网络是指网络内数据包都为可信任数据包,实现网络内端到端的可信任传递的网络。可信任数据包是指在数据包包头加入标识信息,是防伪造、抗抵赖、具备完整性的数据包。

网络设备是连接终端和外部网络的桥梁,可信任网络的起点在终端和网络设备之间,在这个位置放置可信标识网关,把数据包标识为可信任数据包。可信任网络的终点在网络设备和外部网络之间,在这个位置放置可信边界网关,校验和还原可信任数据包。可信标识网关和可信边界网关组成可信任网络的边界,防护中间的网络设备隐藏后门。可信网络方案架构见图2。

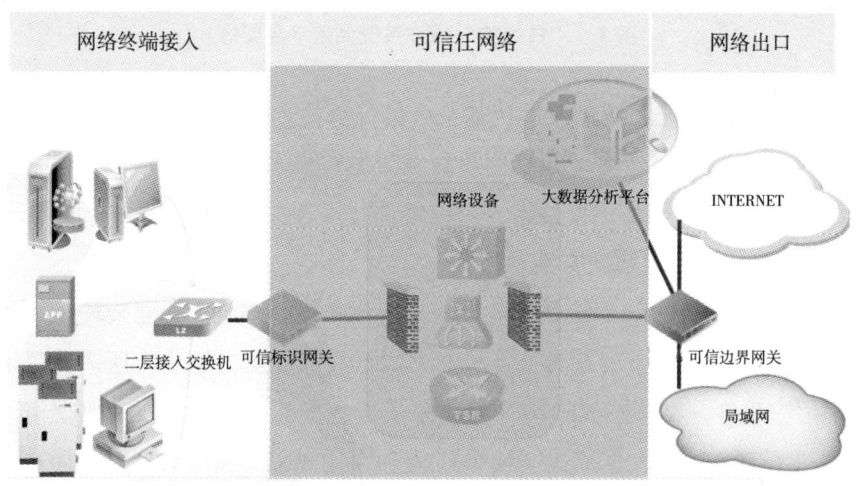

图2 可信网络方案架构

可信网络方案包含三个关键点。

一是可信任数据包白名单。隐藏后门的目的是把网络中要监控的流量通过复制或篡改的方式传送出去，隐藏后门防范的第一步工作应该是如何把边界网络设备自己产生的流量与其转发的流量区分开，能识别网络边界设备自己产生的流量。本方案不通过检查网络边界设备自己产生流量的特征识别，而是通过建立可信任的网络，建立可信任数据包白名单的方式发现异常流量。这样的好处是可以识别出所有可疑数据流量。

二是安全的数据包级别标识。按上面的分析，现在的网络协议从原理上说是不能区分这两类流量的，因为网络设备具备伪造数据包任何一个字段的能力，存在着网络边界设备伪造可信任数据包的风险。本方案通过安全的数据包标识技术，在数据包中加入网络边界设备不能轻易伪造的标识信息，达到区分网络边界设备自己产生的流量的目的。

三是网络边界设备可疑流量的审计取证。网络边界设备后门难以发现的原因之一是网络设备自身有维护接口和网络信令传输接口，这些接口平时正常工作，但这些接口也可能被用来传输后门数据。原因之二是以前因为不能捕获网络设备自身发出的数据，造成缺乏研究样本，缺乏可追溯证据，在察觉到异常时也不能做进一步的追查工作。本方案在识别网络设备自身发出数据的基础上，建立起全网范围的网络边界设备可疑流量采集存储体系，以便事后分析正常维护流量和异常后门流量。

中国电子可信网络解决方案以可信计算理论为基础，利用专有数据包标识技术，在重要信息系统网络边界建立可信任数据包的白名单机制，管控非可信数据包，阻断网络设备未知后门和漏洞向外泄露信息的途径。

3. 金融系统信息安全服务平台

传统的信息安全防护体系已经难以提供可靠的安全防护，特别是针对APT攻击、零日型攻击，或者是来自企业内部的网络攻击，当前的互联网金融系统信息安全保障体系无法提供足够的保护能力。

中国电子针对金融系统和互联网金融系统高安全保障需求特性，基于攻击语境的主动防御思想推出了金融系统信息安全服务平台（见图3）。该平台以安全服务为核心，以平台为支撑，以信息安全威胁的"可发现、可替代、可防范"能力为保障,以信息安全的评估咨询,信息风险的感知、识别、预警、防护为主线,在面对"可能发生、正在发生、或者已经发生"的有害程序事件,网络攻击事件,信息破坏事件,信息内容安全事件,设备设施故障,灾害性事件和其他信息安全事件时,提供软硬件相结合的信息安全保障、支撑与应急能力。金融信息安全服务平台具备风险分析、信息报告、监测监控、预测预警、综合研判、辅助决策、综合协调与总结评估等功能。

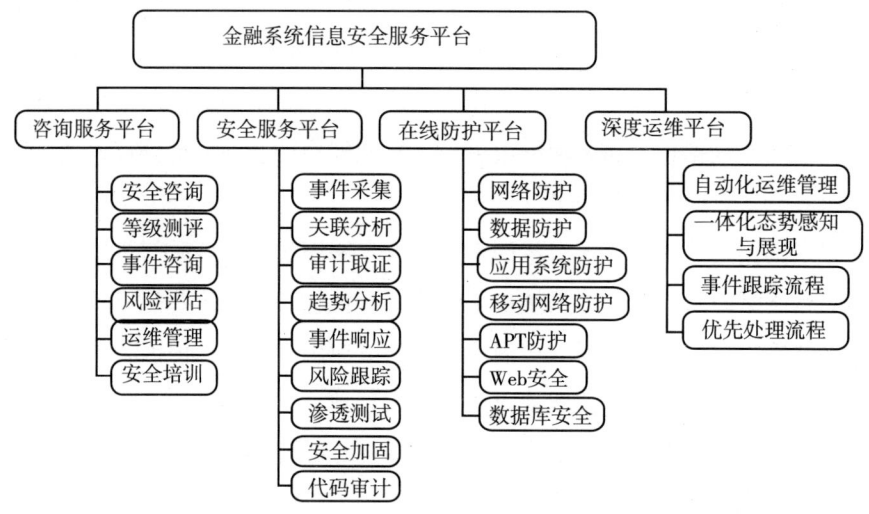

图3 金融系统信息安全服务平台架构

金融信息安全服务平台通过聚合相关企业在技术、服务和设施方面的已有优势资源,开展深度合作,形成聚合效应,以平台方式对外统一服务。

金融系统信息安全服务平台主要包括:咨询服务平台、安全服务平台、在线防护平台、深度运维平台等。

(1)咨询服务平台

信息安全服务平台是针对金融企业信息安全规划、建设、运作、管理的完善解决方案,能够协助企业更加全面地认识信息技术,评估企业的信息安全隐患及薄弱环节,进一步完善企业信息安全保障系统架构,为企业构建高度安全的运行环境,共同规划、设计、实施、运作、管理,从而保护企业信息系统的安全。咨询服务平台包括安全咨询、等级测评、风险评估、安全审计、运维管理、安全培训等几个重点方向，用户更需要的是有针对性的、个性化的、模块化的、可供用户任意选择的、周全的安全服务体系，能够提供安全咨询服务、等级测评服务、风险评估服务、安全审计服务、运维管理服务、安全培训服务、事件咨询和体系咨询。

（2）安全服务平台

安全服务平台以IT资产为管理基础，以安全事件为管理核心，实现了对IT环境统一、高效的网络安全监控和风险管理。其着眼点是使企业和组织能够应用最新的技术，对网络上关键却又孤立存在的各种安全信息进行统一收集、管理、分析、处理，从信息安全的全局层次上真正获得实时的事故处理和安全威胁响应能力，提高企业和组织预防威胁、识别威胁、处置威胁的防卫能力。

安全服务平台专门管理、监控来自整个企业IT环境中的各种系统产生的安全信息。借助安全监控管理平台的支持，企业组织不再需要在端到端的安全信息管理方面浪费巨大的人力、物力，并能够在保持现有安全体系结构稳定的前提下，充分发挥体系的整体效能。

安全服务平台可以为客户提供一个立体化的综合安全管理支撑体系，它的核心技术主要体现在：统一事件和报警收集、安全事件的综合处理和关联分析、深入的审计追踪和取证、提供详尽的安全趋势和现状分析、渗透测试、安全加固、代码审计、安全培训等。

（3）在线安全防护平台

在线安全防护系统主要包括：网络防护、数据防护、应用系统防护、网络安全管理、数据库安全、Web系统安全、移动网络防护、网络态势分析、APT防护等模块。

（4）深度运维平台

随着信息时代的持续发展，IT运维已经成为IT服务内涵中的重要组成部分。面对越来越复杂的业务，面对越来越多样化的用户需求，不断扩展的IT应用需要越来越合理的模式来保障IT服务能灵活便捷、安全稳定。从初期的几台服务器发展到庞大的数据中心，单靠人工已经无法满足技术、业务、管理等方面的要求,那么标准化、自动化、架构优化、过程优化等降低IT服务成本的因素越来越被人们所重视。其中,自动化最开始以代替人工操作为出发点的诉求被广泛研究和应用。自动化运维管理平台的建设包括:建立自动化运维管理平台、建立故障事件自动触发流程,提高故障处理效率,建立规范的事件跟踪流程、强化运维执行力度、设立IT运维关键事件流程,引入优先处理原则等。

(5)云计算安全解决方案

互联网金融信息技术支持依赖于云计算设施和大数据技术,其信息安全防护关系整个互联网金融业务的核心竞争力和可持续发展。云计算作为一种全新的使用和交付模式,采用虚拟化技术将计算资源、存储资源和网络资源进行集中管理运维,造成数据资源管理权与所有权分离、网络安全边界虚化、技术上和管理上都面临新的安全风险。

中国电子依托产业化优势,研发了"云安全套件"系列防护产品,推出了比较完整的云计算安全解决方案;构建了符合等级保护合规性要求的、可信的云计算环境,保障云计算系统和平台的安全性,为云数据中心提供全方位的安全防护。解决方案涵盖系统安全、网络安全、数据安全、管理安全以及合规安全等多个方面,覆盖了云计算的各类安全风险,完全满足上述安全需求,形成对云计算环境的综合防护能力。

"云安全套件"是构成解决方案的核心组成部分,它是面向云计算环境,以可信计算技术为基础,遵照《信息安全技术信息系统等级保护安全设计技术要求》(GB/T25070-2010)中"一个管理中心支撑下的三重防御"的设计理念,自主研发的云安全防护系列产品。主要用于解决虚拟化技术应用所带来的安全问题,是对现有安全技术和传统网络安全防护的有力补充。

"云安全套件"产品体系由一个统一的云安全管理平台及多个防护产品构成,包括云安全管理平台和虚拟网络防护、虚拟节点防护、可信存储、流量监控、数据隐私防护、云安全审计及云移动终端管理等产品(见图4)。"云安全套件"产品体系能够根据实际需要进行组合,并能完全覆盖上述四个方面的安全需求。

互联网金融信息安全

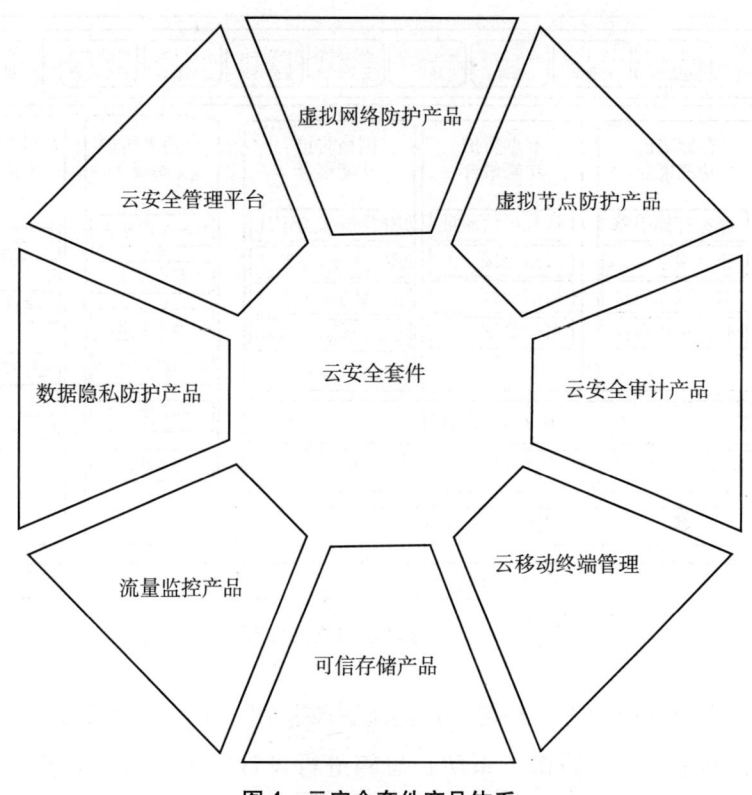

图4 云安全套件产品体系

通过"云安全套件"产品系列多种组合方式,中国电子云安全解决方案能够满足互联网金融云数据中心的安全防护需求,并通过持续的安全服务为客户创造价值。

中国电子云安全解决方案的总体架构(见图5)是在云安全总体策略下提出的一种体系化云计算安全保障架构。该架构参考了"一个中心三重防护"的信息系统等级保护的设计思想,从虚拟化基础运行环境、虚拟化区域边界安全隔离、虚拟化网络防护和虚拟化存储安全防护等多个方面构建了一个全方位、完善的云计算环境虚拟化可信可控防护体系。

(二)360安全解决方案

1. 360"XP盾甲"的纵深防御体系保护方案

360"XP盾甲"是专门针对微软停止XP系统维护后提供计算机维护的

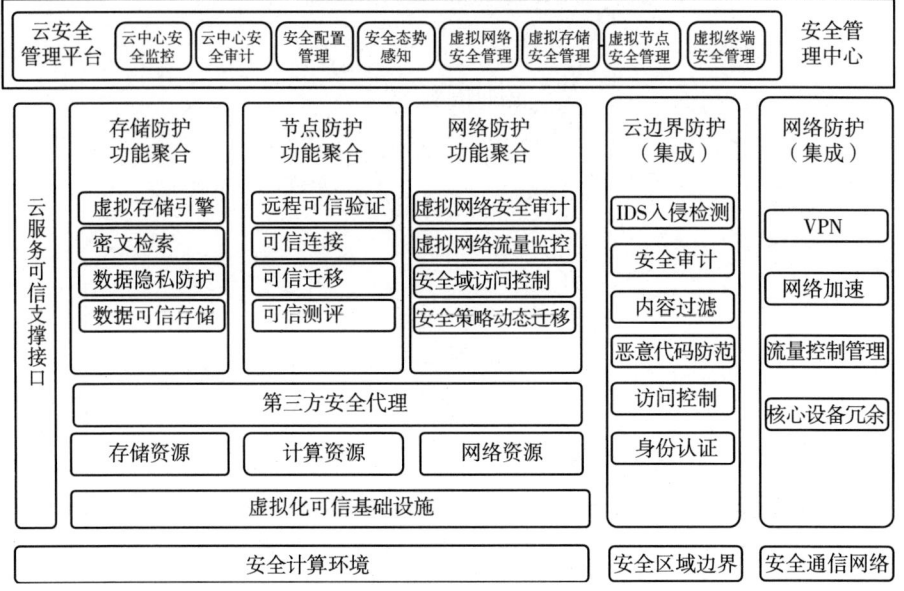

图 5　云安全解决方案总体架构

一款系统安全维护软件，部署该产品可以支持用户继续正常安全使用 XP 系统。该方案采用纵深防御体系防护思路进行设计，包括内核级操作系统加固、内核级热补丁修复、应用级危险应用隔离和应用级"非白即黑"白名单策略（见图6）。

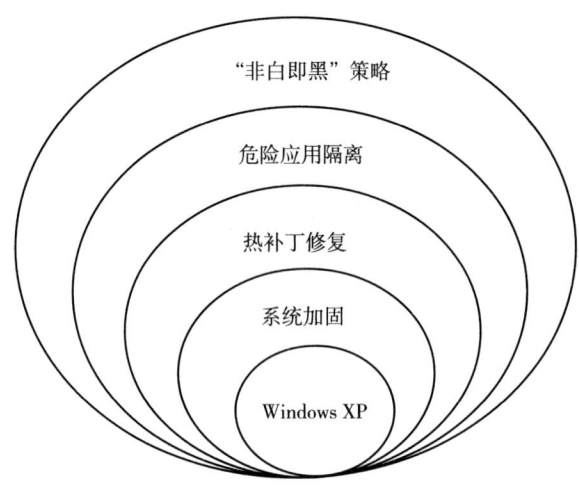

图 6　360 "XP 盾甲" 整体防御思路

互联网金融信息安全

（1）第一级（内核级）：操作系统安全机制加固。

360"XP盾甲"方案与微软通过打补丁方式解决安全漏洞的做法相比，是采用更加彻底的加固方式在底层杜绝各类漏洞导致的安全威胁。系统加固属于治本，而打补丁属于治标；系统加固可以从攻击原理上杜绝漏洞的危害，而打补丁则属于头疼医头、脚疼医脚；系统加固的方式可以实现一次加固，终身有效；而打补丁的方式则属于终身服药。微软也在新的Windows平台上采用加固方案从根本上解决Windows安全问题。

（2）第二级（内核级）：系统漏洞热补丁修复。

因为加固方案是在已知攻击手段的原理基础上给出的解决方案，但不能排除存在极个别的漏洞利用过程采用了全新的逻辑与攻击思路，在这种情况下，理论上加固方案就无法保证100%有效，而采用热补丁修复的方法可以在加固功能升级之前做到临时快速防护。

（3）第三级（应用级）：危险应用隔离。

该方案采用"沙箱"技术实施危险应用安全隔离。沙箱是一个虚拟系统程序，允许终端环境在沙盘环境中运行浏览器或其他程序，因此运行所产生的变化可以随后删除，沙箱是可以按照安全策略限制程序行为的执行环境。该方案的IE沙箱允许访问网络，限制本地资源访问，Office沙箱允许访问本地，限制网络访问。

（4）第四级（应用级）："非白即黑"白名单策略。

在安全等级特别高的涉密组织中，未经漏洞修复的XP系统时时刻刻处于被漏洞利用攻击的危险之下，而对于Windows系统来说，对大多数的安全漏洞都会通过文件的方式进行攻击利用，因此，严格控制文件的打开执行对XP系统的安全来说至关重要。目前在美国，通过非白即黑的安全策略实现对未知威胁防护是一种行之有效的主流方式。该方案采用的主要技术有通过MD5识别文件、建立高纯度文件白名单库、采用非白即黑的严格管控策略禁止陌生文件在XP系统上打开与执行等。

2. 360天眼——下一代网络预警平台

360天眼威胁感知系统（TSS）是奇虎360面向政府、军队、金融、电信、能源以及其他国家大型支柱性产业企业推出的针对APT攻击与下一代未知威胁的核心检测设备，该设备通过对 APT 的核心攻击过程［未知病毒、未知恶意代码、特种木马、未知漏洞（0day）利用］的精确检测，实现对 APT 攻击的发现。

同时，360 天眼威胁感知系统（TSS）也可通过与 360 天擎终端安全管理系统（ESS）、360 天机移动终端安全管理系统联动，构建对 APT 攻击从发现到阻断的分级、纵深防御体系。

3. 360 支付保镖

360 支付保镖能够在用户使用网银、网购和手机支付客户端时，自动验证当前客户端的安全性，保护网银、网购和手机支付客户端不受病毒木马侵害，保障用户财产安全。360 支付保镖会扫描手机中已经安装的软件，包括系统中预置的软件，扫描已安装软件时，将根据软件包名（Package Name，android 平台用来标识一款软件的字段）、UID（symbian 平台中用来标识一款软件的字段）、版本号（Version）、证书（Cert）以及特征码，与病毒库进行比对，判断软件的安全性，以便完成查杀。当用户启动网银、网购、手机支付客户端时，360 支付保镖会在后台启动，校验当前程序是否为正版，校验过程会调用当前启动的网银、网购或手机支付客户端的包名、版本号和签名证书，与本地病毒库进行比对，以确认安全性，该操作不涉及联网上传行为。

（三）腾讯联合扎篱笆计划

"扎篱笆计划"是在微软宣布停止对 XP 提供服务后，腾讯电脑管家团队与金山、搜狗、知道创宇、乌云，以及 Keen Team 平台等国内主流互联网及安全厂商联合，针对过渡期继续使用 XP 系统的用户推出的"联合防御计划"。

微软退出 XP 系统升级维护，中国是全球受影响最大的地区之一。XP 系统用户在全球市场占有率约为 25%，而在中国市场这一比例更高。XP 系统退出后将给中国带来 2~3 年甚至更长的过渡期，在此过程中 XP 系统用户的安全保护将极为重要。

"扎篱笆计划"的第一步，腾讯电脑管家安全团队配合微软官方响应"系统升级计划"，并针对国内用户提供便利的系统升级渠道及安全服务，帮助有系统升级需求的用户顺利完成系统升级。

"扎篱笆计划"的第二步,腾讯电脑管家联合金山、搜狗、知道创宇、乌云,以及 Keen Team 等国内知名安全与漏洞平台等国内主流互联网及安全厂商,针对过渡期继续使用 XP 系统的用户推出"联合防御计划",其中包括 XP 系统漏洞响应规范及主动防御机制。"扎篱笆计划"中一项最为重要的工作,就是坚决抵制任何安全企业利用 XP 漏洞恶意恐吓用户的不良行为,参与"扎篱笆计划"的全体成员要将此作为最基本的企业责任与企业责任准则来共同实施与制约。

三 互联网金融信息安全风险管理与建议

(一)中国互联网金融信息安全的基本判断

1. 互联网金融安全风险隐患突出,正逐步规范,总体风险可控

我国互联网金融支付行业通过短短十余年从零增长到万亿级规模,如果没有一定的风险控制能力和风险防控措施,要实现年均 100% 的发展速度是难以想象的。《2012 年中国网络支付安全状况报告》显示:我国网络支付整体安全使用状况良好,9.3% 的网上支付用户认为网上支付非常安全,69.4% 的网上支付用户认为网上支付比较安全,还有 16% 的网上支付用户认为网上支付安全水平一般,仅 5.3% 的网上支付用户感觉网上支付不太安全或者非常不安全。

总体来说,我国网上支付等核心互联网金融尽管面临这样那样的安全风险,但是总体风险处于可控水平,互联网金融网上支付行业处于健康发展轨迹。主要有如下三个方面的原因。

一是我国信息安全产业发展正逐步成熟,提供的互联网金融安全产品和解决方案能够抵御大部分信息安全风险。

二是我国互联网金融主管部门比较好地把握了发展与监管的平衡关系,发布了网上银行、电子支付、移动支付等信息安全法律法规和标准规范,建立了支付协会、互联网金融协会等组织机构,能够通过监管执行强制的安全要求,提高了互联网金融信息安全防御能力。同时，互联网金融主管部门通过与公安部、地方政府合作，严厉打击互联网金融安全违法事件，形成了高压态势，对网络安全违法分子形成了震慑氛围。同时，互联网金融主管部门积极支持互联网金融创新，帮助互联网金融企业安全管理和发展，较好平衡了监管与发展的矛盾关系。

三是业务部门逐渐重视信息安全投入与管理，用户安全意识逐渐提高。互联网金融行业飞速发展，互联网金融服务部门已经形成了比较成熟的商业模式，管理团队逐步成熟，信息安全意识通过市场和政府的教育基本形成。同时，用户已经培育了良好的信息安全习惯，安全意识逐步提高。

2. 互联网金融只有通过落实信息安全制度，采用联防联控途径，才能实现信息安全风险可控

互联网金融信息安全风险只有通过产业链上中下游合作，联防联控，才能为行业健康发展保驾护航。信息安全风险可能发生在网络支付的每个环节，信息安全服务机构只有与网络支付行业产业链各个机构（包括网络支付行业产业链设备系统提供商、支付业务机构、金融业务机构、网络服务提供商等）合作，分析支付业务的平台安全、数据安全、网络安全和终端安全，才能掌控整个安全态势。

从我国实际情况来看，目前我国网络支付产业链合作的薄弱环节主要体现在以下方面。

（1）网络支付机构的信息安全技术和内部风险管控还有待提高，尚未形成清晰的效率追求和安全需求之间的边界。

（2）除了监管层外，网络支付产业链主体机构对于产业链安全问题多数缺乏全局意识。

（3）支付风险发生时，还缺乏各方认可的风险共担规则，难以摊薄个体风险，进而影响整体安全。

（4）消费者信息安全防范意识较为薄弱，对网络支付安全责任义务、权益保护认识的教育有待加强。

（5）基础支付层有支付安全与效率的"二元化"诉求，增加了绝大多数网络支付机构协调、推动基础支付层联合开展安全合作的难度。

（6）产业链各方在安全合作方面的比较优势还有待进一步发掘，建立在各层面之间优势互补或比较优势基础上的分工局面尚未形成。例如，监管层和用户层最广泛的安全需求基本一致，但彼此之间的对接还犹如隔靴搔痒。

（二）中国互联网金融风险控制建议

1. 推动信息安全产业链安全合作，联合防控

风险联合防范的主要思路：在建设和完善产业链联合防控相关标准规范基础上，一方面可通过全网联合防控、安全联盟、共建黑名单、风险信息共享、大数据安全分析挖掘、行业安全预警等方式对风险进行联合防范化解；另一方面，也需要各主体加强人员培训交流，经验共享，在不断遇到问题、分析问题、解决问题的过程中，提高自身风险防范应对能力以及与产业链上其他机构之间的沟通协作能力。

2. 推进国产化替代工程，实现自主可控

结合我国互联网金融信息安全特点，基于产业链联防联控思路，可以考虑通过"系统性控制、系统安全加固与防护、战略上自主可控"的三个产业化路径来有序推进。

"系统性控制"路径基于全面风险管控的策略，按照信息安全产业化保障思路，会集行业信息安全能力和国家信息安全资源，全面提高互联网金融信息安全态势掌控能力。

"系统安全加固与防护"是指针对现有的互联网金融信息系统和信息安全保障系统的缺陷与不足之处进行加固与保护，加固与防护的对象可以是网络基础设施、网络安全系统及设备、应用系统、运维系统、终端设备等。

"战略上自主可控"主要分为两个层面的工作，一是安全产品的自主可控替代；二是技术支持与服务的自主可控替代。央行科技司王永红司长在多个场合提出"在IT领域，现在比较明显的特点是：现在防病毒、网络设备、安全设施用的国产软硬件越来越多，但核心软硬件还是以国外的为主，如IBM、Oracle、EMC等。这种依赖导致我们的自主可控能力不足，基本上到了核心关键领域还是依赖于厂家的服务，这是我们第一大问题"，"关键领域、关键环节必须使用国产化设备"。

3. 完善国家互联网金融信息安全保障基础设施，逐步形成基于攻击语境的互联网金融行业主动防御体系

新形势下我国互联网金融系统面对新技术、新业务，面临新威胁、新挑战，传统的信息安全防护策略难以继续维护建立安全有效的金融信息安全防御体系。我国互联网金融系统应基于国家和信息安全行业的安全能力，采用产业化思路逐步构建基于攻击语境的主动防御体系，这是互联网金融系统信息安全保障的关键。互联网金融系统信息安全产业化保障是一项关系互联网金融系统信息安全全局的系统性任务。具体思路是完善互联网金融信息安全保障基础设施：互联网金融系统信息安全服务平台、互联网金融系统仿真信息安全分析、信息安全态势联防联控感知与监测预警、信息安全大数据分析、深度运维系统工程、国产化设备与系统替代、信息安全服务替代、基于可信计算的加固防护等。

参考文献

谢平、邹传伟：《互联网金融模式研究》，《金融研究》2012 年第 12 期。
胡振虎、于晓：《中国互联网金融风险及监管对策》，《中国经济时报》2014 年 5 月 13 日。
巴曙松、杨彪、朱海明：《中国网络支付安全白皮书》，中国发展出版社，2014。
中国互联网络信息中心：《中国互联网络发展状况统计报告》，2014 年 1 月。
张鼎：《试论我国网络金融安全的现状及改善对策》，《中国证券期货》2012 年第 9 期。
邱均平、李艳红：《社交网络中用户隐私安全问题探究》，《情报资料工作》2012 年第 6 期。
季小杰：《电子银行的安全神经》，《中国信息安全》2013 第 4 期。
360 互联网安全中心：《2014 年第一期中国移动支付安全报告》，2014 年 3 月 11 日。
白宁：《WiFi 安全报告——六大问题威胁移动安全》，http：//safe.zol.com.cn/440/4401099.html，2014 年 3 月 14 日。
蔡晓卿：《电商类 APP 成病毒重灾区 产业链整合破安全乱象》，http：//it.people.com.cn/n/2014/0505/c1009 - 24977335.html，2014 年 5 月 5 日。

互联网金融的商业模式和投资机会

摘　要： 在技术创新加速和平民文化崛起大势之下，互联网金融在创业和资本市场掀起一波热潮。以传统金融机构和互联网公司为参与主体，围绕渠道、信用、定价、监管，产生了第三方支付、众筹、P2P借贷、网络小贷、互联网基金保险等多种商业模式，随着配套金融监管措施不断出台，具有落地优势的产业互联网和移动互联网投资机会浮现出来。

关键词： 互联网金融　商业模式　移动金融　产业互联网

一　互联网金融的发展动力

互联网金融使得支付变得更加便捷，降低了市场的信息不对称程度；资金供需双方可以直接进行交易，而避开了银行、券商和交易所等金融中介；可以达到与现在直接和间接融资一样的资源配置效率，并在促进经济增长的同时，大幅减少交易成本。[1] 更为重要的是，它是一种更为民主化，而非少数专业精英控制的金融模式，金融业的分工和专业化程度将大大淡化，市场参与者更为大众化，它所产生的巨大效益将更加惠及普通百姓。

（一）不断发展的技术创新

社交网络、云计算、移动互联网、大数据等新兴信息技术不断涌现，为互

---

[1] http：//www.douban.com/group/topic/47705616/.

联网金融兴起奠定了技术基础。金融是一个信息密集型产业,从19世纪30年代电报的兴起,到后来电话、计算机,乃至今天互联网、移动互联网的发展,每一次通信信息技术的变革都对金融业产生巨大的影响。在大数据时代,信息不对称程度大幅下降,信息的获取和处理成本大幅减少,资源的配置效率大幅提升。

(二)政策推进金融改革和创新

金融创新政策正在不断破冰。中国经济经过三十多年的高速增长,而今又站在了一个关键的十字路口,经济结构调整和转型升级成为支撑新一轮增长的关键。而金融和实体经济密不可分,为了发挥金融对未来经济发展的重要支持作用,推动金融改革和金融创新成为新一届政府的重要着力点,近两年政府密集出台了一系列的政策措施,如表1所示。此外,监管层的相关负责人也在多个场合表态支持互联网金融的发展,这些都为互联网金融的兴起提供了良好的政策环境。

(三)新金融形态的市场需求巨大

当前存在巨大的金融市场需求空白,大量中小企业的融资需求和人们的价值增值需求未被有效满足。马云在2013年6月的外滩金融峰会上直言中国的金融业仅仅服务了20%的客户,难以支撑30年以后的中国所需要的金融体系。这句话有一定的现实意义,中国中小企业创造了60%的国民财富,贡献了50%的财政税收,提供了80%以上的城镇就业,创造了65%的发明专利和80%以上的新产品开发,但融资难的问题却一直束缚着中小企业的发展,与之对应的是人们投资渠道的缺乏,价值增值需求难以得到满足,正是这样的市场需求成为互联网金融迅猛发展的根本驱动力。

电子商务发展日益深化,为互联网金融的发展创造了良好的条件。艾瑞咨询的统计显示,2009~2012年中国电子商务市场年复合增长速度为31%,到2012年市场规模高达8.1万亿元(见图1);2008~2012年中国网络购物市场

表1 2013年互联网金融相关政策（或事件）梳理

时间	事件	关键词
7月23日	《黄浦区关于建设外滩金融创新试验区的十大举措》	互联网金融、民营金融
8月初	国家七部委专门组成了"互联网金融发展与监管研究小组"，开展关于互联网金融的大范围调研	国家首次关注
8月30日	北京市石景山区互联网金融产业基地成立，并出台了《石景山区支持互联网金融产业发展办法》	政策
9月7日	中国互联网金融中心和中国民营金融研究中心在上海黄浦区挂牌	研究中心
9月16日	中国人民银行行长周小川在署名文章《践行党的群众路线 推进包容性金融发展》中指出，要深入推动包容性金融发展，使现代金融服务更多地惠及广大人民群众和经济社会发展薄弱环节	包容性金融
10月19日	北京市海淀区发布《关于促进互联网金融创新发展的意见》，将互联网金融作为海淀现代服务业试点的重要内容	政策
11月12日	中国共产党第十八届中央委员会第三次全体会议通过《中共中央关于全面深化改革若干重大问题的决定》，正式提出"发展普惠金融。鼓励金融创新，丰富金融市场层次和产品"与"完善金融市场体系。扩大金融业对内对外开放，在加强监管前提下，允许具备条件的民间资本依法发起设立中小型银行等金融机构"	普惠金融、民间资本
12月3日	中国支付清算协会互联网金融专业委员会成立	行业平台

资料来源：根据网络资料整理。

年复合增长速度近79%，到2012年市场规模达到13040亿元，占整个社会消费品零售总额的6.2%（见图2）。预计中国电子商务的市场规模未来仍将继续保持高速增长态势。

80后、90后追求网络消费、科技消费、个性化消费，这与传统的60后、70后的消费需求和消费习惯存在巨大的差异。80后尤其是90后几乎是伴随着互联网成长起来的一代，这部分群体具有对互联网、移动互联网高度依赖的特

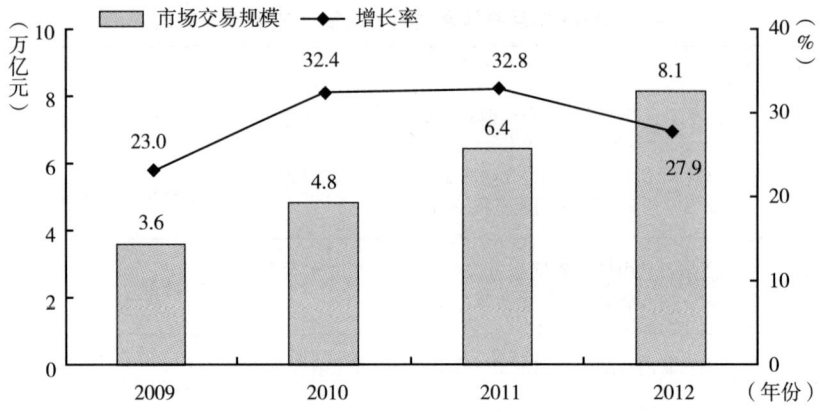

图 1　2009~2012 年中国电子商务市场交易规模

资料来源：iResearch。

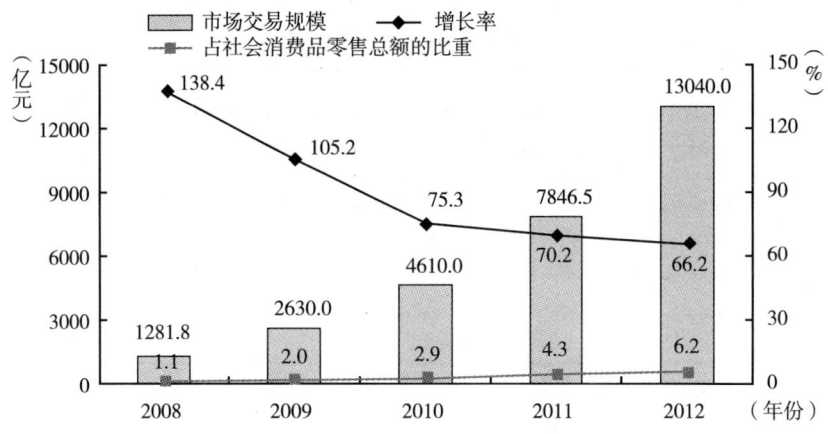

图 2　2008~2012 年中国网络购物市场交易规模

资料来源：iResearch。

点,已经养成了在网上获取信息并进行娱乐和购物的习惯,而且这部分群体正在逐步成为中国社会消费的中流砥柱。这已经不是一种趋势,而是一种现实。一项调查显示,中国人平均每天用在手机上网方面的时间是 158 分钟,远高于全球范围的平均值 117 分钟,其中 25~35 岁的"80 后"是最主要的群体,每天花费在手机上网的时间更多。这对于传统的金融业提出了全新的要求,金融机构必须推出适合该群体的产品、服务内容和方式,才能适应时代的发展。中国网民年龄结构如图3所示。

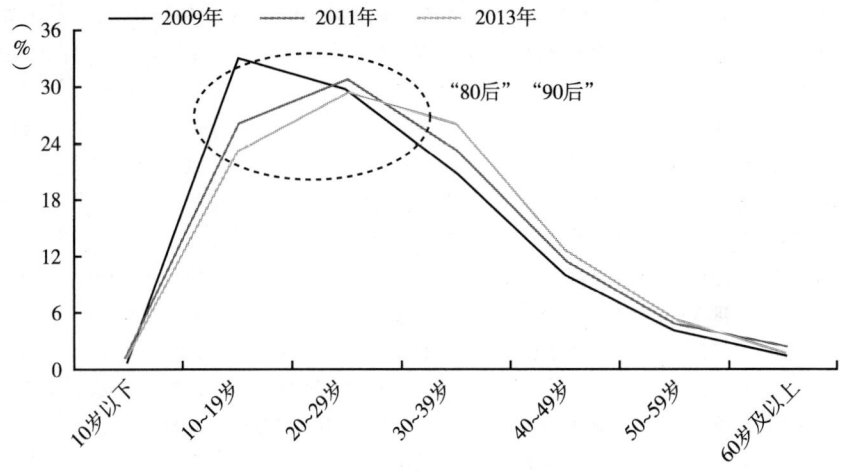

图3　中国网民年龄结构

资料来源：IFPI。

（四）资本市场因互联网金融掀起巨浪

资本市场上互联网金融领域积极投资布局。当前互联网金融方兴未艾,国内外大小金融机构、电商和创投均对这一行业给予了前所未有的关注和投资（见表2）。IDG资本和宜信公司于2013年9月27日在北京共同宣布发起成立"IDG·宜信金融创新基金",首期投资规模1亿美元,主要关注相关公司的中早期阶段甚至种子期阶段。2013年8月30日,北京市石景山区召开国家服务业综合改革试点区互联网金融产业基地揭牌新闻发布会,宣布建立北京互联网金融产业基地。该区将每年安排1亿元专项资金用于支持互联网金融产业基地建设。此外,还将成立互联网金融资信公司,建立互联网金融征信平台,区政府将与首钢总公司共同设立总规模为3亿元的互联网金融产业投资基金,专门投资于初创期和成长期的企业。

表2 2013年1月至2013年9月互联网金融领域创业企业的投资情况梳理

时间	公司	行业细分	投资机构	融资金额	融资轮次
2013年1月	铜板街	理财	华创资本	未透露	天使投资
2013年1月	比特币交易网	虚拟币/比特币	未透露	100万美元	天使投资
2013年1月	易宝网络	保险	凯辉投资;美国FTV Capital	1000万美元	不明确
2013年1月	大家投	众筹合投	深圳创新谷	未透露	天使投资
2013年1月	卡小二	信用卡	蓝驰创投	数百万美元	A轮
2013年1月	哆啦宝	支付	未透露	未透露	天使投资
2013年1月	钱多支付	支付	红杉资本	数千万元人民币	A轮
2013年2月	多钱网	贷款	3家VC机构	数千万元人民币	A轮
2013年4月	好贷网	贷款	同创伟业	千万元	A轮
2013年5月	点融网	贷款	东方资产管理公司	数千万人民币	A轮
2013年5月	杭州捷蓝信息	支付	深创投	数千万人民币	A轮
2013年7月	雪球财经	股票基金	红杉资本;晨兴创投	1000万美元	B轮
2013年7月	盒子支付	支付	金沙江创投;国微技术	1000万美元	B轮
2013年7月	融360	贷款	红杉资本;KPCB;光速创投	3000万美元	B轮
2013年7月	91金融超市	综合/其他	经纬中国;宽带资本CBC	数百万美元	B轮
2013年7月	MEIX美市网	股票基金	创业工厂	未透露	种子天使
2013年8月	上海捷银支付	支付	平安集团	未透露	收购
2013年8月	盈盈理财	理财	未透露	数千万元	A轮
2013年9月	卡牛/随手记	理财	红杉资本	千万美元	A轮
2013年9月	挖财	记账理财	IDG	千万美元	A轮

资料来源：IT桔子。

二 互联网金融的八大趋势

（一）更多的互联网公司将参与其中

新兴信息技术和国家大资管政策促使中国金融业出现三层竞争：一是金融业的潜在进入者与各类传统金融机构之间的竞争；二是银行、保险、证券和基金等传统金融机构之间的直接竞争开始加剧；三是全国大型金融机构与区域中小型金融机构之间的正面竞争日趋激烈（见图4）。

金融业潜在进入者构成如图5所示。

互联网金融的商业模式和投资机会

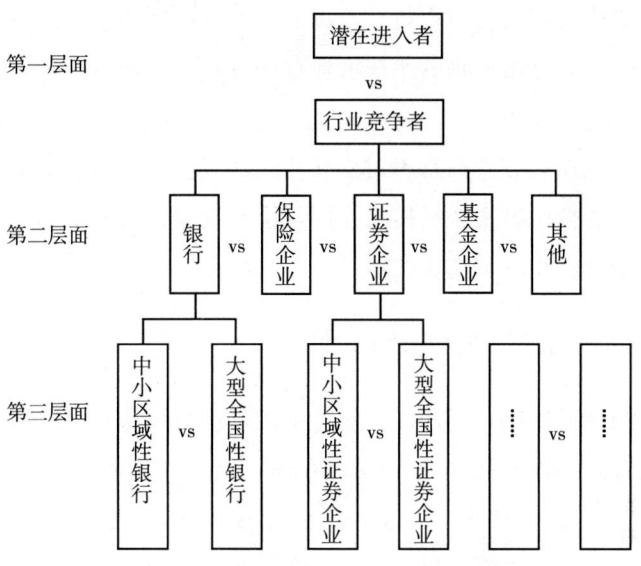

图 4　中国金融业的三个层次竞争

资料来源：笔者整理。

图 5　金融业潜在进入者构成

资料来源：笔者整理。

大资管政策推动了金融机构的混业竞争。以前，银行、保险、证券、基金等金融机构是分业经营，在各自领域攫取利润，而今混业经营已经成为发展趋势，传统金融机构之间的竞争也将日趋激烈。银行在中国金融体系中处于强势地位，证券、基金等金融机构若想在混业角逐过程中取得胜利，互联网将成为其关键利器。

互联网和大数据打破了信息不对称和物理区域壁垒，使得中小型、区域型金融机构与大型、全国型金融机构站在同一层次竞争，迫使中小机构转型开展差异化竞争，否则将难逃被淘汰的结局。

（二）传统金融机构争先恐后触网

随着互联网金融的进一步深入，传统金融机构纷纷涌入互联网，以各种各样的形式开展金融互联网化。

传统银行。2013年11月，民生银行公告将与阿里巴巴开展直销银行方面的合作，阿里用户数据再次彰显了其对传统金融机构的诱惑。平安集团大力推行独立网络商城业务，通过"一账通""万里通"以及第三方支付等产品全面整合集团业务，利用保险优势广泛布局于大金融体系以及陆金所等新型互联网金融模式；民生银行则拟通过民生电商建立闭环信用评价体系，激活小微企业供应链金融活性，提高资金流动性和降低坏账率。

传统券商。近来证监会、证券业协会、中国证券登记结算公司先后发布《证券公司分支机构监管规定》《证券公司证券营业部信息技术指引》《证券账户非现场开户实施细则》等规章制度，标志着证券经纪业务网络化逐渐破冰。国泰君安、华泰证券等率先开展相关业务，目前国泰君安由于资金门槛较低，新开户用户中有超过50%来自线上的非现场开户。2013年11月，腾讯与国金证券开展战略合作，互联网巨头对证券经纪业务这块500多亿元的大蛋糕以及其他券商业务已经跃跃欲试。

传统基金。2013年11月，阿里巴巴10亿元控股天弘基金，使得余额宝完成闭环。传统基金公司通过独立经营、大量推出余额宝类产品以对接货币基金，提升客户体验以拉拢用户。国泰君安以自建网络商城、开淘宝直营店等方式，开展基金直销；华夏基金、易方达基金等通过微信、淘宝直营店等方式提供相关基金服务；此外，大量基金公司认可了第三方基金销售机构，并通过其网络基金超市平台兜售自己的基金，基金公司谋求互联网变革的愿望更加强烈。

（三）互联网金融面临板块轮动和分化

互联网金融的火爆使得众多金融机构和互联网机构热情高涨，2013年是探索起步年，多家机构以多种形式探索互联网金融可能的商业模式，大多数机构为了挤上这艘大船仍处于烧钱亏损状态，甚至摸不清方向；2014年将开启探索验证的过程，覆盖式的互联网金融创新不管从地域上，还是从行业上，都将更加广泛和深入。

互联网化的特点决定了金融脱媒的生生死死。一些不适应我国国情和用户特征的模式将被淘汰。在大风大浪洗礼之后，将浮现出真正优秀的商业模式，激烈的市场争夺才刚刚开始。互联网金融企业将在理念上逐渐分化，面临专业化和规模化、转型或坚持等选择，并最终找到适合的商业模式。例如，在严格监管之下P2P加速了行业洗牌，截至2013年11月上旬，东方创投、钰泰财富、宜商贷、家家贷、浙商365、银实贷、川信贷、力合创投、万利创投、盈通贷、福翔创投、华强财富、网赢天下、互帮贷、天空贷、众贷网、铜都贷、徽煌财富等网贷平台均发布过"致投资者的信"，透露公司陷入经营困境。

（四）"大平台+众多小而美"的产业格局是未来方向

金融业的三个层次竞争将推动产业格局重构，"大平台+众多小而美"的格局（见图6）将成为未来发展趋势。在大数据时代和混业竞争的背景下，实力强的大型企业将大肆扩张，由于金融业信息密集型的特点，大平台将凸显赢者通吃的态势，尤其在标准化产品和低净值客户领域将更加凸显其规模优势和成本优势；与此同时，其他实力较弱的企业被迫寻求差异化竞争的道路，改造和转型线下传统营业厅，通过线上线下深度融合的方式重点针对高净值客户提供非标准化产品和服务，否则将难逃被淘汰的命运，由于金融业知识密集型的特点以及多层次金融需求的存在，在一些细分领域市场仍将有很大的生存空间。

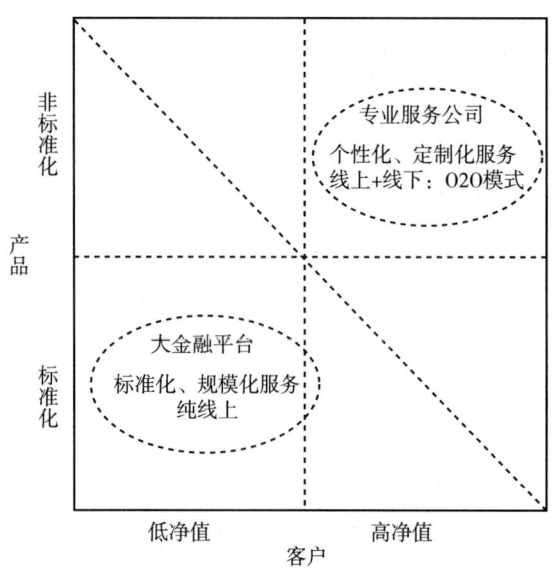

图6 未来金融业的产业格局

资料来源:笔者整理。

(五)资本市场将迎来互联网金融企业登陆潮

一批新型创业企业崛起。2013年诞生了一大批互联网金融企业,主要包括创业型互联网公司以及传统金融、互联网机构的新设公司。如东方财富2013年前三个季度实现基金销售规模超过150亿元、余额宝上线半年资产规模超过1000亿元,平安集团新设平安金科开展互联网金融业务、民生银行设立民生电商力图实现信贷闭环。

一大批互联网金融创业公司的崛起,吸引了大量风投的支持,一些优秀的企业已经崭露头角,并迎来快速发展期。今后几年,预计将会有一批符合条件的创业公司在深沪交易所、港交所、纳斯达克等地登陆资本市场。

(六)政府具体监管措施和配套措施将逐步出台

创新是互联网金融的灵魂,但这种颠覆式创新使得监管配套措施难以迅速响应。大部分创新型企业在监管空白期得到了野蛮生长,如P2P、网络小贷、众筹等；还有一批互联网金融模式建立在政策机制放开的前提下，诸如基金第三方销售、券商经纪业务非现场开户等。

监管层不可能一直对创新式互联网金融持放任态度。央行副行长近期在"互联网金融论坛"指出，互联网金融不能触碰非法集资、非法吸收公众存款两条法律红线，尤其是P2P平台不可以办资金池，也不能集担保、借贷于一体。2013年12月3日，央行旗下支付清算协会的互联网金融专业委员会成立，75家互联网金融机构审议并通过了《互联网金融专业委员会章程》《互联网金融自律公约》。2013年12月，央行拟建P2P资金第三方托管机制。12月5日下午，央行等五部委联合发通知，提示防范比特币风险。

一批互联网金融支持配套措施将加速出台。互联网金融发展迅猛，有关机构正积极应对，包括土地、资金、政策、技术、税收等多方面的支持政策已经逐步落实。北京、上海、广州等一线城市已经研讨落实对互联网金融企业的相关扶持政策，以促进本地区互联网金融的发展，央行鼓励在有限监管前提下的金融创新，将为互联网金融注入活力。

（七）大数据日趋重要，是互联网金融的重要内容

互联网金融的重要目标之一是信用体系的重新构建。一方面，以阿里小贷、苏宁小贷等为代表的一批小贷公司以及衍生的其他信贷机构，已经率先通过电商平台上的物流、信息流、资金流等三流数据构建起初步的用户信用评价体系；另一方面，传统金融机构力图凭借多年深厚的行业积累以互联网方式重构用户信用体系，金融机构传统的信用评价方式正加速互联网化。

因此，围绕个人、企业的多维结构化和非结构化的大数据日趋重要。结构化的数据是传统信用评价体系的核心，互联网泛化和用户数据多样性使征信模型日趋复杂和精确，大数据技术是其发展和完善的基础。尤其是非结构化数据，对于P2P、供应链金融等模式的用户评价体系的重新构建和完善起到至关重要的作用。

（八）行业大规模整合并购促进行业前行

互联网和金融加速融合，市场集中度进一步提高。一方面，互联网巨头意

欲间接突进金融业务，2013年11月阿里继推出余额宝之后，以增资扩股方式投入10亿元控股天弘基金。另一方面，细分市场面临洗牌，领先者或通过并购方式迅速占领市场或巩固地位，在互联网金融处于探索阶段之时，必然存在一部分公司由于经营战略、资金周转等问题陷入困境，而激烈的市场竞争和投资性资金的大量涌入必将加速行业的整合。

三 互联网金融的投资机会

（一）互联网金融的核心是数据

1. 新技术革命高潮迭起，并带动理念层面进步

当今时代，新兴技术的生长周期越来越短。2009年，时任国务院总理温家宝在无锡调研时提出了物联网的概念，二级市场对此反应激烈。从2009年刚刚提出物联网，到2011年真正兴起只用了两年时间。到2010年，物联网带来了无处不在的传感器、无处不在的摄像头，它采集了大量的信息数据，需要一种全新的计算、存储和处理能力，这意味着云计算是未来三到五年的技术革命。云计算一方面解决了单位计算和存储问题，另一方面把每个人的基于APP在线，基于轻量级运用、复杂业务流程云端部署的使用习惯改变了。

数据越来越等同于资产，数据越来越等同于金融。事实上，云计算、物联网只解决了IT层面的问题，当时囤积了大量的信息，由此开始提出大数据的问题，即大数据怎么用于改善管理和经营。2013年，一家美国公司做风险评估时，不再去银行，而是开始用谷歌、亚马逊，包括UPS的数据判断个人和企业的征信。2013年，互联网金融火了起来，从数据的采集到数据的处理、数据的应用，再到数据的变化，形成了相辅相成的过程。

2. 金融是移动互联网时代最强的变现手段

从2013年6月中旬开始，整个互联网金融在中国一片火热，主要有三个层面的因素。

第一，随着物联网、各种各样可穿戴设备以及移动互联网的不断普及，每个人个体的数据、信息、时间不断被虚拟化。个人变成一个在线的信息并在互联网上自由地流转，这时候叠加的金融、教育、医疗等更多的服务就以互联网的方式出现。同时互联网企业，百度、阿里、腾讯则不再局限于传统行业属性的定义，而是已经变成生态系统概念，它们背后有非常多的企业、应用、服务，叠加物流，打通资金渠道来做资金流的服务。

第二，现在处于从 PC 互联网向移动互联网转型的时期。PC 互联网的商业模式主要包括广告、游戏、电子商务和买授权，移动互联网时代它们都会发生巨变。①到了手机上，可能用户在线时长从 4 小时变成 8 小时，甚至只要不睡觉就在线，未来的穿戴设备即使睡觉也在线上，虽然广告时长增长了，但点击率下降了，注意力下降了。②游戏从端游走向手游，每个人只用碎片化时间在服务。③电子商务原有的模式从 PC 互联网转到移动互联网是下降了。2012 年以前，所有的公司都想做移动互联网，但是发现做移动互联网找不到赢利方式和赢利模式。到了 2013 年，智能手机就可以取代用户的钥匙、钱包、身份证，更多的应用是打包在智能手机背后的一个 APP，这就是从线上到线下 O2O 模式，用户资金基于金融的账号会变得非常关键。阿里、小米、京东都倾向于做金融，寻找在移动互联网的新的赢利和变现方式，金融是最强的。

（二）移动化 + 新金融模式存在商机

1. 移动互联网的发展趋势

移动互联网的软硬件技术飞速发展。据 IDC 预测，2013 年中国的智能终端出货量将达到 3.9 亿台，同比增长率高达 33.1%，其中智能手机出货量为 3 亿台，而传统 PC 和笔记本受到冲击，增长率仅为 3.8%。工信部统计，截至 2014 年 1 月，移动互联网用户总数达到 8.38 亿户，手机上网流量占比提升至 80.8%，月户均手机上网流量达到 139.3M。

移动互联网充分利用用户碎片化时间，比传统互联网更加便利。移动互联网相比 PC 时代互联网，由于其更优越的便携性和廉价性，且可以实现 PC 互联网大部分生活服务功能，迅速吸引了海量用户，用户等待、休闲、出行、睡前等多维度的碎片化时间得到了更加充分的利用，这为移动互联网的应用满足用户生活服务体验提供了更多机会。

移动应用百花齐放，异彩纷呈。据易观数据统计，IOS 平台已有接近 60 万种应用，而 Android 平台也有近 40 万种应用，这些应用覆盖了用户生活的方方面面，如教育、医疗、社交、金融、旅游、娱乐等，多样化的移动应用提升了用户服务体验，而对移动互联网数以亿计并将持续增长的用户规模来说，移动应用还有很大的渗透空间和增长空间。

2. 移动互联网催生并改变传统消费行业格局

（1）移动教育。

目前教育信息化市场投入巨大。2012 年我国财政性教育支出预算达到 21984 亿元，接近国内生产总值的 4%。《国民经济和社会发展第十二个五年规划纲要》明确指出，我国仍将持续加大在教育领域的投入，且教育信息化经费占到教育投入经费的 8%，预计 2013～2015 年中国教育行业信息化投入每年将达到 2000 亿元，教育信息化将出现爆发性增长机会。

移动互联网打开在线教育爆发点。面向职业技能教育的在线教育模式，正随着移动互联网的深入产生爆发式的增长。一方面，移动互联网提高了用户的互动程度和情境体验，社交网络的崛起使得用户与程序的交互更加频繁；另一方面，移动互联网充分填补了用户的碎片时间，提高了用户的学习效率，更激发了诸多职业技能教育受众学习的主动性和积极性。

（2）移动医疗。

移动终端和网络的覆盖，以及移动应用使用习惯使得移动医疗的普及成为可能。在医院内部，移动医疗作为一种碎片化的应用或者作为移动应用平台可以有效延伸传统的医疗信息化系统，提高医护人员的工作效率、安全性。除此之外面向病患和医生等个人的移动医疗应用也将兴起。

移动医疗在中国发展迅速，已经渗透到传统医疗的大部分环节。中国移动医疗行业发展速度超乎想象，根据艾瑞咨询的统计，中国移动医疗市场 2012 年规模达到 18.6 亿元，开发出 2000 多个医疗健康类的应用，目前中国正在开发医疗 APP 的公司已经有 500～600 家。2012 年大量移动医疗应用涌现和大批产业资本涌入，出现 5U 家庭医生、掌上春雨、杏树林、掌上药店这样的初创企业，好大夫、丁香园这样的传统网络医疗平台也纷纷加入，互联网巨头腾讯、百度、360 也开始探索。大量用户开始接触移动医疗，尤其是移动健康管理，像"大姨吗"这样的细分健康管理应用目前已经突破了 2000 万的用户数，日广告收入超过 20 万元。成熟商业模式的出现标志着市场已经过了探索期，进入启动期。

（3）移动电商。

移动电商发展迅速。移动电商相比普通电商，从时间和地点上更加灵活，更能适应用户需求。以餐饮、美容、票务、精品等为交易对象的团购，社交电商等的兴起，激发了移动 O2O 模式电商的能量，使之成为电子商务二次腾飞的核心力量，电商大数据加速储备和更新，使得用户购物体验逐步完善，移动电商成为电商生态中重要的一环。

移动互联网激发了平民文化中潜在的金融服务需求。2013 年是我国互联网金融元年，余额宝、微信红包的火爆，反映了网民群体中潜在的金融理财需求和娱乐互动需求。从我国的现状来看，个人的理财渠道、企业的融资渠道相对匮乏，供需无法有效对接，中介壁垒较高，意味着互联网金融这种去中心化、去中介化的模式在合理的法律监管下，将焕发出巨大的活力。

3. 移动金融发展潜力巨大

（1）支付。

在我国电子商务发展的过程中，产生了多种支付方式，包括汇款、货到付款、网上支付、电话支付、手机短信支付等方式，并且这些方式同时并存。简单的支付手段成为进入千家万户的数据采集方式，未来会提供更多的商业模式。随着互联网的普及和消费者成熟度的提高，网上支付的比例越来越高，2012 年我国网上支付人数达到 2.12 亿，其中第三方支付市场规模剧增，2012 年同比增长 76%。监测显示，2012 年中国十大第三方支付企业分别为支付宝、财付通、银联商务、汇付天下、快钱、网银在线、易宝支付、环迅支付、上海银联、通联支付。

移动支付是移动医疗、教育、商务企业的重要变现通道。用户使用移动应用获得更好的体验，服务提供商则希望以各种方式变现，这为移动支付的兴起创造了直接条件。用户通过直接、间接的购买行为，获取和使用更加优质的移动服务，必然存在潜在的巨大的移动端支付市场需求。PC 互联网时代人们用了若干年时间习惯了网络支付，而在移动支付时代则主要是用户的迁移，因此其发展速度快于 PC 互联网时代。

互联网巨头加速布局移动支付。移动支付是互联网巨头实现 O2O 闭环的重要手段。阿里巴巴力推手机支付，打通电子商务线上线下数据，截至 2013 年 11 月，支付宝手机支付用户已经超 1 亿人，支付宝钱包用户数也接近 1 亿人。支付宝日常支付约有 1/3 的笔数来自手机。预计 2014 年 6 月之前，支付宝移动端交易量超过 PC 交易量。腾讯也通过微信红包迅速打开了移动支付的局面，除夕到大年初一 16 点，参与抢红包的用户超过 500 万人，大量储蓄卡通过微信红包绑定微信支付，为下一步开展线下线上的移动业务做了强有力的铺垫，如虚拟货币充值、打车、彩票、票务等。支付宝闭环系统见图 7。

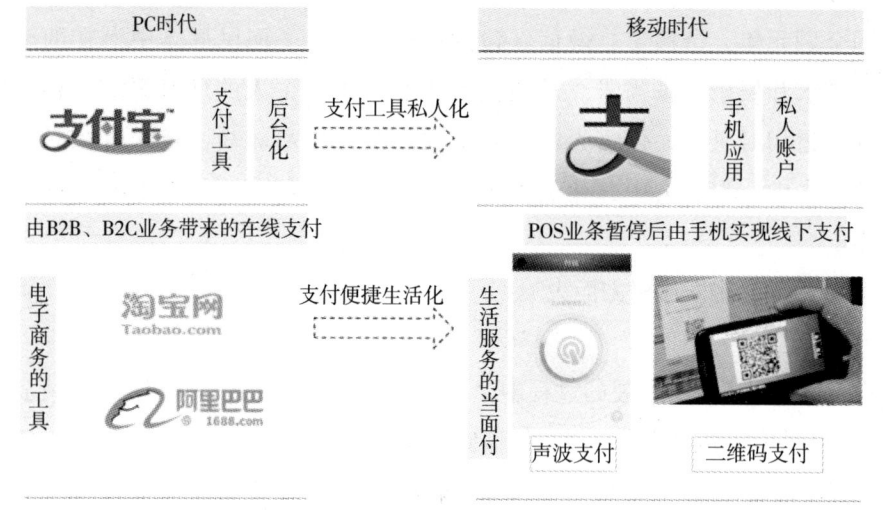

图 7　支付宝闭环系统

资料来源：笔者整理。

（2）移动金融。

电子商务经历了从 PC 端到移动端的历程。电子商务经历了 PC 时代的高速发展，未来将形成 PC 端和移动端并行的局面，且移动端交易额增长将更快。2013 年中国移动电子商务市场规模达到 1300 亿元（见图 8），延续高增长态势，尤其是个人端的电子商务交易活跃，未来移动渗透率还有较大的上升空间。

与电子商务的发展类似，互联网金融服务不断丰富和完善，必然向移动化

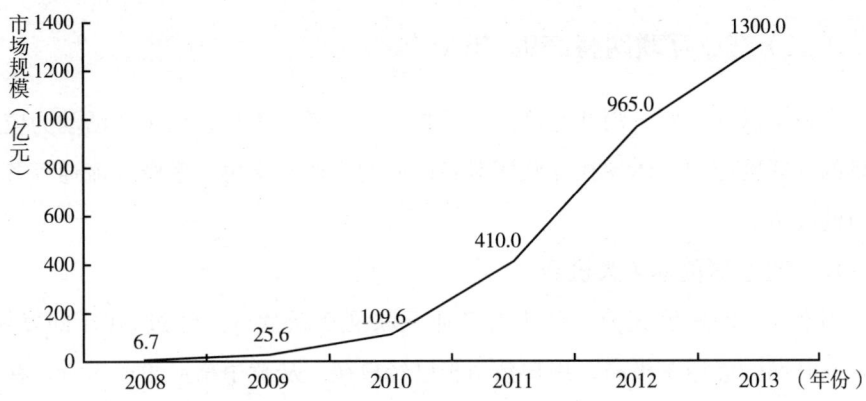

图 8　2008～2013 年中国移动电子商务市场规模增长情况

资料来源：笔者整理。

方向发展。一方面，移动互联网技术飞速发展，无线通信品质大幅提升，费用不断降低，移动终端普及率和渗透率不断提升，大众用户形成基于碎片时间的移动终端使用习惯，构成了移动金融发展的基础，并将形成比移动商务更快的发展；另一方面，基于互联网金融的金融服务发展迅速，移动端应用百花齐放，构成了互联网金融的有力补充，互联网巨头和金融巨头加速向移动端渗透，微信支付、支付宝钱包等引导用户使用金融服务，打车、票务等O2O应用形成循序闭环，用户的生活服务体验再次得到强化。

金融服务不再受时间地点限制，移动化提高效率。一方面，新兴的互联网金融模式，个人理财、互联网基金/保险、众筹、小贷等，都将走向移动端，用户可以随时随地享受金融服务。用户通过智能终端购买余额宝等理财产品，如支付宝等；通过智能终端进行股票交易和投资，如同花顺和东方财富；通过智能终端进行个人财富管理，如挖财；通过智能终端进行转账和消费，如各大银行的手机终端应用，强化了个人对财富管理的时效性和便利性，因此新型互联网金融服务在移动端布局是当下新兴金融服务模式的首要考虑因素。另一方面，移动端逐渐成为人的功能延伸，企业逐渐引入移动办公和移动管理系统，从而加速信息流和资金流的流动，数据加速产生，企业借贷、交易的效率大幅提升。

（三）产业互联网将产生"BAT"

产业互联网区别于消费互联网，泛指以生产者为用户，以生产活动为应用场景的互联网应用，体现在互联网对各产业的生产、交付、融资、流通等各个环节的改造。

1. 产业互联网迎来大机会

消费互联网发展充分，巨头对产业互联网跃跃欲试。经过20年的发展，消费互联网的渗透率极高，用户数增长已经放缓。从竞争格局角度来看，在经历了野蛮式生长后，大多数细分行业的洗牌已经完成，拥有资本和先发优势的巨头在行业内的领先地位得到巩固，格局走向稳定，行业集中度逐渐提高。虽然在消费互联网领域牛气冲天，但是在产业互联网应用的尝试均未取得好的效果。由于BAT的客户积累和运营经验主要集中在个人客户，其在向产业互联网拓展中优势将不再明显（见图9）。

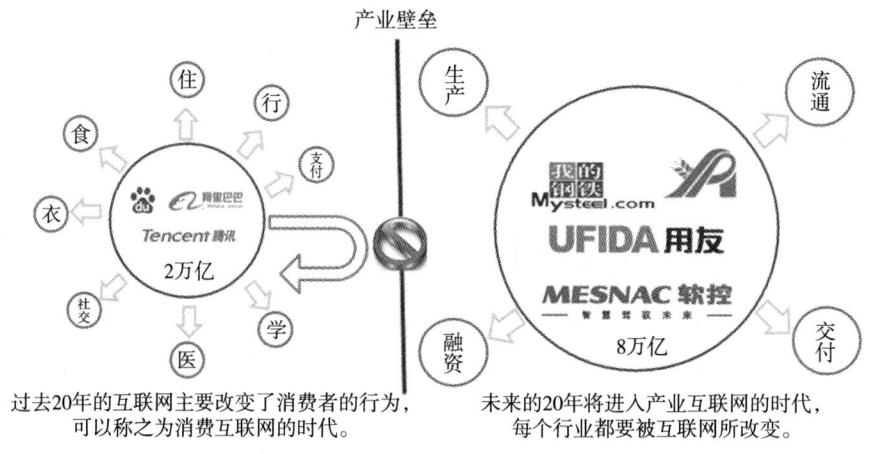

过去20年的互联网主要改变了消费者的行为，可以称之为消费互联网的时代。

未来的20年将进入产业互联网的时代，每个行业都要被互联网所改变。

图9 消费互联网巨头进入产业互联网有较高壁垒

资料来源：宏源证券。

互联网在产业领域的拓展尚属于初步阶段，是国家战略层次的需求，市场巨大。相对于消费互联网来说，产业互联网化需要虚拟化的东西更多，要将企业、工厂的整个流程虚拟化。中国企业经过30多年的信息化进程，不少企业具备了相当的信息化基础,在一定程度上实现了企业的虚拟化,形成了产业互联网发展的必要前提。根据GE白皮书给出的测算,仅在航空、电力、医疗保健、铁路、油气这五个领域引入互联网支持,假设只提高1%的效率,那么在未来15年中预计可节省近3000亿美元。在我国,在产业升级和人口红利消失的压力下,企业需要提高生产效率并进行劳动力的机器替代,以推动工业互联网的发展。

2. 产业互联网重塑产供销模式

产业互联网环境下产业链中传统的优势企业可以借助互联网加强对产业链的控制,从而在产业链中的优势被放大,因此产业互联网环境下的微笑曲线将会变得更加陡峭(见图10)。企业必须尽快加强互联网的产业应用,以提升并巩固在产业链中的地位。

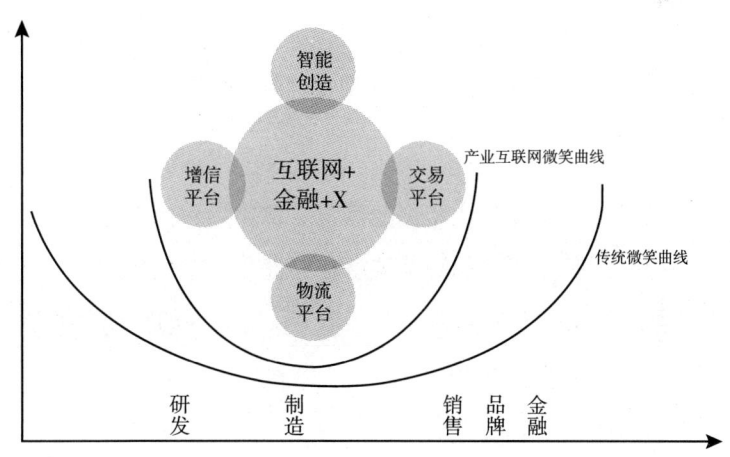

图10 产业互联网下的微笑曲线

资料来源:宏源证券。

互联网对产业的影响是全面而深入的,从细分领域来说可以从生产、销售流通、融资、交付四大领域进行分析。互联网影响的四大领域见图11。

(1)生产体系——从设计到制造。

产业互联网对生产的影响不仅体现在制造过程中高度自动化、柔性化的生产方式,而且体现在产品的设计上,包括产品设计方式和功能设计等方面。在

图 11 产业互联网影响的四大领域

资料来源：宏源证券。

互联网时代产品设计将更加强调用户的参与，尊重用户的个性化需求。在产品制造过程中高智能可联网通信的制造装备在柔性化、个性化的制造业发展趋势中将尤为重要。德国提出的工业 4.0 与美国 GE 所倡导的工业互联网主要强调的就是对制造过程的互联网改造。

海尔的全套定制家电，瞄准个性化需求，采用在线定制、F2C 的模式，为客户量身打造合适的家电产品，是一个有力的尝试（见图 12）。小米（见图 13）从一开始就强调用户的参与感，让用户参与到设计中来，小米论坛作为一个产品论坛，其流量 10 倍于同行网站，日活跃用户数 100 万户，日发帖量 30 万个。MIUI 的很多特性功能的设计都是受论坛的启发。在产品的功能设计方面，越来越多的产品支持联网功能，具备一定智能程度。智能家居将是产品互联网化在家居家电领域的重要应用。

（2）销售流通体系。

据工信部统计，我国 2013 年电子商务交易额超过 10 万亿元，其中 B2B 业务将近 8 万亿元，远超 B2C 业务。根据易观国际的数据，2013 年我国 B2B

互联网金融的商业模式和投资机会

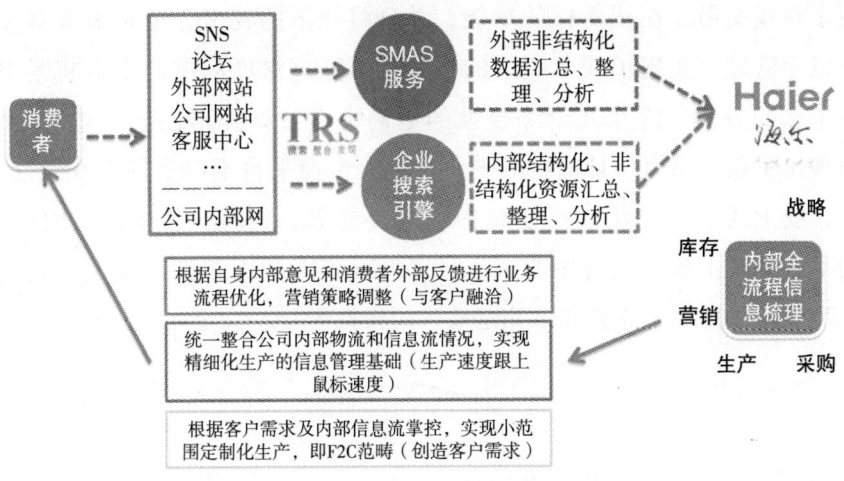

图12　海尔"人单合一"的"笑口模型"

资料来源：宏源证券。

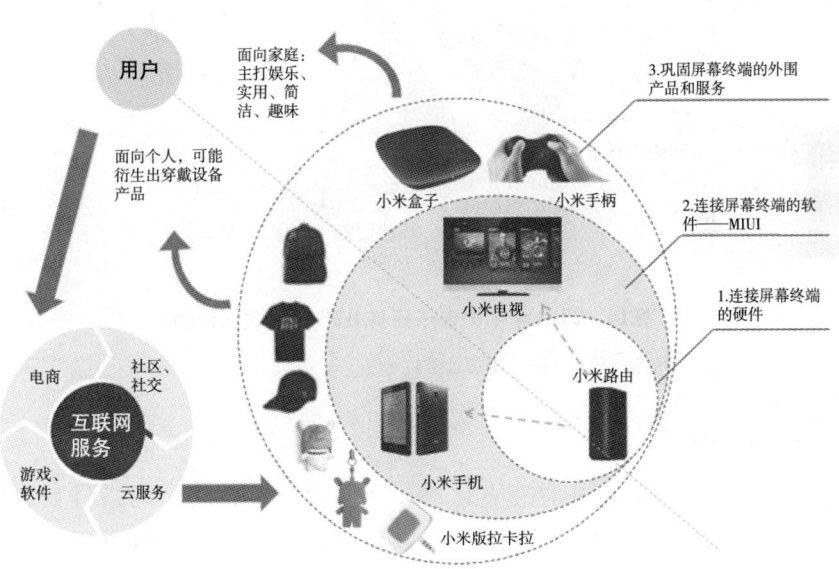

图13　小米的颠覆之路

资料来源：宏源证券。

电商交易规模增长19.7%，达到7.1亿元的规模。

B2B电商经过了信息发布和营销推广的初级阶段，很多电商平台已经

309

实现了在线交易、在线支付的功能,并且将线下的物流、退货等业务流程进行线上管理,实现了线上线下的一体化。垂直深度的电商平台将是 B2B 电商未来的方向,除了几个综合性的电商平台,如阿里巴巴、慧聪网外,还涌现出了很多垂直领域的电商平台,部分电商平台不仅实现了在线交易、支付,线上线下一体化,而且拥有了定价能力,钢铁、化工品、农产品、中药等各种线上商品交易中心成立,已经在产业里面起到了至关重要的作用。2013 年中国电子商务 B2B 市场收入份额见图 14。

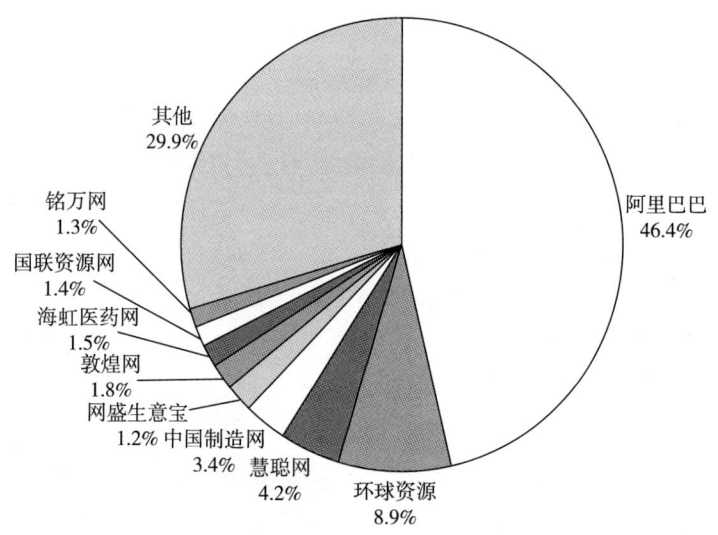

图 14 2013 年中国电子商务 B2B 市场收入份额

资料来源:易观国际、宏源证券。

(3) 融资体系。

互联网金融的发展可谓突飞猛进,在网络基金销售、网络贷款、网络支付等各个领域互联网金融都显示出不可阻挡之势。阿里小贷、京宝贝、天使汇(网络众筹)等一系列针对企业的互联网融资手段涌现出来。阿里凭借对平台上企业的经营情况的了解开展小贷业务(见图 15);京东凭借对供应商的信用和经营情况的掌握对其提供融资服务,京东宣称平台上万家供应商可凭采购、销售等数据快速获得融资,3 分钟内即可完成从申请到放款的全过程,且无须任何担保和抵押,能有效地提高企业营运资金周转效率；1号店等电商企业也开始对供应商提供融资服务。这些电商企业开展金融业务的核心便是其对融资对象真实情况的掌握，降低了风险。另外通过互联网的方式进行融资，不需要进行大量线下的调查走访，降低了经营成本。

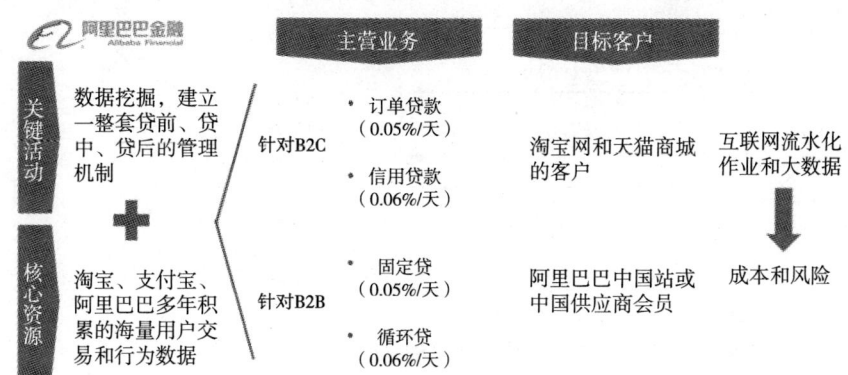

截至2012年底，该公司累计服务的小微企业数量已经超过20万家。在过去两年中，阿里金融几乎保持着每年100%以上的增长速度

图15　阿里小贷的业务模式

资料来源：宏源证券。

电子商务B2B供应链协同形成产业生态链，企业间的竞争已经演变成产业生态链的竞争，而供应链金融成为核心竞争要素。电子商务B2B企业不满足于做一般的信息发布与交易平台，而是扮演着"第三方行业综合服务商"的重要角色，包括信息交易平台在内的服务更综合化。

我国金融行业由于体制因素等原因长期以来存在结构失衡，20%的大企业客户占用了80%的金融资源，众多的中小微企业得不到充分的金融服务，成为制约他们发展的重要因素。互联网金融由于其低成本高效率，同时更有效地解决了信息不对称问题，在中小微企业的融资领域将会发挥重要的作用。

阿里金融的核心商业逻辑如图16所示。

IT企业凭借信息与客户优势参与融资服务已经渐成趋势：汉得信息凭借经营过程中积累的上千家大型企业，正在尝试进入供应链金融领域。而与汉得信息有相似背景的金电联行已经在供应链金融领域实现突破（见图17、图18），在成立后的六年，金电联行一共帮助数百家企业从民生银行获得总计约20亿元的信用贷款。

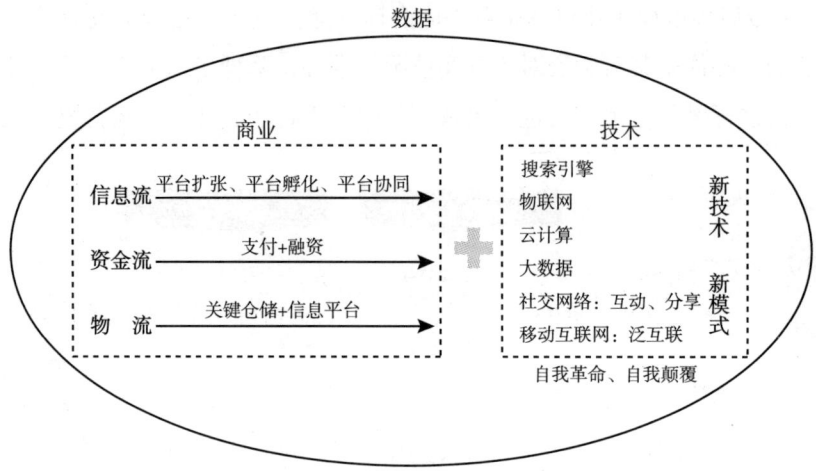

图 16　阿里金融的核心商业逻辑

资料来源：宏源证券。

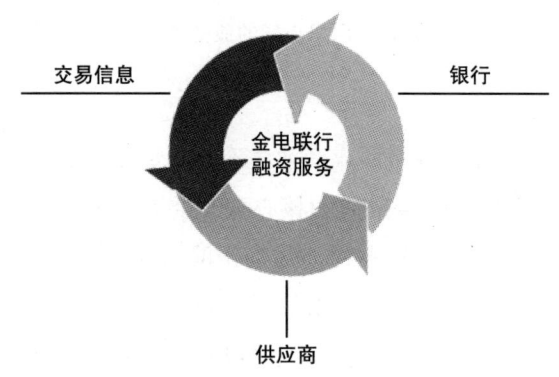

图 17　金电联行供应链融资模型

资料来源：宏源证券。

在小微企业所有的困境中，融资难问题仍然被排在首位。全国中小微企业创造了 80% 的就业、60% 的 GDP 和 50% 的税收，而小微企业获得的贷款在全部贷款中的比例仅为 20% 左右。银监会数据显示，截至 2013 年 5 月末，全国小微企业贷款余额 16 万亿元，占全部贷款的比重从 2012 年末的 21.95% 上升到 22.22%。

（4）物流交付体系。

物流交付体系在互联网时代企业的竞争中显得尤为重要，对电商平台而言

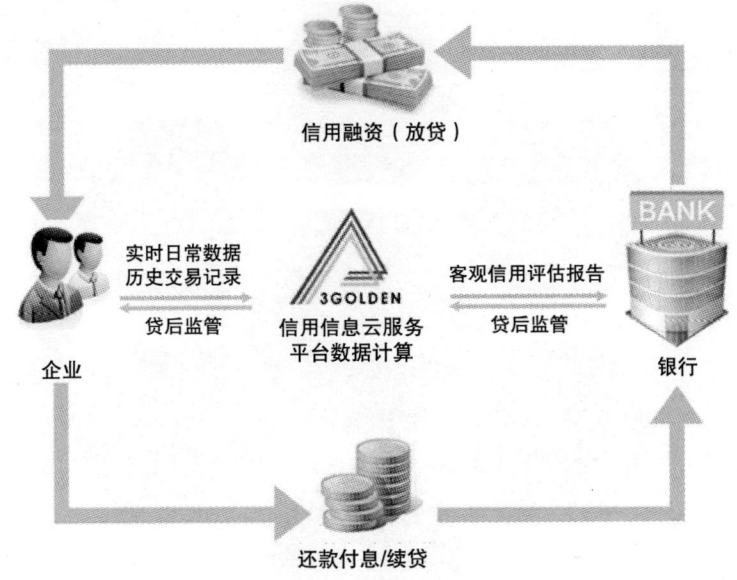

图18 金电联行供应链融资流程

资料来源：宏源证券。

更是核心竞争力之一。互联网对企业的物流体系和交付方式正在产生重大改变，无论电商平台还是企业自身都在构建适应互联网环境的物流交付体系。阿里集团、银泰集团联合复星、富春、顺丰、三通一达成立菜鸟网络，计划投资3000亿元，建立一张能支撑日均300亿元网络零售额的智能骨干网络，让中国任何一个地区都能做到24小时内送货必达，将线下的仓储物流网络与线上的"物流宝"数据平台进行融合。

3. 具备产业资源+用户资源的核心能力

产业互联网的魅力之一在于其相对于消费互联网来说壁垒较高，不存在赢者通吃的局面，在特定领域里面深度经营可以修建较高的城墙。

（1）有优势产业资源地位。

优势产业资源地位一方面体现在区域经济里的优势地位，比如地理位置优势、临近资源产地、消费地、存储地等。另一方面体现在产业链中的核心位置，比如阿里和京东，在产业链中的地位有优势，凭借优势地位和信息优势对企业进行互联网融资服务；或者拥有广泛的渠道网点资源等（见图19）。

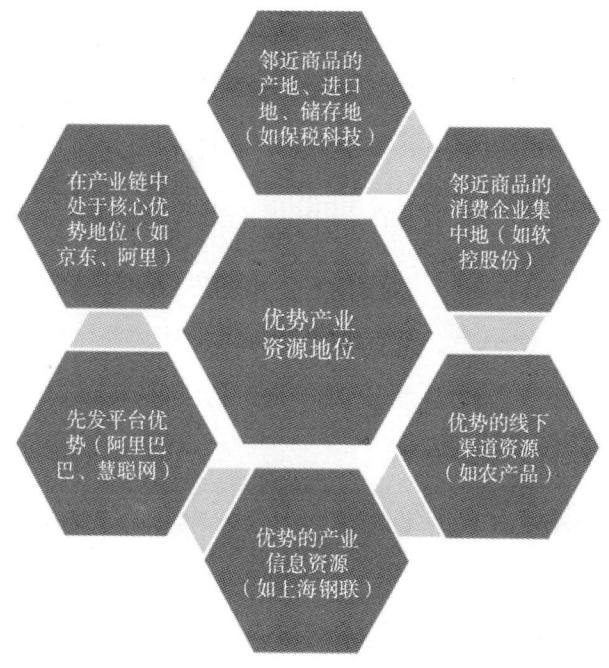

图19　优势产业资源地位

资料来源：宏源证券。

（2）有企业用户资源。

从消费互联网的发展路径来看，掌握了客户资源，借助互联网手段可以更方便地对客户需求进行多维度的挖掘和服务。

有的线下交易平台触网后往线上迁移，其本质是拥有大量的企业客户或者营销网络，借助互联网的力量提供更高效的服务，提高客户黏性。

拥有企业用户资源是通向产业互联网之路的重要保障，可以发展针对细分行业的交易模式的互联网应用，也可以发展针对通用行业的互联网金融、虚拟运营商、企业培训、企业社交等应用。企业用户资源情况见图20。

（3）具备互联网思维与互联网服务能力。

具备了优势产业资源与企业用户资源并不意味着企业一定能够成功转型成产业互联网公司，企业还需要有互联网思维和互联网服务能力。企业的决策者需要以数字人的思维去部署决策，而不能停留在大规模生产、大规模销售和大规模传播的工业化时代思维。从企业的战略部署到组织结构都要进行

互联网金融的商业模式和投资机会

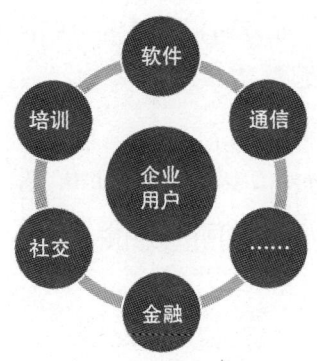

图20　企业用户资源

资料来源：宏源证券。

适应互联网的改造，企业需要更开放、更关注用户的体验、组织结构扁平化。

在产业互联网的大潮背后，"互联网＋金融＋X"是其核心（见图21）。我们相信，产业互联网的大势将很快在各个产业渗透蔓延，无论是教育、医疗等较轻的服务业，还是橡胶、建筑、煤炭、钢铁等较重的工业，均将感受到这场变革。其中，互联网和金融将成为产业互联网在各个领域发展的两大工具，互联网对应的是信息流，诠释了全新的技术手段（如云计算、大数据、移动互联网等）和思维模式（如长尾、众包、免费等），金融不仅体现在支付结算

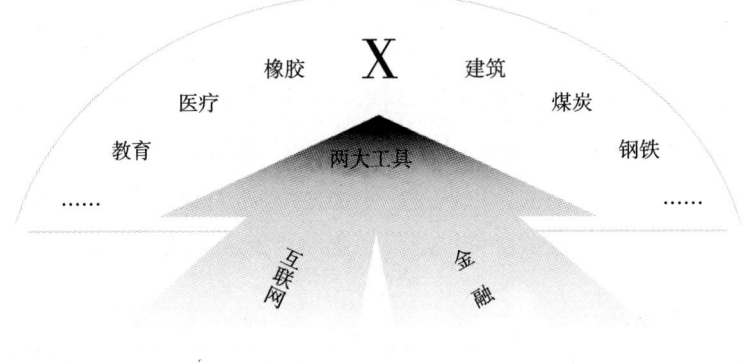

图21　产业互联网的核心

资料来源：宏源证券。

方面，而且还应用于资金融通方面，通过资金的流通引导其他生产要素的流动，推动整个产业的快速发展。

4. 产业互联网的平台型模式

根据企业在产业链中所处的地位和扮演的角色，我们大致可以将产业互联网划分为四种模式，分别为交易平台、增信融资平台、智能制造平台、物流交付平台。

（1）交易平台。

交易平台是目前比较常见的产业互联网应用模式。交易平台不仅体现为简单B2B电商，而且体现为对产业信息的集成、产业技术的交易、产业商品定价的话语权。显示供求信息仅仅是交易平台最原始的功能；交易的撮合、支付的集成、线下物流仓储的集成是交易平台的中级模式；而对产品标准化、指数化、金融化，进而影响行业商品的定价是交易平台的高级模式（见图22、图23）。

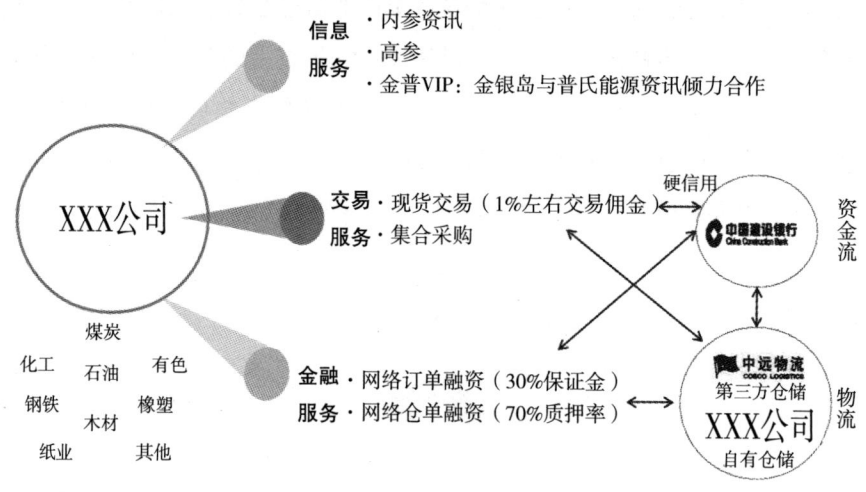

图22　交易平台模式

资料来源：宏源证券。

（2）增信融资平台。

增信融资平台（见图24）围绕海量客户资源和交易数据，着力解决中小企业融资难问题。2013年7月国务院副总理马凯表示要着力强化对小微企业

互联网金融的商业模式和投资机会

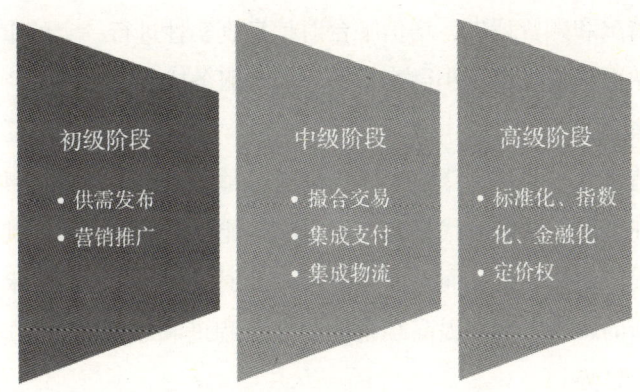

图 23　交易平台阶段划分

资料来源：宏源证券。

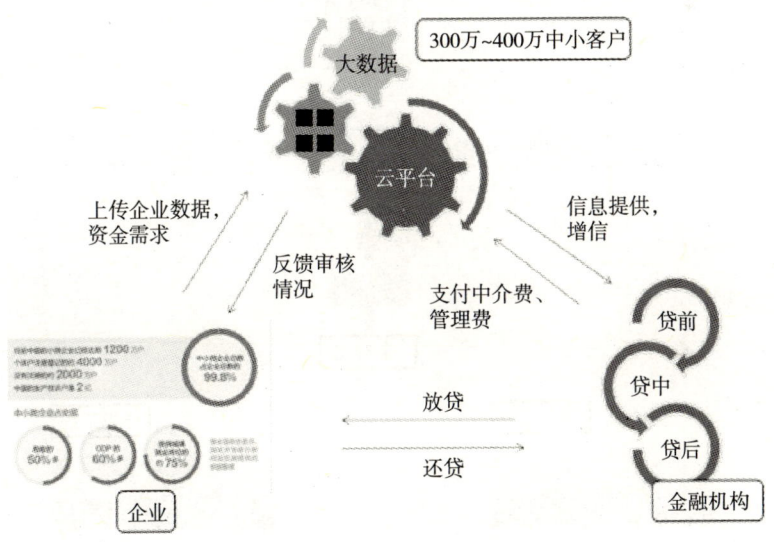

图 24　增信融资平台模式

资料来源：宏源证券。

的增信服务和信息服务，搭建综合信息共享平台，健全融资担保体系，大力发展贷款保证保险和信用保险业务，形成"小微企业－信息和增信服务机构－商业银行"利益共享、风险共担的新机制。传统的金融机构获取小微企业的信息成本以及服务成本相对于产出来说较高，而互联网环境下的增信融资平台给解决小微企业融资难问题提供了较好途径。小微企业通过增信信息平台提交企业的经营情况和融资请求，增信平台对信息真实性进行一定的审核，然后提交给银行，从而降低了银行小微客户的获取和服务成本。

(3) 智能制造平台。

智能制造平台（见图25）通过对行业最新技术的跟踪和智能装备的研发，为产业提供在工业互联网时代具有竞争力的智能制造解决方案。其核心在于不仅能为企业提供制造装备，而且能把握行业发展趋势，在原料技术、制造技术领域提供最新的解决方案，提高装备的智能化程度和联网能力，适应柔性化、个性化的制造趋势。

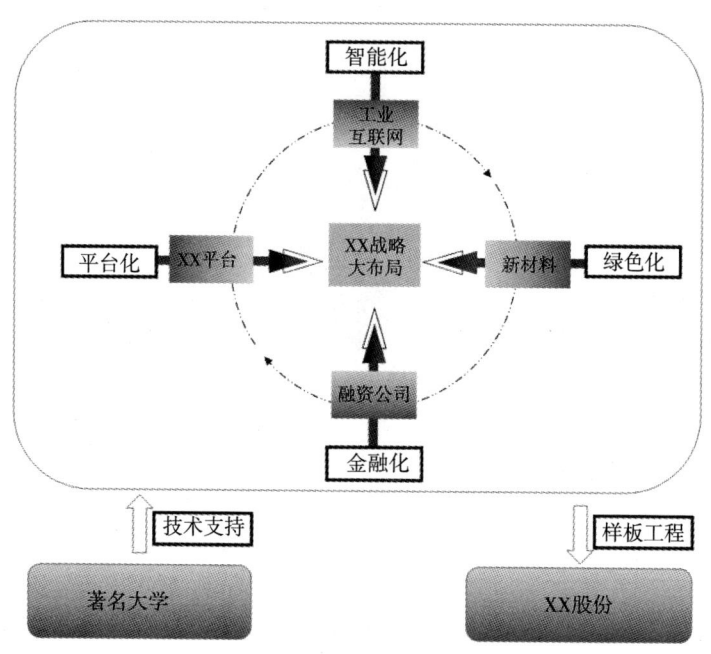

图25　智能制造平台模式

资料来源：宏源证券。

(4) 物流交付平台。

物流交付平台（见图26）主要为了适应O2O趋势下线上线下一体化，物流、信息流、资金流三流合一的需求。它以信息平台为中心，以呼叫中心、分布站点（分拨中心）、收派员为接口，实现三流有序流动，从而在精度、广度、效率和服务能力等方面提升传统物流的综合性能。

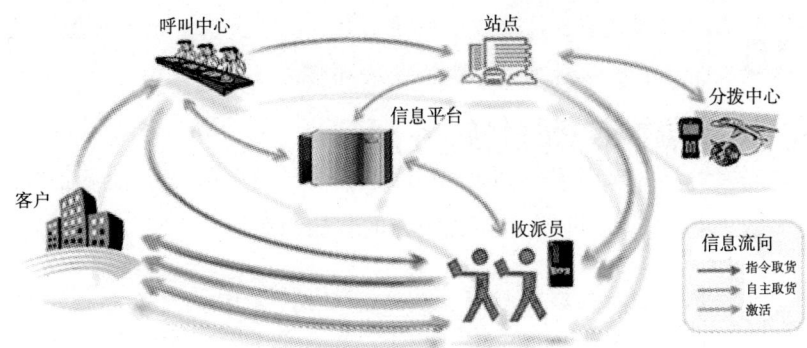

图 26　物流交付平台模式

资料来源：宏源证券。

参考文献

易欢欢：《寻找产业互联网的 BAT》，http：//www.microbell.com/docdetail_1237293.html，2014 -3 -7。

易欢欢：《互联网金融威胁到谁》，《中国经济报告》2013 年第 12 期。

易欢欢：《大数据时代的跨界与颠覆：金融业门口的野蛮人》，http：//www.microbell.com/docdetail_1042279.html，2013 -6 -18。

施俊：《众筹模式与 P2P 应深度合作》，《新财经》2013 年第 7 期。

B.10 互联网金融案例比较分析

摘　要：

本报告对互联网理财、第三方移动、P2P网贷和传统金融互联网化四个方面的相关案例进行了简要分析，试图还原2013年中国互联网金融发展脉络的关键节点。在分享发展成果的同时，总结经验、吸取教训，为市场创新和制度创新提供标本。

关键词：

互联网理财　第三方支付　P2P网贷　传统金融互联网化

一　互联网理财

互联网理财是2013年互联网金融大军当之无愧的主力，而其中最早诞生、也最具代表性的就是余额宝。它深刻地影响了互联网金融的整体发展步伐，本节以余额宝为例，分析余额宝快速发展的过程、原因以及引发的种种争议和思考。

（一）余额宝快速发展

2013年6月13日，支付宝推出了"余额宝"，6月17日该业务正式上线。随后的半年时间里，余额宝的收益率节节攀升，用户人数和对应货币基金——"天弘增利宝"的规模也迅速扩大。

余额宝的本质是一种内置于"支付宝"的创新通道业务，以"支付宝"作为基金直销通道，以支付宝公司及阿里巴巴集团的信誉为信用支撑，因此显得特殊。通道的一端连接了天弘增利宝货币市场基金，另一端则连接了支付宝海量用户，用户可自愿将闲散资金转入余额宝，支付宝将配合基金公司为用户完成基金开户与购买等环节。支付宝8亿注册用户是余额宝的潜在客户群。

与2012年开始的网上直销T+0赎回的部分货币基金相比,余额宝的比较优势是门槛极低、手续简捷、随存随取。拥有实名认证支付宝账户的用户可随时将账户余额转到余额宝,购买基金份额,最少一元起买,整个过程就如同余额宝充值那般方便、快捷。因为未设置基金持有时限,余额宝里的资金也可以用于网购,或随时转回支付宝账户。在保障流动性的同时,兼具收益性。余额宝理财与现金管理的综合性功能使其部分替代了活期存款的功能,因此大量支付宝用户迁移成为余额宝用户。余额宝发展的关键时点见图1。

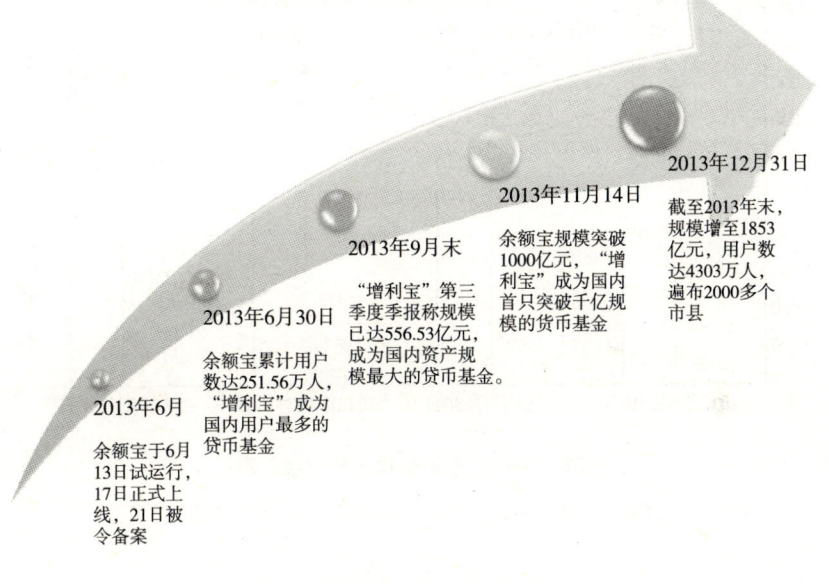

图1 余额宝发展的关键时点

资料来源:根据支付宝、天弘基金公开数据整理。

在余额宝上线之初,公众对余额宝最大的担心是资金安全问题。① 对于这样的疑虑,支付宝承诺对余额宝提供被盗资金补偿保障。2014年4月以后,众安保险对余额宝实行全额承保,1元起即可理赔。

---

① 《数字100市场研究公司2013年6月17日调查结果》,http://blog.sina.com.cn/s/blog_5980ec070102e40l.html。

我国的货币政策导致利率有足够空间支持货币基金的成长。根据支付宝和天弘基金的官方数据，自上线以来至2013年末，余额宝日每万份收益始终保持在1.15元以上，在所有货币基金中万份收益最为稳定；总收益水平居同类货币基金第二位，已累计给用户带来17.9亿元的收益；年化收益率为4.9%。① 此外，2013年因多种因素产生的两次钱荒，加大了市场利率和银行活期利率的利差，提供了货币基金爆发性增长的契机。年关将至之时，余额宝收益率飙升至6%以上，2013年12月31日当天的最新万份收益高达1.7969元，7日年化收益高达6.696%（见图2）。

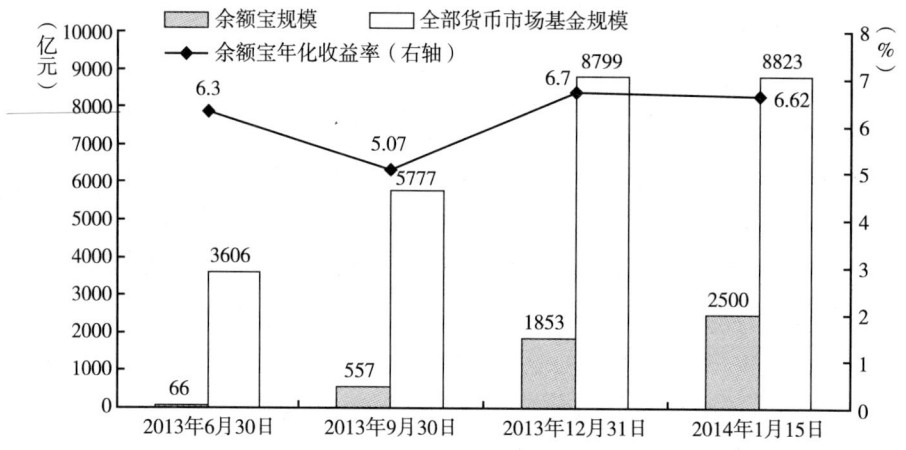

图2　余额宝市场规模与年化收益率

资料来源：中金公司银行业证券研究报告：《余额宝：加速银行资金成本上升》。

对于支付宝而言，余额宝的发展壮大能够带来不少直接效应：减少支付宝的沉淀资金，从而降低支付宝备付金金额，② 进而降低实缴资本压力，形成"余额宝－电商平台"的资金闭环，为支付宝通过协议降低跨行划款手续费支出提供了可能。

目前，除了阿里巴巴外，百度、腾讯等互联网巨头均已着手抢滩互联网理

---

① 《余额宝规模达到1853亿元累计发放17.9亿元收益》，http：//tech.gmw.cn/2014－01/01/content_ 9984479. htm。
② 监管规定，支付机构的实缴货币资本与用户备付金日均余额的比例不得低于10%。

财领域。腾讯微信理财通上有两款理财基金，分别对接华夏基金的"财富宝"和汇添富基金的"全额宝"，不过两者登场较迟，分别于2014年1月和2014年3月上线。百度则利用自身在PC和移动端入口的用户流量优势、大数据基础及云计算技术，积极布局互联网理财板块。"百发理财B"是百度在2013年10月推出的第一个理财产品，以"高收益率"（预期8%）为噱头高调营销，引起了关注和抢购；后续又推出了"百发"（预期8%收益率，全部投资于银行协议存款）和"百赚"系列理财产品。

（二）余额宝引起的争论

对余额宝的广泛关注，促使它被各方重新审视与定位，也引发了不少争论。

1. 金融"吸血鬼"还是"助推器"

一方观点指出，余额宝是趴在银行身上的"吸血鬼""寄生虫"，① 余额宝"冲击的是中国全社会的融资成本和经济安全"，"全社会的融资成本被拉高"，整个中国实体经济（即最终的贷款用户）为余额宝"吃掉银行协议存款利率与投资人收益率之间价差的邪恶金融行为"埋单，它并非新的金融产品，更没有创造价值。

另一方观点则认为余额宝是推进普惠金融发展的助推器之一。近十年来，大多数个人理财渠道或是效果不佳，或是门槛过高，或是风险较大，个人保本理财需求一直缺少释放途径。余额宝门槛很低，费率较低——管理费率0.3%，托管费率0.08%，销售服务费0.25%，合计0.63%。② 目前看来，它使普通民众对低风险投资理财和专业化金融服务的需求得到了较大程度的满足，同等条件下的投资理财得到了更多的收益。而且，贷款者的贷款可获得性和贷款成本，一般与信贷政策、资金环境和市场竞争强度有关，而与货币市场基金的关系不大，因此对其拉高融资成本的控诉没有事实依据。

2. 利率"干扰者"，还是"跟随者"？

一方观点指出，余额宝严重干扰了利率市场，因此应被取缔。另一方观点

---

① 央视证券资讯频道执行总编辑兼首席新闻评论员钮文新发博文呼吁取缔余额宝。
② 《动了银行的奶酪余额宝做错了吗?》，http://www.yicai.com/news/2014/02/3499479.html。

认为余额宝仅仅是"市场利率的跟随者"。后者有以下两方面的依据。

第一,货币市场基金总规模所占全部人民币存款余额的份额很小,截至 2013 年末,全国人民币存款余额 104.38 万亿元,全国居民存款总额则达到 47.9 万亿元;而全国货币市场基金总规模仅为 9532 亿元,它占全国人民币存款余额的比例约为 0.91%,占全国居民存款总额的比例约为 1.99%。此外,它与规模达到 10 万亿元左右的银行理财产品相比也存在较大的差距。从银行间市场债券托管量来看,2013 年末的总规模约为 25.91 万亿元,其中,基金公司涉及的债券为 26758 亿元,约占总规模的 10.32%,而货币市场基金作为基金的一种,其所占规模更小。① 鉴于余额宝占全国货币市场基金的比例为 19.44% 左右,它对市场利率的影响非常有限。

第二,事实上余额宝 7 日年化收益率与上海银行间同业拆借利率(SHIBOR)的走势高度相关,2013 年 6 月末和 12 月末"钱荒"期间的表现更是明显(见图 3)。综合以上两方面依据,可知余额宝并不能干扰利率,而是利率的"跟随者"。

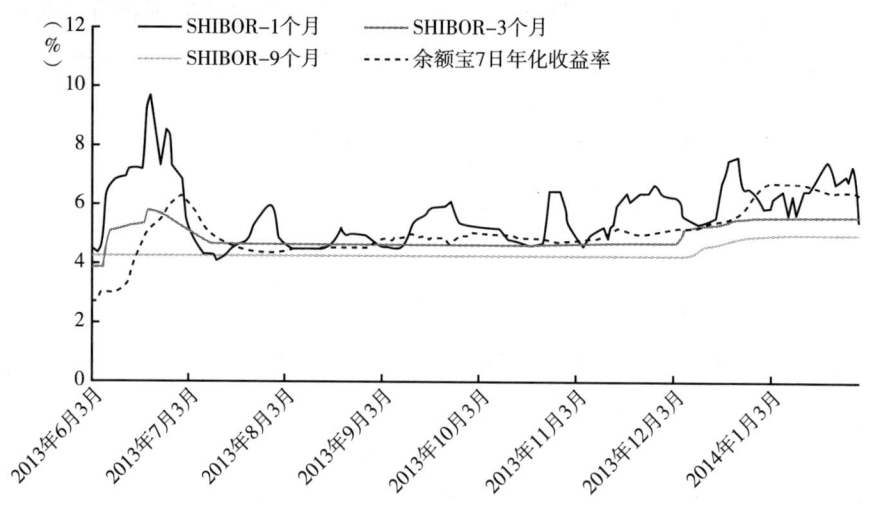

图 3　余额宝 7 日年化收益率与 SHIBOR 的比较

资料来源:《余额宝能干扰市场利率抬高社会成本吗?》,转引自新浪网新浪科技频道,http://tech.sina.com.cn/zl/post/detail/i/2014-02-22/pid_8442897.htm,2014 年 2 月 22 日。

---

① 资料来源:中央结算公司。

3. 存款准备金"当缴",还是"不当缴"?

一些观点认为余额宝将超过 90% 的资金投资于银行协议存款,享有无风险收益,实质上就是存款行为,应按统一原则监管,缴纳存款准备金。尤其在国务院发布《关于加强影子银行监管有关问题的通知》(国办发〔2013〕107号)后,余额宝作为"影子银行"的流动性风险更受关注,一时之间对更加严格的风险准备金政策的呼声变得更加强烈。

然而,相反的观点则认为,存款准备金显然并非未来金融市场监管的优选工具,在利率、汇率等市场化改革过程中,这类监管方式和调控模式应当被淡化处理,在金融市场日趋成熟、等待变革的前夜,用存款准备金来约束余额宝,似乎是一种倒退。

(三)余额宝:互联网金融的"点火者"

余额宝是第一个直接与银行存款业务竞争的互联网金融产品,它以"点火者"的身份促使传统基金业加速融入互联网金融领域,更是引爆了全社会对互联网金融的正式关注。这不仅是基金业的一大步,更是互联网金融的一大步。

余额宝实质上是货币市场基金。与其他货币市场基金相比,余额宝充分体现了互联网金融的普惠性特征。余额宝利用互联网技术,不但降低了活期存款转化为货币基金的交易摩擦成本(学习成本及拜访银行的物理成本、机会成本、等待成本、流程成本等)和宣传推介成本,还实现了"门槛低、总量大"的货币基金营销策略,促使普通公众把目光投诸非传统金融企业,形成了互联网理财的全新观念;原被锁定在银行活期存款中的大量小额储户,也主动接触货币基金,并逐步养成了一种"立存立取"的全新理财习惯。自成立以来,截至 2013 年末,其累计申购金额 4294 亿元,累计申购 1.4 亿笔,每笔平均仅 3067 元;累计赎回金额 2443 亿元,累计赎回 2.5 亿笔,每笔平均仅 977 元;户均持有金额仅 4307 元,远低于传统基金理财动辄上万元的户均持有量。此外,余额宝服务民生的功能较全,存在其内的资金可直接用于网购、转账、信用卡还款、支付公用事业费、爱心捐赠等。

余额宝的收益率相对较高,但它的收益率并不是最高的(见表1)。促使

表1 主要互联网理财基金收益比较

产品名称	对接基金	区间万份收益(元)	区间年化(%)↓	购买门槛	单日取现限额	变现速度	申购状态	规模(亿元)↓	区间收益↓
百度百赚利滚利	嘉实活期宝币	2.162	6.8983	0.01元	5万⑦	实时（有条件）	可申购	3.42	80.30
工银薪金宝	工银薪金货币	1.7566	6.841	100元	无	隔日到账	可申购	109.2	1.76
微信理财通	华夏财富宝货币	3.4796	6.5347	0.01元	6万⑦	延时到账	可申购	10.65	171.68
民生如意宝	民生加银现金宝货币	2.0171	6.4234	0.01元	500万⑦	实时（有条件）	可申购	6.54	156.52
广发钱袋子	广发钱袋子货币	1.9463	6.4009	0.01元	500万⑦	实时到账	可申购	2.06	29.23
零钱宝	广发天天红货币	1.9694	6.3124	1元	14.99万⑦	实时（有条件）	可申购	21.75	152.78
微信理财通	汇添富全额宝货币	1.9084	6.2	0.01元	25万⑦	延时到账	可申购	5.85	38.24
汇添富现金宝	汇添富现金宝货币	1.8627	5.9526	0.01元	500万⑦	实时（有条件）	可申购	120.73	144.44
零钱宝	汇添富现金宝货币	1.8627	5.9526	1元	14.99万⑦	实时（有条件）	可申购	120.73	144.44
民生如意宝	汇添富现金宝货币	1.8627	5.9526	1元	500万⑦	实时（有条件）	可申购	120.73	144.44
长盛添利宝	长盛添利宝货币A	1.7859	5.84	1元	30万⑦	实时到账	可申购	13.43	69.89
余额宝	天弘增利宝货币	1.5385	5.728	1元	5万⑦	实时（有条件）	可申购	1853.42	139.41

注：①选取2013年11月1日至2014年1月31日的时段，按照该区间内年化收益率从高到低排序，显示排名前十二的理财基金。
②若起始日设在基金成立日之前，则实际按基金成立日起计算收益；区间收益从T+1日起计算，具体收益数据以实际到账为准。
③产品规模取自查询期同内相关基金的最近一期季报公布数据，因此部分基金的区间收益较低。

资料来源：新浪财经"基金百宝箱"栏目。

余额宝获取并"黏住"4000多万名用户的主要因素并非高的收益率,而是它所开创的全新的互联网金融服务形式。事实上,这种创新对于提高基金业绩没有实质性的作用,但因其提供了更多的投资机会和更便捷的投资途径,因而能够吸引更多的用户、留下更多的资金。

不过,还处在发展中的余额宝出现了一些瓶颈问题。

第一,资金来源难以长期保障。相比银行的"宝"类产品,余额宝缺乏优势,用户抱有尝试心态,难吸引大额资金;同质竞争白热化,此类产品已不再是稀缺资源,竞争成本增加;货币基金投资标的市场容量限制了"宝"类产品的增长,收益的动荡或走低将影响产品的吸引力。当收益率与其他产品接近时,套利资金可能离场。

第二,受制于利率市场化的影响。余额宝将大部分资金存到银行短期协议存款,在利率市场化改革中,该短期利率下降的可能性不断增大,余额宝的收益也可能随之降低。

第三,可随时赎回的特性提高了流动性管理的难度。当出现某种原因导致大规模净赎回时,T+0或T+1赎回到账的承诺使管理压力很大。

第四,存在政策风险。货币市场基金专享"协议存款提前支取不罚息"的优惠政策,即在货币基金与银行签订协议存款时,允许双方自主商定是否采用"提前支取不罚息"的补充条款,若采用则提前支取的利率损失仅由银行承担,货币基金无须承担。这项政策给了货币市场基金腾挪的空间,并显然不是市场化、可持续的做法。而余额宝将超过90%的资金投资于协议存款,与通常的分散资产配置进行投资的理念相悖,有可能引发监管部门干涉,若上述政策被叫停,将带来极大的垫资压力。

第五,在流动性方面的用户体验未达到理想水平。目前,余额宝采取"T+1申购、有限的T+0赎回"规则,当天15时前的申购,翌日可计收益;15时后的申购,实际上是T+2的申购。在赎回方面,一个账户每天转出至银行卡的操作至多3次,转出至支付宝余额(电脑端证书用户和无线端用户)、储蓄卡快捷和普通提现卡分别有单笔每日5万元、100万元和15万元的上限;在赎回时效上,任何单笔超过5万元的赎回,自动转变为T+1个工作日方能到账;而单笔未超过5万元的,实时到账仅支持少数几家银行,而且额度有较大限制，支持2小时内到账的银行范围也很有限，而且仅支持无线端用户。

第六，资金安全的管理压力较大。支付宝承诺对余额宝内资金被盗提供全额补偿。随着余额宝规模不断增长，相应在防范网络诈骗、资金安全管理方面的压力也在增大，这可能成为限制其进一步扩张的因素。

第七，夸大宣传行为带来监管隐忧。按照《基金法》的规定，公开披露基金信息不得对证券投资业绩进行预测，不得违规承诺收益或者承担损失；《证券投资基金销售管理办法》规定，基金销售机构不得采取抽奖、回扣或者送实物、保险、基金份额等方式销售基金。根据《证券投资基金销售管理办法》，任何公开宣传材料都须包含风险提示内容。余额宝和百发百赚等"宝"类产品曾在一定程度上存在夸大宣传、缺乏明确风险提示的嫌疑；后期应当严格遵守相关规定，互联网金融的大胆革新不可逾越法制边界。

随着互联网金融的不断发展、日趋成熟，加强对互联网金融的监管是大趋势。在目前"一行三会"监管模式下，如何畅通监管机构和其他相关部门之间的信息共享，形成有效的协作监管机制，并且前瞻性地探索跨业务、跨行业、跨市场的监管规则和监管责任，成为下一阶段亟待解决的问题。

二 第三方移动支付

如今，第三方互联网支付已是发展相对成熟的互联网金融领域。近几年来，支付宝与财付通一直占据该领域的龙头地位。从2012年开始，第三方移动支付开始兴起，但目前还没有任何一家互联网公司独自称雄。作为连接线上和线下的重要入口，移动支付拥有巨大的潜在市场（见图4），但用户的忠诚度还不稳定，其面对丰富的选择，资金账户极易迁移。2013年，移动支付成为互联网企业竞争的全新战场。在竞争初期，各方着力于为用户创造更简便、舒适的支付场景，培养用户使用各自产品进行线下支付的习惯，从而形成"线下到线上"的反向O2O市场。本节选取了2013年第三方移动支付领域的重要案例，进行简要的归纳与分析。

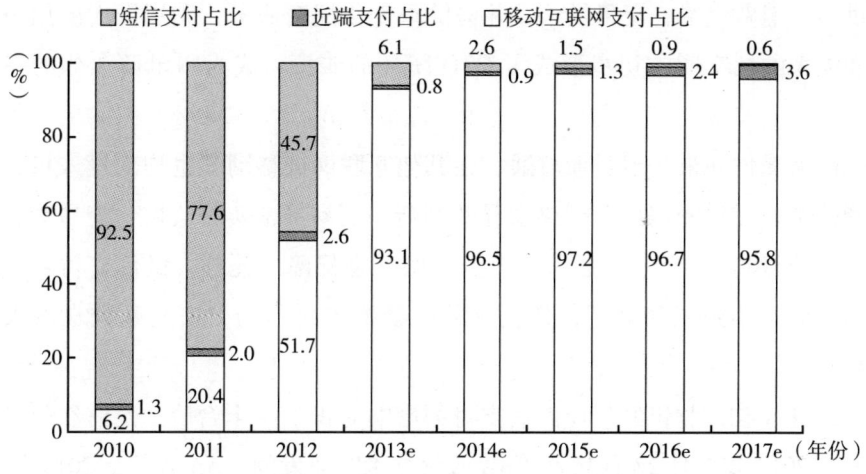

图 4　我国第三方移动支付市场的交易规模结构

说明：统计企业类型不含银行、银联，仅指规模以上非金融机构支付企业。
资料来源：艾瑞咨询。

（一）微信支付

腾讯在 2005 年已加入第三方互联网支付大军，财付通以 20% 左右的市场份额居于支付宝之后。2013 年，腾讯另辟蹊径，从移动端展开"逆袭"。2013 年 8 月 9 日，微信发布 5.0 版本，新增支付功能，主要提供投资货币市场基金、话费充值、Q 币充值、买彩票、买电影票、打车付款、微信红包、美食团购、公益捐款、AA 收款等多种支付服务。在微信客户端"我的银行卡"板块，用户绑定银行卡后，只需在手机上输入密码，即可完成支付，支付流程被大大简化，"支付"仅仅是"消费"的辅助角色，用户体验良好。

本质上，微信支付并非一个专门的第三方支付工具，而是一个纯粹的移动支付通道，其支付功能与银行嫁接，支付入口是隐性内嵌的，支付场景是自然产生的。微信提供了多项契合用户社交活动和日常生活的移动支付服务，既避免了商品、物流、库存这些要素的制约，又促进了用户对微信支付自发的使用与传播。一直以来，打破社交生活与互联网商业、互联网金融之间的壁垒，是腾讯从"平台化走向商业化"的核心任务；而微信是其商业化拓展的基础，移动支付则是其中的关键一环。微信支付整合了社交供给、娱

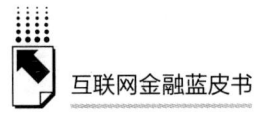

乐供给、消费供给、资讯供给,并提供垂直化配套服务,利用巨大的用户流量和庞大的社交圈,初步形成了O2O闭环的雏形,成为腾讯商业化的一个支点。

微信支付并未与财付通打通,在其他互联网或移动端也均未设入口,配合硬件锁、支付密码验证、终端异常判断、交易异常实时监控、交易紧急冻结等安全机制,① 有效加强了用户资金的安全保障。此外,微信支付将传统的熟人圈腾挪到了移动端,依托于社交链的支付行为,安全系数自然大大提高。

2014年初,腾讯红包让微信支付的影响力再上一个台阶。微信红包是财付通在2014年1月27日基于"AA收款技术"研发的。AA收款是2013年12月财付通创新的服务,用户可以在聚餐、娱乐等多种社交场合下,通过微信支付从多人手中收款,以便在结账时按AA制付款。微信红包与之技术相同,逻辑却相反。用户关注公众号"新年红包"后,可收发"拼手气群红包"和普通红包,既可成为收款人之一,又可向多人随机发款。根据腾讯的官方数据,农历除夕到正月初八的9天内,遍布34个省级行政区域的800多万用户共领取了4000万个红包,总值4亿多元人民币;除夕当晚,微信红包用户量攀顶,达482万户,零点前后出现流量峰值,每分钟就有25000个红包被拆开;据截至2014年1月31日的数据统计,平均每个红包7.5元,抢空红包的最快时间是1.7秒,发红包最多的人发放近2000个红包,抢红包最多的人则抢了800多个红包。

其实,在微信红包火起来之前,新浪微博和支付宝钱包均已推出了类似产品——"新年讨喜"和"让红包飞"(见表2)。不过它们所受到的关注远远不如微信红包。根据百度指数资料,2014年1月28日开始,"微信红包"的搜索指数和媒体指数不断上升,并在1月30日达到峰值。对比三款红包产品对应的三条搜索指数曲线,可见互联网用户对微信红包的关注程度大大高于其余两者。而同期媒体指数曲线也说明媒体对微信红包的兴趣也远超其他两款红包,并且这种兴趣经过较长时期的发酵,在春节后方才达到顶点。

---

① 《你敢付,我敢赔!微信支付推出全赔模式》,http://tech.qq.com/a/20131018/001931.htm。

互联网金融案例比较分析

表2 其他主要红包类产品一览

	新年讨喜	让红包飞
上线时间	2014年1月23日	2014年1月6日（2011年诞生）
应用平台	支付宝钱包	新浪微博
研发团队	支付宝	新浪
红包动机	创造商圈社交	宣传推介新浪微博
产品功能	用户既可选择发普通红包，又可使用"讨彩头"功能向支付宝通信录上的老板、亲友、同事、恋人等定向讨红包	发布、"点赞"、转发、评论含有特定话题词的微博后，即可获得红包抽奖机会
使用终端	移动端	PC端、移动端
支付方式	支付宝	不涉及在线支付问题
红包用户	无公开数据	无公开数据
红包发放总数	约400万个（春节期间按7日统计）	超过4.5亿个（至2014年2月11日）
红包总金额	约2亿元人民币	—
红包平均金额	约50元人民币	—

注：根据徐琦、宋祺灵：《"微信红包"的"新"思考——以微信"新年红包"为例，分析新媒体产品的成功要素》，《中国传媒科技》2014年第3期整理。

为何互联网用户和媒体均对微信红包情有独钟？

首先，微信红包是一款在特定时刻推出、利用移动互联网赋予中国传统习俗崭新"玩法"的金融产品，为用户带来了有趣、贴心、喜庆的使用体验。成功的互联网金融产品必定能够满足用户某种实际诉求，并能据此构建清晰的商业模式。相比支付宝红包的"讨"模式，微信红包的"抢"模式更加符合大众心理，更易触动感情需求。红包礼俗变成盛情难却、趣味盎然的社交游戏，带来了超越礼俗的人情效果。

其次，微信红包基于数亿名微信用户的社交圈。当第一批用户被"唤醒"，拥有良好的用户体验之后，会主动通过朋友圈、发放群红包、定向送红包等各种方式分享这份"抢红包"经历，从而激活社交链条，形成倍数式甚至裂变式的传播。

最后，微信红包为社交娱乐而生，收发均极为简便。关注"新年红包"公众号，然后设置红包数量、发放总额及祝福语，最后使用微信支付即可；收到他人的红包，只需点击链接即可领取，不需要强制绑定储蓄卡。抢到的红包

可在绑定储蓄卡的一个工作日之后提现。

综上，相比同属第三方移动支付领域的支付宝，微信依托天然形成的社交圈引爆社交传播，打造的是"升级版红包"，打造了一个供用户通过简单、欢乐的游戏形式，在自己的社交链中自由收发红包的平台。在短短的春节假期里，微信红包以上佳的创意，让800多万名微信用户因为礼俗需求而自愿绑定了银行卡，低成本、高效率地推进了微信支付用户的规模化发展。这充分体现了互联网的裂变传播效应和社交圈对互联网金融的加速度作用。而支付宝红包，尽管与微信红包的动机均为"创造社交环境"，但因其作为专业化支付工具，金融属性和安全保障更强，基于商业链条，本质上缺乏社交基因，因此略逊一筹。

（二）支付宝钱包

支付宝在移动支付领域推出了"支付宝钱包"。从支付宝钱包各个版本的升级换代来看，其一开始定位于"钱包"的工具属性，并未与用户的社交生活建立紧密的联系；但运营团队很快认识到，当银行移动支付业务相对滞后的时间窗口逐渐缩小时，面对越发激烈的竞争，在多样化社交生活场景中提供更顺畅的支付服务，才能持续占领市场。因此，支付宝钱包后期逐步强化了社交属性，试图将日常生活场景与移动支付相融合。

支付宝钱包版本（见图5）的频繁更新，还凸显了支付宝对技术创新、用户体验的重视。支付宝钱包利用近场通信技术（如NFC等）以及远程网络技术（如3G、4G网络等），推出了二维码支付、条形码支付、声波支付等新型移动支付方式。它还开发了数据接口，将信用卡还款、公用事业缴费等业务植入支付平台，从而减少了用户的交通、时间成本。

2013年，随着支付宝钱包用户的大规模扩张，关于资金安全保障的问题也一度被广泛热议。有观点指出，支付宝钱包不是一条移动支付通道，而是一个直接连接资金的支付入口，它主要面临来自外部和内部的安全隐患。前者是指手机上安装了恶意软件、手机卡被复制，或者用户丢失手机后密码易遭破解等安全隐患。后者是指使用扫码等新型支付方式以及设置了小额免密码支付、绑定银行卡快捷支付等功能所引起的安全问题。保障资金安全是支付工具的首要任务。移动支付发展迅猛，所有移动支付工具在安全性能方面

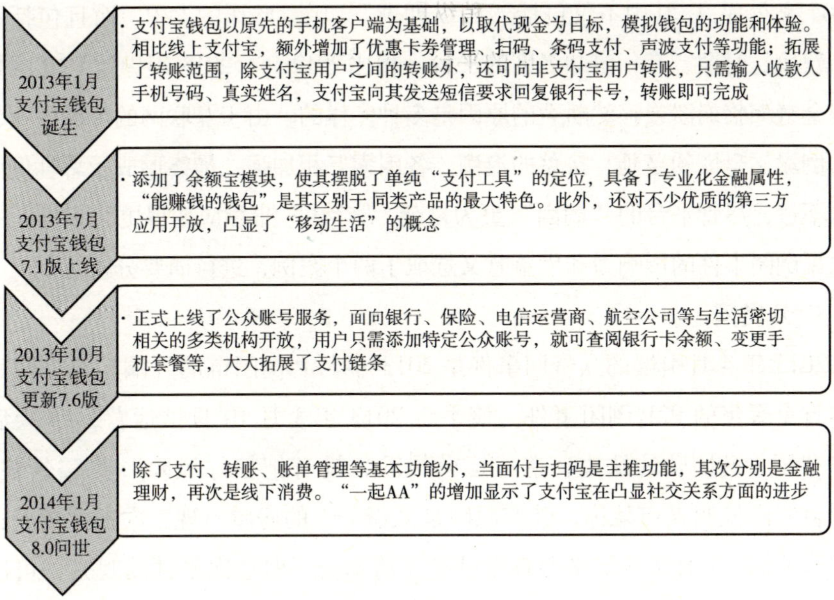

互联网金融案例比较分析

2013年1月 支付宝钱包 诞生	·支付宝钱包以原先的手机客户端为基础，以取代现金为目标，模拟钱包的功能和体验。相比线上支付宝，额外增加了优惠卡券管理、扫码、条码支付、声波支付等功能；拓展了转账范围，除支付宝用户之间的转账外，还可向非支付宝用户转账，只需输入收款人手机号码、真实姓名，支付宝向其发送短信要求回复银行卡号，转账即可完成
2013年7月 支付宝钱包 7.1版上线	·添加了余额宝模块，使其摆脱了单纯"支付工具"的定位，具备了专业化金融属性，"能赚钱的钱包"是其区别于同类产品的最大特色。此外，还对不少优质的第三方应用开放，凸显了"移动生活"的概念
2013年10月 支付宝钱包 更新7.6版	·正式上线了公众账号服务，面向银行、保险、电信运营商、航空公司等与生活密切相关的多类机构开放，用户只需添加特定公众账号，就可查阅银行卡余额、变更手机套餐等，大大拓展了支付链条
2014年1月 支付宝钱包 8.0问世	·除了支付、转账、账单管理等基本功能外，当面付与扫码是主推功能，其次分别是金融理财，再次是线下消费。"一起AA"的增加显示了支付宝在凸显社交关系方面的进步

图 5　支付宝钱包的主要版本介绍

都必须夯实基础、加快步伐，以保障用户的切身利益，绝不给不法分子以可乘之机。

三　P2P 网贷

作为互联网时代的新生事物，P2P 行业在发展初期可谓"野蛮生产"。但其市场化、群体化的特征十分突出，是拓展社会投融资渠道、提高个人资金使用效率的可行模式。2013 年，P2P 行业广受关注也饱受争议，在危机频发中走向规范。

（一）2013 年倒闭潮

2013 年，在 P2P 行业繁荣景象的背后，隐藏着重重隐患。2013 年 10 月，P2P 网贷平台"倒闭潮"引爆，近一个月时间就有 20 家 P2P 网贷平台出现问题。接下来的 11 月、12 月，直至 2014 年 1 月，危机愈演愈烈。据不完全统计，2013 年初至 2014 年 4 月，出现倒闭、提现困难、逾期等问题的 P2P 网贷平台共

333

有104家左右，[①] 其中不仅包括"稍纵即逝"、恶意欺诈的P2P，而且包括一部分经营较长时期、有一定知名度的平台。相比2012年，2013年导致P2P网贷平台资金链濒临崩溃或猝然断裂的原因是多种多样的。由于互联网的传播效应，平台的倒塌、恐慌的蔓延、挤兑的浪潮，各因素互相加强，最终形成了恶性倒闭风潮。不过，尽管平台的"病因"更为复杂，"疗法"也相应变得更为多样。本部分根据倒闭事件的影响力和借鉴意义选取了两个案例，进行简要分析。

1. 众贷网

2013年4月引爆的众贷网事件是2013年P2P倒闭链的开端，也是网民和媒体首个聚焦的P2P倒闭事件。该平台2013年3月10日试运营，24天后即公告"因管理团队的缺失，造成运营风险，没有把控好风险"并宣告破产。据平台实际控制人卢某称，破产原因是某借款人的房屋出现三次抵押情况，资金难以追回。4月7日该平台宣布已经还清本金。对这次事件的观察，可以集中分析P2P网贷平台吸引投资者的主要方法。

该平台出台了各种优厚奖励政策，如在利息收益之外，投资一月标奖励1%、二月标奖励2%、三月标奖励3%。据《时代周报》报道，[②] 该平台上的一个"房产抵押用于企业经营周转"项目，回购期限为1个月，年化利率为20%，加上网站奖励的1%，年化利率高达32%，远超银行同类贷款利率的四倍。此外，平台还推出免费豪华旅游、特权会员、满五万元奖励奖品等激励举措。平台鼓励投资充值、限制提现，规定线下充值返还0.3%现金，但若充值者未投标即提现，则要收取提现金额的0.5%。这些举措吸引了大批投资人，而在倒闭之时，平台的现金及旅游奖励均未实际兑现。高息、奖励是促使投资人投资的主要原因之一。

此外，该平台承诺保本付息。事实上，目前大多数P2P网贷平台均承担保本甚至付息的责任。不过，不同平台保障措施也有差异，如红岭创投通过旗下的子公司提供担保服务，陆金所由所属集团下属平安融资担保公司提供担

---

① 网贷之家。
② 《时代周报》2013年4月11日新闻，《一套房压倒"众贷网" 金融创新无监管：贷款年化利率高达32% 开张24天即倒闭》，http://www.time-weekly.com/index.php?m=content&c=index&a=show&catid=7&id=21061。

保,有利网与其他独立的融资担保公司开展合作,众贷网则是自己担保。事实证明,众贷网这类P2P网贷平台的承诺很可能仅是宣传噱头,从其净资产来看,根本不具备代偿能力。当危机爆发后,若担保额过大,不仅无法赔偿全部代偿本息,而且极易弄垮平台。

高息、奖励加本息保障,是P2P网贷平台聚集资金的两大法宝,却也正是导致平台"短命"、跑路的间接原因;对于信息不对称的广大网民而言,更是先尝甜头、后栽跟头的陷阱。

2. 网赢天下

网赢天下(以下简称"网赢")成立于2013年3月28日,到出事之时已经营了4个月时间,累计成交7.9亿元。在刚成立的一个月里,网赢连续发放千万秒标,同时也有人"爆料"称网赢歧视贷款者中的"小散",并且暗中雇用"团长"组团投资,① 提供专供团购的高息,以便提高成交量和知名度,这些引起了投资人短暂的警惕。但随着时间的推移,高利率掩盖了潜在的危机。至2013年7月,危机终于来临。

自融是导致网赢事件的根本原因。网赢成立目的并不纯良,实际控制人钟某在设立该平台之前,另外控制的一家私企(简称"HRT")就面临资金匮乏的困境,他想到了利用P2P网贷平台缓解自身资金压力的办法。网赢利用虚假借款标的,捏造与担保公司的合作,吸引投资人,资金最终流向HRT,用于为其偿还银行贷款、结算货款、购买物业,为HRT提供银行贷款抵押等。而高利率是助推网赢灭亡的导火索。2013年年中的"钱荒"事件,使民间借贷平均利率飙升,高息P2P网贷平台比比皆是,网赢的利率更是高达40%~50%。在提现高峰期,网赢唯有不断以更高利率吸收资金。在越来越紧绷的资金链上,7月18日的逾期天标成为"最后一根稻草"(见图6)。

---

① 组团投资是2013年上半年P2P行业产生的投资模式,起初是网友自行组织,公开招募团员,以全团大额投资为筹码,与平台协商更高的利率。后来不法分子发现部分新平台为了快速积攒人气而需要大额交易,因此借机组团,与平台协同炒作,获取高额分成;平台受其挟制不得不提供高息,甚至放出虚假标的,在资金链绷紧的情况下,这助长了平台跑路风潮。组团投资的另一个恶劣影响是,团内为在规定的投资期限到达前找人"接盘",常忽悠大量P2P投资新手,恶化了行业声誉和市场环境。

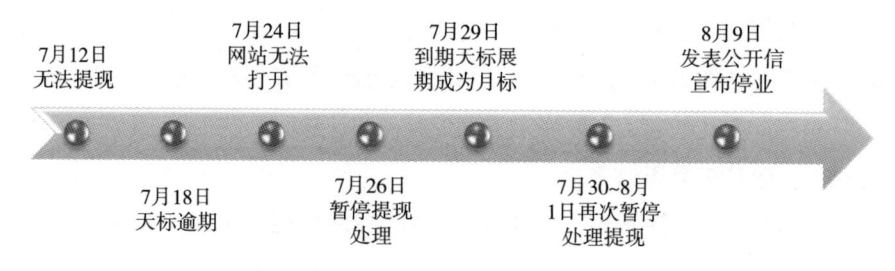

图 6 网赢危机爆发过程

资料来源：根据网赢天下网站、媒体公开资料整理。

而网赢在处理危机的过程中，运用了不少新手段（见图 7）。这些做法也常为后来出现问题的平台所效仿。但是，平台资金链一旦断裂，就犹如无源之水、无本之木，所有危机处理做法均是画饼充饥，无法解决根本问题。除了网赢的自救措施，在这次事件中投资人的维权措施也值得关注。投资人通过成立谈判组、证据组、运营组、审计组以及建立发言人和谈判代表人制度，建立维权基金等方式维护自己的权益，但是由于法律依据的缺失、法制环境的不健全，维权进程缓慢。

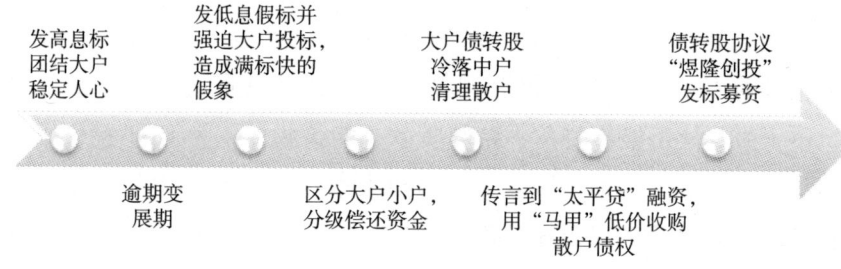

图 7 网赢天下危机处理步骤

直到 2013 年 11 月，网赢事件终于有了阶段性结果。据媒体报道，受损投资人与钟某初步达成一致意见，通过"债权转股权"操作弥补损失。双方约定，钟某将持有的 HRT 股份总额的 50% 转让给投资人。钟某在债转股后仍对所欠款项负有清偿责任，清偿方式包括向投资人回购股权或其他资产变现。该协议的签订不影响投资人对钟某未偿还债权的追索，也不影响钟某应依据法律承担的其他责任。与此同时，另一家 P2P 网贷平台"煜隆创投"发起了一个

1000万元项目，用于帮助网赢投资人增资HRT（目前该项目资金已完成募集）；网赢的投资人还额外增资2000万元用以盘活HRT的资产（目前该项目资金已完成募集，资金存放在煜隆创投所有者杨某的账户中）。① 尽管让资金已被套牢的投资人增资以挽救危局的办法有悖常规，但是当时仍有款项未追回的投资人仍然敢冒风险。至今，事件还未完全妥善解决，而"网赢天下"已成为中国P2P行业的"死亡标本"。

（二）2013年行业标杆

2013年，是P2P行业大浪淘沙的一年，倒闭风潮成为优劣平台之间的一道分水岭。潮水退去之后，浮现出一些在2013年经营规范、富有特色的P2P网贷平台。

1. 红岭创投

深圳市红岭创投电子商务股份有限公司于2009年成立；2011年4月在行业内率先完成股份制改革；2013年5月成为前海股权交易中心首批挂牌企业之一。经过4年多的发展，当前的"红岭创投"已经成为知名度较高、交易额较大、风险控制较为完善的P2P网贷平台。其业绩情况见图8。

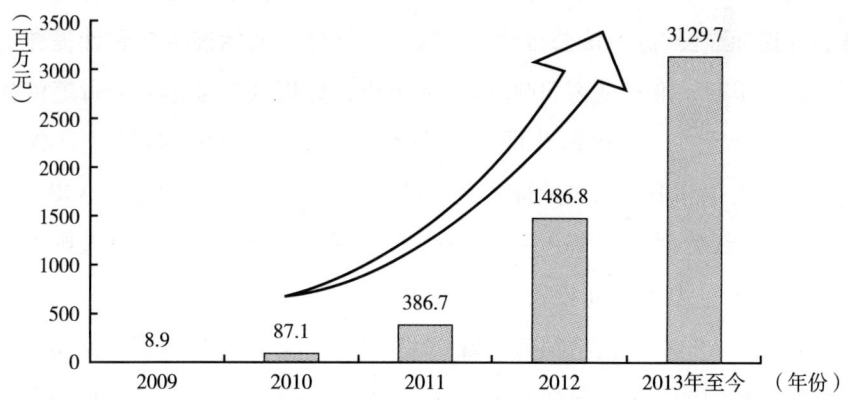

图8 红岭创投过去五年（2009年3月~2014年3月）业绩一览

---

① 《网赢天下债转股计划成行 控制人涉嫌非法吸收存款》，《21世纪经济报道》2013年11月15日第11版。

2013年，红岭创投累计投资不足5万元的投资人数占到了总投资者人数的60%，充分体现了P2P草根理财的特点。同时，红岭创投也吸引了一些大额投资人，2013年投资额超过50万元的投资人超过了1000人，投资额超过100万元的有384人（见图9）。

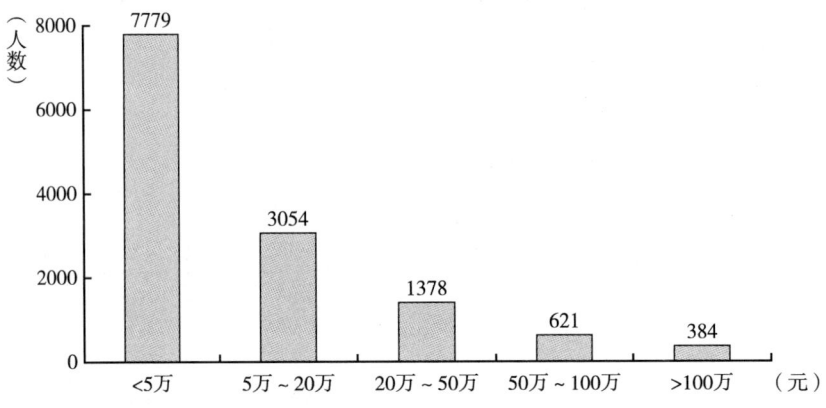

图9　投资人数与投资金额分布统计

随着对P2P行业的监管要求日益明晰，红岭创投改变了由关联担保公司担保的模式，于2014年3月发布《红岭创投风险准备金计划正式启动暨风险准备金计提标准公告》。该公告称，风险准备金分为初始准备金和计提准备金两部分，其中初始准备金为5000万元人民币，计提准备金标准为每笔借款标按借款金额年化1.2%计提［即风险准备金 = 发标金额 × 期限（月数）× 1‰］。一旦发生坏账，由风险准备金垫付。注册用户时可选择成为VIP，交纳180元年费。红岭创投对VIP用户100%保本保息，对非VIP投资人则提供本金50%的保障。为了提高投资人资金的流动性，红岭创投设立了"宝葫芦"平台，若投资人打算提前将债权变现，可以在该平台进行债权转让交易。

红岭创投的经营模式是典型的O2O模式，即线下评审通过后允许借款人在线上发布借款标的，不涉及债权转让。从2013年开始，红岭创投收缩经营网络，并且不再接受任何个人贷款申请，而是将业务重点集中于珠三角地区需要融资的中小微企业抵押贷款。在贷前，红岭创投主要根据借款人的抵押物资产状况给予相应的借款额度；抵押物是否转移、借款项目运转是否正常等则是贷后管理关注的重点。这种做法能以较低成本进行实地考察,通过熟人关系网了解企业的真实信用水平,选择与熟悉情况、信誉良好的企业开展多次业务,不但没有减少交易量,而且有效控制了贷款风险。

红岭创投大额项目的风控程序如图10所示。

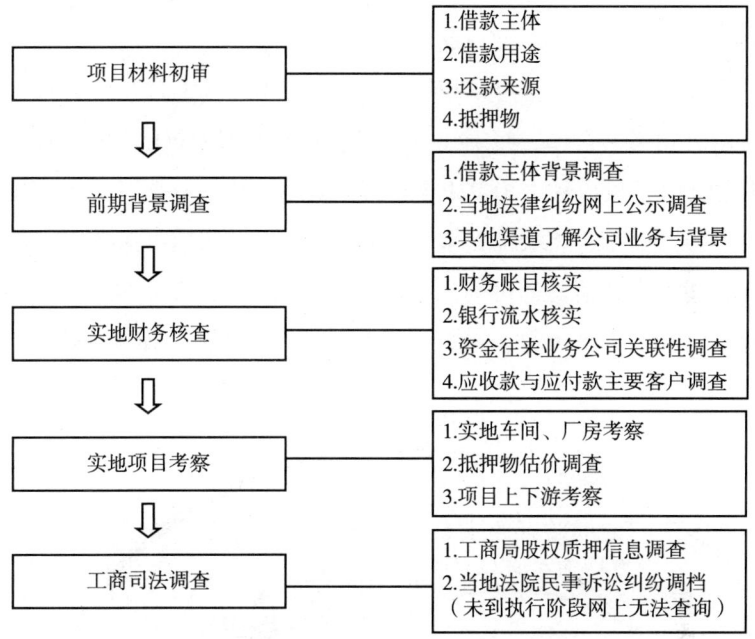

图10 红岭创投大额项目的风控程序

回顾红岭创投的发展史,可以发现,它是一个与时俱进、善于创新的公司。4年来,公司根据国内P2P行业现状、趋势和监管要求,不断补充、完善P2P借贷机制;此外,其跨界举动也十分频繁,2011年5月开始发展股权投资业务,2012年5月开办1.8万平方米物业的红岭产业园项目,还推出了高门槛的"投资宝"理财平台,为广大中小微企业和投资实体提供股权融资、贷款融资、股权投资、理财、项目撮合等金融信息服务,创新步伐较大。

2. 有利网

在国内的金融环境下,复制国外纯数据处理模式的纯网贷平台(P2P 1.0版,如拍拍贷)有些水土不服。而借助线下业务的O2O模式(P2P 2.0版,如主推债权转让的宜信或主推小微企业抵押贷款的红岭创投）要求经营者在风控与交易量之间权衡，风险被吸纳入平台，随着风险积聚，收益随时可能覆盖不住坏账成本，而且平台规模扩张受到人力资源成本消耗的拖累，发展较慢，因此也并非行业发展的长久之计。国内已有不少P2P网贷平台的创业者，经过对行业发展阶段的清楚认识，逐步开发更为科学、适应需求的升级模式，典型代表有人人聚财和有利网，此处以有利网为例。

2013年2月正式上线的有利网，放弃了国外纯线上信息平台模式，采取与小额贷款公司紧密合作、线上线下并行运营的新型O&O（Online & Outline）模式（见图11），可以称之为P2P 3.0版。其与P2P 2.0版的最大不同之处在于，平台不参与借贷，将大部分审核借款的责任以及相关风险转移到专业的第三方担保公司、小贷公司等机构，一定程度上剥离了风险。同时，借力合作机构，自身不需耗费大量人力、物力、财力进行线下业务，便于加快扩张速度。

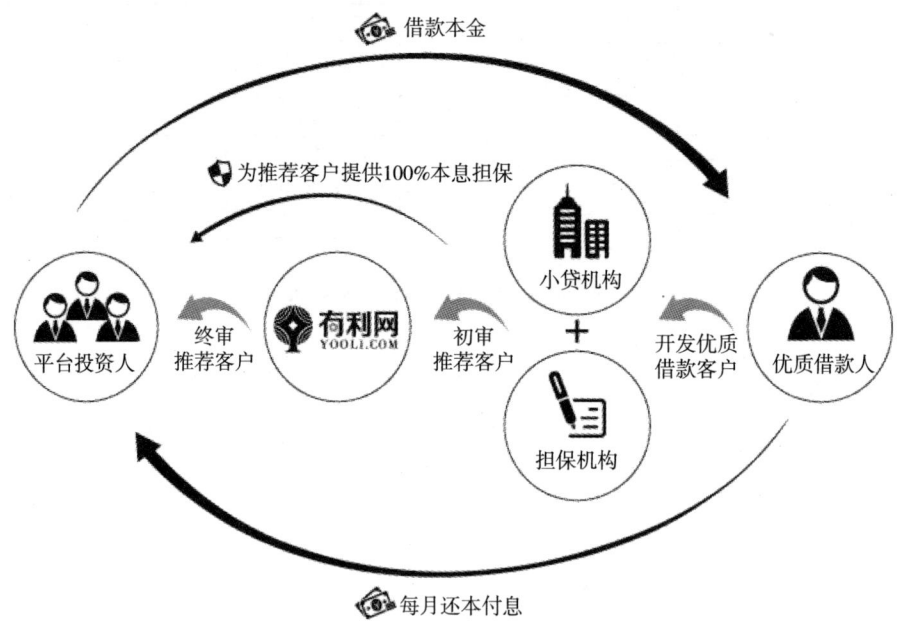

图11　有利网运营模式

截至2014年1月，与有利网建立合作的小贷公司达到6家，双方已共同帮助5305名企业主和4986名工薪族借到了累计5.4亿元的贷款，项目的年化收益率超过 12%，且未发生过一笔真正的违约。合作机构为贷款人提供连带担保，当借款人发生违约时，偿还 100% 本息。为保障投资人利益，合作方的选定需要经过尽职调查，确认对方拥有成熟的信审技术、连锁化经营、商业模式先进、资金实力雄厚；合作方还将一定比例的保证金（保证金比例根据尽职调查结果而定）存入独立的保证金账户。一旦小贷公司和担保公司层面不能代偿，将启用保证金进行偿付。该模式运行至今，小贷公司和担保公司获益匪浅，这主要因为 P2P 网贷平台带来的资金成本相对较低。不过现实中，节约的成本还未能吸引太多更有实力、背景雄厚的第三方机构，而合作机构的数量和质量却是有利网模式持续、健康运转的基础，这成为有利网在下一阶段亟须解决的问题之一。

有利网负责对合作机构提供的借款标的进行终审并发布信息、向投资人推荐借款人。与国际风险管理服务提供商费埃哲公司（FICO）的合作是有利网提高终审有效性的有力武器。值得一提的是，有利网对于借款标的有明确的限定，立足于 30 万元以下、来自小微企业（约 70%）或工薪阶层（约 30%）的小额贷款，金额、期限、地域、行业高度分散。平台上几乎没有房屋抵押、企业资金周转等金额达几百万元的借款需求。目前，有利网平均的借款金额为 5 万多元，这也是有利网控制单笔风险的重要手段。有利网的终审通过后，投资人可以在平台上查看被推荐的借款人和标的信息。

越是阳光、透明的 P2P 网贷平台，就越能持久地参与竞争，并在竞争中稳健、快速地成长。有利网上公布的信息相比其他 P2P 网贷平台有了较大改进，除增加了担保机构及其初审结果之外，借款人信息条目披露了具体内容，而非仅仅显示"平台已审核"字样，投资人可以清楚地了解个人信息、资产和征信的基本信息、个人工作或企业信息、平台借款记录；对借款人的信用评级是给出 FICO 四项评分，可直观反映存在缺憾的方面，而非仅仅给出所属等级。随着平台持续扩张，交易量不断增加，在系统性审核机制与风控机制的基础上，详细的信息披露更有助于留住一大批"熟悉的陌生人"，形成"陌生人借贷圈"的良性循环生态系统，借此提高 P2P 借贷的安全系数。

3. 陆金所

陆金所，即上海陆家嘴国际金融资产交易市场股份有限公司，是中国平安保险（集团）股份有限公司旗下成员之一，是平安集团为布局互联网金融而重点扶持的创新业务。陆金所于2011年9月注册成立，注册资金8.37亿元人民币，下属的网络投融资平台在2012年3月正式上线运营。

陆金所现有投资产品主要是"稳盈－安e贷"，这是陆金所面向个人借款者和个人出借人推出的个人借贷中介服务，主要有发布借款需求、管理借贷双方等。该产品1万元起投，借贷期限有1年、2年、3年。借款人和投资人通过平台的电子借贷协议，明确债权与债务关系。年化利率则在中国人民银行同期贷款基准利率基础上上浮40%，且投资人每个月收回相等金额的资金，包括部分本金和当月利息。借款人需要提交的资料包括但不限于：身份证明、收入证明、工作证明、居住证明等，担保公司视不同用户会要求其他证明。借款人须通过平安旗下担保公司审核方可申请贷款。若其未能履行还款责任，担保公司将全额偿付未被偿还的剩余本金和截至代偿日的全部应还未还利息、罚息。

稳盈－安e贷的服务流程见图12。

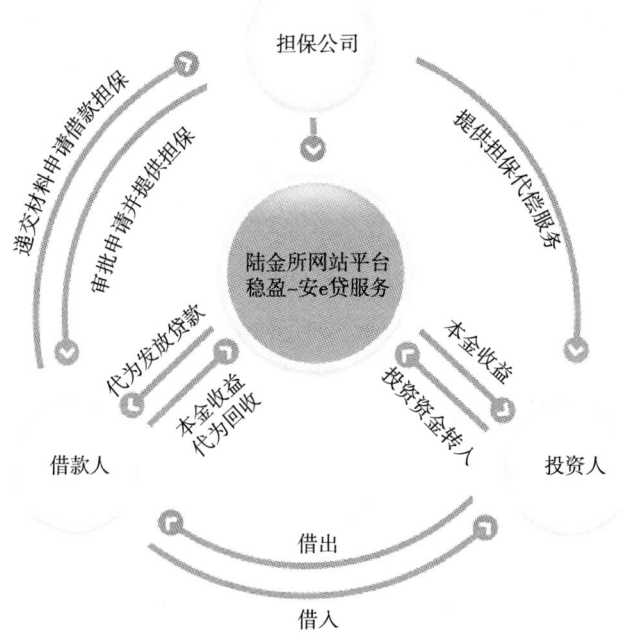

图12 稳盈－安e贷服务流程

资料来源：陆金所网站。

此外，为了解决高收益率和高流动性的矛盾，陆金所推出了"稳盈-安e贷债权转让服务"。若某借款债权已满60天、剩余还款期数至少有3期，而且未逾期，可以申请债权转让。为确保每一个投资人都能享有按中国人民银行同期贷款基准利率上浮40%的预期年化利率，要求债权平价转让。

陆金所模式与源于英、美等国的P2P模式相去甚远，中国本土特色明显。安全性是陆金所的一大亮点，其依靠平安集团积累多年的金融业经验和金融消费风险管理数据模型，对借款人进行动态信用评价与监测，依靠"平安系"所提供的品牌增信、独特的风控体系来保障投资人的资金安全。这些都是其他草根P2P无法比拟的优势。

但是，该模式也存在一些问题。债权转让模式下，理财产品被统一编号，并未显示具体的借款人信息和标的信息，信息的透明度有待提升。另外，每月等额本息返还的方式，虽然能够保证资金的流动性，但也在无形中将"再投资风险"强加于投资人身上，若每个月返还到投资人账户的本息无法获取合适的再投资渠道或再投资的收益率偏低，那么最终该项目的投资收益率是低于当初项目预期的。2014年2月陆金所推出类似余额宝的"陆金宝"，投资理财产品的收款将自动购买"陆金宝"，年化收益率在2%~6%浮动，这在一定程度上降低了投资人的再投资风险。

2013年是P2P拨开行业乱象、彰显优质平台的关键时期。目前，对该行业的监管机制还未成型。投资人自身应当警觉，舍弃"高息"与"奖励"，选择"专业"与"信誉"。因为收益与风险是相对的，过高的收益必然意味着较高的风险。只有经营合法合规、风控技术过硬、信息披露到位的P2P网贷平台，才能为投资人提供可信的安全保障，为自身构建持续发展的基础。

四 传统金融互联网化

互联网金融浪潮中，传统金融面对非同业的竞争，遭受市场和技术的严峻挑战，只有主动拥抱互联网，从根本上改变运营和服务模式，才能够让整个行业焕发新的活力。

（一）商业银行互联网化

1. 民生银行、兴业银行的直销银行

"直销银行"以"消灭实体、降低成本、回馈用户"为核心价值，用户通过电脑、电子邮件、手机、电话等远程渠道获取产品和服务，人员机构精简、经营费用低廉、不受时空限制，因此可提供更具吸引力的存贷款价格，收取更低的手续费。近年来，我国的直销银行得到了快速发展。

民生银行直销银行于2014年2月正式上线。它以提升用户体验和普惠大众为宗旨，在用户拓展上，精准定位于收入高、生活节奏快、习惯使用网络银行或手机银行、容易被优惠和免费活动所吸引、有货比三家心态的客户群体。在产品设计上，首期只主打两款产品，一是"如意宝"理财产品，这款产品对接利滚利的货币基金，申购无限制，购买门槛低，赎回上限高，支取实时（总额度控制方式）；二是"随心存"储蓄产品，1000元起存，随时支取，利息根据存款期限按最大化结转。在渠道建设上，不仅提供网站，而且手机APP、微信银行等多渠道服务形式也齐头并进。此外还有"轻松汇"，为转账汇款提供便捷服务。

兴业银行直销银行也已上线，集合了银行理财销售、基金代销、债券代销、兴业宝、多家信用卡跨行免费还款、定期存款、水电煤缴费等多个功能，金融产品相对比较齐全，在用户体验上超过了之前诞生的各家直销银行。"兴业宝"对接大成现金增利基金，0.01元起购，具有快速赎回、快速到账的特点，并且支持通过多家银行卡购买，购买成功同时开立兴业银行账户，省去了在兴业银行网点开户的烦琐，也免去了跨行转账费。

2. 招商银行、浦发银行的移动银行

2013年，许多传统银行采取差异化竞争策略，深耕"移动金融"领域，纷纷升级手机应用服务、推出微信银行等"移动银行"业务。"移动银行"有助于拓展交易支付的时间与空间边界，提升服务质量，扩大服务范围，不断增强用户黏度，对企业和用户无疑是一种双赢，必将成为未来互联网金融服务实体经济的新模式。

2010～2012年，招商银行推出了以iPhone版、Android版、iPad版为代表的新一代移动银行。2013年7月,招行率先推出全新概念的"微信银行",它实际上是一个微信公共号,提供借记卡与信用卡业务,不仅可以查询借记卡账户、转账汇款、查询信用卡账单、信用卡还款等常用卡类业务,还可以实现招行网点查询、贷款申请、办卡申请、手机充值、无卡取款、生活缴费、办事预约等多种便捷服务。在各种理财、支付、生活等场景中,当需要告知他人有关信息时,微信的交互通信功能就可被充分利用,转发与分享操作非常便捷,用户规模也因这种社交化的自传播而快速扩展。微信银行应用了文字、图片、语音、视频等交互方式,用户可向微信银行"说出"自己的要求,比如"理财产品""余额"等,微信银行会将语音转换为文字指示,终端将迅速反馈操作提示,使用户体验有了大幅提升。

浦发银行在移动金融领域也发力较早,是全国首家推出NFC手机近场支付的银行。浦发银行还于2013年6月提出了"移动金融2.0标准":"依托IOS、Android、Windows phone等手机操作系统的兴起,智能手机的普及,NFC技术以及手机硬件的运算和处理能力提高而形成,着重于移动金融和手机银行的变革对消费者行为习惯和生活方式的改变,围绕位置服务和线下支付,提供具有渠道特色的生活服务,在金融服务和生活服务的全面覆盖能力上已超越传统的桌面互联网时代的网上银行服务。"① 与其他已运营的微信银行相比,浦发的微信银行颇具特色(见图13)。除了日常服务外,它还提供"微理财"和"微生活"服务。使用"微理财"服务,可随时随地查询、购买理财产品,进行基金投资、黄金交易等。而在"微生活"板块,可通过"微旅行",购买国内或国际航班机票、火车票,预订酒店、租用汽车;可查看外汇牌价并结汇、购汇;可了解银行网点地理位置,并即刻预约,节省时间;将手机、微信与银行卡绑定后,可享受"微信取款"服务,用户通过微信平台预约,凭借预约码、银行卡密码,即可在1小时内在任意浦发现金取款设备上提取现金。

3. 招行 "小企业e家" 服务平台

主动构建综合性互联网金融服务平台是商业银行在互联网金融竞争中把握

---

① 《浦发银行进入移动金融2.0时代》,http://www.spdb.com.cn/docpage/c446/201307/0724_446_05.aspx。

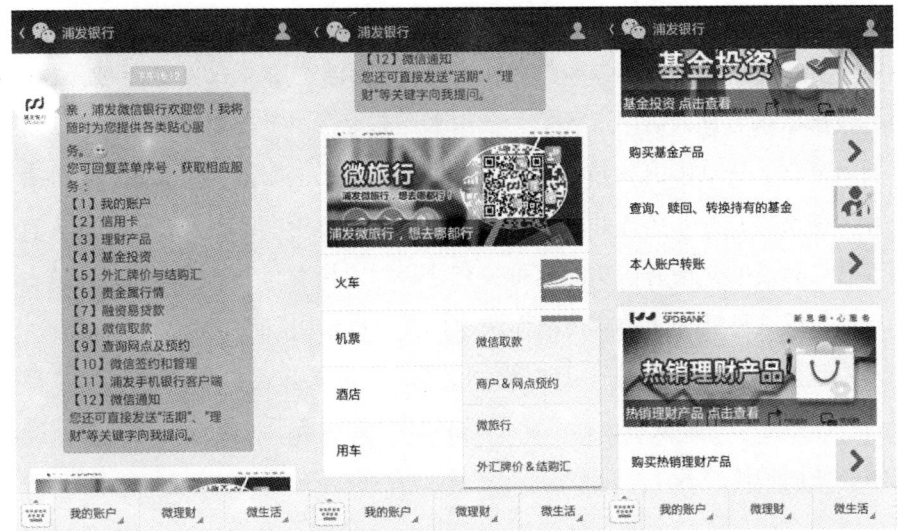

图 13 浦发银行微信银行用户界面示例

先机的主要策略。比较典型的是招商银行推出的"小企业 e 家"。2013 年 9 月正式运营,到 2013 年 11 月突被"叫停"。两个月内已成功完成 8 单项目融资,总额达 1.49 亿元,单笔融资额最低 58 万元,最高达 5000 万元,投资人预期年化收益率在 6.1% ~6.3%。①

对于小企业而言,"小企业 e 家"是一个服务平台,它围绕中小企业"存、贷、汇"等基本金融需求,与银行中后台信贷管理系统、用户关系管理系统、广泛的第三方机构开展异业合作,整合研发了 E + 账户、企业商城、商机平台、企业云服务、投融资平台等创新的互联网应用集合,打通和融合了企业在结算融资、申请贷款、电子商务、投资理财、商机拓展、办公自动化、互联网供应链运营等全链条 O2O 活动,沉淀了传统银行难以获得的"大数据"。

对于投资人而言,该平台是一个撮合中介,不对融资项目、融资人归还本息提供任何形式的担保、保证,仅是通过线上线下相融合的信息见证服务,为

---

① 《或因"银行兑付凭证"涉平台担保招行 P2P 平台被暂停》,《21 世纪经济报道》2014 年 1 月 14 日第 10 版。

个人投资人提供稳健的投资项目，并帮助投资人实现与融资人的资金交互。平台提供四大安全保障：一是投资安全保障。以银行放贷标准对融资项目及融资人开展线下的尽职调查工作，再根据尽职调查结果进行风险评估。只有通过尽职调查和风险评估的融资项目才能在平台上展示。尽职调查内容不仅包括营业执照、税务登记证、组织机构代码证、基本账户开户许可证、经营场所实地认证等关于融资方基本信息真实性，合法性的材料，而且包括中国人民银行征信记录、近年财务报表、银行授信记录、授信质押方式等关于融资人资信状况，还款来源，项目风险的材料。平台还向身为"e+俱乐部会员"的企业提供认证服务，并根据其在本平台的交易记录进行信用评估。二是资金安全保障。委托中金支付有限公司作为第三方支付机构，中金支付依托母公司中国金融认证中心的风险控制技术，从交易、资金、隐私、风险四个方面全方位实时监控，进行严格的资金管理。三是信息安全保障。采用互联网上保护数据安全的行业标准技术、数字签名技术、数据安全承诺，并提供用户隐私保密承诺。四是账户安全保障。通过先进的技术方案、完善的权限管理，全力保护账号安全。

"e+稳健融资项目"是"小企业e家"的下属平台，其业务模式（见图14）与P2P网贷类似。不过，该平台上的投资标是银行才可能提供的"信控

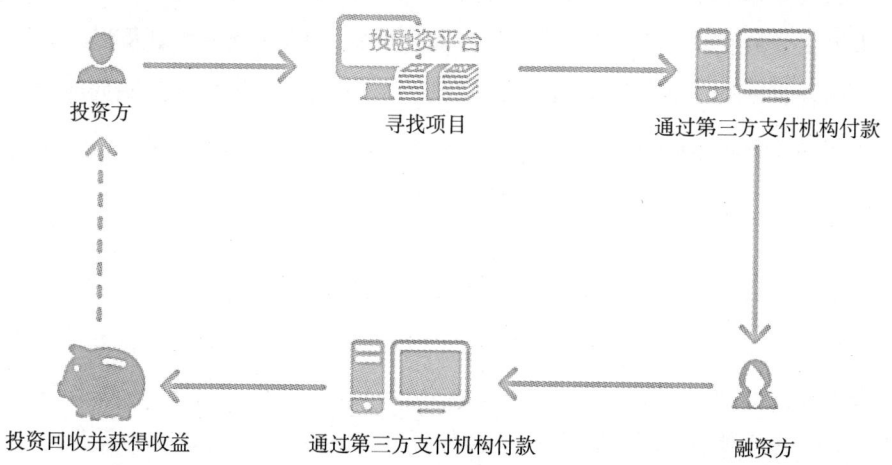

图14 小企业e家投融资对接模式

标"。根据平台的解释,"信控标"是指招商银行已审核融资方信息,而且融资方持有已获银行凭证形式的到期兑付承诺的未到期应收账款,中金支付提供资金监管和清算服务,招行对融资方还款环节中到期应收账款的兑付过程进行控制。这样的做法基本打消了投资人的顾虑,而且与其他草根的 P2P 网贷平台差异化竞争,卡位精准,因此满标速度很快。

招行"小企业 e 家"服务平台诞生之初,嵌入的 P2P 模块引起了不小的争论。第一需要讨论的是,商业银行是否具有开展互联网直接融资平台业务的资质?从目前的法律制度来看,我国并不存在禁止商业银行开展 P2P 的明确规定;相反,商业银行可以从事提供信用证服务及担保、财务顾问、资信调查、咨询等一系列金融信息服务业务。这意味着商业银行进入 P2P 领域是存在可行性的。第二需要讨论的是,"e + 稳健融资项目"是否有平台担保嫌疑?在监管层对影子银行审慎监管的思路下,中国人民银行对 P2P 网贷平台明确指出三条红线:"明确平台的中介性质,明确平台本身不得提供担保,不得归集资金搞资金池,不得非法吸收公众存款,更不能实施集资诈骗。""e + 稳健融资项目"通过"安全对接银行兑付凭证"保证投资人一定比例的资金兑付,在一定程度上存在平台担保嫌疑。

2014 年 2 月上旬,停业多月的"小企业 e 家"重启,这给银行试水互联网投融资中介服务提供了信心。其实,互联网改变的只是金融服务的方式,而并未改变金融业风险管理的要求。"小企业 e 家"的积极探索以及将线上线下尽职调查、风险评估与控制的标准严格统一的做法,成为传统金融拥抱互联网金融的有借鉴意义的范本。

(二)保险业互联网化

保险业试水互联网,是从保险产品的互联网营销开始的。2013 年,以国华人寿、生命人寿、弘康人寿为代表的保险公司充分依托第三方电商平台,纷纷在网销业务规模上创下纪录。互联网销售保险产品、提供保险服务的吸引力,在于操作便利、手续简单、门槛较低的特色以及无初始费、无保单管理费、无风险费的零成本优势。

随着购买者群体的扩大,技术革新推动用户体验的提升、行业应用的深化和广化,互联网推动整个保险产业改变自身的运营模式和服务模式,抛开时空限制,全程互联网化,精简实体机构,以用户为核心。2013年11月25日,众安保险打造的"众乐宝"(见图15)问世,专为几百万名淘宝店店主而开发,缴纳18元保险费后,卖家可免交消费保证金(金额从1000元到10000元不等),一旦发生理赔,"众乐宝"先行垫付,店主需在30天内归还理赔款,这提高了网店的资金效率,同时缩短了赔付流程,又提升了买家的购物体验。

图15 众乐宝保证金计划图解

资料来源:众安保险网站。

紧随其后,2013年11月26日,小微金融服务集团淘宝保险和泰康人寿联手推出了"乐业保",向电商平台上的网店店主及其员工等群体提供意外、医疗、养老等保障服务,首次实现了寿险产品从设计、销售到理赔的全程互联网化,产品信息能够迅速直达目标用户人群,纯线上的申购手续十分简单,理赔流程也得到大幅度缩短。"乐业保"保险费比市面上现有同类产品低了不少,其能以接近成本的价格提供保障,得益于对卖家有关信用记录的数据挖掘,结合互联网特有的风险管理能力,为保险精算提供更精准的依据。

（三）证券业互联网化

互联网对证券行业的加速渗透，将带来其经纪业务的颠覆性转变，传统经纪业务佣金率将加速下滑，证券公司不可能单纯依靠传统经纪收入来维持发展。证券公司将改进与完善自身的互联网业务平台作为向互联网进军的主要举措。

2013年上半年，华创证券、华泰证券、国泰君安的网上商城，齐鲁证券的天猫旗舰店，方正证券的淘宝店迈出了尝试的第一步，但效果不如预期。到了下半年，建设互联网平台成为主流趋势，实体网点和物理柜台逐渐缩减，在节约成本的同时，将促进"赢者通吃"、做大做强，改善证券业的竞争格局；此外，不少线上平台叠加了"大资管"业务，有利于证券公司覆盖全产业链，增加用户黏性，争夺高净值用户，寻找新的利润增长点。

国金证券"佣金宝"开启了证券公司触网全新时代。2013年11月25日，国金证券与腾讯签署关于共同打造在线金融服务平台的战略合作协议，成为国内第一家与互联网企业在金融领域开展深度合作的证券公司，它将得到腾讯所开放的核心广告资源和流量导入支持。2014年2月20日，国金证券和腾讯共同推出了"佣金宝"，这是首个"1+1+1"互联网证券服务产品，具有"万二开户"（指含股票交易规费的沪深A股、基金交易佣金率）、"保证金增值"（用户股票账户的保证金余额可以较低门槛申赎货币基金）、"高品质咨询"（为用户打造高价值咨询产品，提供股票等产品的投资建议）三大特色，不仅通过网络实现证券基础业务的自助化和自动化，增强资讯和交易支持，而且捆绑投资理财服务，并借助腾讯庞大的用户流量通道进行宣传、推介，这是完整的互联网逻辑。尽管目前"佣金宝"仍有不少需要改进的缺陷，但其对互联网思维模式的应用、对互联网战略构想的实施，值得广泛学习。

参考文献

毛军华、杜丽娟：《余额宝：加速银行资金成本上升》，《中金公司银行业证券研究报告》，2014年2月27日。

舒明：《余额宝能干扰市场利率抬高社会成本吗?》，转引自新浪网新浪科技频道，http://tech.sina.com.cn/zl/post/detail/i/2014-02-22/pid_8442897.htm，2014年2月22日。

徐琦、宋祺灵：《"微信红包"的"新"思考——以微信"新年红包"为例，分析新媒体产品的成功要素》，《中国传媒科技》2014年第3期。

B.11 互联网金融对传统银行的挑战及银行的应对

摘　要：
近年来，伴随着电子商务迅猛发展而蓬勃兴起的互联网金融对传统商业银行的挑战越来越大，一个全新的金融时代正在渐行渐近。本报告在分析网络金融的几种模式和国内银行对网络金融模式探索的基础上，提出了商业银行的应对策略，即以开放平等姿态和互联网平台创新合作的方式、内容和范围；致力于打造属于银行的各类平台来获得客户、信息和业务；抓住移动金融发展趋势抢占移动金融业务蓝海；依托互联网打造真正意义上的网络银行；探索银行产品和服务虚拟化，为未来信息化银行布局。

关键词：
商业银行　互联网金融　挑战　金融模式

一　互联网金融对传统商业银行的挑战

（一）第三方支付业务对电商用户支付结算和代理收付业务的挤占效应

根据在支付流程中银行的涉及程度以及议价能力，不同类型的第三方支付业务对银行的冲击程度不尽相同。①电商客户在第三方支付平台内部的转账支付完全独立于银行，只有当客户资金在其平台账户和银行账户之间转移的时候才涉及银行。因此在平台内部的交易支付流程中，商业银行被完全架空。平台账户成为银行账户之下的另一层账户体系，商业银行账户从直接进行支付结算转向类似于代理清算的角色。②在开拓行业应用方面，第三方支付平台需要和商业银行建立接口。第三方支付平台的介入相当于在原有的支付流程中增加了一个环节，从而将银行的利润分走一杯羹，对银行代理收付业务有一定的影响。③在为客户的跨行资金流动提供便利方面，第三方支付平台在资金流入端和流出端都需要和银行建立接口，支付平台仅仅充当了"通道"的角色，银行业整体在这一流程中的话语权相对较大，受到的影响相对较小。④第三方支付平台账户资金目前可以运用的渠道非常少，利用其购买保险和基金目前还受到很多方面的制约，对于银行代理销售保险和基金的影响暂时而言还是微乎其微的。沉淀资金需要找银行进行托管，这一过程相当于将众多客户分散存放在其他商业银行的资金向存管行集中，对于银行业整体的存款并无影响。

从第三方支付的业务量来看，2010~2012年中国第三方互联网在线支付交易额分别达到1.0万亿元、2.2万亿元和3.6万亿元。而中国整体的非现金支付业务量分别是905万亿元、1104万亿元和1286万亿元。第三方互联网在线支付交易额的占比分别为0.11%、0.20%和0.28%，尽管增长较快，但占比目前还几乎可以忽略不计。

网络小额贷款方面，我们以阿里小贷为例与商业银行进行一个简单的对比。阿里小贷主要定位于在阿里巴巴、淘宝和天猫平台上经营的商户，贷款额度最高100万元，周期最长1年。实际情况中平均每笔贷款额度不到1万元，户均累计贷款也不过6万元，3年累计贷款700亿元。阿里小贷崇尚资金快进快出，鼓励客户尽早还款，小微企业全年实际占用资金时长为123天。商业银行的小微贷款定位于小微企业主和个体工商户等，平均每笔贷款的金额都在50万元以上，从中可以看出商业银行小微贷款的客户群体实际上比阿里小贷的客户群体要"高端"很多。再加上网络小贷公司受放贷资金来源和经营地域的限制，总体而言目前对商业银行的影响还非常有限。

（二）非银行业互联网金融业务和商业银行业务相互渗透的冲击

第三方支付平台的发展大致经过了三个阶段：第一阶段以2003年支付宝的推出为代表，主要是为了解决电子商务平台用户的支付结算问题。第二阶段，自建的第三方支付机构已经不再满足于自身业务处理，开始对外提供支付服务，并带动了一批专业第三方支付机构的出现，如快钱、汇付天下等。第三阶段，市场扩大和移动支付兴起带动更多企业进入，如中国移动等三家电信运营商均借助移动支付业务的发展契机，几乎同时进入第三方支付业务领域。在这个发展过程中，第三方支付平台的业务类型和范围在不断扩大。最早只是用于平台内部支付结算，随后发展到对外提供支付服务，包括公共事业缴费、手机充值等，再到信用卡还款、跨行转账，进而由单纯提供支付结算服务向提供行业解决方案发展，涉及钢铁、物流等诸多领域。基于第三方支付平台的增值服务如现金管理、小额信贷等都是直接涉及银行的传统业务。业务范围从线上向线下延伸，POS机收单直接抢占商业银行业务，非银行业互联网金融业务逐步向商业银行业务渗透。

从短中期而言，预计非银行业的互联网金融在以下几个方面可能对银行带来比较大的冲击。第一，保险和基金的代销业务。以基金代销业务为例，据报道，2013年5月支付宝已经与30多家基金公司谈成合作意向，其合作模式主要是支付宝进入基金公司网站的网上直销端口，使用支付宝申购赎回基金的费率是第三方支付通常采用的4折即0.6%。目前监管层对这种模式还存在一些顾虑，包括风险控制、法律责任认定、支付宝账户余额是否可以直接用于购买基金等都尚未有定论。考虑到支付宝的巨大用户基础，一旦运作模式成熟，第三方支付机构的介入将对银行的保险和基金的主代销地位带来很大的冲击。而代销费用又是商业银行中间业务收入的主要组成部分，银行的盈利可能因此而受到影响。第二，支付宝推出的"信用支付"业务具备信用卡的功能，"网络信用卡"业务可能会改变信用卡行业的格局。该业务先期仅在浙江和湖南试点，如果推广到全国，按照阿里巴巴披露的数据，信用支付业务将覆盖8000万支付宝用户，阿里巴巴将快速成为中国最大的信用卡发卡机构。该业务的一个重要问题是银行和阿里巴巴的合作模式问题。如果银行仅仅是向阿里巴巴提供一个授信额度，而不能获得客户资源或者不能获得客户的逾期罚息收入，则银行的收益十分有限。另外一个重要问题是获得的信用额度的使用范围。目前仅能在淘宝和天猫上消费，不排除将来有那么些许的放宽范围的可能，如果真的放宽，将对银行信用卡业务造成严重的冲击。第三，小额贷款方面，重点在于监管层是否能逐步放开资金来源的限制。比如，如果允许利用沉淀资金放贷，那阿里巴巴就相当于是一家银行，放贷能力将得到很大的提升。如果资产证券化运用得当，以阿里小贷为代表的网络小额贷款的潜力也是不容忽视的。

（三）非银行业互联网金融业务给商业银行的核心竞争力和行业竞争格局带来挑战

一方面，在传统的银行服务模式中，商业银行的核心竞争力主要来自实体网点、资金规模、基础设施等资源优势，在金融服务市场中占据主导地位。互联网和移动互联网向金融系统的渗透改变了金融业的竞争模式，由"大鱼"吃"小鱼"变为"快鱼"吃"慢鱼"。在互联网金融的新生态系统中，竞争优势的来源由"资源垄断"变为"技术垄断"。商业银行的竞争基础转向网络技术、信息技术和数据处理技术。商业银行的核心竞争力体现在为客户提供快捷的产品与服务上，以满足客户快速多变的、多样化的金融服务需求。由于多方参与产业链，商业银行很难延续传统的服务客户的闭环业务模式。金融服务链各环节专业化程度不断提升，开放程度不断提高。商业银行应进一步加强协作创新的能力，构建开放的业务模式。这些都要求商业银行在新形势下以客户为中心，依托新技术重构核心竞争力。

另一方面，互联网金融的发展并非仅涉及金融业一个行业，而是金融、电信、通信设备厂商等多个相关行业组成的产业链。互联网金融的竞争由过去传统金融业务局限于商业银行之间的竞争转向产业联盟之间的竞争，竞争的参与方、竞争形态和手段都产生了巨大的变化。互联网金融业务产业链各方既需要密切配合、紧密合作，又都有着各自相对独立的利益，对产业链主导权有着激烈的争夺。商业银行必须处理好与产业链各方之间复杂的竞合关系。同时，第三方支付等互联网企业依托与电子商务平台紧密结合的优势，在移动互联网时代巩固和延续了其在远程支付领域的优势。由于移动端的入口流量比 PC 端的入口流量更为集中，第三方支付在移动端的优势更为明显，在支付业务等领域对银行业务的替代性更强。这对于商业银行开展移动互联网新业务是非常不利的。

（四）非银行业互联网金融业务给商业银行的风险控制模式带来挑战

互联网金融作为一种新的业务模式，其风险特征不同于传统商业银行业务，其带来的新的市场风险、技术风险都是商业银行所面临的新挑战。

由于客户需求的不确定性以及市场发展的不可预测性，商业银行发展互联网金融新业务面临市场风险，突出表现在：部分互联网金融产品创新叫好不叫座，出现了"技术领先于市场"的现象，没有形成足够规模的商业模式和应用场景，没有对客户形成足够的吸引力。商业银行急需提高把握客户需求的能力，降低互联网金融产品创新的市场风险。

互联网金融相关的风险问题还突出体现在电子货币安全等科技风险领域。电子货币的使用规模不断扩大，形态日益多样化。以近场手机支付为例，存储于电子钱包账户中的小额客户资金是不可挂失的，商业银行必须采取一定的技术手段管控由此产生的风险问题。电子货币的广泛流通，使得货币发行和管理机构由银行系统扩展到更多第三方平台，进一步增加了商业银行风险管理的复杂性。

（五）非银行业互联网金融业务给商业银行的商业模式带来的挑战

互联网金融的迅猛发展给商业银行的商业模式带来的挑战主要有两大方面。一方面，平台化和虚拟化是大的发展趋势。第三方支付之所以能够发展到今天的规模，最主要的功劳属于它所依附的电子商务平台。正是由于电商平台的存在，才能够聚集客户、商流、物流、信息流和资金流，为第三方支付业务和随后衍生的小额信贷业务提供土壤。商业银行可以借鉴这个模式，打造属于自己的各类平台，通过平台来获得客户和业务。在虚拟化方面，从虚拟货币（Q币等）到虚拟信用卡，非银行业的虚拟金融产品已经在向前发展，商业银行势必需要跟进。另一方面，要充分重视数据以及数据分析的作用。阿里小贷正是凭借数据挖掘所蕴含的核心竞争力，利用基于数据分析的网络融资模式完成了信贷中介在互联网生态中的转型，突破束缚小微企业融资的信息与成本枷锁。数据已经实实在在地创造了商业价值。商业银行的经营管理从以前的产品驱动已经转向了客户驱动，将来则将向"客户+数据"驱动转变。网络小贷的成功告诉我们，只拥有客户是不够的，数据才是关键。拥有客户，不一定能够拥有客户的数据和信息，而拥有数据，则必然会带来客户。

二 商业银行对互联网金融的应用

（一）与电商平台合作开展小额信贷业务

1. 建行与敦煌网合作的"e 保通"、与金银岛合作的"e 单通"

"e 保通"是建行和敦煌网合作推出的基于客户网络交易记录及信用的在线融资服务。敦煌网卖家无须实物抵押、无须第三方担保，凭借在敦煌网交易的实时记录及累积的信用即可申请，额度一经审核，在额度有效期（一年）内，卖家可以随时查询自己的交易账单并发起融资支用申请。"e 保通"本质上是一种订单贷。卖家每生成一笔订单，就可以在已经申请好的授信额度内使用一次贷款，授信额度可以循环使用，可以看作阿里金融"循环贷"和"订单贷"的结合。"e 保通"的优点见图1。

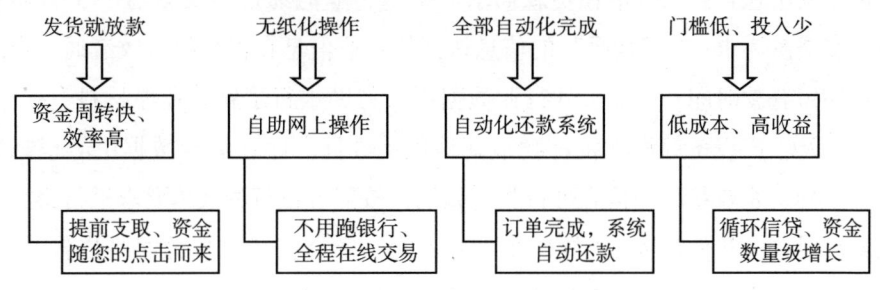

图1 "e 保通"的优点

"e 单通"是建行和金银岛、中远物流三方实现系统对接，通过网络为金银岛交易商提供的以货物仓单为质押的短期融资服务。交易商通过金银岛向建行提交申请材料，7 天之内可以办好银行授信。货物入库，监管方确认监管后，T+0 工作日即可放款，随借随还，循环使用。主要分为网络仓单融资和网络订单融资两种模式。网络仓单融资是指交易商将自有货物注册电子仓单，通过仓单质押申请融资。网络订单融资是指交易商（买方）通过订单方式取得卖方货物过户后注册电子仓单，通过仓单质押申请融资支付卖方货款的融资方式。

2. 工行与阿里巴巴、生意宝和聪慧网等合作的"易融通"

"易融通"是工行利用网络系统自动评级授信和利率定价模型，为第三方电子商务平台上经营的网商企业提供自助申请贷款、提款和还款等服务功能的短期小额流动资金贷款业务。只要经营正常、收入稳定的网商，都可以根据自身情况，采用信用、第三方保证、联保和抵、质押等灵活的担保方式，通过第三方电子商务阿里巴巴、慧聪网平台或者工行网上银行等网上操作，自助提出贷款申请，工行的系统将自动处理客户提供的信息，依据客户融资需求量、还款资金来源及其可靠性等因素确定贷款额度，实现贷款发放。

3. 中行、工行、中信、光大、江苏银行等与生意宝合作的"贷款通"

"贷款通"是生意宝建立的第三方在线金融服务平台，通过类似P2P平台的方式，将生意宝会员的融资需求与合作银行的放贷意愿结合。按照媒体的披露：生意宝精准定位行业中的中小企业，目前已经拥有500余万中小企业注册会员，其中包含庞大的潜在贷款需求。中小企业能通过"贷款通"平台便捷地提交贷款需求；"贷款通"的信息认证使企业信息在银行间有效流通，帮助企业缩短获款时间；生意宝的行业数据中心帮助银行了解企业原材料、产品、半成品及生产设备等潜在抵押物最新估值；"贷款通"后台数据中心根据地域、金额、企业状况等信息进行整理归纳，按照各银行的具体要求进行银企间的精准对接。我们认为，"贷款通"并不是一款严格意义上的网络贷款产品，但可以通过生意宝的行业联盟来批量获得客户。

（二）搭建自有电商平台，将客户和数据掌握在自己手中

根据公开信息显示，与阿里巴巴在网络小额信贷方面的合作终止之后，建行着手建立了自己的电子商务平台"善融商务"，并于2012年6月正式上线。在电商服务方面，善融商务提供B2B和B2C客户操作模式，涵盖商品

批发、商品零售、房屋交易等领域；在金融服务方面，为客户提供从支付结算、托管、担保到融资服务的全方位金融服务。善融商务平台以资金流、结算、信贷、支付为核心，试图对传统电子商务模式有所创新。"善融商务"为其平台客户提供"e贷通"融资服务，主要包括以下几点。①网络联贷联保：3家（含）以上借款人，通过网络自愿共同组成一个联合体，联合体成员之间协商确定授信额度，向建行联合申请贷款，由建行确定联合体授信总额度及各成员额度，每个借款人均对其他所有借款人因向银行申请借款而产生的全部债务承担连带责任。②网络大买家供应商融资：供应商在正常经营过程中，以其持有的经建行和大买家确认的、尚未履行交货义务、相应款项尚未收付的购货订单为依据，向建行申请融资的信贷业务。③网络速贷通：对借款人不进行信用评级和一般额度授信，依据客户提供的足额有效的抵（质）押担保，并结合客户第一还款来源及网络信用而办理的信贷业务，并对网络信用好的电子商务客户给予一定比例的追加贷款额。除建行外，交行打造的电子商务平台"交博汇"也已经向客户开放。在为客户提供增值服务的同时获得客户的动态经营信息，将客户和数据掌握在自己手中，成为银行共同的驱动力。

（三）打造各类网络平台提升传统商业银行业务

按照媒体的披露，平安银行成立了互联网金融事业部，全面推广其线上供应链金融业务，打造供应链金融2.0平台（Supply Chain Finance Platform，SCFP）。利用成熟互联网和IT技术构建平台，连接供应链的上下游及各参与方，包括核心企业、中小企业、银行、物流服务商等，实现各方信息交互，业务协同，交易透明；并通过对相关各方经营活动中所产生的商流、物流、资金流、信息流的归集和整合，提供适应供应链全链条的在线融资、结算、投资理财等综合金融与增值服务。公开信息显示，平安银行供应链金融2.0可实现金融服务的"在线可得"与多方信息的"清晰可见"两大功能。一是在线整合与衔接各方流程，建立商务、资金服务与物流服务衔接的工作通道，让融资"在线可得"；二是实现整合与共享银行、核心企业与上下游企业，以及物流伙伴之间割裂的分散信息，银行通过企业在平台上留下的"痕迹"信息，为企业整合所需信息、提供增值服务，让供应链管理与服务"清晰可见"。线上供应链金融借助核心企业的信用担保，向其上游提供贷款，同时向其下游提供流动资金。在此过程中再整合物流、资金流、信息流等其他资源，服务整个供应链上下游。由于掌握了上下游中小企业的核心经营信息，银行可以轻松地进行信贷风险的评估，从而批量化地完成小额贷款的网上批量发放。

兴业银行已经大获成功的"银银平台"也可以看作通过打造线上和线下平台全面提升银行同业业务的典范。"银银平台"通过整合兴业银行自身资源，建立专业、完整、灵活的产品与服务体系，从个人柜面通、代理接入现代化支付系统业务开始起步，目前已发展成为涵盖支付结算、财富管理、科技管理输出服务、资本及资产负债结构优化服务、外汇代理服务等八大业务板块的完整金融服务平台。

（四）打造网络直销银行

这里所讨论的"网络银行"并不是指传统的电子银行业务，而是指依托互联网直接进行金融产品销售和客户服务的一种商业模式。这种模式在国际上有很多成熟的范例，其中最著名的是 ING Direct。[①] 它是一家纯粹的网络银行，由金融巨头荷兰国际集团（ING）于 1997 年在加拿大成立，所有的业务都通过网络、电话和邮件开展。它没有任何的分支机构和网点，只在一些大城市设有少量的咖啡馆用于品牌宣传和满足客户接触银行实体的心理需求。ING Direct 只提供包括储蓄、支付账户、住房抵押贷款、理财产品代理等少量的金融产品和服务。其核心经营理念是以低廉的价格出售简单的"金融日用品"。经过十几年的发展，ING Direct 已经成为全球最大和最成功的网络银行。其业务范围已经覆盖加拿大、西班牙、澳大利亚、法国、美国、意大利、德国、奥地利和英国。

在中国，已经有商业银行开始了这方面的探索。交行在天猫上设立旗舰

[①] 《或因"银行兑付凭证"涉平台担保招行 P2P 平台被暂停》，《21 世纪经济报道》2014 年 1 月 14 日，第 10 版。

店，在线销售贵金属、保险、基金、个贷及小企业贷款。当然，目前仅贵金属可以直接在线购买，其他产品只是在网上做展示，通过网上预约后仍然需要去交行的实体网点或者通过网银、电话银行等渠道办理业务。中信银行在近期成立了网络银行一级部门，核心的思路之一就是在网上销售保险、基金、理财产品、小额贷款等银行产品，建立网络虚拟网点，在网上再造一个中信银行。

三 商业银行的应对策略

（一）创建互联网金融模式的战略思路

一是因地制宜创建互联网金融发展模式。从互联网金融发展的国际经验看，经济发展水平差异将造成互联网金融服务种类的差异。我国幅员辽阔，区域发展不平衡，在乡村和偏远地区，原有的金融服务覆盖面较低，金融服务的覆盖范围存在空白。商业银行应提供基础的互联网金融服务。在城市等基础设施较好的地区，已经存在较为发达的金融服务体系，消费者可以享受多种便利的支付方式。商业银行应不断加强互联网金融产品创新，使其相对传统金融产品对于消费者更具吸引力，才能有效推动互联网金融的快速发展。二是客户导向是互联网金融发展的根本原则。互联网金融如同商业银行的其他任何业务类型一样，必须能够满足客户需求，使金融服务回馈社会大众。因此，客户导向是商业银行互联网金融发展的根本原则。现有中高端客户、新一代年轻客户、农村及边远地区客户以及企业客户是当前商业银行互联网金融发展的四大战略性客户群体。现有中高端客户是商业银行发展互联网金融的重点客户群之一。通过向这类客户提供便利化的手机银行服务，能够为商业银行直接带来转账、理财等中间业务收入。20世纪八九十年代出生的新生代用户，愿意率先尝试互联网金融服务，对商业银行互联网金融创新形成拉力。三是建立可持续的盈利模式是互联网金融发展的最终目标。商业银行创建互联网金融服务模式的根本目标和出发点是满足客户需求，创造新的价值，并提供给社会大众。

（二）创新合作方式、内容和范围，实现银行和非银行互联网金融的双赢

一是和电商平台合作开展网络信贷业务。电商平台拥有庞大的客户基础和客户数据，网络小贷能很好地满足客户"金额小、放款快、周期短"的融资需求。但是受限于资金来源和地域限制，贷款规模难以扩大。商业银行应当利用自身雄厚的资金实力和电商平台合作开展网络信贷业务，联手开发适用于网络环境的信贷产品。二是联手电商平台共同开展"信用支付"业务。一方面是为平台客户提供信用支付的额度，另一方面是为电商平台提供信用卡业务的专业风险管理服务。另外可考虑联名发"网络信用卡"，共享客户资源。三是探索通过第三方支付平台账户资金购买银行理财产品，针对平台账户资金金额小、流动性要求强的特点开发出合适的理财产品，盘活第三方支付的沉淀资金。这是对可能出现的利用平台资金购买保险和基金的直接应对。四是促进金融服务与电商平台和社交网络的融合，比如，在电商平台上开设网店，利用社交网络进行产品营销等。五是各类基础银行业务。比如沉淀资金托管、融资支持等。银行在与网络平台开展合作的过程中，最为关键的是要改变传统的以抵质押为基础的风控模式，充分认识到网络平台所拥有的数据资产的价值，放下身段以开放平等的姿态进行合作。

（三）打造属于银行的各类平台，把握产业链的主导权

一是借鉴建行和交行经验，打造银行自己的电子商务平台。鉴于搭建综合电商平台需要投入大量的资源和精力，而且电子商务和银行业务的基因并不相同，我们认为大型银行或可进行尝试，中小型银行则可探索建立特定行业的电商平台，比如二手车交易、二手房交易等。二是借鉴平安银行经验，建立供应链金融平台，通过对相关各方经营活动中所产生的商流、物流、资金流、信息流的归集和整合，提供适应供应链全链条的在线融资、结算、投资理财等综合金融与增值服务。三是借鉴兴业银行的银银平台，探索搭建金融同业机构的在线交流平台，促进机构间的信息交换和同业金融产品营销。四是探索牵头搭建

小贷公司联盟平台，利用银行成熟的风控体系和庞大的网点资源，以类似于P2P的模式撮合贷款资源和需求。还可考虑通过债权转让的方式引导小贷资金的跨区流动。

（四）与移动运营商紧密合作，开拓移动金融蓝海

随着我国4G网络覆盖的普及，移动金融作为一种新型金融服务模式，因其便利、易用、不限地域的特点，方便了人们使用，节约了成本；同时，也降低了商业银行实体网点的服务压力。同时移动金融打破了地域、时间的限制，向用户提供多样化便捷服务，有利于商业银行金融机构迅速推出个性化、低成本的个人服务和企业服务，大幅度提升商业银行金融机构的服务能力。移动金融的发展对提升服务质量，降低服务成本，普惠广大人民群众有着重要意义。移动银行作为一种新兴的金融服务方式，有着非常广阔的发展空间，商业银行可着重开拓以下业务领域：一是拓宽金融服务渠道，服务广大农民工、流动人口、小微企业，使移动金融服务成为继银行卡、POS机、ATM机和网上银行之后的又一种新兴的无分支行网点金融服务模式；二是降低金融服务门槛，普及金融服务。通过移动渠道，帮助用户可以享受到包括账户管理、存取款、转账汇款、支付结算、投资理财、第三方存管、公用事业缴费、信用卡、咨询等丰富多样的银行服务。

（五）加强同业合作，促进银行账户间的互联互通，降低第三方支付对客户的吸引力

客户之所以选择第三方支付来进行跨行还信用卡和跨行转账等业务，主要原因是第三方支付方便和便宜。为改变这一局面，商业银行应当加强合作，促进银行账户之间的互联互通，从而降低客户资金跨行流动的成本，降低第三方支付对于客户的吸引力。短期来看，这种做法会减少商业银行赚取的中间业务收入，但在金融脱媒和技术脱媒的双重压力下，这样可以增加银行业作为一个行业整体的竞争实力，提高客户资金的黏性，从长远来看是有利于商业银行的发展。兴业银行建立的银银平台和民生银行成立的亚洲金融合作联盟都在这方面进行了很有益的尝试。

（六）打造真正意义上的网络银行，探索银行产品和银行服务的虚拟化，为未来做出长远布局

借鉴 ING Direct 的模式，探索通过网络直接销售金融产品，全力突破远程开户和网络授信核查等关键技术难关，打造适用于网络销售的独特的金融产品体系，以"简单的产品，优惠的价格，直接的渠道，精准的营销，高效的运营"来突破传统网点对银行经营的限制，在网上再造一个商业银行。从长远来看，随着数据化和网络化的全面深入发展，金融服务将向虚拟化方向发展，包括产品的虚拟化、服务的虚拟化、流程的虚拟化等，从而全面颠覆商业银行的管理理念和运营方式。近年来中行推出的"虚拟信用卡"、交行推出的 3D 网银系统等都可以看作在这方面的有效探索。商业银行应当转变思想观念，加强在产品和服务虚拟化方面的探索，同时加强 IT 支持能力、数据分析能力等配套能力建设，为电子化和虚拟化的未来做出长远布局。

参考文献

宫晓林：《互联网金融模式及对传统银行业的影响》，《南方金融》2013 年第 5 期。

梁文玲：《金融信息化趋势对银行业的影响及我国商业银行的应对之策》，《山东大学学报》（哲学社会科学版）2003 年第 1 期。

聂庆等：《我国电子银行业务发展的六大趋势》，《中国集体经济》2010 年第 16 期。

张铭：《移动互联的金融梦》，《新理财》2013 年第 7 期。

李文博等：《浅谈互联网金融的机遇与挑战》，《商场现代化》2013 年第 20 期。

杜征征：《互联网金融营销的兴起与发展》，《银行家》2012 年第 11 期。

王雪玉：《互联网挑战银行之一：阿里金融》，《金融科技时代》2013 年第 5 期。

李安渝等：《第三方支付接口的技术比较研究》，《中国信息界》2011 年第 11 期。

范琨：《货币·信贷·金融衍生产品交易对经济社会的影响》，《科学咨询》2013 年第 1 期。

刘璐：《论第三方支付与银行的竞争与合作》，《潍坊学院学报》2011 年第 4 期。

莫虹等：《电商触金——探析"阿里金融"模式》，《电子商务》2013 年第 7 期。

胡素青：《草根金融："网"聚钱的力量》，《金融科技时代》2011 年第 2 期。

彭传金：《P2P 小额信贷模式前景背后的思考》，《现代经济信息》2011 年第 23 期。

《电子金融时代来临，监管改革与创新箭在弦上》，http：//xyyhxh. xyjrw. com/news_show. Asp? Xid = 30，2013 年 9 月 13 日。

庚力等：《中国手机银行发展：现状、问题及对策》，《西部金融》2012 年第 4 期。

《金融牵手电商基金公司动议淘宝开店》，http：//www. eeo. com. cn/2012/0730/230903. shtml。

评价报告

Evaluation Report

B.12
互联网"宝"类产品量化评价报告

摘　要： 随着互联网技术和移动终端设备的广泛使用，借助网络实现资金支付、融通和信息中介服务的互联网金融飞速发展。作为其重要分支的互联网"宝"类产品则凭借其操作简便、收益可观、用途广泛的优势，自诞生以来就赢得了投资者的青睐，以余额宝、理财通、零钱宝等为代表的产品快速涌现并迅速发展壮大。在对互联网"宝"类产品的业务本质进行界定，简单分析其发展历程、成功要素、影响程度及面临挑战的基础上，本报告通过严密的评价指标体系和翔实的客观数据资料，对互联网"宝"类理财产品进行了量化评价，使投资者在明了其发展趋势的基础上更加深入地认识产品之间的细微差别，以便更好地做出相关投资决策。而在综合收益能力、服务能力、平台影响力以及产品认知度四项指标之后，阿里余额宝凭借其出色的服务能力、广泛的平台影响力以及投资者的高度认可,在参评互联网"宝"类产品中占据了综合能力榜首位置。

关键词: 互联网 余额宝 理财通 快速取现 电商

2013年是中国全面接入互联网20周年。在此20年间,互联网已深刻介入中国政治、经济及文化生活的方方面面。作为飞速发展的互联网与人们不断进化的消费理财观念相结合的产物,余额宝全面引爆了互联网理财潮流,其2014年一季度末的资产规模达到了5412.75亿元,用户数量则突破了8000万户,推动天弘基金成功登顶第一大基金管理公司。

在余额宝效应的刺激下,各基金公司、互联网大佬纷纷依托自身资源及平台优势,或单独,或合作竞相推出互联网"宝"类理财产品。一时之间,各种宝类产品,如现金宝、理财通、零钱宝等纷纷涌现,因这些名字中往往含有"宝"字,因此我们统称他们为互联网"宝"类理财产品。在为投资者提供更多可选标的同时,也在一定程度上影响了其投资决策的做出,在此我们特对互联网"宝"类产品的业务本质进行界定,并在对其发展历程、成功要素、影响程度及面临挑战的分析基础上,通过严密的评价指标体系和翔实的客观数据资料,对互联网"宝"类理财产品进行量化评价,使投资者在明了其发展趋势的基础上更加深入地认识产品之间的细微差别,以便更好地做出相关投资决策。

一 互联网"宝"类产品的业务本质及发展历程

(一)互联网"宝"类产品的业务本质

作为一种新兴的理财方式,各家机构推出的互联网"宝"类产品均将其定义为一种理财账户、理财服务,将资金存入即为购买相应的货币基金的产品,并可享受诸如收益增值、快速取现、还款购物等附加服务。

例如，对余额宝的介绍是："余额宝是支付宝最新推出的余额增值服务，把钱转入余额宝中就可获得一定的收益，实际上是购买了一款由天弘基金提供的名为'增利宝'的货币基金。余额宝内的资金还能随时用于网购消费和转账；支持支付宝账户余额支付、储蓄卡快捷支付（含卡通）的资金转入。目前不收取任何手续费。"[1] 理财通则表述为"理财通是财付通与微信携手基金公司推出的理财增值服务。购买理财通，相当于购买了货币基金，每天可获得比银行活期利息高14~18倍的收益。收益每天分配，且每天的收益计入本金，享受复利收益。支持资金随时购买赎回，快速到账，方便打理。"[2]

因而，究其本质，互联网"宝"类理财产品是一种由基金公司与互联网公司等合作机构通力打造的构建在货币市场基金基础上的以余额增值、"T+0"快速取现服务为核心，以还款转账、生活缴费、购物消费等增值服务为附加的一项综合性业务。其中，理财增值的收益高低与其所挂钩的货币基金密切相关，部分互联网"宝"类理财产品甚至挂钩多只不同的货币基金产品以为投资者提供更多的选择；"T+0"快速取现的操作时间、额度高低、到账时间等则因合作机构的实力不等而略有差异；其所提供的增值服务类型则同样受限于推出平台的性质不同而各具特色。[3]

（二）互联网"宝"类产品的发展历程及产品概况

1. 互联网"宝"类产品是货币基金"T+0"与互联网有机结合的产物

互联网"宝"类产品的萌生是与当时市场环境下愈演愈烈的货币基金"T+0"业务紧密相关的，是基金公司日渐兴起的"T+0"快速赎回业务与互联网有机结合的产物。

（1）货币基金"T+0"业务逐步迈进，余额宝一飞冲天。

作为一种传统的现金管理工具，货币基金虽然具有投资门槛相对较低、收

---

[1] 参见余额宝介绍：http://help.alipay.com/lab/help_detail.htm?help_id=257914。
[2] 参见理财通介绍：http://www.baike.com/wiki/%E7%90%86%E8%B4%A2%E9%80%9A?prd=citiao_right_xiangguancitiao。
[3] 《类余额宝业务后市监管环境或趋严》，金牛理财网，http://www.jnlc.com/fund2014/033163643.shtml。

益水平远超活期利率、收益波动相对稳定等优点，但在过往的运行过程中，受限于产品宣传认知相对较少、投资购买程序烦琐、赎回资金到账缓慢等因素，货币基金的受众仍相对有限，且主要集中于机构投资者。2012年年报数据显示，货币基金投资者总户数仅为241.6万户（含重复计算数据），其中机构投资者持有份额占比则为51.74%。在2012年末、2013年初，旨在提高资金利用效率的货币基金"T+0"业务逐渐兴起，并由场内申赎、场内交易的模式转而向场外垫资的模式扩展，部分基金公司结合自身资金、渠道优势而推出的"宝"类产品渐次面世，如华夏活期通、汇添富现金宝等均是在此背景下逐渐产生的。

而当支付宝的低息沉淀资金与货币基金的相对高收益、快速流动性以及便捷操作性结合起来时，余额宝便应运而生：2013年6月13日余额宝正式上线。凭借支付宝十多年积累的庞大用户资源、巨额沉淀资金以及持续的积极营销，在移动互联网快速推进的环境下，余额宝的用户数量及资产规模迅速膨胀，实现了一飞冲天：6月底，上线仅半个月的余额宝用户突破250万户，规模达到66亿元；三季度末，余额宝资产规模则达到了556.5亿元；"双11"之后，天弘基金公告的数据显示挂钩余额宝的天弘增利宝成为国内首只规模突破千亿元的基金，开户数量超过2900万户；2014年一季度报告显示，余额宝的规模存量达到了5412.75亿元，用户数量突破8000万户。

（2）BAT三巨头相继发力，门户、电商网站不甘人后。

作为互联网领域鼎足而立的三巨头，面对余额宝的火爆局面，百度、腾讯相继出手，旗下相关产品陆续问世。2013年10月28日，百度理财平台正式上线，首期产品"百度百发"则凭借"团结就有8%"的限时、限购、补贴策略赚足眼球，并在其后陆续推出百度百赚、百度百赚利滚利版等理财产品。

百度之后行动起来的则是网易，网易理财"添金计划"以"来就有10%""网易加送5%"的宣传口号将互联网理财产品再度推上风口浪尖。不过，愈演愈烈的补贴活动也引起了监管部门的高度警惕，并在后期逐步退出了投资者的视野。

2014年伊始，苏宁整合自身电商业务及易付宝支付渠道，率先推出了零钱宝业务，挂钩广发天天红、汇添富现金宝两只产品。

腾讯则以旗下微信客户端为入口，在财付通的支付结算资格基础之上倾力打造了理财通服务平台。首只挂钩产品华夏财富宝在2014年1月22日率先推出，并在之后的春节红包活动中获利颇丰。后续几只合作产品——汇添富全额宝、广发天天红、易方达易理财则在3月、4月陆续面市。

继淘宝之后，京东成为第二家获基金第三方电子商务平台资格的机构，首批合作的鹏华、嘉实、国泰、易方达4家基金公司的网上店铺陆续上线。极力拓展金融业务、打造金融集团的京东也在3月份顺势推出了小金库产品，挂钩货币基金为嘉实活钱包、鹏华增值宝。

作为传统的门户网站，在揽获基金第三方销售及第三方支付两张牌照之后，新浪旗下"微财富"平台于2014年4月22日正式上线，前期进行小范围测试的挂钩汇添富现金宝的存钱罐产品则开始面向公众开放。

2. 互联网"宝"类产品合作网站性质各异，产品特性因此略有差别

作为互联网公司与基金公司合作推出的宝类理财产品，受互联网公司性质不同的影响，各只产品在合作形式、增值服务等方面存在一定程度的差异。在此我们按照互联网"宝"类产品的合作方将其简单划分为以下三种类别，其具体资料概况见表1。

表1 互联网"宝"类产品资料概况

互联网公司	产品名称	基金代码	挂钩货币基金	基金设立日期	业务推出日期
阿里巴巴	余额宝	000198	天弘增利宝	2013/5/29	2013/6/13
百度	百赚	003003	华夏现金增利	2004/4/7	2013/10/31
	百赚利滚利版	000464	嘉实期宝	2013/12/18	2014/1/3
网易	现金宝	000330	汇添富现金宝	2013/9/12	2013/12/25
苏宁	零钱宝	000389	广发天天红	2013/10/22	2014/1/15
		000330	汇添富现金宝	2013/9/12	2014/1/15
腾讯	理财通	000343	华夏财富宝	2013/10/25	2014/1/22
		000397	汇添富全额宝	2013/12/13	2014/3/25
		000359	易方达易理财	2013/10/24	2014/4/17
		000389	广发天天红	2013/10/22	2014/4/17
京东	小金库	000581	嘉实活钱包	2014/3/17	2014/3/27
		000569	鹏华增值宝	2014/2/26	2014/3/27
新浪	存钱罐	000330	汇添富现金宝	2013/9/12	2014/4/22

资料来源：金牛理财网。

第一类产品是由百度、网易、新浪等搜索网站、门户网站推出的，以百度百赚、网易现金宝、新浪存钱罐等产品为代表。此类产品主要借用上述网站庞大的页面流量，通过流量导入的形式实现合作，一般并未提供增值服务。

第二类产品则为阿里、苏宁、京东等互联网电商平台借助旗下的支付结算机构，在整合自身网络流量优势及电商企业资金沉淀优势的基础上，与基金公司合力推出的相关产品，以余额宝、零钱宝、小金库等产品为代表。凭借旗下第三方支付机构的账户优势及自身的电商平台属性，此类产品可以实现诸如跨行转账、还信用卡、生活缴费、消费购物等多种多样的增值服务，极大地扩展了其功能边界。

第三类产品则是由社交应用发起的，现阶段仅有腾讯理财通一只产品。该产品是由腾讯借助旗下支付结算机构——财付通，在占据移动互联网风口浪尖的微信客户端上推出的。凭借微信客户端庞大的装机量以及腾讯春节红包活动的出色营销，理财通上线以来规模迅速膨胀，一季度末体量已经超过千亿，成为仅次于余额宝的第二大互联网"宝"类理财产品。虽然微信支付已经可以实现，理财通账户的消费功能暂未开启，其仅能享受余额理财、快速取现的核心服务。

二　互联网"宝"类产品的成功要素及面临的挑战

自 2013 年年中诞生以来，互联网"宝"类产品迅速风靡一时，用户数量及资产规模双双飙升，尤其是代表性产品——余额宝，更是站到了金融业内论战的风口浪尖。以下简单对互联网"宝"类产品取得如此成功的缘由及其未来面临的挑战进行了分析，以期更加深入地了解和理解此类产品的运行机制、生存周期及发展方向。

（一）互联网"宝"类产品的成功要素

互联网"宝"类产品作为一项综合性服务，其对基础的货币基金产品并未进行颠覆性的改造，最大的创新体现在基金销售模式上，而其取得如此成功的缘由则主要归功于以下几点。

首先,互联网"宝"类产品显著提升了传统货币基金的客户体验。通过降低投资门槛、简化投资程序、收益每日可看、提供快速取现及增值服务等多种方式,互联网"宝"类产品在方便客户理财投资的同时,将余额理财的观念融入了其日常生活。

其次,互联网"宝"类产品生逢其时,2013年下半年的高额资金利率成为推动其成长的重要因素。爆发于2013年6月份的"钱荒"风波一改前期的流动性宽松态势,货币市场资金利率中枢转而持续上行,进而推动了以货币市场工具尤其是协议存款为主要投资标的的货币基金收益率的不断高企。互联网"宝"类产品持续6%以上的高额收益率引发了中小投资者的广泛关注,成功推动了其规模的暴涨。①

再次,成功的市场营销活动进一步推动了互联网"宝"类产品走进千家万户。凭借合作方互联网企业行业领头羊的优势地位,互联网"宝"类产品以声势浩大的开场及持续营销活动,充分发动自媒体、社交应用的传播力量,极大地扩展了相关产品的用户知名度。余额宝"菜包子变肉包子"的段子早已深入人心;百度"团结就有8%"、网易"来就有10%"等补贴营销活动也是声势浩大;而春节互送红包的出色营销更是使得微信银行卡挂钩数量一夜之间突飞猛进。

最后,金融抑制环境下的利率管制成为互联网"宝"类产品持续迈进的难得机遇。当前金融抑制的大环境使得存贷息差水平远高于成熟市场的平均水平,互联网"宝"类产品通过将普通投资者的小额分散资金集中起来,以大额资金的形式与银行进行议价,进而获取远超活期存款利率的收益水平的形式,为其提供了一种收益性较高、流动性便捷、应用性广泛的利率管制下的活期存款的优质替代投资品。而这正是此类业务能够大获成功的根本原因,也是推动其持续向前迈进的重要机遇。

从历史和海外经验来看,以美国为例,20世纪70年代,美国的货币基金是在Q条例限制银行向储户支付利息的背景下发展起来的。到1978年末,美

---

① 《类余额宝业务后市监管环境或趋严》,金牛理财网,http://www.jnlc.com/fund2014/033163643.shtml。

国市场利率突破10%，而商业银行的活期存款账户仍然不能支付利息，其他账户的利率上限在5%~5.5%。市场利率和银行利率的巨大反差，加上货币基金对存款者来说已经具备了银行最重要的支付功能，促成了美国货币基金规模的飞跃。

（二）互联网"宝"类产品面临的发展挑战

互联网"宝"类产品在资产规模迅速膨胀的同时，也面临着诸多的现实挑战，并主要体现在市场环境、政策环境、产品运作等几个方面。

首先，在利率市场化持续深入的情况下，互联网"宝"类产品的过往高收益优势将不再。

在利率市场化持续深入及互联网"宝"类产品的冲击下，银行被迫纷纷推出"类余额宝"产品，平安银行的平安盈、民生银行的如意宝、兴业银行的掌柜钱包先后已加入"宝宝"大战；中信银行联合信诚基金推出了"薪金宝"业务，客户可设定一个最低金额，超出部分将自动申购货币基金，客户在需要使用资金时，也无须再发出赎回指令，可通过ATM机直接取款或直接刷卡消费，较之以往的银行系"宝宝"主要针对手机银行或者地方分行客户的情况有了较大改观。在中信银行之后，北京银行也宣布在5月份联合中加基金发行一款宝宝类产品。中小银行的"宝宝"产品应该都在收益率和申购赎回便捷性上有较强的竞争力。银行加入"宝宝"产品战团，可以在一定程度上阻止存款的快速流失，但付出的代价则是部分息差收益的降低。不过，在互联网金融已经成为趋势，传统金融业务模式难以为继的背景下，面对各类"宝宝"产品的逐步蚕食，银行业只能主动出击，利用现有的优势尽力抓住"宝宝"军团混战的主动权。

利率放开的市场环境中，货币基金的收益水平将会与银行存款利率逐渐并轨，此类产品的高收益优势将逐步缩减，其与银行竞争的重点将转向客户服务、增值服务、投资管理以及投资风险等方面，胜者则将继续长存。当然，即使存款利率最后完全放开，由于货币基金的运营成本较银行为低，在资产端和负债端的收益率更具有竞争力，因此货币基金仍将继续存在并发展。例如，美国1986年最终实现利率市场化后，货币基金总量仍不断增加，与存款机构存

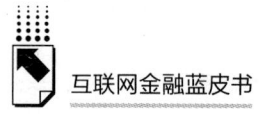

款总量的比率也仍在上升,曾在1999年达到63%的历史高位。

其次,对于包括互联网"宝"类产品在内的互联网金融产品,政策监管逐步规范并有趋严的动向。诸如"协议存款提前支付不罚息"红利取消、货币基金风险准备金需覆盖存款利息、对货币基金实施存款准备金管理以及央行对第三方支付机构进行规范等多种政策传闻或取向均在不同程度上表明后期对于互联网金融的监管力度或逐步加大。

最后,在产品的运作上,各种增值服务的附加、收益率趋势的逆转对相关货币基金流动性管理水平的要求进一步提高。货币基金在运行中的主要风险在于流动性问题,互联网"宝"类产品普遍附加的快速取现服务及其他增值服务对流动性管理提出了更高的要求。而在当下此类产品收益普遍下滑的趋势下,部分对收益率敏感的投资者或将资金转出至投资收益率相对较高的金融产品,此趋势如若长期持续势必会对基金的运作产生较大的不利影响。① 例如,理财通和支付宝都因为赎回到账"T+0"而导致垫资压力较大,因此调整了赎回到账的时间,都产生了一定的负面影响。

三 互联网"宝"类产品的量化评价

在对互联网"宝"类产品的前世今生以及未来趋向进行简单分析,尤其是对它们蓬勃壮大的原因进行分析的基础之上,我们进一步通过多方研讨商定的一套细密严谨的量化评价体系对各只互联网"宝"类产品进行了指标评分,以期全面了解此类产品的运行状况,进而深入到具体产品的研究分析上,为投资者甄选标的提供相对权威的认证。

(一)互联网"宝"类产品量化评价方法和技术

随着科技的发展,各种现代评价方法应运而生(如混沌理论、分形技术、神经网络技术等),然而这些现代评价方法和技术要么对基础数据和信息的要

---

① 《类余额宝业务后市监管环境或趋严》,金牛理财网,http://www.jnlc.com/fund2014/033163643.shtml。

求过高，而不能广泛灵活地运用于各个领域，要么因过于追求所谓的精确化而丧失评价结果本身应有的经济学意义。本报告在方法体系设计和选择中，遵守了如下原则：其一，立足于现有条件，所采用的技术力求简单、实用而不失其灵活性；其二，评价方法在技术上符合被评对象的结构和性质；第三，所采用的评价方法力求保证其评价结果在经济意义上的可解释性。理论上，可供选择的方法，突变级数法和层次分析法均可。相较于层次分析法而言，突变级数法是一种现代评价方法，但是其在应用上目前还受到一定的限制。鉴于此，本报告决定采用比较成熟的层次分析法（Analytic Hierarchy Process，AHP）作为核心方法。同时，利用灰色系统理论方法对 AHP 方法进行改进，以减少权重确定过程中的人为因素干扰，提高因子权重的可靠性。①

灰色系统理论（Grey System Theory）源自中国学者邓聚龙（Deng, J. L., 1982）的开创性工作，并且已获得了广泛的研究和应用。灰数（Grey Number）是灰色系统的基本单元和细胞，是指在某个区间或者某个一般数集内取值的不确定数（刘思峰、谢乃明等，2008），通常以⊗表示，即⊗∈[a, b]。如果 a = b，则称⊗为白数（White Number）。包含有灰数的矩阵称为灰色矩阵，记为 A(⊗)。将 A(⊗) 中全部灰元分别赋予某个确定数，则这一过程称为灰色矩阵白化过程，所得到的矩阵成为 A(⊗) 的一个白化矩阵。

层次分析法（AHP）评价技术②是将复杂问题分解为多个组成因素，并将这些因素按支配关系进一步分解，使之按目标层、准则层、指标层排列起来，形成一个多目标多层次的有序、递阶层次结构。层次分析法的基本思想就是将组成复杂问题的多个元素权重的整体判断，转变为对这些元素进行"两两比较"，然后在此基础上，对这些元素的整体权重进行排序判断，确立各元素的权重。层次分析法在本质上讲是一个将主观判断和客观评价相结合的分析方法，其评价过程通常如下：首先，对问题所涉及的因素进行分类，构造一个各因素之间相互联结的递阶层次结构。处于最上面层次的是问题的预定目标，中

---

① 黄国平、刘煜辉：《中国金融生态环境评价体系设计与分析》，《系统工程理论与实践》2007 年第 6 期。
② 高广春：《创新型城市支持体系评价研究——四维框架下的财政金融视角》，《城市发展研究》2013 年第 6 期。

间层元素是准则层和子准则层,最低层则为方案层。其次,对每一层次的各因素的相对重要性通过专家系统方式给出数字形式的判断,并以此构造判断矩阵。最后,通过分析、计算判断矩阵的特征方程,得出最大特征值及其所对应的特征向量,将这一特征向量进行规一化处理,以此作为相应元素权重。基于灰色系统的层次分析法评估过程如下。

第一,建立递阶层次结构。对问题所涉及的因素进行分类,构造一个各因素之间相互联结的递阶层次结构。处于最上面层次的是问题预定目标,通常只有一个元素,中间层元素是准则层和子准则层,最低层为方案层,由相关原始指标构成。

第二,构造综合灰色判断矩阵。设有 m 个评价者对所处同一层次的因素的相对重要性进行区间形式评判。令第 k 个专家得出的判断范围 $\otimes_{ij}^{(k)} \in [a_{ij}^{(k)}, b_{ij}^{(k)}]$,其中:$k=1, 2, \cdots, m$;$i, j=1, 2, \cdots, n$($n$ 为因素个数),则第 k 个评价者灰色判断矩阵为:

$$A^{(k)}(\otimes) = \begin{bmatrix} \otimes_{11}^{(k)} & \cdots & \otimes_{1n}^{(k)} \\ \vdots & \ddots & \vdots \\ \otimes_{n1}^{(k)} & \cdots & \otimes_{nn}^{(k)} \end{bmatrix} \tag{1}$$

其中:$\otimes_{ij}^{(k)} = \dfrac{1}{\otimes_{ji}^{(k)}}$,即 $a_{ij}^{(k)} = \dfrac{1}{b_{ji}^{(k)}}$,$b_{ij}^{(k)} = \dfrac{1}{a_{ji}^{(k)}}$。

设第 k 个评价者权重为 λ_k,表示该评价者在评价群体中的影响程度,且 $\sum_{k=1}^{m} \lambda_k = 1$。取 $\otimes_{ij} \in [a_{ij}, b_{ij}]$,其中,$a_{ij}$ 和 b_{ij} 分别为:

$$a_{ij} = \begin{cases} \sum_{k=1}^{m} \lambda_k a_{ij}^{(k)}, & i < j \\ 1, & i = j \\ \dfrac{1}{b_{ji}}, & i > j \end{cases} \tag{2}$$

$$b_{ij} = \begin{cases} \sum_{k=1}^{m} \lambda_k b_{ij}^{(k)}, & i < j \\ 1, & i = j \\ \dfrac{1}{a_{ji}}, & i > j \end{cases} \tag{3}$$

由此得到综合灰色判断矩阵 $A(\otimes)$ 为：

$$A(\otimes) = \begin{bmatrix} \otimes_{11} & \cdots & \otimes_{1n} \\ \vdots & \ddots & \vdots \\ \otimes_{n1} & \cdots & \otimes_{nn} \end{bmatrix} \quad (4)$$

其中：$\otimes_{ij} = \dfrac{1}{\otimes_{ji}}$，即 $a_{ij} = \dfrac{1}{b_{ji}}$，$b_{ij} = \dfrac{1}{a_{ji}}$。

第三，将综合灰色判断矩阵转换成白化矩阵，以此作为层次分析中的权重判断矩阵。设 $p \in [0, 1]$，称 p 为灰色判断矩阵的定位系数，则灰色判断矩阵元素的白化值 r_{ij} 可表示为：

$$r_{ij} = \begin{cases} a_{ij}p + b_{ij}(1-p), & i < j \\ 1, & i = j \\ \dfrac{1}{a_{ji}p + b_{ji}(1-p)}, & i > j \end{cases} \quad (5)$$

于是，基于灰色系统的权重判断矩阵 R 就可以表示为：

$$R = \begin{bmatrix} r_{11} & \cdots & r_{1n} \\ \vdots & \ddots & \vdots \\ r_{n1} & \cdots & r_{nn} \end{bmatrix} \quad (6)$$

其中，r_{ij} 表示指标 i 相对于指标 j 的重要性。如果 $r_{ij} = 1$，表示指标 i 与 j 指标重要性相同；如果 $r_{ij} > 1$ 的表示指标 i 相对于指标 j 更重要，值越大，则重要性越强；反之，如果 $r_{ij} < 1$，则表示 j 相对于指标 i 更重要。

第四，权重计算及其一致性检验。指标权重的计算可以归结为计算判断矩阵的特征和特征向量问题，即对判断矩阵 R 计算满足 $RW = \rho_{\max}W$ 的特征值及其对应的特征向量。其中，$\rho_{\max}$ 为矩阵 R 的最大特征值，W 为对应的特征向量。将特征向量 W 规一化处理，得到规一化向量 $W_1 = [w_1, w_2, \cdots, w_n]$，其中 $\sum\limits_{k=1}^{n} w_k = 1$。规一化后的特征向量就是相应的指标权重。

由于受诸种主客观因素的影响，判断矩阵很难出现严格一致性的情况。因此，在得到权重后，还需要对判断矩阵的一致性进行检验。为了检验判断矩阵的一致性，需要计算它的一致性指标。定义：$CI = \dfrac{P_{\max} - n}{n - 1}$。当 $CI = 0$ 时，权重判断矩阵具有完全一致性。CI 愈大,那么判断矩阵的一致性就越差。为了检验判断矩阵是否具有满意的一致性,需要将 CI 与平均随机一致性指标 RI 进行比较。RI 值可参考许树伯(1988)给出的 1~15 阶重复计算 1000 次的平均随机一致性指标(见表2)。

表 2 平均随机一致性指标取值表

阶数	1	2	3	4	5	6	7	8	9	10	11	12	13	14	15
RI	0	0	0.58	0.90	1.12	1.24	1.52	1.41	1.45	1.49	1.52	1.54	1.56	1.58	1.59

如果权重判断矩阵 $CR = \dfrac{CI}{RI} < 0.1$ 时,则此判断矩阵具有满意的一致性要求,否则就需要对判断矩阵进行调整,重新计算。

(二)互联网"宝"类产品量化评价体系概况

在综合衡量互联网"宝"类产品的推出时间以及量化评价的考察区间之后,我们将评价对象限定为以下七只产品:阿里余额宝、百度百赚、百度百赚利滚利版、网易现金宝、苏宁零钱宝、微信理财通以及京东小金库。我们主要选取的是依托著名互联网平台发展的产品,而基金公司主要通过公司官网销售的产品、第三方基金销售机构推出的产品以及银行系的"宝宝"产品则暂不列入评价范围。其中,百度旗下的两只产品由于在产品名称、挂钩货币基金、转入门槛、合作银行及额度限制等方面均存在明显的差别,故将其均纳入考察范围;对于挂钩多只货币基金的互联网"宝"类产品,在考察其收益能力时以最早挂钩的货币基金或代表性货币基金为准;新浪存钱罐则受限于推出时间相对较晚,故在本次评价中暂未入选。

互联网"宝"类产品的量化评价体系从收益能力、服务能力、合作平台影响力、产品认知度四个角度出发,对具体产品的投资便捷性、产品知名度、服务丰富度、投资者满意度等进行综合考察,全面刻画互联网"宝"类产品在实际运行中的细微差别,以甄选其中的优质投资标的。评价体系详见附表1。

本次量化评价的数据则主要来源于以下三种渠道:从各只互联网"宝"类产品页面采集的公开数据、向投资者进行问卷调查所收集的数据以及从互联网公司、基金公司等相关产品推出方所获取的数据。其中，面向投资者的调查问卷经由金牛理财网微信公众号对外发布，在两天时间里就回收了近800份有效问卷，效果极为出色，这在很大程度上说明了互联网"宝"类产品的广泛关注度。具体调查问卷详见附表2。

互联网"宝"类产品本质上是构建在货币基金基础上的一系列服务的附加，余额理财、快速取现两项服务在其中占据核心地位。根据我们的问卷调查显示，在互联网"宝"类产品的各项特性中，"收益水平高"成为投资者最为看重的一项，占比达到35.07%；"快速取现，流动性高"以及"购买便捷，受限较少"则紧随其后，占比分别为33.74%、23.63%；诸如跨行转账、购物消费等增值服务占比则仅在10%以下。具体数据见图1。

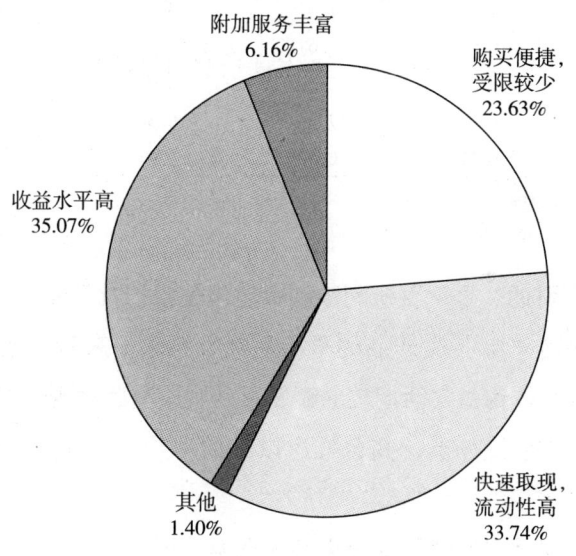

图1　投资者对互联网"宝"类产品特性的关注度

资料来源：金牛理财网。

（三）互联网"宝"类产品量化评价

1. 收益能力

对其收益能力的考察成为我们的首要关注点，具体的评价指标分为收益水平以及收益稳定性两项,指标权重分别为30%、15%。而鉴于各只互联网"宝"类产品推出时间及其所挂钩的货币基金成立时间均不尽相同,因此,我们以相关产品自其推出以来超越同期可比货币基金①平均水平的超额收益来对其收益能力进行评价,评价截止日期为2014年3月31日,具体的评价结果见表3。

表3　互联网"宝"类产品收益能力评价

评价指标	收益水平		收益稳定性		合计（分）
	超额收益水平（%）	指标得分（分）	超额收益稳定性（%）	指标得分（分）	
百度百赚利滚利版	1.30	29.96	0.28	10.91	40.87
微信理财通	1.30	30.00	0.33	8.64	38.64
网易现金宝	1.05	21.67	0.22	13.64	35.31
苏宁零钱宝	0.99	19.67	0.19	15.00	34.67
京东小金库	0.87	15.67	0.20	14.55	30.22
阿里余额宝	0.92	17.33	0.38	6.36	23.69
百度百赚	0.70	10.00	0.41	5.00	15.00

资料来源:金牛理财网。

(1) 微信理财通、百度百赚利滚利版超额收益相对领先。

从各只互联网"宝"类产品的平均超额收益水平来看,挂钩华夏财富宝的微信理财通以及挂钩嘉实活期宝的百度百赚利滚利版表现相对领先,其超额收益水平均为1.3个百分点,其自推出以来的平均七日年化收益率则分别为5.56%、6.13%。

挂钩汇添富现金宝的网易现金宝超额收益水平为1.05个百分点,跻身前三位;以汇添富现金宝为代表的苏宁零钱宝、挂钩天弘增利宝的阿里余额宝平均超额收益也均在0.9个百分点以上;以鹏华增值宝为代表的京东小金库为0.87个百分点;而挂钩华夏现金增利的百度百赚超额收益仅为0.7个百分点,表现暂居末位。

---

① 鉴于互联网"宝"类产品挂钩货币基金的份额性质,此处可比货币基金仅指货币基金的主份额,即不包括B类份额。

(2) 苏宁零钱宝、京东小金库稳定性稍胜一筹。

就超额收益率的稳定性来看，苏宁零钱宝、京东小金库以及网易现金宝占据前三位，波动水平①仅在 0.2 个百分点左右；百度百赚利滚利版、微信理财通则分别为 0.28 个、0.33 个百分点；阿里余额宝、百度百赚超额收益稳定性则相对落后，均在 0.4 个百分点左右。

(3) 百度百赚利滚利版收益能力占据首位。

综合收益水平及收益稳定性两项指标，百度百赚利滚利版在收益能力上占据首位；微信理财通凭借出色的收益水平排名第二位；网易现金宝、苏宁零钱宝、京东小金库紧随其后；而阿里余额宝、百度百赚则在此项指标上表现相对落后，分居后两位。

2. 服务能力

面向投资者的问卷调查数据显示，在收益水平之外，投资者对互联网"宝"类产品特性的关注焦点则依次落在了"快速取现，流动性高""购买便捷，受限少"以及"附加服务丰富"上。在挂钩货币基金的余额理财服务基础之上，互联网"宝"类产品转入转出的方便快捷程度、快速取现的时效及额度限制、消费购物等增值服务的丰富程度等服务能力的高低则直接关系着投资者的客户体验水平，进而影响其理财投资的相关决断。

对于互联网"宝"类产品服务能力的评价，我们从资金转入、资金转出以及增值服务三个角度进行考察，指标权重分别为 10%、15%、5%。

(1) 电商"宝"类产品资金转入渠道、合作银行数量相对较多。

资金转入指标的考察主要是从互联网"宝"类产品的投资门槛高低、转入渠道多寡以及额度如何、合作银行数量、收益计算规则五个方面进行的，权重均为 2%，具体的评价结果详见表 4。

互联网"宝"类产品均对过往的货币基金投资门槛进行了大幅度的降低，微信理财通、百度百赚、百度百赚利滚利版均仅为 0.01 元，其余产品最低投资金额也均降至 1 元。

---

① 波动水平通过计算超额收益的标准差得出。

表4 互联网"宝"类产品资金转入评价

评价指标	转入门槛	转入渠道	额度限制	收益计算	合作银行	合计
苏宁零钱宝	2.00	2.00	1.33	2.00	2.00	9.33
阿里余额宝	2.00	1.33	1.33	2.00	2.00	8.66
京东小金库	2.00	2.00	1.33	2.00	1.33	8.66
微信理财通	2.00	0.67	1.33	2.00	1.33	7.33
百度百赚	2.00	0.67	2.00	2.00	0.67	7.34
网易现金宝	2.00	0.67	2.00	2.00	0.67	7.34
百度百赚利滚利版	2.00	0.67	0.67	2.00	0.67	6.01

资料来源：金牛理财网。

资金转入的方式则可划分为银行卡快捷转入、银行卡网银转入以及支付账户转入三种。其中，具有电商、支付背景优势的苏宁零钱宝、京东小金库、阿里余额宝转入渠道相对较多，同时其合作银行数量也显著超过其他四只产品。微信理财通、百度百赚、百度百赚利滚利版以及网易现金宝合作资金转入仅能通过合作银行卡实现，而其合作银行的数量分别为13家、7家、9家、8家。

在资金转入的额度限制上，百度百赚合作的银行卡可以实现无上限的资金转入；网易现金宝的转入上限也高达2000万元；而阿里余额宝、苏宁零钱宝、京东小金库三只产品，由于其单个账户持有资产总额上限为100万元，最高转入金额受此影响较大；微信理财通合作银行的最高转入金额为50万元；百度百赚利滚利版则对投资者进行了限购，每人每个交易日限额5万元。

而在收益计算的规则上，各只产品均无差异：工作日15∶00点前转入的资金，第二个工作日开始计算收益；工作日15∶00点后转入的资金在第三个工作日开始计算收益。

（2）微信理财通资金转出受限较大，网易现金宝快速取现仍可享受收益。

作为最受投资者青睐的一项服务，互联网"宝"类产品提供的快速取现功能在细节上存在一定的差异。在此，针对互联网"宝"类产品的资金转出，我们从资金转出的方式以及快速取现的渠道、额度、时效、收益共五个方面进行了简单评价，其权重均为3%，具体的评价结果见表5。

互联网"宝"类产品量化评价报告

表5 互联网"宝"类产品资金转出评价

评价指标	转出方式	快速取现渠道	快速取现额度		快速取现时效		快速取现收益	合计
			总额度	单日额度	申请时间	到账时间		
网易现金宝	3.00	2.00	0.00	2.00	1.00	2.00	3.00	13.00
阿里余额宝	3.00	3.00	1.00	0.67	1.00	2.00	0.00	10.67
苏宁零钱宝	3.00	3.00	1.00	1.33	1.00	0.67	0.00	10.00
京东小金库	3.00	1.00	1.00	1.33	1.00	2.00	0.00	9.33
百度百赚	3.00	2.00	0.00	1.33	1.00	1.33	0.00	8.66
百度百赚利滚利版	3.00	2.00	0.00	1.33	1.00	1.33	0.00	8.66
微信理财通	3.00	2.00	0.00	0.67	0.50	0.67	0.00	6.83

资料来源：金牛理财网。

从资金转出方式上来看，各只互联网"宝"类产品均提供了普通取现及快速取现两种方式。对于资金快速转出的渠道，电商网站背景的阿里余额宝、苏宁零钱宝可以实现向支付账户以及银行卡的快速取现；京东小金库则暂仅能实现向网银钱包的快速取现，进而通过网银钱包实现向银行卡的资金提取；其余几只产品则均可以实现向银行卡的快速取现。

在快速取现的额度上，我们将其划分为快速取现的总额度限制和投资者单日取现的最高额度限制两方面。其中，总额度限制是指该产品对所有投资者进行快速取现的合计金额进行的限制，在当日投资者提出的快速取现申请总额度达到上限时，快速取现通道将被关闭，投资者需通过普通方式实现资金的提取。目前，除阿里余额宝、苏宁零钱宝、京东小金库以外，其余产品均对当日快速取现的总额度进行了不同程度的限制。对于单日快速取现的额度限制，网易现金宝为50万元；百度百赚利滚利版、百度百赚则分别为25万元、20万元；苏宁零钱宝、京东小金库则均为15万元；而微信理财通、阿里余额宝则相对较低，限额仅为6万元、5万元。

由于"T+0"快速取现的垫付资金成本高企，多数互联网"宝"类产品均不再向投资者支付其快速取现份额的当天收益，以之作为投资者享受快速取现服务所需付出的部分成本。而网易现金宝仅对工作日15：00前发起的提取申请进行了上述限定，在工作日15：00后发起的申请则仍可享受当天收益。

（3）电商"宝"类产品附加功能相对较多，阿里余额宝应用场景广泛。

投资者问卷调查数据显示，对于互联网"宝"类产品的附加增值服务，投资者对跨行转账、网上购物、还信用卡以及生活缴费较为看重，占比均在20%左右。而电商背景的互联网"宝"类产品则对此具有明显的优势。其中，阿里余额宝的应用场景尤为广泛，不仅可以在淘宝网、阿里巴巴上实现消费支付，并支持部分外部商户的交易请求，而且上述几种增值服务均可实现；而苏宁零钱宝、京东小金库的消费功能则仅限于苏宁易购、京东商城两家网站，并且京东小金库的订单支付仅限于实物订单。

百度百赚、百度百赚利滚利版以及网易现金宝则均不提供消费支付功能。通过微信支付虽可以实现消费购物等多种功能，但对理财通账户余额的上述应用则暂未涉及。

（4）电商"宝"类产品综合服务能力相对占优。

在全面考察资金转入、资金转出以及增值服务三项指标之后，在互联网"宝"类产品综合服务能力的考察上，以阿里余额宝、苏宁零钱宝、京东小金库为代表的电商"宝"类产品相对占优，实现了余额理财、快速取现、消费支付一整套应用场景的闭环运作。对于服务能力的具体的评价结果见表6。

表6 互联网"宝"类产品服务能力评价

评价指标	资金转入	资金转出	增值服务	合计
阿里余额宝	8.67	10.67	5.00	24.34
苏宁零钱宝	9.33	10.00	3.00	22.33
网易现金宝	7.33	13.00	0.00	20.33
京东小金库	8.67	9.33	2.00	20.00
百度百赚	7.33	8.67	0.00	16.00
百度百赚利滚利版	6.00	8.67	0.00	14.67
微信理财通	7.33	6.83	0.00	14.16

资料来源：金牛理财网。

3. 平台影响力

由基金公司与互联网企业合力推出的互联网"宝"类产品，其合作平台的影响力如何直接关系产品知名度的扩散以及用户数量、资产规模的持续增加,并最终将影响该产品的长期生存、发展与超额收益率。在此,我们运用向投资者问卷调查所搜集的数据以及由上述合作平台提供的内部数据对其影响力进行了相应测评,评价角度包括合作平台类型、合作平台流量以及合作平台认可度,权重分别为3%、5%、3%。

(1) 投资者相对看好电商网站类合作平台。

在前述互联网"宝"类产品的类型区分中,我们将其合作平台简单划分为了以下四种类型:电商网站、门户网站、搜索网站、社交网络及其他应用。面向投资者的问卷调查显示,近七成的投资者看好电商网站推出的"宝"类产品,门户网站及社交网站占比则均在10%以上,而看好搜索网站的占比仅不到3%。具体数据见图2。

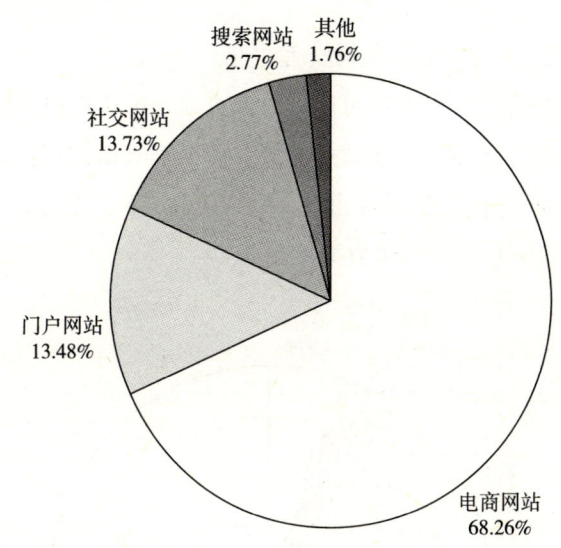

图2 投资者对互联网"宝"类产品推出网站类型的看重程度

资料来源:金牛理财网。

(2) 百度网站流量显著领先。

对于合作平台流量的考察,我们将其限定在互联网"宝"类产品背靠的合作网站上,通过网站流量排名、用户跳出率、页面浏览量以及停留时间①四

---

① 此处页面浏览量及停留时间均指单个用户的平均值,考察时间为过去三个月。

项细分指标来进行简单评价，其权重分别为2%、1%、1%、1%，具体评价结果见表7。

表7 互联网"宝"类产品合作网站流量评价

评价指标	网站流量排名	用户跳出率	页面浏览量	停留时间	合计
百度百赚	2.00	0.67	0.67	0.67	4.00
百度百赚利滚利版	2.00	0.67	0.67	0.67	4.00
阿里余额宝	2.00	0.33	0.67	0.67	3.67
京东小金库	0.67	0.67	1.00	1.00	3.33
微信理财通	2.00	0.33	0.33	0.33	3.00
网易现金宝	1.33	0.33	0.67	0.67	3.00
苏宁零钱宝	0.67	1.00	0.33	0.33	2.33

资料来源：金牛理财网。

（3）阿里巴巴及余额宝最受投资者欢迎。

在具体到单个合作平台的认可度时，调查显示阿里巴巴及余额宝成为最受投资者欢迎的平台及产品，占比超过五成；旗下拥有微信理财通的腾讯平台认可度也近三成；而其余几家平台占比均在10%以下，百度、京东略微领先，苏宁、网易仅在2%左右。具体数据见图3。

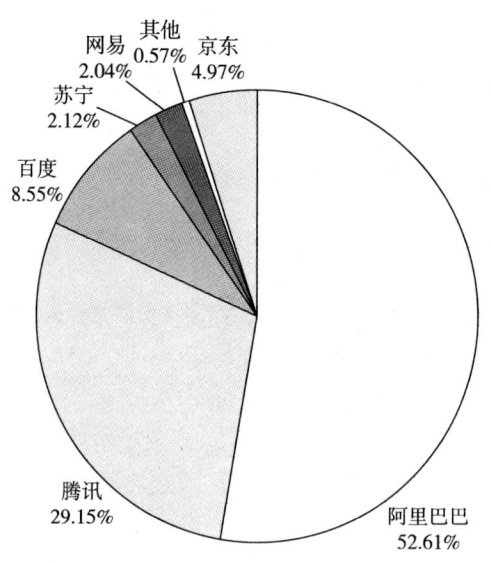

图3 投资者对互联网"宝"类产品平台的认可度

资料来源：金牛理财网。

(4)背靠最大电商网站,余额宝平台影响力居首。

在综合上述三项考察指标后,凭借其电商网站的广泛影响力以及庞大流量,余额宝合作平台的影响力水平成功登顶;京东网站凭借迅速上升的用户浏览量及停留时间而跻身第二位;腾讯、苏宁紧随其后;网易、百度则暂居后两位。具体评价结果见表8。

表8 互联网"宝"类产品平台影响力评价

评价指标	网站类型评价	网站流量评价	网站认可度	合计
阿里余额宝	3.00	3.67	3.00	9.67
京东小金库	3.00	3.33	1.00	7.33
微信理财通	2.00	3.00	2.00	7.00
苏宁零钱宝	3.00	2.33	1.00	6.33
百度百赚	1.00	4.00	1.00	6.00
百度百赚利滚利版	1.00	4.00	1.00	6.00
网易现金宝	2.00	3.00	1.00	6.00

资料来源:金牛理财网。

4. 产品认知度

在互联网"宝"类产品诞生以来的近一年时间里,产品数量不断增加、资产及用户规模迅速膨胀,但具体产品之间的差距水平也在逐渐拉开。因此,在评价投资者的产品认知度时,我们既采用了客观指标——互联网"宝"类产品的资产规模及用户数量,又通过向投资者进行问卷调查的方式收集了其主观感受的相关数据,上述三项指标权重分别为4%、8%、2%,具体评价结果见表9。

表9 互联网"宝"类产品认知度评价

评价指标	资产规模	用户数量	投资者认可度	合计
阿里余额宝	4.00	8.00	2.00	14.00
微信理财通	2.67	5.33	1.33	9.33
京东小金库	1.33	2.67	0.67	4.67
苏宁零钱宝	1.33	2.67	0.67	4.67
百度百赚	1.33	2.67	0.67	4.67
百度百赚利滚利版	1.33	2.67	0.67	4.67
网易现金宝	1.33	2.67	0.67	4.67

资料来源:金牛理财网。

在互联网"宝"类产品中,首发的阿里余额宝在支付宝的资金沉淀优势、口口相传的营销驱动、种类繁多的增值服务以及前期收益率持续走高等因素的作用下,成为一款大众普及的传奇性产品,资产规模突破5000亿元,用户数量超过8000万户。微信理财通推出时间虽稍短,但凭借微信应用在移动互联网端强大的入口优势,特别是春节红包活动的出色营销,其资产规模达到了千亿级别,用户数量也已突破百万数量。而苏宁、京东、百度以及网易相关合作产品在资产规模及用户数量上与上述两巨头仍存在明显的差距。

上述差距同样体现在投资者对它们的实际认同中。问卷显示,在熟悉并参与互联网"宝"类产品投资的用户中,购买阿里余额宝的占比超过四成;投资微信理财通的占比则近三成;百度、京东、网易、苏宁旗下产品占比则均在10%以下。

(四)互联网"宝"类产品量化评价结果简评

在综合收益能力、服务能力、平台影响力以及产品认知度四项指标之后,阿里余额宝凭借其出色的服务能力、广泛的平台影响力以及投资者的高度认可,在参评互联网"宝"类产品中占据综合能力榜首位置。微信理财通则在收益能力及投资者认可度的带动下成功占据第二位。苏宁零钱宝同样背靠电商平台优势,以其优异的收益能力和服务水平居第三位。而百度旗下两只产品则受限于投资者认可度相对较低、服务能力较为欠缺,特别是百度百赚的收益能力相对落后等因素的影响,在本次评价中综合排名暂时居后。具体评价结果见表10。

表10 互联网"宝"类产品量化评价结果

评价指标	收益能力	服务能力	平台影响力	产品认知度	合计
阿里余额宝	23.70	24.33	9.67	14.00	71.70
微信理财通	38.64	14.17	7.00	9.33	69.14
苏宁零钱宝	34.67	22.33	6.33	4.67	68.00
网易现金宝	35.30	20.33	6.00	4.67	66.30
百度百赚利滚利版	40.87	14.67	6.00	4.67	66.21
京东小金库	30.21	20.00	7.33	4.67	62.21
百度百赚	15.00	16.00	6.00	4.67	41.67

资料来源:金牛理财网。

四 综述

互联网"宝"类产品从其诞生发展至今尚不足一年的时间,而对其的讨论范围则早已从最初的短期理财、基金销售观念、网上购物等方式的转变而扩散至其对社会融资成本、利率市场化进程的影响上。在此过程中,由互联网"宝"类产品积聚起来的庞大资产规模及用户数量则成为左右其影响力水平高低的关键因素。而更进一步的,其资产规模、用户数量的积累则来自其对传统理财方式的改造,来自其收益能力、服务能力、平台影响力、产品认知度等因素的综合作用。而通过对上述因素及其细节指标的深入分析,在互联网"宝"类产品表象的繁花锦簇之下,我们知悉了其间存在的细微差别,对由此种种细微差别所导致的外在巨大差异有了鲜明的认识,为投资者的理财决策指明了方向。

参考文献

高广春:《创新型城市支持体系评价研究——四维框架下的财政金融视角》,《城市发展研究》2013 年第 6 期。

黄国平、刘煜辉:《中国金融生态环境评价体系设计与分析》,《系统工程理论与实践》2007 年第 6 期。

附表 1 互联网"宝"类产品量化评价体系

一级指标	一级权重	二级指标	二级权重	三级指标	三级权重
收益能力	45%	收益水平	30%		
		收益稳定性	15%		
服务能力	30%	资金转入	10%	转入门槛	2%
				转入渠道	2%
				额度限制	2%
				收益计算	2%
				合作银行	2%
		资金转出	15%	转出方式	3%
				快速取现渠道	3%
				快速取现额度	3%
				快速取现时效	3%
				快速取现收益	3%
		增值服务	5%		

续表

一级指标	一级权重	二级指标	二级权重	三级指标	三级权重
平台影响力	11%	网站类型评价	3%		
		网站流量评价	5%	网站流量排名	2%
				用户跳出率	1%
				页面浏览量	1%
				停留时间	1%
		网站认可度	3%		
产品认知度	14%	资产规模	4%		
		用户数量	8%		
		投资者认可度	2%		

资料来源：金牛理财网。

附表2 互联网"宝"类产品调查问卷

尊敬的女士或先生：

您好！感谢您百忙之中填写问卷，请您根据自己的实际感受和认知如实填写，本问卷采用匿名形式，所有数据仅供对互联网"宝"类产品研究分析使用。

注：以下未标单选的题目均可多选，在选项后打钩即可。

1. 您对下列那些互联网"宝"类产品比较熟悉？

   A. 阿里余额宝（　　）

   B. 微信理财通（　　）

   C. 苏宁零钱宝（　　）

   D. 京东小金库（　　）

   E. 百度百赚（　　）

   F. 网易现金宝（　　）

   G. 其他"宝"类产品（请列举）_____（　　）

2. 您目前参与投资的互联网"宝"类产品是？

   A. 阿里余额宝（　　）

   B. 微信理财通（　　）

   C. 苏宁零钱宝（　　）

D. 京东小金库（　　）

E. 百度百赚（　　）

F. 网易现金宝（　　）

G. 其他"宝"类产品（请列举）_____

3. 您在投资上述"宝"类产品时，最为看重的是其哪项特性？

　　A. 收益水平高（　　）

　　B. 快速取现，流动性高（　　）

　　C. 附加服务丰富（　　）

　　D. 购买便捷，受限少（　　）

　　E. 其他（请列举）_____

4. 您认为哪一类互联网企业开发的"宝"类产品最有市场？（单选）

　　A. 电商网站（　　）

　　B. 门户网站（　　）

　　C. 社交网站（　　）

　　D. 搜索网站（　　）

　　E. 其他（请列举）_____

5. 您觉得哪家互联网平台"宝"类业务更受欢迎或认可？

　　A. 阿里巴巴（　　）

　　B. 腾讯（　　）

　　C. 苏宁（　　）

　　D. 京东（　　）

　　E. 百度（　　）

　　F. 网易（　　）

　　G. 其他（请列举）_____（　　）

6. 您能接受一只"宝"类产品里包含多只货币型基金吗？（单选）

　　A. 能（　　）

　　B. 不能（　　）

7. 您觉得"宝"类产品最低投资额度是多少比较合适？（单选）

　　A. 0.01元（　　）

B. 100 元（   ）

C. 1000 元（   ）

D. 1000 元以上（   ）

8. 您可以接受的"宝"类产品流动性是？（单选）

A. 必须随存随取（   ）

B. T+0，1 天内到账即可（   ）

C. T+1，第二天到账（   ）

D. T+2，第三天到账（   ）

E. 允许暂时暂停 T+0，只要后续开放（   ）

9. 您对"宝"类产品单日单次取现额度最低容忍度是？（单选）

A. 1000 元（   ）

B. 5000 元（   ）

C. 10000 元（   ）

D. 20000 元（   ）

E. 50000 元（   ）

F. 50000 元以上（   ）

10. 购买"宝"类产品时，如果对银行卡有限制，您对此有意见吗？（单选）

A. 有（   ）

B. 无（   ）

11. 您对"宝"类产品提供的下列附加功能的认可程度如何？

A. 还信用卡（   ）

B. 还贷款（   ）

C. 跨行转账（   ）

D. 网上购物（   ）

E. 生活缴费（   ）

F. 其他（请列举）_____

附　录
Appendix

.13
互联网金融大事记

2004 年 12 月　第三方支付平台支付宝成立，是阿里巴巴集团的关联公司。

2005 年 9 月　腾讯公司正式推出专业在线支付平台——财付通。

2011 年 5 月 18 日　人民银行开始发放第三方支付牌照。

2011 年 8 月 23 日　银监会下发《关于人人贷有关风险提示的通知》。

2012 年 3 月　平安陆金所推出 P2P 业务。

2012 年 6 月　建设银行推出"善融商务"，金融机构进入电商领域。

2012 年 10 月　京东商城收购第三方支付公司网银在线。

2013 年 1 月 4 日　"人人贷"连续推出总规模 1000 万元，预期年收益率 12%～14% 的理财计划，在 3 小时内被抢购一空。

2013 年 2 月 4 日　支付宝推出移动端应用"支付宝钱包"。

2013 年 2 月 19 日　苏宁电器更名为苏宁云商。

2013 年 3 月　阿里巴巴推出"信用支付"金融服务产品，根据用户交易数据进行授信，信用额度可用于淘宝等购物支付。

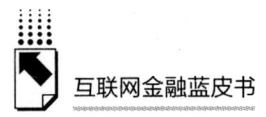

2013 年 3 月 7 日 阿里巴巴宣布成立小微金融服务集团，负责集团旗下所有面向小微企业以及消费者个人的金融创新业务。

2013 年 4 月 农业银行推出"E 商管家"电子商务平台。

2013 年 4 月 阿里对快的打车注资 800 万美元。

2013 年 5 月 腾讯对嘀嘀打车注资 1500 万美元。

2013 年 5 月 11 日 中央电视台《新闻联播》首次报道 P2P 等互联网金融企业。

2013 年 6 月 13 日 支付宝联手天弘基金上线"余额宝"，1 个月内规模达 42 亿元，截至 2014 年 3 月底，余额宝总规模为 5413 亿元，用户超过 8000 万人。

2013 年 6 月 14 日 中国移动、中国银联共推手机钱包。

2013 年 7 月 2 日 招商银行推出了全新概念的首家"微信银行"。

2013 年 7 月 18 日 新浪发布"微银行"。

2013 年 8 月 1 日 国内第一家银行电商——民生电商成立。

2013 年 8 月 中国银行、农业银行、建设银行等多家银行陆续接入微信平台。

2013 年 8 月 5 日 微信 5.0 上线，增加了"微信支付"功能。

2013 年 8 月 13 日 中国互联网协会互联网金融工作委员会成立。

2013 年 9 月 京东和百度在上海嘉定设立的小贷公司申请获批，注册资金分别为 2 亿元和 3 亿元。

2013 年 9 月 17 日 招商银行上线一款名为"e+稳健融资项目"的 P2P 网贷产品。

2013 年 10 月 多家 P2P 网贷平台出现提现困难或倒闭。

2013 年 10 月 9 日 阿里巴巴 11.8 亿元控股天弘基金。

2013 年 10 月 28 日 百度金融中心理财平台上线，"百发"理财计划正式发售，第一天便实现破 10 亿元的销售额。

2013 年 10 月 28 日 腾讯旗下财付通成立了小额贷款有限公司，注册资金 3 亿元。

2013 年 11 月 1 日 淘宝开卖基金，多家基金公司的淘宝店铺齐上线。

2013 年 11 月 6 日 首家互联网保险公司——众安在线财产保险股份有限

公司开业，由中国平安、阿里巴巴和腾讯等筹资建立。

2013 年 12 月 3 日　中国人民银行、工业和信息化部、中国银行业监督管理委员会、中国证券监督管理委员会和中国保险监督管理委员会发布《关于防范比特币风险的通知》（银发〔2013〕289 号）。

2013 年 12 月 3 日　中国支付清算协会互联网金融专业委员会成立。

2013 年 12 月 7 日　《中国互联网金融发展报告（2013）》正式发布。

2013 年 12 月 10 日　京东"京保贝"融资业务上线。

2013 年 12 月 18 日　网易宣布推出在线理财平台"网易理财"，并于12月25日开售理财"添金计划"，用户可获赠5%活动补贴。

2014 年 1 月　快的打车、嘀嘀打车两款软件启动补贴大战，最高时给乘客提供20元优惠补贴。

2014 年 1 月 12 日　中国工商银行电商平台"融e购"正式上线。

2014 年 1 月 15 日　苏宁云商正式上线零钱宝。

2014 年 1 月 17 日　央视曝光支付宝找回密码漏洞，互联网金融安全引起恐慌。

2014 年 1 月 21 日　微信5.2上线，推出"微信红包"。从除夕开始至大年初一下午4时，参与抢微信红包的用户超过500万，总计抢红包7500万次以上。领取到的红包总计超过2000万个，平均每分钟被领取的红包达9412个。

2014 年 1 月 22 日　腾讯理财通上线，截至2014年3月底，理财通规模约达800亿元。

2014 年 2 月 20 日　腾讯与国金证券联合推出"佣金宝"，提供电脑及手机7×24小时网上开户服务，享受"万分之二"（含规费）沪深A股、基金交易佣金率，同时为股票账户内闲置的现金提供理财服务。

2014 年 3 月底　央行向第三方支付企业下发《支付机构网络支付业务管理办法》《手机支付业务发展指导意见》草案，征求意见。草案提出，个人支付账户转账单笔不超过1000元，年累计不能超过1万元。个人支付账户单笔消费不得超过5000元，月累计不能超过1万元。超过限额的，应通过客户的银行账户办理。

2014年3月5日 李克强总理所作的政府工作报告提及互联网金融。

2014年3月11日 腾讯和阿里巴巴分别宣布与中信银行开展网络信用卡业务。

2014年3月13日 中国人民银行支付结算司发布《关于暂停支付宝公司线下条码（二维码）支付等业务意见的函》，叫停支付宝、腾讯的虚拟信用卡产品，同时叫停的还有条码（二维码）支付等面对面支付服务。

2014年4月3日 中国银监会和中国人民银行发布《关于加强商业银行与第三方支付机构合作业务管理的通知》（银监发〔2014〕10号）。

B.14 后记

《中国互联网金融发展报告（2014）》是继《中国互联网金融发展报告（2013）》之后，互联网金融蓝皮书年度系列推出的第二本。报告全面分析了2013年互联网金融行业的发展状况，深入研究了互联网金融的理论、征信、货币、投资、监管、安全等重要议题，建模并量化评价了互联网"宝"类产品，为互联网金融监管部门、自律组织及其他主管部门、互联网金融机构以及计划进入互联网金融领域的单位和个人，以及该领域的研究者提供参考。

报告编写工作始于2014年3月，在编写过程中，中国人民银行、工业和信息化部、北京市金融工作局、海淀区政府等单位的多位领导对报告提供了有益的指导和帮助，中国电子信息产业集团有限公司各级领导及有关单位对报告的撰写提供了很多支持，我们对此深表感谢。

此外，南开大学的张靖佳、郭步超、陈雷、刘永余、齐炎龙、袁梦怡、姚金伟、朱张元、白浩晨，浙江大学的郑扬扬，金牛理财网的何法杰、盖明钰、亢昊辰，宏源证券的闻学臣、郁琪，中央财经大学的温健、宋霈苑、王秀利、赵立志，中电长城网际系统有限公司的谷海涛，中国工商银行的赖莹等也不同程度地参与了报告的资料搜集、撰写、修改、编辑、校订等工作，在此一并感谢！

与2013年推出的首本报告相比，《中国互联网金融发展报告（2014）》在研究广度和深度上均有较大进步。当然，互联网金融本身就是一个日新月异的领域，新业务层出不穷，新模式创意无限，每每超出人们的预料，其发展速度及影响又常常让人惊叹。理论是灰色的，而实践之树长青。尽管如此，我们仍不揣浅陋，尝试去探究这个新领域。囿于时间和水平，报告肯定会有一些不足或待完善的地方，我们期盼各界同人的批评和建议，并希望长期坚持这项工作，服务于我国互联网金融的发展。

Abstract

Annual Report on China's Internet Finance Development (*2014*) thoroughly concludes China's internet finance development in 2013. It involves deeply theoretical analysis of internet finance, discussion in the construction and development of internet financial credit reference and research on present situation, influence and problems of virtual currency. The report also discusses the business model and investment of internet finance and presents path strategies about the supervision and information security of internet finance, which reflects its challenge to traditional banks. It then researches on the development of mobile payment and evaluates some special products on the internet by quantification. The report reaches a new level through its abundant chats, special columns and powerful proof.

Contents

B I General Report

B. 1 Development and Expectation of China's
 Internet Finance in 2013 / 001
    1. General Development / 002
    2. Models of Internet Finance / 017
    3. Development and Expectation of Internet Finance / 079

Abstract: The general report is divided into three parts, the first part summarizes the overall developing situation of China's internet finance in 2013, including the development environment, the business development situation, the new characteristics, the risk and regulatory policy tendency of internet finance. According to the classification of internet financial model, the second part analyzes the present situations and the trends of four different types of internet financial models, including internet financing, internet financial services, Internet virtual currency and internet finance of the traditional financial institutions in business development, model innovation, risk control and competition. The third part analyzes the outlook of internet finance in the near future, which is based on the development of internet finance in 2013. China's internet finance continues to maintain a rapid development trend in 2013. The business innovation emerges constantly, the distinctions of product become blurred, and the competition is more intensified. With the rapid expansion of the scale and the growing complexity of the risk, the regulation on internet finance is also on the agenda.

Keywords: Internet Finance; P2P; Crowdfunding; Internet Payment; Virtual Currency

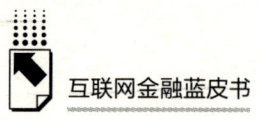
互联网金融蓝皮书

⅃B Ⅱ Special Reports

B.2 Theoretical Analysis of Internet Finance / 084

Abstract: This chapter attempts to utilize economic theory to analyze the micro mechanism, industrial organization and macro impact of internet finance. The value creation can be explained by fat tail theory; however, Internet companies tend to form oligopoly market due to network effects. According to SCP model, since it is under policy uncertainty and intense competition, internet finance industry will shock the traditional financial sector, and finally lower the cost of financial service. Aggregately, Internet finance would shift the monetary policy transformation channel and household asset location.

Keywords: Internet Finance; Micro-level; Industrial-level; Macro-level

B.3 Internet Finance and Monetary Policy / 111

Abstract: Internet finance influences China's monetary policy in two ways. First, it changes the management behavior of micro banks through "catfish effect", thus enhances the industry competitiveness of interbank offered rate, and further affects the interest rate formation mechanism of China. Second, by changing the cash-deposit ratio and excess reserve requirements in the financial market, internet finance influences the monetary multiplier, aggregate money supply and velocity of money circulation. Based on theoretical framework of banking operations, we introduce the external shock of internet finance to the interbank market. Our results show that the internet finance improve the sensitivity of bank deposit scale and interest rates to interbank offered rate through two channels. One is agglomeration effect, the other is information transmission effect. Also, internet finance triggers the fluctuation of narrow money multiplier and reduction of the velocity of money circulation. Therefore, it's necessary for China's monetary policy to adapt to the needs of internet financial era, and develop a new complementary framework of money supply and money circulation velocity on the basis of conventional monetary policy, through which improve the objectiveness and effectiveness of quantitative monetary policy.

Keywords: Internet Finance; Interest Rate; Supply of Money; Money Multiplier; Velocity of Money Circulation

B. 4   The Range of Currency under Internet Finance   / 144

Abstract: This chapter makes the introduction of virtual currency from definition, background, characteristics and the issuance and circulation mechanism. Meanwhile, we has carried on the classification of the virtual currency existing, and paid close attention to the risk and regulatory policy of the bitcoin. And we made the core of our work to analyze the influence of virtual currency on China's monetary policy. Finally, basing on recommendations, we wish to establish a sound, efficient, safe financial operation mechanism and regulation of virtual currency system.

Keywords: Virtual Currency; Bitcoin; Monetary Policy; Fiance; Regulatory Police

B. 5   Internet Finance and Credit Reference   / 189

Abstract: As credit reference system is one of the key issues for internet finance, we carry out the related research. First, the relation between internet finance and credit reference system is introduced, and the research work in this field is overviewed. Second, we talk about the progress of the credit reference business all over the world and the relevant work in the internet finance since credit reference originates from western world and some renowned credit bureaus have played a big role in promoting the innovation and development of internet finance. Third, the initiative practice about credit risk management by some internet finance enterprises abroad is a good example for the booming internet finance in China. Last but not least, we analyze the current credit reference situation of domestic internet finance, and discuss how to build the credit reference system for internet finance.

Keywords: Credit Reference System; Credit Bureau; Credit Risk Management; Credit Scoring; Big Data; Data Mining

B. 6　Development of Mobile Payment　　　　　　　　　　/ 220

Abstract: In China, mobile payment thrived in the year 2013. Market competition is getting fierce and industrial convergence is evidence, which not only changes traditional industry operation mode, but also changes our work and life. The chapter discusses this issue through three parts. First, it overviews the rapid growth of mobile payment's scale by introducing finance institution, mobile telecom carrier and three industrial operating models and present situation of payment security which are leaded by third-party payment companies, then the chapter summarizes the common type and precautionary measure of mobile payment fraud. Secondly, it focuses on the rapid spread of NFC according to mobile payment's business innovation and technology development, analyzes the suffocated problem of two-dimensional code business and sketches out some kinds of advanced mobile payment's technological innovation, including acoustic payment, Kungfu, venous payment. In the end, the chapter summarizes the main characteristics and tendency of mobile payment development in the present stage of China and then estimates its significant meaning to individuals' economic life, all of which are based on the comparison in the development of mobile payment between domestic and overseas.

Keywords: Mobile Payment; NFC; Payment Security

B. 7　Research on the Direction of Internet Financial
　　　Supervision　　　　　　　　　　　　　　　　　/ 244

Abstract: Internet finance is a whole new financial form. It is growing rapidly and is becoming a significant supplement for financial system in China. In spite of its convenience for human's life and its positive impact on the financial environment of small enterprise and the efficiency of resource allocation, it involves special risk in addition to the traditional financial risk. To make sure internet finance can develop healthily and prevent itself from systematic risk by appropriate supervision, the most important way is to strengthen the research on the direction of internet financial supervision. As a result, the chapter focuses on five aspects to analyze the issue of supervision of internet finance, including its challenge to financial supervision system, the contention of internet financial supervision, basic principal of internet financial supervision, development direction of internet financial constitution and the analysis of internet financial constitution.

Keywords: Supervision; Internet Finance; Risk

B. 8   Information Security of Internet Finance / 264

Abstract: From the perspective of the whole world, all countries are facing with the challenge of Internet security issues. China and United States have the common problem, but we face more serious challenges of information security. Vital chip, hardware devices, operating system, database, storage device, key business processing system have been controlled by the United States, and even monopolized. In the application of information technology of Internet finance, even the building of more than 80% business systems have depended on EMC, IBM, Oracle and CISCO. Prism Scandal reminded us to face enormous risks from information security. Concentratingsecurity industrialization advantage, protecting information security altogether, through the integration of the information security ability from country and enterprise, it is urgently and vitally needed of building the Active Defense System in the context of network attack.

Keywords: Internet Finance; Information Security; Industrialization Security; Scheme; Active Defense System

B. 9   Business Model and Opportunities for Internet Finance / 289

Abstract: Under the accelerated technological innovation and the spread of civilian cultural trend, a wave booms in both capital and venture markets by internet

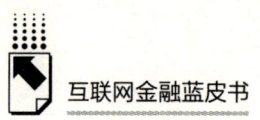

finance. As the main participants, traditional financial institutions and Internet companies through the channels, credit, pricing, regulation, make a variety of Internet business models such as the third-party payment, all the chips, P2P lending network of small loans, insurance and fund. As the supporting financial regulation measures rolling out, there are lots of investment opportunities in the area of the Internet and mobile Internet industry which have the advantage of landed.

Keywords: Internet Finance; Business Model; Mobile Finance; Industry of Internet

B. 10　Analysis of Internet Financial cases　　　　　　　　　／320

Abstract: This chapter attempts to give brief analysis about cases on the topics of online fund management, third-party payment, P2P Lending and internetization of traditional finance, trying to find the key nodes of the development of internet finance in China in 2013. While sharing the fruits of development, we summarize learned lessons and provide various samples for the market innovations and institutional innovations.

Keywords: Online Fund Management; Third-party Payment; P2P Lending; Internetization of Traditional Finance

B. 11　the Challenge of Internet Finance for Traditional
　　　　Bank and the Solution　　　　　　　　　　　　　　／352

Abstract: recently, with the development of e-commence, internet finance is growing rapidly and has been changeling traditional banking industry. In this chapter, we analyze several major forms of internet finance and commercial banks' engagement in applying internet and information technology to serving customers. On top of that, we summarize several strategies that commercial banks should adopt in order to deal with challenges and provide better service to their customers, such as to cooperate with internet finance companies, to launch their own platform to collect information and attract new customers, to make more investment in mobile finance, etc.

Keywords: Commercial Banks; Internet Finance; Challenges; Financial Models

B III   Evaluation Report

B. 12   Quantifiablevaluation of Online Money-market Funds   / 366

Abstract: Along with broad applications of internet technology and mobile devices, internet-based finance, i. e. on-line payment, information intermediate service has entered a boosting era. Thence, being simple, profitable and payable, the internet-based liquidity management products (Often referred to as "Baobaos"), represented by Yu'ebao, Licaitong and Lingqianbao, have gained wide recognition and rapid expansion. In order to assist investors to better understand the development and differences of "Baobaos", so as to make better investment decisions, Baobaos' development process, success factors, external influence and challenges have been briefly analyzed; while rigorous evaluation system and objective data based quantitative evaluation have been made. It is found that, Ali Yu'ebao dwarfs other competitors in the comprehensive assessment of profitability, service capabilities, platform influence and investor recognition.

Keywords: Internet; Yu'ebao; Licaitong; Fast Cashing; E-commerce

B IV   Appendix

B. 13   Events of Internet Finance   / 393

B. 14   Postscript   / 397

皮书数据库

权威报告　热点资讯　海量资源

当代中国与世界发展的高端智库平台

皮书数据库　www.pishu.com.cn

皮书数据库是专业的人文社会科学综合学术资源总库，以大型连续性图书——皮书系列为基础，整合国内外相关资讯构建而成。该数据库包含七大子库，涵盖两百多个主题，囊括了近十几年间中国与世界经济社会发展报告，覆盖经济、社会、政治、文化、教育、国际问题等多个领域。

皮书数据库以篇章为基本单位，方便用户对皮书内容的阅读需求。用户可进行全文检索，也可对文献题目、内容提要、作者名称、作者单位、关键字等基本信息进行检索，还可对检索到的篇章再作二次筛选，进行在线阅读或下载阅读。智能多维度导航，可使用户根据自己熟知的分类标准进行分类导航筛选，使查找和检索更高效、便捷。

权威的研究报告、独特的调研数据、前沿的热点资讯，皮书数据库已发展成为国内最具影响力的关于中国与世界现实问题研究的成果库和资讯库。

皮书俱乐部会员服务指南

1. 谁能成为皮书俱乐部成员？

● 皮书作者自动成为俱乐部会员

● 购买了皮书产品（纸质皮书、电子书）的个人用户

2. 会员可以享受的增值服务

● 加入皮书俱乐部，免费获赠该纸质图书的电子书

● 免费获赠皮书数据库100元充值卡

● 免费定期获赠皮书电子期刊

● 优先参与各类皮书学术活动

● 优先享受皮书产品的最新优惠

卡号：9740456477118472
密码：

3. 如何享受增值服务？

（1）加入皮书俱乐部，获赠该书的电子书

第1步　登录我社官网（www.ssap.com.cn），注册账号；

第2步　登录并进入"会员中心"—"皮书俱乐部"，提交加入皮书俱乐部申请；

第3步　审核通过后，自动进入俱乐部服务环节，填写相关购书信息即可自动兑换相应电子书。

（2）**免费获赠皮书数据库100元充值卡**

100元充值卡只能在皮书数据库中充值和使用

第1步　刮开附赠充值的涂层（左下）；

第2步　登录皮书数据库网站（www.pishu.com.cn），注册账号；

第3步　登录并进入"会员中心"—"在线充值"—"充值卡充值"，充值成功后即可使用。

4. 声明

解释权归社会科学文献出版社所有

皮书俱乐部会员可享受社会科学文献出版社其他相关免费增值服务，有任何疑问，均可与我们联系

联系电话：010-59367227　企业QQ：800045692　邮箱：pishuclub@ssap.cn

欢迎登录社会科学文献出版社官网（www.ssap.com.cn）和中国皮书网（www.pishu.cn）了解更多信息

社会科学文献出版社

皮书系列

"皮书"起源于十七、十八世纪的英国，主要指官方或社会组织正式发表的重要文件或报告，多以"白皮书"命名。在中国，"皮书"这一概念被社会广泛接受，并被成功运作、发展成为一种全新的出版形态，则源于中国社会科学院社会科学文献出版社。

皮书是对中国与世界发展状况和热点问题进行年度监测，以专业的角度、专家的视野和实证研究方法，针对某一领域或区域现状与发展态势展开分析和预测，具备权威性、前沿性、原创性、实证性、时效性等特点的连续性公开出版物，由一系列权威研究报告组成。皮书系列是社会科学文献出版社编辑出版的蓝皮书、绿皮书、黄皮书等的统称。

皮书系列的作者以中国社会科学院、著名高校、地方社会科学院的研究人员为主，多为国内一流研究机构的权威专家学者，他们的看法和观点代表了学界对中国与世界的现实和未来最高水平的解读与分析。

自20世纪90年代末推出以《经济蓝皮书》为开端的皮书系列以来，社会科学文献出版社至今已累计出版皮书千余部，内容涵盖经济、社会、政法、文化传媒、行业、地方发展、国际形势等领域。皮书系列已成为社会科学文献出版社的著名图书品牌和中国社会科学院的知名学术品牌。

皮书系列在数字出版和国际出版方面成就斐然。皮书数据库被评为"2008~2009年度数字出版知名品牌"；《经济蓝皮书》《社会蓝皮书》等十几种皮书每年还由国外知名学术出版机构出版英文版、俄文版、韩文版和日文版，面向全球发行。

2011年，皮书系列正式列入"十二五"国家重点出版规划项目；2012年，部分重点皮书列入中国社会科学院承担的国家哲学社会科学创新工程项目；2014年，35种院外皮书使用"中国社会科学院创新工程学术出版项目"标识。

法律声明

"皮书系列"(含蓝皮书、绿皮书、黄皮书)由社会科学文献出版社最早使用并对外推广,现已成为中国图书市场上流行的品牌,是社会科学文献出版社的品牌图书。社会科学文献出版社拥有该系列图书的专有出版权和网络传播权,其LOGO( )与"经济蓝皮书"、"社会蓝皮书"等皮书名称已在中华人民共和国工商行政管理总局商标局登记注册,社会科学文献出版社合法拥有其商标专用权。

未经社会科学文献出版社的授权和许可,任何复制、模仿或以其他方式侵害"皮书系列"和LOGO( )、"经济蓝皮书"、"社会蓝皮书"等皮书名称商标专用权的行为均属于侵权行为,社会科学文献出版社将采取法律手段追究其法律责任,维护合法权益。

欢迎社会各界人士对侵犯社会科学文献出版社上述权利的违法行为进行举报。电话:010-59367121,电子邮箱:fawubu@ssap.cn。

社会科学文献出版社

权威·前沿·原创

社会科学文献出版社

皮书系列

2014年

盘点年度资讯　预测时代前程

社会科学文献出版社 学术传播中心 编制

社会科学文献出版社
SOCIAL SCIENCES ACADEMIC PRESS (CHINA)

社会科学文献出版社成立于1985年，是直属于中国社会科学院的人文社会科学专业学术出版机构。

成立以来，特别是1998年实施第二次创业以来，依托于中国社会科学院丰厚的学术出版和专家学者两大资源，坚持"创社科经典，出传世文献"的出版理念和"权威、前沿、原创"的产品定位，社科文献立足内涵式发展道路，从战略层面推动学术出版的五大能力建设，逐步走上了学术产品的系列化、规模化、数字化、国际化、市场化经营道路。

先后策划出版了著名的图书品牌和学术品牌"皮书"系列、"列国志"、"社科文献精品译库"、"中国史话"、"全球化译丛"、"气候变化与人类发展译丛""近世中国"等一大批既有学术影响又有市场价值的系列图书。形成了较强的学术出版能力和资源整合能力，年发稿3.5亿字，年出版新书1200余种，承印发行中国社科院院属期刊近70种。

2012年，《社会科学文献出版社学术著作出版规范》修订完成。同年10月，社会科学文献出版社参加了由新闻出版总署召开加强学术著作出版规范座谈会，并代表50多家出版社发起实施学术著作出版规范的倡议。2013年，社会科学文献出版社参与新闻出版总署学术著作规范国家标准的起草工作。

依托于雄厚的出版资源整合能力，社会科学文献出版社长期以来一直致力于从内容资源和数字平台两个方面实现传统出版的再造，并先后推出了皮书数据库、列国志数据库、中国田野调查数据库等一系列数字产品。

在国内原创著作、国外名家经典著作大量出版，数字出版突飞猛进的同时，社会科学文献出版社在学术出版国际化方面也取得了不俗的成绩。先后与荷兰博睿等十余家国际出版机构合作面向海外推出了《经济蓝皮书》《社会蓝皮书》等十余种皮书的英文版、俄文版、日文版等。

此外，社会科学文献出版社积极与中央和地方各类媒体合作，联合大型书店、学术书店、机场书店、网络书店、图书馆，逐步构建起了强大的学术图书的内容传播力和社会影响力，学术图书的媒体曝光率居全国之首，图书馆藏率居于全国出版机构前十位。

作为已经开启第三次创业梦想的人文社会科学学术出版机构，社会科学文献出版社结合社会需求、自身的条件以及行业发展，提出了新的创业目标：精心打造人文社会科学成果推广平台，发展成为一家集图书、期刊、声像电子和数字出版物为一体、面向海内外高端读者和客户，具备独特竞争力的人文社会科学内容资源供应商和海内外知名的专业学术出版机构。

社长致辞

我们是图书出版者，更是人文社会科学内容资源供应商；

我们背靠中国社会科学院，面向中国与世界人文社会科学界，坚持为人文社会科学的繁荣与发展服务；

我们精心打造权威信息资源整合平台，坚持为中国经济与社会的繁荣与发展提供决策咨询服务；

我们以读者定位自身，立志让爱书人读到好书，让求知者获得知识；

我们精心编辑、设计每一本好书以形成品牌张力，以优秀的品牌形象服务读者，开拓市场；

我们始终坚持"创社科经典，出传世文献"的经营理念，坚持"权威、前沿、原创"的产品特色；

我们"以人为本"，提倡阳光下创业，员工与企业共享发展之成果；

我们立足于现实，认真对待我们的优势、劣势，我们更着眼于未来，以不断的学习与创新适应不断变化的世界，以不断的努力提升自己的实力；

我们愿与社会各界友好合作，共享人文社会科学发展之成果，共同推动中国学术出版乃至内容产业的繁荣与发展。

社会科学文献出版社社长
中国社会学会秘书长

2014 年 1 月

社会科学文献出版社　　　皮书系列

"皮书"起源于十七、十八世纪的英国，主要指官方或社会组织正式发表的重要文件或报告，多以"白皮书"命名。在中国，"皮书"这一概念被社会广泛接受，并被成功运作、发展成为一种全新的出版形态，则源于中国社会科学院社会科学文献出版社。

皮书是对中国与世界发展状况和热点问题进行年度监测，以专家和学术的视角，针对某一领域或区域现状与发展态势展开分析和预测，具备权威性、前沿性、原创性、实证性、时效性等特点的连续性公开出版物，由一系列权威研究报告组成。皮书系列是社会科学文献出版社编辑出版的蓝皮书、绿皮书、黄皮书等的统称。

皮书系列的作者以中国社会科学院、著名高校、地方社会科学院的研究人员为主，多为国内一流研究机构的权威专家学者，他们的看法和观点代表了学界对中国与世界的现实和未来最高水平的解读与分析。

自20世纪90年代末推出以经济蓝皮书为开端的皮书系列以来，至今已出版皮书近1000余部，内容涵盖经济、社会、政法、文化传媒、行业、地方发展、国际形势等领域。皮书系列已成为社会科学文献出版社的著名图书品牌和中国社会科学院的知名学术品牌。

皮书系列在数字出版和国际出版方面成就斐然。皮书数据库被评为"2008~2009年度数字出版知名品牌"；经济蓝皮书、社会蓝皮书等十几种皮书每年还由国外知名学术出版机构出版英文版、俄文版、韩文版和日文版，面向全球发行。

2011年，皮书系列正式列入"十二五"国家重点出版规划项目，一年一度的皮书年会升格由中国社会科学院主办；2012年，部分重点皮书列入中国社会科学院承担的国家哲学社会科学创新工程项目。

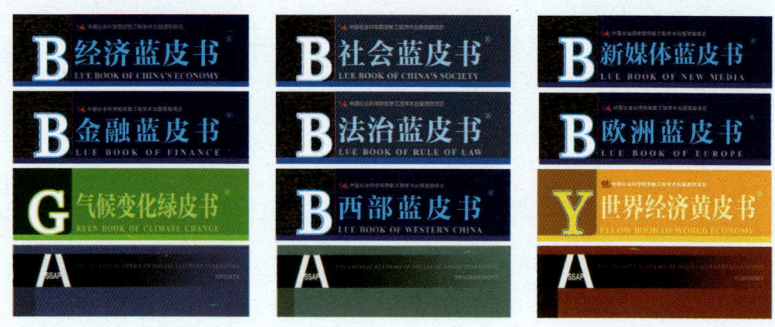

权威 前沿 原创

经 济 类

经济类皮书涵盖宏观经济、城市经济、大区域经济，提供权威、前沿的分析与预测

经济蓝皮书
2014年中国经济形势分析与预测

李 扬 / 主编　　2013年12月出版　　定价:69.00元

◆ 本书课题为"总理基金项目"，由著名经济学家李扬领衔，联合数十家科研机构、国家部委和高等院校的专家共同撰写，对2013年中国宏观及微观经济形势，特别是全球金融危机及其对中国经济的影响进行了深入分析，并且提出了2014年经济走势的预测。

世界经济黄皮书
2014年世界经济形势分析与预测

王洛林　张宇燕 / 主编　　2014年1月出版　　定价:69.00元

◆ 2013年的世界经济仍旧行进在坎坷复苏的道路上。发达经济体经济复苏继续巩固，美国和日本经济进入低速增长通道,欧元区结束衰退并呈复苏迹象。本书展望2014年世界经济，预计全球经济增长仍将维持在中低速的水平上。

工业化蓝皮书
中国工业化进程报告（2014）

黄群慧　吕　铁　李晓华 等 / 著　　2014年11月出版　　估价:89.00元

◆ 中国的工业化是事关中华民族复兴的伟大事业，分析跟踪研究中国的工业化进程，无疑具有重大意义。科学评价与客观认识我国的工业化水平，对于我国明确自身发展中的优势和不足，对于经济结构的升级与转型，对于制定经济发展政策，从而提升我国的现代化水平具有重要作用。

经济类

金融蓝皮书

中国金融发展报告（2014）

李扬 王国刚 / 主编　　2013 年 12 月出版　　定价 :65.00 元

◆ 由中国社会科学院金融研究所组织编写的《中国金融发展报告（2014）》，概括和分析了 2013 年中国金融发展和运行中的各方面情况，研讨和评论了 2013 年发生的主要金融事件。本书由业内专家和青年精英联合编著，有利于读者了解掌握 2013 年中国的金融状况，把握 2014 年中国金融的走势。

城市竞争力蓝皮书

中国城市竞争力报告 No.12

倪鹏飞 / 主编　　2014 年 5 月出版　　定价 :89.00 元

◆ 本书由中国社会科学院城市与竞争力研究中心主任倪鹏飞主持编写，汇集了众多研究城市经济问题的专家学者关于城市竞争力研究的最新成果。本报告构建了一套科学的城市竞争力评价指标体系，采用第一手数据材料，对国内重点城市年度竞争力格局变化进行客观分析和综合比较、排名，对研究城市经济及城市竞争力极具参考价值。

中国省域竞争力蓝皮书

"十二五"中期中国省域经济综合竞争力发展报告

李建平 李闽榕 高燕京 / 主编　　2014 年 3 月出版　　定价 :198.00 元

◆ 本书充分运用数理分析、空间分析、规范分析与实证分析相结合、定性分析与定量分析相结合的方法，建立起比较科学完善、符合中国国情的省域经济综合竞争力指标评价体系及数学模型，对 2011~2012 年中国内地 31 个省、市、区的经济综合竞争力进行全面、深入、科学的总体评价与比较分析。

农村经济绿皮书

中国农村经济形势分析与预测 (2013~2014)

中国社会科学院农村发展研究所　国家统计局农村社会经济调查司 / 著

2014 年 4 月出版　　定价 :69.00 元

◆ 本书对 2013 年中国农业和农村经济运行情况进行了系统的分析和评价，对 2014 年中国农业和农村经济发展趋势进行了预测，并提出相应的政策建议，专题部分将围绕某个重大的理论和现实问题进行多维、深入、细致的分析和探讨。

经济类　　皮书系列 重点推荐

西部蓝皮书
中国西部经济发展报告（2014）

姚慧琴　徐璋勇 / 主编　　2014 年 7 月出版　　估价 :69.00 元

◆ 本书由西北大学中国西部经济发展研究中心主编，汇集了源自西部本土以及国内研究西部问题的权威专家的第一手资料，对国家实施西部大开发战略进行年度动态跟踪，并对 2014 年西部经济、社会发展态势进行预测和展望。

气候变化绿皮书
应对气候变化报告（2014）

王伟光　郑国光 / 主编　　2014 年 11 月出版　　估价 :79.00 元

◆ 本书由社科院城环所和国家气候中心共同组织编写，各篇报告的作者长期从事气候变化科学问题、社会经济影响，以及国际气候制度等领域的研究工作，密切跟踪国际谈判的进程，参与国家应对气候变化相关政策的咨询，有丰富的理论与实践经验。

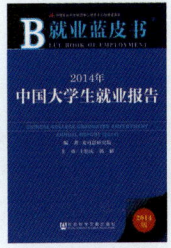

就业蓝皮书
2014 年中国大学生就业报告

麦可思研究院 / 编著　　王伯庆　周凌波 / 主审
2014 年 6 月出版　　定价 :98.00 元

◆ 本书是迄今为止关于中国应届大学毕业生就业、大学毕业生中期职业发展及高等教育人口流动情况的视野最为宽广、资料最为翔实、分类最为精细的实证调查和定量研究；为我国教育主管部门的教育决策提供了极有价值的参考。

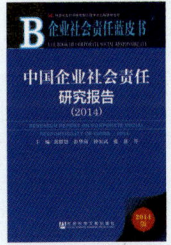

企业社会责任蓝皮书
中国企业社会责任研究报告（2014）

黄群慧　彭华岗　钟宏武　张 蒽 / 编著
2014 年 11 月出版　　估价 :69.00 元

◆ 本书系中国社会科学院经济学部企业社会责任研究中心组织编写的《企业社会责任蓝皮书》2014 年分册。该书在对企业社会责任进行宏观总体研究的基础上，根据 2013 年企业社会责任及相关背景进行了创新研究，在全国企业中观层面对企业健全社会责任管理体系提供了弥足珍贵的丰富信息。

社会政法类

社会政法类皮书聚焦社会发展领域的热点、难点问题，提供权威、原创的资讯与视点

社会蓝皮书
2014年中国社会形势分析与预测
李培林 陈光金 张 翼/主编　2013年12月出版　定价:69.00元

◆ 本报告是中国社会科学院"社会形势分析与预测"课题组2014年度分析报告，由中国社会科学院社会学研究所组织研究机构专家、高校学者和政府研究人员撰写。对2013年中国社会发展的各个方面内容进行了权威解读，同时对2014年社会形势发展趋势进行了预测。

法治蓝皮书
中国法治发展报告 No.12（2014）
李 林 田 禾/主编　2014年2月出版　定价:98.00元

◆ 本年度法治蓝皮书一如既往秉承关注中国法治发展进程中的焦点问题的特点，回顾总结了2013年度中国法治发展取得的成就和存在的不足，并对2014年中国法治发展形势进行了预测和展望。

民间组织蓝皮书
中国民间组织报告（2014）
黄晓勇/主编　2014年8月出版　估价:69.00元

◆ 本报告是中国社会科学院"民间组织与公共治理研究"课题组推出的第五本民间组织蓝皮书。基于国家权威统计数据、实地调研和广泛搜集的资料，本报告对2013年以来我国民间组织的发展现状、热点专题、改革趋势等问题进行了深入研究，并提出了相应的政策建议。

社会政法类　皮书系列 重点推荐

社会保障绿皮书

中国社会保障发展报告（2014）No.6

王延中 / 主编　2014 年 9 月出版　定价：79.00 元

◆ 社会保障是调节收入分配的重要工具，随着社会保障制度的不断建立健全、社会保障覆盖面的不断扩大和社会保障资金的不断增加，社会保障在调节收入分配中的重要性不断提高。本书全面评述了 2013 年以来社会保障制度各个主要领域的发展情况。

环境绿皮书

中国环境发展报告（2014）

刘鉴强 / 主编　2014 年 5 月出版　定价：79.00 元

◆ 本书由民间环保组织"自然之友"组织编写，由特别关注、生态保护、宜居城市、可持续消费以及政策与治理等版块构成，以公共利益的视角记录、审视和思考中国环境状况，呈现 2013 年中国环境与可持续发展领域的全局态势，用深刻的思考、科学的数据分析 2013 年的环境热点事件。

教育蓝皮书

中国教育发展报告（2014）

杨东平 / 主编　2014 年 5 月出版　定价：79.00 元

◆ 本书站在教育前沿，突出教育中的问题，特别是对当前教育改革中出现的教育公平、高校教育结构调整、义务教育均衡发展等问题进行了深入分析，从教育的内在发展谈教育，又从外部条件来谈教育，具有重要的现实意义，对我国的教育体制的改革与发展具有一定的学术价值和参考意义。

反腐倡廉蓝皮书

中国反腐倡廉建设报告 No.3

李秋芳 / 主编　2014 年 1 月出版　定价：79.00 元

◆ 本书抓住了若干社会热点和焦点问题，全面反映了新时期新阶段中国反腐倡廉面对的严峻局面，以及中国共产党反腐倡廉建设的新实践新成果。根据实地调研、问卷调查和舆情分析，梳理了当下社会普遍关注的与反腐败密切相关的热点问题。

皮书系列 重点推荐　行业报告类

行业报告类

行业报告类皮书立足重点行业、新兴行业领域，提供及时、前瞻的数据与信息

房地产蓝皮书
中国房地产发展报告 No.11（2014）

魏后凯　李景国／主编　　2014年5月出版　　定价：79.00元

◆ 本书由中国社会科学院城市发展与环境研究所组织编写，秉承客观公正、科学中立的原则，深度解析2013年中国房地产发展的形势和存在的主要矛盾，并预测2014年及未来10年或更长时间的房地产发展大势。观点精辟，数据翔实，对关注房地产市场的各阶层人士极具参考价值。

旅游绿皮书
2013~2014年中国旅游发展分析与预测

宋　瑞／主编　　2013年12月出版　　定价：79.00元

◆ 如何从全球的视野理性审视中国旅游，如何在世界旅游版图上客观定位中国，如何积极有效地推进中国旅游的世界化，如何制定中国实现世界旅游强国梦想的线路图？本年度开始，《旅游绿皮书》将围绕"世界与中国"这一主题进行系列研究，以期为推进中国旅游的长远发展提供科学参考和智力支持。

信息化蓝皮书
中国信息化形势分析与预测（2014）

周宏仁／主编　　2014年7月出版　　估价：98.00元

◆ 本书在以中国信息化发展的分析和预测为重点的同时，反映了过去一年间中国信息化关注的重点和热点，视野宽阔，观点新颖，内容丰富，数据翔实，对中国信息化的发展有很强的指导性，可读性很强。

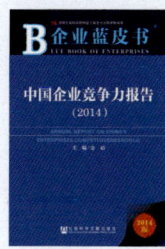

企业蓝皮书

中国企业竞争力报告（2014）

金 碚 / 主编　　2014年11月出版　　估价:89.00元

◆ 中国经济正处于新一轮的经济波动中，如何保持稳健的经营心态和经营方式并进一步求发展，对于企业保持并提升核心竞争力至关重要。本书利用上市公司的财务数据，研究上市公司竞争力变化的最新趋势，探索进一步提升中国企业国际竞争力的有效途径，这无论对实践工作者还是理论研究者都具有重大意义。

食品药品蓝皮书

食品药品安全与监管政策研究报告（2014）

唐民皓 / 主编　　2014年7月出版　　估价:69.00元

◆ 食品药品安全是当下社会关注的焦点问题之一，如何破解食品药品安全监管重点难点问题是需要以社会合力才能解决的系统工程。本书围绕安全热点问题、监管重点问题和政策焦点问题，注重于对食品药品公共政策和行政监管体制的探索和研究。

流通蓝皮书

中国商业发展报告（2013~2014）

荆林波 / 主编　　2014年5月出版　　定价:89.00元

◆ 《中国商业发展报告》是中国社会科学院财经战略研究院与香港利丰研究中心合作的成果，并且在2010年开始以中英文版同步在全球发行。蓝皮书从关注中国宏观经济出发，突出中国流通业的宏观背景反映了本年度中国流通业发展的状况。

住房绿皮书

中国住房发展报告（2013~2014）

倪鹏飞 / 主编　　2013年12月出版　　定价:79.00元

◆ 本报告从宏观背景、市场主体、市场体系、公共政策和年度主题五个方面，对中国住宅市场体系做了全面系统的分析、预测与评价，并给出了相关政策建议，并在评述2012~2013年住房及相关市场走势的基础上，预测了2013~2014年住房及相关市场的发展变化。

皮书系列重点推荐　国别与地区类

国别与地区类

国别与地区类皮书关注全球重点国家与地区，提供全面、独特的解读与研究

亚太蓝皮书
亚太地区发展报告（2014）

李向阳 / 主编　　2014年1月出版　　定价：59.00元

◆ 本书是由中国社会科学院亚太与全球战略研究院精心打造的又一品牌皮书，关注时下亚太地区局势发展动向里隐藏的中长趋势，剖析亚太地区政治与安全格局下的区域形势最新动向以及地区关系发展的热点问题，并对2014年亚太地区重大动态作出前瞻性的分析与预测。

日本蓝皮书
日本研究报告（2014）

李　薇 / 主编　　2014年3月出版　　定价：69.00元

◆ 本书由中华日本学会、中国社会科学院日本研究所合作推出，是以中国社会科学院日本研究所的研究人员为主完成的研究成果。对2013年日本的政治、外交、经济、社会文化作了回顾、分析与展望，并收录了该年度日本大事记。

欧洲蓝皮书
欧洲发展报告(2013~2014)

周　弘 / 主编　　2014年5月出版　　估价：89.00元

◆ 本年度的欧洲发展报告，对欧洲经济、政治、社会、外交等面的形式进行了跟踪介绍与分析。力求反映作为一个整体的欧盟及30多个欧洲国家在2013年出现的各种变化。

拉美黄皮书

拉丁美洲和加勒比发展报告（2013~2014）

吴白乙 / 主编 2014年4月出版 定价:89.00元

◆ 本书是中国社会科学院拉丁美洲研究所的第13份关于拉丁美洲和加勒比地区发展形势状况的年度报告。本书对2013年拉丁美洲和加勒比地区诸国的政治、经济、社会、外交等方面的发展情况做了系统介绍，对该地区相关国家的热点及焦点问题进行了总结和分析，并在此基础上对该地区各国2014年的发展前景做出预测。

澳门蓝皮书

澳门经济社会发展报告（2013~2014）

吴志良 郝雨凡 / 主编 2014年4月出版 定价:79.00元

◆ 本书集中反映2013年本澳各个领域的发展动态，总结评价近年澳门政治、经济、社会的总体变化，同时对2014年社会经济情况作初步预测。

日本经济蓝皮书

日本经济与中日经贸关系研究报告（2014）

王洛林 张季风 / 主编 2014年5月出版 定价:79.00元

◆ 本书对当前日本经济以及中日经济合作的发展动态进行了多角度、全景式的深度分析。本报告回顾并展望了2013~2014年度日本宏观经济的运行状况。此外，本报告还收录了大量来自于日本政府权威机构的数据图表，具有极高的参考价值。

美国蓝皮书

美国问题研究报告（2014）

黄平 倪峰 / 主编 2014年6月出版 估价:89.00元

◆ 本书是由中国社会科学院美国所主持完成的研究成果，它回顾了美国2013年的经济、政治形势与外交战略，对2013年以来美国内政外交发生的重大事件以及重要政策进行了较为全面的回顾和梳理。

地方发展类

地方发展类皮书关注大陆各省份、经济区域，提供科学、多元的预判与咨政信息

社会建设蓝皮书
2014年北京社会建设分析报告
宋贵伦/主编　2014年9月出版　估价:69.00元

◆ 本书依据社会学理论框架和分析方法，对北京市的人口、就业、分配、社会阶层以及城乡关系等社会学基本问题进行了广泛调研与分析，对广受社会关注的住房、教育、医疗、养老、交通等社会热点问题做了深刻了解与剖析，对日益显现的征地搬迁、外籍人口管理、群体性心理障碍等进行了有益探讨。

温州蓝皮书
2014年温州经济社会形势分析与预测
潘忠强　王春光　金浩/主编　2014年4月出版　定价:69.00元

◆ 本书是由中共温州市委党校与中国社会科学院社会学研究所合作推出的第七本"温州经济社会形势分析与预测"年度报告，深入全面分析了2013年温州经济、社会、政治、文化发展的主要特点、经验、成效与不足，提出了相应的政策建议。

上海蓝皮书
上海资源环境发展报告（2014）
周冯琦　汤庆合　任文伟/著　2014年1月出版　定价:69.00元

◆ 本书在上海所面临资源环境风险的来源、程度、成因、对策等方面作了些有益的探索，希望能对有关部门完善上海的资源环境风险防控工作提供一些有价值的参考，也让普通民众更全面地了解上海资源环境风险及其防控的图景。

地方发展类　皮书系列重点推荐

广州蓝皮书

2014年中国广州社会形势分析与预测

张　强　陈怡霓　杨　秦/主编　2014年9月出版　估价:65.00元

◆ 本书由广州大学与广州市委宣传部、广州市人力资源和社会保障局联合主编，汇集了广州科研团体、高等院校和政府部门诸多社会问题研究专家、学者和实际部门工作者的最新研究成果，是关于广州社会运行情况和相关专题分析与预测的重要参考资料。

河南经济蓝皮书

2014年河南经济形势分析与预测

胡五岳/主编　2014年3月出版　定价:69.00元

◆ 本书由河南省统计局主持编纂。该分析与展望以2013年最新年度统计数据为基础，科学研判河南经济发展的脉络轨迹、分析年度运行态势；以客观翔实、权威资料为特征，突出科学性、前瞻性和可操作性，服务于科学决策和科学发展。

陕西蓝皮书

陕西社会发展报告（2014）

任宗哲　石　英　牛　昉/主编　2014年2月出版　定价:65.00元

◆ 本书系统而全面地描述了陕西省2013年社会发展各个领域所取得的成就、存在的问题、面临的挑战及其应对思路，为更好地思考2014年陕西发展前景、政策指向和工作策略等方面提供了一个较为简洁清晰的参考蓝本。

上海蓝皮书

上海经济发展报告（2014）

沈开艳/主编　2014年1月出版　定价:69.00元

◆ 本书系上海社会科学院系列之一，报告对2014年上海经济增长与发展趋势的进行了预测，把握了上海经济发展的脉搏和学术研究的前沿。

地方发展类·文化传媒类

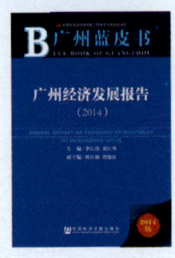

广州蓝皮书
广州经济发展报告（2014）

李江涛　朱名宏/主编　2014年6月出版　估价：65.00元

◆ 本书是由广州市社会科学院主持编写的"广州蓝皮书"系列之一，本报告对广州2013年宏观经济运行情况作了深入分析，对2014年宏观经济走势进行了合理预测，并在此基础上提出了相应的政策建议。

文化传媒类

 文化传媒类皮书透视文化领域、文化产业，探索文化大繁荣、大发展的路径

新媒体蓝皮书
中国新媒体发展报告 No.4(2013)

唐绪军/主编　　2014年6月出版　　估价：69.00元

◆ 本书由中国社会科学院新闻与传播研究所和上海大学合作编写，在构建新媒体发展研究基本框架的基础上，全面梳理2013年中国新媒体发展现状，发表最前沿的网络媒体深度调查数据和研究成果，并对新媒体发展的未来趋势做出预测。

舆情蓝皮书
中国社会舆情与危机管理报告（2014）

谢耘耕/主编　　2014年8月出版　　估价：85.00元

◆ 本书由上海交通大学舆情研究实验室和危机管理研究中心主编，已被列入教育部人文社会科学研究报告培育项目。本书以新媒体环境下的中国社会为立足点，对2013年中国社会舆情、分类舆情等进行了深入系统的研究，并预测了2014年社会舆情走势。

经济类

产业蓝皮书
中国产业竞争力报告（2014）No.4
著(编)者：张其仔　2014年5月出版／估价：79.00元

长三角蓝皮书
2014年率先基本实现现代化的长三角
著(编)者：刘志彪　2014年6月出版／估价：120.00元

城市竞争力蓝皮书
中国城市竞争力报告No.12
著(编)者：倪鹏飞　2014年5月出版／定价：89.00元

城市蓝皮书
中国城市发展报告No.7
著(编)者：潘家华 魏后凯　2014年7月出版／估价：69.00元

城市群蓝皮书
中国城市群发展指数报告(2014)
著(编)者：刘士林 刘新静　2014年10月出版／估价：59.00元

城乡统筹蓝皮书
中国城乡统筹发展报告（2014）
著(编)者：程志强、潘晨光　2014年9月出版／估价：59.00元

城乡一体化蓝皮书
中国城乡一体化发展报告（2014）
著(编)者：汝信 付崇兰　2014年8月出版／估价：59.00元

城镇化蓝皮书
中国新型城镇化健康发展报告（2014）
著(编)者：张占斌　2014年5月出版／定价：79.00元

低碳发展蓝皮书
中国低碳发展报告（2014）
著(编)者：齐晔　2014年3月出版／定价：89.00元

低碳经济蓝皮书
中国低碳经济发展报告（2014）
著(编)者：薛进军 赵忠秀　2014年5月出版／估价：79.00元

东北蓝皮书
中国东北地区发展报告（2014）
著(编)者：鲍振东 曹晓峰　2014年8月出版／估价：79.00元

发展和改革蓝皮书
中国经济发展和体制改革报告No.7
著(编)者：邹东涛　2014年7月出版／估价：79.00元

工业化蓝皮书
中国工业化进程报告（2014）
著(编)者：黄群慧 吕铁 李晓华 等
2014年11月出版／估价：89.00元

国际城市蓝皮书
国际城市发展报告（2014）
著(编)者：屠启宇　2014年1月出版／定价：69.00元

国家创新蓝皮书
国家创新发展报告（2013~2014）
著(编)者：陈劲　2014年6月出版／估价：69.00元

国家竞争力蓝皮书
中国国家竞争力报告No.2
著(编)者：倪鹏飞　2014年10月出版／估价：98.00元

宏观经济蓝皮书
中国经济增长报告（2014）
著(编)者：张平 刘霞辉　2014年10月出版／估价：69.00元

减贫蓝皮书
中国减贫与社会发展报告
著(编)者：黄承伟　2014年7月出版／估价：69.00元

金融蓝皮书
中国金融发展报告（2014）
著(编)者：李扬 王国刚　2013年12月出版／定价：65.00元

经济蓝皮书
2014年中国经济形势分析与预测
著(编)者：李扬　2013年12月出版／定价：69.00元

经济蓝皮书春季号
2014年中国经济前景分析
著(编)者：李扬　2014年5月出版／定价：79.00元

经济信息绿皮书
中国与世界经济发展报告（2014）
著(编)者：杜平　2013年12月出版／定价：79.00元

就业蓝皮书
2014年中国大学生就业报告
著(编)者：麦可思研究院　2014年6月出版／估价：98.00元

流通蓝皮书
中国商业发展报告（2013~2014）
著(编)者：荆林波　2014年5月出版／估价：89.00元

民营经济蓝皮书
中国民营经济发展报告No.10（2013~2014）
著(编)者：黄孟复　2014年9月出版／估价：69.00元

民营企业蓝皮书
中国民营企业竞争力报告No.7（2014）
著(编)者：刘迎秋　2014年9月出版／估价：79.00元

农村绿皮书
中国农村经济形势分析与预测（2013~2014）
著(编)者：中国社会科学院农村发展研究所
　　　　国家统计局农村社会经济调查司 著
2014年4月出版／定价：69.00元

企业公民蓝皮书
中国企业公民报告No.4
著(编)者：邹东涛　2014年7月出版／估价：69.00元

企业社会责任蓝皮书
中国企业社会责任研究报告（2014）
著(编)者：黄群慧 彭华岗 钟宏武 等
2014年11月出版／估价：59.00元

气候变化绿皮书
应对气候变化报告（2014）
著(编)者：王伟光 郑国光　2014年11月出版／估价：79.00元

皮书系列 2014全品种　经济类·社会政法类

区域蓝皮书
中国区域经济发展报告（2013~2014）
著(编)者：梁昊光　2014年4月出版 / 定价:79.00元

人口与劳动绿皮书
中国人口与劳动问题报告No.15
著(编)者：蔡昉　2014年6月出版 / 估价:69.00元

生态经济（建设）绿皮书
中国经济（建设）发展报告（2013~2014）
著(编)者：黄浩涛　李周　2014年10月出版 / 估价:69.00元

世界经济黄皮书
2014年世界经济形势分析与预测
著(编)者：王洛林　张宇燕　2014年1月出版 / 定价:69.00元

西北蓝皮书
中国西北发展报告（2014）
著(编)者：张进海　陈冬红　段庆林
2013年12月出版 / 定价:69.00元

西部蓝皮书
中国西部发展报告（2014）
著(编)者：姚慧琴　徐璋勇　2014年7月出版 / 估价:69.00元

新型城镇化蓝皮书
新型城镇化发展报告（2014）
著(编)者：沈体雁　李伟　宋敏　2014年9月出版 / 估价:69.00元

新兴经济体蓝皮书
金砖国家发展报告（2014）
著(编)者：林跃勤　周文　2014年9月出版 / 估价:79.00元

循环经济绿皮书
中国循环经济发展报告（2013~2014）
著(编)者：齐建国　2014年12月出版 / 估价:69.00元

中部竞争力蓝皮书
中国中部经济社会竞争力报告（2014）
著(编)者：教育部人文社会科学重点研究基地
　　　　　南昌大学中国中部经济社会发展研究中心
2014年7月出版 / 估价:59.00元

中部蓝皮书
中国中部地区发展报告（2014）
著(编)者：朱有志　2014年10月出版 / 估价:59.00元

中国科技蓝皮书
中国科技发展报告（2014）
著(编)者：陈劲　2014年4月出版 / 定价:69.00元

中国省域竞争力蓝皮书
"十二五"中期中国省域经济综合竞争力发展报告
著(编)者：李建平　李闽榕　高燕京　2014年3月出版 / 定价:198.00元

中三角蓝皮书
长江中游城市群发展报告（2013~2014）
著(编)者：秦尊文　2014年6月出版 / 估价:69.00元

中小城市绿皮书
中国中小城市发展报告（2014）
著(编)者：中国城市经济学会中小城市经济发展委员会
　　　　　《中国中小城市发展报告》编纂委员会
2014年10月出版 / 估价:98.00元

中原蓝皮书
中原经济区发展报告（2014）
著(编)者：刘怀廉　2014年6月出版 / 估价:68.00元

社会政法类

殡葬绿皮书
中国殡葬事业发展报告（2014）
著(编)者：朱勇 副主编 李伯森　2014年9月出版 / 估价:59.00元

城市创新蓝皮书
中国城市创新报告（2014）
著(编)者：周天勇　旷建伟　2014年7月出版 / 估价:69.00元

城市管理蓝皮书
中国城市管理报告2014
著(编)者：谭维克　刘林　2014年7月出版 / 估价:98.00元

城市生活质量蓝皮书
中国城市生活质量指数报告（2014）
著(编)者：张平　2014年7月出版 / 估价:59.00元

城市政府能力蓝皮书
中国城市政府公共服务能力评估报告（2014）
著(编)者：何艳玲　2014年7月出版 / 估价:59.00元

创新蓝皮书
创新型国家建设报告（2013~2014）
著(编)者：詹正茂　2014年5月出版 / 估价:69.00元

慈善蓝皮书
中国慈善发展报告（2014）
著(编)者：杨团　2014年5月出版 / 定价:79.00元

法治蓝皮书
中国法治发展报告No.12（2014）
著(编)者：李林　田禾　2014年2月出版 / 定价:98.00元

反腐倡廉蓝皮书
中国反腐倡廉建设报告No.3
著(编)者：李秋芳　2014年1月出版 / 定价:79.00元

非传统安全蓝皮书
中国非传统安全研究报告（2014）
著(编)者：余潇枫　2014年5月出版 / 估价:69.00元

社会政法类 — 皮书系列 2014全品种

妇女发展蓝皮书
福建省妇女发展报告（2014）
著(编)者：刘群英　2014年10月出版 / 估价:58.00元

妇女发展蓝皮书
中国妇女发展报告No.5
著(编)者：王金玲 高小贤　2014年5月出版 / 估价:65.00元

妇女教育蓝皮书
中国妇女教育发展报告No.3
著(编)者：张李玺　2014年10月出版 / 估价:69.00元

公共服务满意度蓝皮书
中国城市公共服务评价报告（2014）
著(编)者：胡伟　2014年11月出版 / 估价:69.00元

公共服务蓝皮书
中国城市基本公共服务力评价（2014）
著(编)者：侯惠勤 辛向阳 易定宏
2014年10月出版 / 估价:55.00元

公民科学素质蓝皮书
中国公民科学素质报告（2013~2014）
著(编)者：李群 许佳军　2014年3月出版 / 定价:79.00元

公益蓝皮书
中国公益发展报告（2014）
著(编)者：朱健刚　2014年5月出版 / 估价:78.00元

国际人才蓝皮书
中国国际移民报告（2014）
著(编)者：王辉耀　2014年1月出版 / 定价:79.00元

国际人才蓝皮书
中国海归创业发展报告（2014）No.2
著(编)者：王辉耀 路江涌　2014年10月出版 / 估价:69.00元

国际人才蓝皮书
中国留学发展报告（2014）No.3
著(编)者：王辉耀　2014年9月出版 / 估价:59.00元

国家安全蓝皮书
中国国家安全研究报告（2014）
著(编)者：刘慧　2014年5月出版 / 定价:98.00元

行政改革蓝皮书
中国行政体制改革报告（2013）No.3
著(编)者：魏礼群　2014年3月出版 / 定价:89.00元

华侨华人蓝皮书
华侨华人研究报告（2014）
著(编)者：丘进　2014年5月出版 / 估价:128.00元

环境竞争力绿皮书
中国省域环境竞争力发展报告（2014）
著(编)者：李建平 李闽榕 王金南
2014年12月出版 / 估价:148.00元

环境绿皮书
中国环境发展报告（2014）
著(编)者：刘鉴强　2014年5月出版 / 定价:79.00元

基本公共服务蓝皮书
中国省级政府基本公共服务发展报告（2014）
著(编)者：孙德超　2014年9月出版 / 估价:69.00元

基金会透明度蓝皮书
中国基金会透明度发展研究报告（2014）
著(编)者：基金会中心网　2014年7月出版 / 估价:79.00元

教师蓝皮书
中国中小学教师发展报告（2014）
著(编)者：曾晓东　2014年9月出版 / 估价:59.00元

教育蓝皮书
中国教育发展报告（2014）
著(编)者：杨东平　2014年5月出版 / 定价:79.00元

科普蓝皮书
中国科普基础设施发展报告（2014）
著(编)者：任福君　2014年6月出版 / 估价:79.00元

口腔健康蓝皮书
中国口腔健康发展报告（2014）
著(编)者：胡德渝　2014年12月出版 / 估价:59.00元

老龄蓝皮书
中国老龄事业发展报告（2014）
著(编)者：吴玉韶　2014年9月出版 / 估价:59.00元

连片特困区蓝皮书
中国连片特困区发展报告（2014）
著(编)者：丁建军 冷志明 游俊　2014年9月出版 / 估价:79.00元

民间组织蓝皮书
中国民间组织报告（2014）
著(编)者：黄晓勇　2014年8月出版 / 估价:69.00元

民调蓝皮书
中国民生调查报告（2014）
著(编)者：谢耕耘　2014年5月出版 / 定价:128.00元

民族发展蓝皮书
中国民族区域自治发展报告（2014）
著(编)者：郝时远　2014年6月出版 / 估价:98.00元

女性生活蓝皮书
中国女性生活状况报告No.8（2014）
著(编)者：韩湘景　2014年4月出版 / 估价:79.00元

汽车社会蓝皮书
中国汽车社会发展报告（2014）
著(编)者：王俊秀　2014年9月出版 / 估价:59.00元

皮书系列 2014全品种
社会政法类·行业报告类

青年蓝皮书
中国青年发展报告（2014）No.2
著(编)者：廉思　2014年4月出版 / 定价:59.00元

全球环境竞争力绿皮书
全球环境竞争力发展报告（2014）
著(编)者：李建平　李闽榕　王金南　2014年11月出版 / 估价:69.00元

青少年蓝皮书
中国未成年人新媒体运用报告（2014）
著(编)者：李文革　沈杰　季为民　2014年6月出版 / 估价:69.00元

区域人才蓝皮书
中国区域人才竞争力报告No.2
著(编)者：桂昭明　王辉耀　2014年6月出版 / 估价:69.00元

人才蓝皮书
中国人才发展报告（2014）
著(编)者：潘晨光　2014年10月出版 / 估价:79.00元

人权蓝皮书
中国人权事业发展报告No.4（2014）
著(编)者：李君如　2014年7月出版 / 估价:98.00元

世界人才蓝皮书
全球人才发展报告No.1
著(编)者：孙学玉　张冠梓　2014年9月出版 / 估价:69.00元

社会保障绿皮书
中国社会保障发展报告（2014）No.6
著(编)者：王延中　2014年9月出版 / 估价:69.00元

社会工作蓝皮书
中国社会工作发展报告（2013~2014）
著(编)者：王杰秀　邹文开　2014年8月出版 / 估价:59.00元

社会管理蓝皮书
中国社会管理创新报告No.3
著(编)者：连玉明　2014年9月出版 / 估价:79.00元

社会蓝皮书
2014年中国社会形势分析与预测
著(编)者：李培林　陈光金　张翼　2013年12月出版 / 定价:69.00元

社会体制蓝皮书
中国社会体制改革报告No.2（2014）
著(编)者：龚维斌　2014年4月出版 / 定价:79.00元

社会心态蓝皮书
2014年中国社会心态研究报告
著(编)者：王俊秀　杨宜音　2014年9月出版 / 估价:59.00元

生态城市绿皮书
中国生态城市建设发展报告（2014）
著(编)者：李景源　孙伟平　刘举科　2014年6月出版 / 估价:128.00元

生态文明绿皮书
中国省域生态文明建设评价报告（ECI 2014）
著(编)者：严耕　2014年9月出版 / 估价:98.00元

世界创新竞争力黄皮书
世界创新竞争力发展报告（2014）
著(编)者：李建平　李闽榕　赵新力　2014年11月出版 / 估价:128.00元

水与发展蓝皮书
中国水风险评估报告（2014）
著(编)者：苏杨　2014年9月出版 / 估价:69.00元

土地整治蓝皮书
中国土地整治发展报告No.1
著(编)者：国土资源部土地整治中心　2014年5月出版 / 定价:89.00元

危机管理蓝皮书
中国危机管理报告（2014）
著(编)者：文学国　范正青　2014年8月出版 / 估价:79.00元

小康蓝皮书
中国全面建设小康社会监测报告（2014）
著(编)者：潘璠　2014年11月出版 / 估价:59.00元

形象危机应对蓝皮书
形象危机应对研究报告（2014）
著(编)者：唐钧　2014年9月出版 / 估价:118.00元

行政改革蓝皮书
中国行政体制改革报告（2013）No.3
著(编)者：魏礼群　2014年3月出版 / 定价:89.00元

医疗卫生绿皮书
中国医疗卫生发展报告No.6（2013~2014）
著(编)者：申宝忠　韩玉珍　2014年4月出版 / 定价:75.00元

政治参与蓝皮书
中国政治参与报告（2014）
著(编)者：房宁　2014年7月出版 / 估价:58.00元

政治发展蓝皮书
中国政治发展报告（2014）
著(编)者：房宁　杨海蛟　2014年6月出版 / 估价:98.00元

宗教蓝皮书
中国宗教报告（2014）
著(编)者：金泽　邱永辉　2014年8月出版 / 估价:59.00元

社会组织蓝皮书
中国社会组织评估报告（2014）
著(编)者：徐家良　2014年9月出版 / 估价:69.00元

政府绩效评估蓝皮书
中国地方政府绩效评估报告（2014）
著(编)者：贠杰　2014年9月出版 / 估价:69.00元

行业报告类

保健蓝皮书
中国保健服务产业发展报告No.2
著(编)者：中国保健协会 中共中央党校
2014年7月出版 / 估价：198.00元

保健蓝皮书
中国保健食品产业发展报告No.2
著(编)者：中国保健协会
　　　　　中国社会科学院食品药品产业发展与监管研究中心
2014年7月出版 / 估价：198.00元

保健蓝皮书
中国保健用品产业发展报告No.2
著(编)者：中国保健协会　2014年9月出版 / 估价：198.00元

保险蓝皮书
中国保险业竞争力报告（2014）
著(编)者：罗忠敏　2014年9月出版 / 估价：98.00元

餐饮产业蓝皮书
中国餐饮产业发展报告（2014）
著(编)者：中国烹饪协会 中国社会科学院财经战略研究院
2014年5月出版 / 估价：59.00元

测绘地理信息蓝皮书
中国地理信息产业发展报告（2014）
著(编)者：徐德明　2014年12月出版 / 估价：98.00元

茶业蓝皮书
中国茶产业发展报告（2014）
著(编)者：李闽榕 杨江帆　2014年9月出版 / 估价：79.00元

产权市场蓝皮书
中国产权市场发展报告（2014）
著(编)者：曹和平　2014年9月出版 / 估价：69.00元

产业安全蓝皮书
中国烟草产业安全报告（2014）
著(编)者：李孟刚 杜秀亭　2014年1月出版 / 定价：69.00元

产业安全蓝皮书
中国出版与传媒安全报告（2014）
著(编)者：北京交通大学中国产业安全研究中心
2014年9月出版 / 估价：59.00元

产业安全蓝皮书
中国医疗产业安全报告（2013~2014）
著(编)者：李孟刚 高献书　2014年1月出版 / 定价：59.00元

产业安全蓝皮书
中国文化产业安全蓝皮书(2014)
著(编)者：北京印刷学院文化产业安全研究院
2014年4月出版 / 定价：69.00元

产业安全蓝皮书
中国出版传媒产业安全报告（2014）
著(编)者：北京印刷学院文化产业安全研究院
2014年4月出版 / 定价：89.00元

典当业蓝皮书
中国典当行业发展报告（2013~2014）
著(编)者：黄育华 王力 张红地
2014年10月出版 / 估价：69.00元

电子商务蓝皮书
中国城市电子商务影响力报告（2014）
著(编)者：荆林波　2014年5月出版 / 估价：69.00元

电子政务蓝皮书
中国电子政务发展报告（2014）
著(编)者：洪毅 王长胜　2014年9月出版 / 估价：59.00元

杜仲产业绿皮书
中国杜仲橡胶资源与产业发展报告（2014）
著(编)者：杜红岩 胡文臻 俞瑞
2014年9月出版 / 估价：99.00元

房地产蓝皮书
中国房地产发展报告No.11（2014）
著(编)者：魏后凯 李景国　2014年5月出版 / 定价：79.00元

服务外包蓝皮书
中国服务外包产业发展报告（2014）
著(编)者：王晓红 李皓　2014年9月出版 / 估价：89.00元

高端消费蓝皮书
中国高端消费市场研究报告
著(编)者：依绍华 王雪峰　2014年9月出版 / 估价：69.00元

会展经济蓝皮书
中国会展经济发展报告（2014）
著(编)者：过聚荣　2014年9月出版 / 估价：65.00元

会展蓝皮书
中外会展业动态评估年度报告（2014）
著(编)者：张敏　2014年8月出版 / 估价：68.00元

基金会绿皮书
中国基金会发展独立研究报告（2014）
著(编)者：基金会中心网　2014年8月出版 / 估价：58.00元

交通运输蓝皮书
中国交通运输服务发展报告（2014）
著(编)者：林晓言 卜伟 武剑红
2014年10月出版 / 估价：69.00元

金融监管蓝皮书
中国金融监管报告（2014）
著(编)者：胡滨　2014年5月出版 / 定价：69.00元

金融蓝皮书
中国金融中心发展报告（2014）
著(编)者：中国社会科学院金融研究所
　　　　　中国博士后特华科研工作站 王力 黄育华
2014年10月出版 / 估价：59.00元

皮书系列 2014全品种

行业报告类

金融蓝皮书
中国商业银行竞争力报告（2014）
著(编)者:王松奇　2014年5月出版 / 估价:79.00元

金融蓝皮书
中国金融发展报告（2014）
著(编)者:李扬 王国刚　2013年12月出版 / 定价:65.00元

金融蓝皮书
中国金融法治报告（2014）
著(编)者:胡滨 全先银　2014年9月出版 / 估价:65.00元

金融蓝皮书
中国金融产品与服务报告（2014）
著(编)者:殷剑峰　2014年6月出版 / 估价:59.00元

金融信息服务蓝皮书
金融信息服务业发展报告（2014）
著(编)者:鲁广锦　2014年11月出版 / 估价:69.00元

抗衰老医学蓝皮书
抗衰老医学发展报告（2014）
著(编)者:罗伯特·高德曼 罗纳德·科莱兹
尼尔·布什 朱敏 金大鹏 郭弋
2014年9月出版 / 估价:69.00元

客车蓝皮书
中国客车产业发展报告（2014）
著(编)者:姚蔚　2014年12月出版 / 估价:69.00元

科学传播蓝皮书
中国科学传播报告（2014）
著(编)者:詹正茂　2014年9月出版 / 估价:69.00元

流通蓝皮书
中国商业发展报告（2013~2014）
著(编)者:荆林波　2014年5月出版 / 定价:89.00元

旅游安全蓝皮书
中国旅游安全报告（2014）
著(编)者:郑向敏 谢朝武　2014年6月出版 / 估价:79.00元

旅游绿皮书
2013~2014年中国旅游发展分析与预测
著(编)者:宋瑞　2014年9月出版 / 定价:79.00元

旅游城市绿皮书
世界旅游城市发展报告（2013~2014）
著(编)者:张辉　2014年1月出版 / 估价:69.00元

贸易蓝皮书
中国贸易发展报告（2014）
著(编)者:荆林波　2014年5月出版 / 估价:49.00元

民营医院蓝皮书
中国民营医院发展报告（2014）
著(编)者:朱幼棣　2014年10月出版 / 估价:69.00元

闽商蓝皮书
闽商发展报告（2014）
著(编)者:李闽榕 王日根　2014年12月出版 / 估价:69.00元

能源蓝皮书
中国能源发展报告（2014）
著(编)者:崔民选 王军生 陈义和
2014年10月出版 / 估价:59.00元

农产品流通蓝皮书
中国农产品流通产业发展报告（2014）
著(编)者:贾敬敦 王炳南 张玉玺 张鹏毅 陈丽华
2014年9月出版 / 估价:89.00元

期货蓝皮书
中国期货市场发展报告（2014）
著(编)者:荆林波　2014年6月出版 / 估价:98.00元

企业蓝皮书
中国企业竞争力报告（2014）
著(编)者:金碚　2014年11月出版 / 估价:89.00元

汽车安全蓝皮书
中国汽车安全发展报告（2014）
著(编)者:中国汽车技术研究中心
2014年4月出版 / 估价:79.00元

汽车蓝皮书
中国汽车产业发展报告（2014）
著(编)者:国务院发展研究中心产业经济研究部
中国汽车工程学会 大众汽车集团（中国）
2014年7月出版 / 估价:79.00元

清洁能源蓝皮书
国际清洁能源发展报告（2014）
著(编)者:国际清洁能源论坛（澳门）
2014年9月出版 / 估价:89.00元

人力资源蓝皮书
中国人力资源发展报告（2014）
著(编)者:吴江　2014年9月出版 / 估价:69.00元

软件和信息服务业蓝皮书
中国软件和信息服务业发展报告（2014）
著(编)者:洪京一 工业和信息化部电子科学技术情报研究所
2014年6月出版 / 估价:98.00元

商会蓝皮书
中国商会发展报告No.4（2014）
著(编)者:黄孟复　2014年9月出版 / 估价:59.00元

商品市场蓝皮书
中国商品市场发展报告（2014）
著(编)者:荆林波　2014年7月出版 / 估价:59.00元

上市公司蓝皮书
中国上市公司非财务信息披露报告（2014）
著(编)者:钟宏武 张旺 张蒽 等
2014年12月出版 / 估价:59.00元

行业报告类 皮书系列 2014全品种

食品药品蓝皮书
食品药品安全与监管政策研究报告（2014）
著(编)者：唐民皓　2014年7月出版／估价：69.00元

世界能源蓝皮书
世界能源发展报告（2014）
著(编)者：黄晓勇　2014年9月出版／估价：99.00元

私募市场蓝皮书
中国私募股权市场发展报告（2014）
著(编)者：曹和平　2014年9月出版／估价：69.00元

体育蓝皮书
中国体育产业发展报告（2014）
著(编)者：阮伟　钟秉枢　2014年9月出版／估价：69.00元

体育蓝皮书·公共体育服务
中国公共体育服务发展报告（2014）
著(编)者：戴健　2014年12月出版／估价：69.00元

投资蓝皮书
中国投资发展报告（2014）
著(编)者：杨庆蔚　2014年4月出版／定价：128.00元

投资蓝皮书
中国企业海外投资发展报告（2013~2014）
著(编)者：陈文晖　薛誉华　2014年9月出版／定价：69.00元

物联网蓝皮书
中国物联网发展报告（2014）
著(编)者：龚六堂　2014年9月出版／估价：59.00元

西部工业蓝皮书
中国西部工业发展报告（2014）
著(编)者：方行明　刘方健　姜凌等
2014年9月出版／估价：69.00元

西部金融蓝皮书
中国西部金融发展报告（2014）
著(编)者：李忠民　2014年10月出版／估价：69.00元

新能源汽车蓝皮书
中国新能源汽车产业发展报告（2014）
著(编)者：中国汽车技术研究中心
　　　　　日产（中国）投资有限公司
　　　　　东风汽车有限公司
2014年9月出版／估价：69.00元

信托蓝皮书
中国信托业研究报告（2014）
著(编)者：中建投信托研究中心　中国建设建投研究院
2014年9月出版／估价：59.00元

信托蓝皮书
中国信托投资报告（2014）
著(编)者：杨金龙　刘屹　2014年7月出版／估价：69.00元

信托市场蓝皮书
中国信托业市场报告（2013~2014）
著(编)者：李旸　2014年1月出版／定价：198.00元

信息化蓝皮书
中国信息化形势分析与预测（2014）
著(编)者：周宏仁　2014年7月出版／估价：98.00元

信用蓝皮书
中国信用发展报告（2014）
著(编)者：章政　田侃　2014年9月出版／估价：69.00元

休闲绿皮书
2014年中国休闲发展报告
著(编)者：刘德谦　唐兵　宋瑞
2014年6月出版／估价：59.00元

养老产业蓝皮书
中国养老产业发展报告（2013~2014年）
著(编)者：张车伟　2014年9月出版／估价：69.00元

移动互联网蓝皮书
中国移动互联网发展报告（2014）
著(编)者：官建文　2014年5月出版／估价：79.00元

医药蓝皮书
中国医药产业园战略发展报告（2013~2014）
著(编)者：裴长洪　房书亭　吴滌心
2014年3月出版／定价：89.00元

医药蓝皮书
中国药品市场报告（2014）
著(编)者：程锦锥　朱恒鹏　2014年12月出版／估价：79.00元

中国林业竞争力蓝皮书
中国省域林业竞争力发展报告No.2（2014）
（上下册）
著(编)者：郑传芳　李闽榕　张春霞　张会儒
2014年8月出版／估价：139.00元

中国农业竞争力蓝皮书
中国省域农业竞争力发展报告No.2（2014）
著(编)者：郑传芳　宋洪远　李闽榕　张春霞
2014年7月出版／估价：128.00元

中国总部经济蓝皮书
中国总部经济发展报告（2013~2014）
著(编)者：赵弘　2014年5月出版／定价：79.00元

珠三角流通蓝皮书
珠三角商圈发展研究报告（2014）
著(编)者：王先庆　林至颖　2014年8月出版／估价：69.00元

住房绿皮书
中国住房发展报告（2013~2014）
著(编)者：倪鹏飞　2013年12月出版／定价：79.00元

资本市场蓝皮书
中国场外交易市场发展报告（2014）
著(编)者：高峦　2014年9月出版／估价：79.00元

资产管理蓝皮书
中国信托业发展报告（2014）
著(编)者：智信资产管理研究院　2014年7月出版 / 估价：69.00元

支付清算蓝皮书
中国支付清算发展报告（2014）
著(编)者：杨涛　2014年5月出版 / 定价：45.00元

文化传媒类

传媒蓝皮书
中国传媒产业发展报告（2014）
著(编)者：崔保国　2014年4月出版 / 定价：98.00元

传媒竞争力蓝皮书
中国传媒国际竞争力研究报告（2014）
著(编)者：李本乾　2014年9月出版 / 估价：69.00元

创意城市蓝皮书
武汉市文化创意产业发展报告（2014）
著(编)者：张京成　黄永林　2014年10月出版 / 估价：69.00元

电视蓝皮书
中国电视产业发展报告（2014）
著(编)者：卢斌　2014年9月出版 / 估价：79.00元

电影蓝皮书
中国电影出版发展报告（2014）
著(编)者：卢斌　2014年9月出版 / 估价：79.00元

动漫蓝皮书
中国动漫产业发展报告（2014）
著(编)者：卢斌　郑玉明　牛兴侦　2014年9月出版 / 估价：79.00元

广电蓝皮书
中国广播电影电视发展报告（2014）
著(编)者：庞井君　杨明品　李岚
2014年6月出版 / 估价：88.00元

广告主蓝皮书
中国广告主营销传播趋势报告N0.8
著(编)者：中国传媒大学广告主研究所
　　　　中国广告主营销传播创新研究课题组
　　　　黄升民　杜国清　邵华冬等
2014年5月出版 / 估价：98.00元

国际传播蓝皮书
中国国际传播发展报告（2014）
著(编)者：胡正荣　李继东　姬德强
2014年9月出版 / 估价：69.00元

纪录片蓝皮书
中国纪录片发展报告（2014）
著(编)者：何苏六　2014年10月出版 / 估价：89.00元

两岸文化蓝皮书
两岸文化产业合作发展报告（2014）
著(编)者：胡惠林　肖夏勇　2014年6月出版 / 估价：59.00元

媒介与女性蓝皮书
中国媒介与女性发展报告（2014）
著(编)者：刘利群　2014年8月出版 / 估价：69.00元

全球传媒蓝皮书
全球传媒产业发展报告（2014）
著(编)者：胡正荣　2014年12月出版 / 估价：79.00元

视听新媒体蓝皮书
中国视听新媒体发展报告（2014）
著(编)者：庞井君　2014年6月出版 / 估价：148.00元

文化创新蓝皮书
中国文化创新报告（2014）No.5
著(编)者：于平　傅才武　2014年4月出版 / 定价：79.00元

文化科技蓝皮书
文化科技融合与创意城市发展报告（2014）
著(编)者：李凤亮　于平　2014年7月出版 / 估价：79.00元

文化蓝皮书
中国文化产业发展报告（2014）
著(编)者：张晓明　王家新　章建刚
2014年4月出版 / 定价：79.00元

文化蓝皮书
中国文化产业供需协调增长测评报（2014）
著(编)者：王亚楠　2014年2月出版 / 定价：79.00元

文化蓝皮书
中国城镇文化消费需求景气评价报告（2014）
著(编)者：王亚南　张晓明　祁述裕
2014年5月出版 / 估价：79.00元

文化蓝皮书
中国公共文化服务发展报告（2014）
著(编)者：于群　李国新　2014年10月出版 / 估价：98.00元

文化蓝皮书
中国文化消费需求景气评价报告（2014）
著(编)者：王亚南　2014年2月出版 / 估价：79.00元

文化蓝皮书
中国乡村文化消费需求景气评价报告（2014）
著(编)者：王亚南　2014年5月出版 / 估价：79.00元

文化蓝皮书
中国中心城市文化消费需求景气评价报告（2014）
著(编)者：王亚南　2014年9月出版 / 估价：79.00元

文化传媒类・地方发展类

皮书系列 2014全品种

文化蓝皮书
中国少数民族文化发展报告(2014)
著(编)者:武翠英 张晓明 张学进
2014年9月出版 / 估价:69.00元

文化建设蓝皮书
中国文化发展报告(2013)
著(编)者:江畅 孙伟平 戴茂堂
2014年4月出版 / 定价:138.00元

文化品牌蓝皮书
中国文化品牌发展报告(2014)
著(编)者:欧阳友权 2014年4月出版 / 定价:79.00元

文化软实力蓝皮书
中国文化软实力研究报告(2014)
著(编)者:张国祚 2014年7月出版 / 估价:79.00元

文化遗产蓝皮书
中国文化遗产事业发展报告(2014)
著(编)者:刘世锦 2014年9月出版 / 估价:79.00元

文学蓝皮书
中国文情报告(2013~2014)
著(编)者:白烨 2014年5月出版 / 估价:59.00元

新媒体蓝皮书
中国新媒体发展报告No.5(2014)
著(编)者:唐绪军 2014年6月出版 / 估价:69.00元

移动互联网蓝皮书
中国移动互联网发展报告(2014)
著(编)者:官建文 2014年6月出版 / 估价:79.00元

游戏蓝皮书
中国游戏产业发展报告(2014)
著(编)者:卢斌 2014年9月出版 / 估价:79.00元

舆情蓝皮书
中国社会舆情与危机管理报告(2014)
著(编)者:谢耘耕 2014年8月出版 / 估价:85.00元

粤港澳台文化蓝皮书
粤港澳台文化创意产业发展报告(2014)
著(编)者:丁未 2014年9月出版 / 估价:69.00元

地方发展类

安徽蓝皮书
安徽社会发展报告(2014)
著(编)者:程桦 2014年4月出版 / 定价:79.00元

安徽经济蓝皮书
皖江城市带承接产业转移示范区建设报告(2014)
著(编)者:丁海中 2014年4月出版 / 定价:69.00元

安徽社会建设蓝皮书
安徽社会建设分析报告(2014)
著(编)者:黄家海 王开玉 蔡宪 2014年9月出版 / 估价:69.00元

北京蓝皮书
北京公共服务发展报告(2013~2014)
著(编)者:施昌奎 2014年2月出版 / 定价:69.00元

北京蓝皮书
北京经济发展报告(2013~2014)
著(编)者:杨松 2014年4月出版 / 定价:79.00元

北京蓝皮书
北京社会发展报告(2013~2014)
著(编)者:缪青 2014年5月出版 / 定价:79.00元

北京蓝皮书
北京社会治理发展报告(2013~2014)
著(编)者:殷星辰 2014年4月出版 / 定价:79.00元

北京蓝皮书
中国社区发展报告(2013~2014)
著(编)者:于燕燕 2014年8月出版 / 估价:59.00元

北京蓝皮书
北京文化发展报告(2013~2014)
著(编)者:李建盛 2014年4月出版 / 定价:79.00元

北京旅游绿皮书
北京旅游发展报告(2014)
著(编)者:鲁勇 2014年7月出版 / 估价:98.00元

北京律师蓝皮书
北京律师发展报告No.2(2014)
著(编)者:王隽 周塞军 2014年9月出版 / 估价:79.00元

北京人才蓝皮书
北京人才发展报告(2014)
著(编)者:于淼 2014年10月出版 / 估价:89.00元

城乡一体化蓝皮书
中国城乡一体化发展报告·北京卷(2014)
著(编)者:张宝秀 黄序 2014年6月出版 / 估价:59.00元

创意城市蓝皮书
北京文化创意产业发展报告(2014)
著(编)者:张京成 王国华 2014年10月出版 / 估价:69.00元

23

皮书系列 2014全品种 — 地方发展类

创意城市蓝皮书
重庆创意产业发展报告（2014）
著(编)者：程宁宁　2014年4月出版 / 定价:89.00元

创意城市蓝皮书
青岛文化创意产业发展报告（2013~2014）
著(编)者：马达　2014年9月出版 / 估价:69.00元

创意城市蓝皮书
无锡文化创意产业发展报告（2014）
著(编)者：庄若江　张鸣年　2014年8月出版 / 估价:75.00元

服务业蓝皮书
广东现代服务业发展报告（2014）
著(编)者：祁明　程晓　2014年1月出版 / 估价:69.00元

甘肃蓝皮书
甘肃舆情分析与预测（2014）
著(编)者：陈双梅　郝树声　2014年1月出版 / 定价:69.00元

甘肃蓝皮书
甘肃县域经济综合竞争力报告（2014）
著(编)者：刘进军　柳民　曲玮　2014年9月出版 / 估价:69.00元

甘肃蓝皮书
甘肃县域社会发展评价报告（2014）
著(编)者：魏胜文　2014年9月出版 / 估价:69.00元

甘肃蓝皮书
甘肃经济发展分析与预测（2014）
著(编)者：朱智文　罗哲　2014年1月出版 / 定价:69.00元

甘肃蓝皮书
甘肃社会发展分析与预测（2014）
著(编)者：安文华　包晓霞　2014年1月出版 / 估价:69.00元

甘肃蓝皮书
甘肃文化发展分析与预测（2014）
著(编)者：王福生　周小华　2014年1月出版 / 定价:69.00元

广东蓝皮书
广东省电子商务发展报告（2014）
著(编)者：黄建明　祁明　2014年11月出版 / 估价:69.00元

广东蓝皮书
广东社会工作发展报告（2014）
著(编)者：罗观翠　2014年9月出版 / 估价:69.00元

广东外经贸蓝皮书
广东对外经济贸易发展研究报告（2014）
著(编)者：陈万灵　2014年9月出版 / 估价:65.00元

广西北部湾经济区蓝皮书
广西北部湾经济区开放开发报告（2014）
著(编)者：广西北部湾经济区规划建设管理委员会办公室
　　　广西社会科学院　广西北部湾发展研究院
2014年7月出版 / 估价:69.00元

广州蓝皮书
2014年中国广州经济形势分析与预测
著(编)者：庾建设　郭志勇　沈奎　2014年6月出版 / 估价:69.00元

广州蓝皮书
2014年中国广州社会形势分析与预测
著(编)者：易佐永　杨秦　顾涧清　2014年5月出版 / 估价:65.00元

广州蓝皮书
广州城市国际化发展报告（2014）
著(编)者：朱名宏　2014年9月出版 / 估价:59.00元

广州蓝皮书
广州创新型城市发展报告（2014）
著(编)者：李江涛　2014年8月出版 / 估价:59.00元

广州蓝皮书
广州经济发展报告（2014）
著(编)者：李江涛　刘江华　2014年6月出版 / 估价:65.00元

广州蓝皮书
广州农村发展报告（2014）
著(编)者：李江涛　汤锦华　2014年8月出版 / 估价:59.00元

广州蓝皮书
广州青年发展报告（2014）
著(编)者：魏国华　张强　2014年9月出版 / 估价:65.00元

广州蓝皮书
广州汽车产业发展报告（2014）
著(编)者：李江涛　杨再高　2014年10月出版 / 估价:69.00元

广州蓝皮书
广州商贸业发展报告（2014）
著(编)者：陈家成　王旭东　荀振英
2014年7月出版 / 估价:69.00元

广州蓝皮书
广州文化创意产业发展报告（2014）
著(编)者：甘新　2014年10月出版 / 估价:59.00元

广州蓝皮书
中国广州城市建设发展报告（2014）
著(编)者：董皞　冼伟雄　李俊夫
2014年8月出版 / 估价:69.00元

广州蓝皮书
中国广州科技与信息化发展报告（2014）
著(编)者：庾建设　谢学宁　2014年8月出版 / 估价:59.00元

广州蓝皮书
中国广州文化创意产业发展报告（2014）
著(编)者：甘新　2014年10月出版 / 估价:59.00元

广州蓝皮书
中国广州文化发展报告（2014）
著(编)者：徐俊忠　汤应武　陆志强
2014年8月出版 / 估价:69.00元

地方发展类　皮书系列 2014全品种

贵州蓝皮书
贵州法治发展报告（2014）
著(编)者：吴大华　2014年3月出版 / 定价：69.00元

贵州蓝皮书
贵州人才发展报告（2014）
著(编)者：于杰　吴大华　2014年3月出版 / 定价：69.00元

贵州蓝皮书
贵州社会发展报告（2014）
著(编)者：王兴骥　2014年3月出版 / 定价：69.00元

贵州蓝皮书
贵州农村扶贫开发报告（2014）
著(编)者：王朝新　宋明　2014年9月出版 / 估价：69.00元

贵州蓝皮书
贵州文化产业发展报告（2014）
著(编)者：李建国　2014年9月出版 / 估价：69.00元

海淀蓝皮书
海淀区文化和科技融合发展报告（2014）
著(编)者：陈名杰　孟景伟　2014年5月出版 / 估价：75.00元

海峡经济区蓝皮书
海峡经济区发展报告（2014）
著(编)者：李闽榕　王秉安　谢明辉（台湾）
2014年10月出版 / 估价：78.00元

海峡西岸蓝皮书
海峡西岸经济区发展报告（2014）
著(编)者：福建省人民政府发展研究中心
2014年9月出版 / 估价：85.00元

杭州蓝皮书
杭州市妇女发展报告（2014）
著(编)者：魏颖　揭爱花　2014年9月出版 / 估价：69.00元

杭州都市圈蓝皮书
杭州都市圈发展报告（2014）
著(编)者：董祖德　沈翔　2014年5月出版 / 估价：89.00元

河北经济蓝皮书
河北省经济发展报告（2014）
著(编)者：马树强　金浩　张贵　2014年4月出版 / 定价：79.00元

河北蓝皮书
河北经济社会发展报告（2014）
著(编)者：周文夫　2014年1月出版 / 定价：69.00元

河南经济蓝皮书
2014年河南经济形势分析与预测
著(编)者：胡五岳　2014年3月出版 / 定价：69.00元

河南蓝皮书
2014年河南社会形势分析与预测
著(编)者：刘道兴　牛苏林　2014年1月出版 / 定价：69.00元

河南蓝皮书
河南城市发展报告（2014）
著(编)者：谷建全　王建国　2014年1月出版 / 定价：59.00元

河南蓝皮书
河南法治发展报告（2014）
著(编)者：丁同民　闫德民　2014年3月出版 / 定价：69.00元

河南蓝皮书
河南金融发展报告（2014）
著(编)者：喻新安　谷建全　2014年4月出版 / 定价：69.00元

河南蓝皮书
河南经济发展报告（2014）
著(编)者：喻新安　2013年12月出版 / 定价：69.00元

河南蓝皮书
河南文化发展报告（2014）
著(编)者：卫绍生　2014年1月出版 / 定价：69.00元

河南蓝皮书
河南工业发展报告（2014）
著(编)者：龚绍东　2014年1月出版 / 定价：69.00元

河南蓝皮书
河南商务发展报告（2014）
著(编)者：焦锦淼　穆荣国　2014年5月出版 / 定价：88.00元

黑龙江产业蓝皮书
黑龙江产业发展报告（2014）
著(编)者：于渤　2014年10月出版 / 估价：79.00元

黑龙江蓝皮书
黑龙江经济发展报告（2014）
著(编)者：张新颖　2014年1月出版 / 定价：69.00元

黑龙江蓝皮书
黑龙江社会发展报告（2014）
著(编)者：艾书琴　2014年1月出版 / 定价：69.00元

湖南城市蓝皮书
城市社会管理
著(编)者：罗海藩　2014年10月出版 / 估价：59.00元

湖南蓝皮书
2014年湖南产业发展报告
著(编)者：梁志峰　2014年4月出版 / 定价：128.00元

湖南蓝皮书
2014年湖南电子政务发展报告
著(编)者：梁志峰　2014年4月出版 / 定价：128.00元

湖南蓝皮书
2014年湖南法治发展报告
著(编)者：梁志峰　2014年9月出版 / 估价：79.00元

湖南蓝皮书
2014年湖南经济展望
著(编)者：梁志峰　2014年4月出版 / 定价：128.00元

皮书系列 2014全品种
地方发展类

湖南蓝皮书
2014年湖南两型社会发展报告
著(编)者：梁志峰　　2014年4月出版 / 定价:128.00元

湖南蓝皮书
2014年湖南社会发展报告
著(编)者：梁志峰　　2014年4月出版 / 定价:128.00元

湖南蓝皮书
2014年湖南县域经济社会发展报告
著(编)者：梁志峰　　2014年4月出版 / 定价:128.00元

湖南县域绿皮书
湖南县域发展报告No.2
著(编)者：朱有志　袁准　周小毛　2014年7月出版 / 估价:69.00元

沪港蓝皮书
沪港发展报告（2014）
著(编)者：尤安山　　2014年9月出版 / 估价:89.00元

吉林蓝皮书
2014年吉林经济社会形势分析与预测
著(编)者：马克　　2014年1月出版 / 定价:79.00元

济源蓝皮书
济源经济社会发展报告（2014）
著(编)者：喻新安　　2014年4月出版 / 定价:69.00元

江苏法治蓝皮书
江苏法治发展报告No.3（2014）
著(编)者：李力　龚廷泰　严海良　2014年8月出版 / 估价:88.00元

京津冀蓝皮书
京津冀发展报告（2014）
著(编)者：文魁　祝尔娟　2014年3月出版 / 定价:79.00元

经济特区蓝皮书
中国经济特区发展报告（2013）
著(编)者：陶一桃　　2014年4月出版 / 定价:89.00元

辽宁蓝皮书
2014年辽宁经济社会形势分析与预测
著(编)者：曹晓峰　张晶　2014年1月出版 / 定价:79.00元

流通蓝皮书
湖南省商贸流通产业发展报告No.2
著(编)者：柳思维　　2014年10月出版 / 估价:75.00元

内蒙古蓝皮书
内蒙古经济发展蓝皮书（2013~2014）
著(编)者：黄育华　　2014年7月出版 / 估价:69.00元

内蒙古蓝皮书
内蒙古反腐倡廉建设报告No.1
著(编)者：张志华　无极　2013年12月出版 / 定价:69.00元

浦东新区蓝皮书
上海浦东经济发展报告（2014）
著(编)者：沈开艳　陆沪根　2014年1月出版 / 定价:59.00元

侨乡蓝皮书
中国侨乡发展报告（2014）
著(编)者：郑一省　　2014年9月出版 / 估价:69.00元

青海蓝皮书
2014年青海经济社会形势分析与预测
著(编)者：赵宗福　　2014年2月出版 / 定价:69.00元

人口与健康蓝皮书
深圳人口与健康发展报告（2014）
著(编)者：陆杰华　江捍平　2014年10月出版 / 估价:98.00元

山西蓝皮书
山西资源型经济转型发展报告（2014）
著(编)者：李志强　　2014年5月出版 / 定价:98.00元

陕西蓝皮书
陕西经济发展报告（2014）
著(编)者：任宗哲　石英　裴成荣　2014年2月出版 / 定价:69.00元

陕西蓝皮书
陕西社会发展报告（2014）
著(编)者：任宗哲　石英　牛昉　2014年2月出版 / 定价:65.00元

陕西蓝皮书
陕西文化发展报告（2014）
著(编)者：任宗哲　石英　王长寿　2014年3月出版 / 定价:59.00元

上海蓝皮书
上海传媒发展报告（2014）
著(编)者：强荧　焦雨虹　2014年1月出版 / 定价:79.00元

上海蓝皮书
上海法治发展报告（2014）
著(编)者：叶青　　2014年4月出版 / 定价:69.00元

上海蓝皮书
上海经济发展报告（2014）
著(编)者：沈开艳　　2014年1月出版 / 定价:69.00元

上海蓝皮书
上海社会发展报告（2014）
著(编)者：卢汉龙　周海旺　2014年1月出版 / 定价:69.00元

上海蓝皮书
上海文化发展报告（2014）
著(编)者：蒯大申　　2014年1月出版 / 定价:69.00元

上海蓝皮书
上海文学发展报告（2014）
著(编)者：陈圣来　　2014年1月出版 / 定价:69.00元

上海蓝皮书
上海资源环境发展报告（2014）
著(编)者：周冯琦　汤庆合　任文伟　2014年1月出版 / 定价:69.00元

上海社会保障绿皮书
上海社会保障改革与发展报告（2013~2014）
著(编)者：汪泓　　2014年9月出版 / 估价:65.00元

皮书系列
2014全品种

地方发展类·国别与地区类

上饶蓝皮书
上饶发展报告（2013~2014）
著(编)者：朱寅健　2014年3月出版 / 定价:128.00元

社会建设蓝皮书
2014年北京社会建设分析报告
著(编)者：宋贵伦　2014年9月出版 / 估价:69.00元

深圳蓝皮书
深圳经济发展报告（2014）
著(编)者：吴忠　2014年6月出版 / 估价:69.00元

深圳蓝皮书
深圳劳动关系发展报告（2014）
著(编)者：汤庭芬　2014年6月出版 / 估价:69.00元

深圳蓝皮书
深圳社会发展报告（2014）
著(编)者：吴忠　余智晟　2014年7月出版 / 估价:69.00元

四川蓝皮书
四川文化产业发展报告（2014）
著(编)者：侯水平　2014年2月出版 / 定价:69.00元

四川蓝皮书
四川企业社会责任研究报告（2014）
著(编)者：侯水平　盛毅　2014年4月出版 / 定价:79.00元

温州蓝皮书
2014年温州经济社会形势分析与预测
著(编)者：潘忠强　王春光　金浩　2014年4月出版 / 定价:69.00元

温州蓝皮书
浙江温州金融综合改革试验区发展报告
（2013~2014）
著(编)者：钱水土　王去非　李义超
2014年9月出版 / 估价:69.00元

扬州蓝皮书
扬州经济社会发展报告（2014）
著(编)者：张爱军　2014年9月出版 / 估价:78.00元

义乌蓝皮书
浙江义乌市国际贸易综合改革试验区发展报告
（2013~2014）
著(编)者：马淑琴　刘文革　周松强
2014年9月出版 / 估价:69.00元

云南蓝皮书
中国面向西南开放重要桥头堡建设发展报告（2014）
著(编)者：刘绍怀　2014年12月出版 / 估价:69.00元

长株潭城市群蓝皮书
长株潭城市群发展报告（2014）
著(编)者：张萍　2014年10月出版 / 估价:69.00元

郑州蓝皮书
2014年郑州文化发展报告
著(编)者：王哲　2014年7月出版 / 估价:69.00元

中国省会经济圈蓝皮书
合肥经济圈经济社会发展报告No.4(2013~2014)
著(编)者：董昭礼　2014年4月出版 / 定价:79.00元

国别与地区类

G20国家创新竞争力黄皮书
二十国集团（G20）国家创新竞争力发展报告（2014）
著(编)者：李建平　李闽榕　赵新力
2014年9月出版 / 估价:118.00元

阿拉伯黄皮书
阿拉伯发展报告（2013~2014）
著(编)者：马晓霖　2014年4月出版 / 定价:79.00元

澳门蓝皮书
澳门经济社会发展报告（2013~2014）
著(编)者：吴志良　郝雨凡　2014年4月出版 / 定价:79.00元

北部湾蓝皮书
泛北部湾合作发展报告（2014）
著(编)者：吕余生　2014年7月出版 / 定价:79.00元

大湄公河次区域蓝皮书
大湄公河次区域合作发展报告（2014）
著(编)者：刘稚　2014年8月出版 / 估价:79.00元

大洋洲蓝皮书
大洋洲发展报告（2014）
著(编)者：魏明海　喻常森　2014年7月出版 / 估价:69.00元

德国蓝皮书
德国发展报告（2014）
著(编)者：李乐曾　郑春荣等　2014年5月出版 / 估价:69.00元

东北亚黄皮书
东北亚地区政治与安全报告（2014）
著(编)者：黄凤志　刘雪莲　2014年6月出版 / 估价:69.00元

东盟黄皮书
东盟发展报告（2013）
著(编)者：崔晓麟　2014年5月出版 / 定价:75.00元

东南亚蓝皮书
东南亚地区发展报告（2013~2014）
著(编)者：王勤　2014年4月出版 / 定价:79.00元

皮书系列 2014全品种

国别与地区类

俄罗斯黄皮书
俄罗斯发展报告（2014）
著(编)者：李永全　2014年7月出版 / 估价:79.00元

非洲黄皮书
非洲发展报告No.15（2014）
著(编)者：张宏明　2014年7月出版 / 估价:79.00元

港澳珠三角蓝皮书
粤港澳区域合作与发展报告（2014）
著(编)者：梁庆寅　陈广汉　2014年6月出版 / 估价:59.00元

国际形势黄皮书
全球政治与安全报告（2014）
著(编)者：李慎明　张宇燕　2014年1月出版 / 定价:69.00元

韩国蓝皮书
韩国发展报告（2014）
著(编)者：牛林杰　刘宝全　2014年6月出版 / 定价:69.00元

加拿大蓝皮书
加拿大发展报告（2014）
著(编)者：仲伟合　2014年4月出版 / 定价:89.00元

柬埔寨蓝皮书
柬埔寨国情报告（2014）
著(编)者：毕世鸿　2014年6月出版 / 估价:79.00元

拉美黄皮书
拉丁美洲和加勒比发展报告（2013~2014）
著(编)者：吴白乙　2014年4月出版 / 定价:89.00元

老挝蓝皮书
老挝国情报告（2014）
著(编)者：卢光盛　方芸　吕星　2014年6月出版 / 估价:79.00元

美国蓝皮书
美国问题研究报告（2014）
著(编)者：黄平　倪峰　2014年5月出版 / 估价:79.00元

缅甸蓝皮书
缅甸国情报告（2014）
著(编)者：李晨阳　2014年9月出版 / 估价:79.00元

欧亚大陆桥发展蓝皮书
欧亚大陆桥发展报告（2014）
著(编)者：李忠民　2014年10月出版 / 估价:59.00元

欧洲蓝皮书
欧洲发展报告（2014）
著(编)者：周弘　2014年9月出版 / 估价:79.00元

葡语国家蓝皮书
巴西发展与中巴关系报告2014（中英文）
著(编)者：张曙光　David T. Ritchie
2014年8月出版 / 估价:69.00元

日本经济蓝皮书
日本经济与中日经贸关系研究报告（2014）
著(编)者：王洛林　张季风　2014年5月出版 / 定价:79.00元

日本蓝皮书
日本发展报告（2014）
著(编)者：李薇　2014年3月出版 / 定价:69.00元

上海合作组织黄皮书
上海合作组织发展报告（2014）
著(编)者：李进峰　吴宏伟　李伟　2014年9月出版 / 估价:98.00元

世界创新竞争力黄皮书
世界创新竞争力发展报告（2014）
著(编)者：李建平　2014年9月出版 / 估价:148.00元

世界能源黄皮书
世界能源分析与展望（2013~2014）
著(编)者：张宇燕 等　2014年9月出版 / 估价:69.00元

世界社会主义黄皮书
世界社会主义跟踪研究报告（2013~2014）
著(编)者：李慎明　2014年3月出版 / 估价:198.00元

泰国蓝皮书
泰国国情报告（2014）
著(编)者：邹春萌　2014年6月出版 / 估价:79.00元

亚太蓝皮书
亚太地区发展报告（2014）
著(编)者：李向阳　2014年1月出版 / 估价:59.00元

印度蓝皮书
印度国情报告（2012~2013）
著(编)者：吕昭义　2014年5月出版 / 估价:89.00元

印度洋地区蓝皮书
印度洋地区发展报告（2014）
著(编)者：汪戎　2014年3月出版 / 估价:79.00元

越南蓝皮书
越南国情报告（2014）
著(编)者：吕余生　2014年8月出版 / 估价:65.00元

中东黄皮书
中东发展报告No.15（2014）
著(编)者：杨光　2014年10月出版 / 估价:59.00元

中欧关系蓝皮书
中欧关系研究报告（2014）
著(编)者：周弘　2013年12月出版 / 定价:98.00元

中亚黄皮书
中亚国家发展报告（2014）
著(编)者：孙力　2014年9月出版 / 估价:79.00元

皮书大事记

☆ 2012年12月,《中国社会科学院皮书资助规定(试行)》由中国社会科学院科研局正式颁布实施。

☆ 2011年,部分重点皮书纳入院创新工程。

☆ 2011年8月,2011年皮书年会在安徽合肥举行,这是皮书年会首次由中国社会科学院主办。

☆ 2011年2月,"2011年全国皮书研讨会"在北京京西宾馆举行。王伟光院长(时任常务副院长)出席并讲话。本次会议标志着皮书及皮书研创出版从一个具体出版单位的出版产品和出版活动上升为由中国社会科学院牵头的国家哲学社会科学智库产品和创新活动。

☆ 2010年9月,"2010年中国经济社会形势报告会暨第十一次全国皮书工作研讨会"在福建福州举行,高全立副院长参加会议并做学术报告。

☆ 2010年9月,皮书学术委员会成立,由我院李扬副院长领衔,并由在各个学科领域有一定的学术影响力、了解皮书编创出版并持续关注皮书品牌的专家学者组成。皮书学术委员会的成立为进一步提高皮书这一品牌的学术质量、为学术界构建一个更大的学术出版与学术推广平台提供了专家支持。

☆ 2009年8月,"2009年中国经济社会形势分析与预测暨第十次皮书工作研讨会"在辽宁丹东举行。李扬副院长参加本次会议,本次会议颁发了首届优秀皮书奖,我院多部皮书获奖。

社会科学文献出版社
SOCIAL SCIENCES ACADEMIC PRESS (CHINA)

社会科学文献出版社成立于1985年，是直属于中国社会科学院的人文社会科学专业学术出版机构。

成立以来，特别是1998年实施第二次创业以来，依托于中国社会科学院丰厚的学术出版和专家学者两大资源，坚持"创社科经典，出传世文献"的出版理念和"权威、前沿、原创"的产品定位，社科文献立足内涵式发展道路，从战略层面推动学术出版的五大能力建设，逐步走上了学术产品的系列化、规模化、数字化、国际化、市场化经营道路。

先后策划出版了著名的图书品牌和学术品牌"皮书"系列、"列国志"、"社科文献精品译库"、"中国史话"、"全球化译丛"、"气候变化与人类发展译丛""近世中国"等一大批既有学术影响又有市场价值的系列图书。形成了较强的学术出版能力和资源整合能力，年发稿3.5亿字，年出版新书1200余种，承印发行中国社科院院属期刊近70种。

2012年，《社会科学文献出版社学术著作出版规范》修订完成。同年10月，社会科学文献出版社参加了由新闻出版总署召开加强学术著作出版规范座谈会，并代表50多家出版社发起实施学术著作出版规范的倡议。2013年，社会科学文献出版社参与新闻出版总署学术著作规范国家标准的起草工作。

依托于雄厚的出版资源整合能力，社会科学文献出版社长期以来一直致力于从内容资源和数字平台两个方面实现传统出版的再造，并先后推出了皮书数据库、列国志数据库、中国田野调查数据库等一系列数字产品。

在国内原创著作、国外名家经典著作大量出版，数字出版突飞猛进的同时，社会科学文献出版社在学术出版国际化方面也取得了不俗的成绩。先后与荷兰博睿等十余家国际出版机构合作面向海外推出了《经济蓝皮书》《社会蓝皮书》等十余种皮书的英文版、俄文版、日文版等。

此外，社会科学文献出版社积极与中央和地方各类媒体合作，联合大型书店、学术书店、机场书店、网络书店、图书馆，逐步构建起了强大的学术图书的内容传播力和社会影响力，学术图书的媒体曝光率居全国之首，图书馆藏率居于全国出版机构前十位。

作为已经开启第三次创业梦想的人文社会科学学术出版机构，社会科学文献出版社结合社会需求、自身的条件以及行业发展，提出了新的创业目标：精心打造人文社会科学成果推广平台，发展成为一家集图书、期刊、声像电子和数字出版物为一体，面向海内外高端读者和客户，具备独特竞争力的人文社会科学内容资源供应商和海内外知名的专业学术出版机构。

中国皮书网

发布皮书研创资讯,传播皮书精彩内容
引领皮书出版潮流,打造皮书服务平台

栏目设置:

- □ 资讯:皮书动态、皮书观点、皮书数据、皮书报道、皮书新书发布会、电子期刊
- □ 标准:皮书评价、皮书研究、皮书规范、皮书专家、编撰团队
- □ 服务:最新皮书、皮书书目、重点推荐、在线购书
- □ 链接:皮书数据库、皮书博客、皮书微博、出版社首页、在线书城
- □ 搜索:资讯、图书、研究动态
- □ 互动:皮书论坛

www.pishu.cn

中国皮书网依托皮书系列"权威、前沿、原创"的优质内容资源,通过文字、图片、音频、视频等多种元素,在皮书研创者、使用者之间搭建了一个成果展示、资源共享的互动平台。

自2005年12月正式上线以来,中国皮书网的IP访问量、PV浏览量与日俱增,受到海内外研究者、公务人员、商务人士以及专业读者的广泛关注。

2008年10月,中国皮书网获得"最具商业价值网站"称号。

2011年全国新闻出版网站年会上,中国皮书网被授予"2011最具商业价值网站"荣誉称号。

皮书数据库

权威报告　热点资讯　海量资源

当代中国与世界发展的高端智库平台

皮书数据库 www.pishu.com.cn

皮书数据库是专业的人文社会科学综合学术资源总库，以大型连续性图书——皮书系列为基础，整合国内外相关资讯构建而成。包含七大子库，涵盖两百多个主题，囊括了近十几年间中国与世界经济社会发展报告，覆盖经济、社会、政治、文化、教育、国际问题等多个领域。

皮书数据库以篇章为基本单位，方便用户对皮书内容的阅读需求。用户可进行全文检索，也可对文献题目、内容提要、作者名称、作者单位、关键字等基本信息进行检索，还可对检索到的篇章再作二次筛选，进行在线阅读或下载阅读。智能多维度导航，可使用户根据自己熟知的分类标准进行分类导航筛选，使查找和检索更高效、便捷。

权威的研究报告，独特的调研数据，前沿的热点资讯，皮书数据库已发展成为国内最具影响力的关于中国与世界现实问题研究的成果库和资讯库。

皮书俱乐部会员服务指南

1. 谁能成为皮书俱乐部会员？

- 皮书作者自动成为皮书俱乐部会员；
- 购买皮书产品（纸质图书、电子书、皮书数据库充值卡）的个人用户。

2. 会员可享受的增值服务：

- 免费获赠该纸质图书的电子书；
- 免费获赠皮书数据库100元充值卡；
- 免费定期获赠皮书电子期刊；
- 优先参与各类皮书学术活动；
- 优先享受皮书产品的最新优惠。

阅读卡

3. 如何享受皮书俱乐部会员服务？

（1）如何免费获得整本电子书？

购买纸质图书后，将购书信息特别是书后附赠的卡号和密码通过邮件形式发送到pishu@188.com，我们将验证您的信息，通过验证并成功注册后即可获得该本皮书的电子书。

（2）如何获赠皮书数据库100元充值卡？

第1步：刮开附赠卡的密码涂层（左下）；

第2步：登录皮书数据库网站（www.pishu.com.cn），注册成为皮书数据库用户，注册时请提供您的真实信息，以便您获得皮书俱乐部会员服务；

第3步：注册成功后登录，点击进入"会员中心"；

第4步：点击"在线充值"，输入正确的卡号和密码即可使用。

皮书俱乐部会员可享受社会科学文献出版社其他相关免费增值服务
您有任何疑问，均可拨打服务电话：010-59367227　QQ:1924151760
欢迎登录社会科学文献出版社官网（www.ssap.com.cn）和中国皮书网（www.pishu.cn）了解更多信息

皮书大事记

☆ 2012年12月，《中国社会科学院皮书资助规定（试行）》由中国社会科学院科研局正式颁布实施。

☆ 2011年，部分重点皮书纳入院创新工程。

☆ 2011年8月，2011年皮书年会在安徽合肥举行，这是皮书年会首次由中国社会科学院主办。

☆ 2011年2月，"2011年全国皮书研讨会"在北京京西宾馆举行。王伟光院长（时任常务副院长）出席并讲话。本次会议标志着皮书及皮书研创出版从一个具体出版单位的出版产品和出版活动上升为由中国社会科学院牵头的国家哲学社会科学智库产品和创新活动。

☆ 2010年9月，"2010年中国经济社会形势报告会暨第十一次全国皮书工作研讨会"在福建福州举行，高全立副院长参加会议并做学术报告。

☆ 2010年9月，皮书学术委员会成立，由我院李扬副院长领衔，并由在各个学科领域有一定的学术影响力、了解皮书编创出版并持续关注皮书品牌的专家学者组成。皮书学术委员会的成立为进一步提高皮书这一品牌的学术质量、为学术界构建一个更大的学术出版与学术推广平台提供了专家支持。

☆ 2009年8月，"2009年中国经济社会形势分析与预测暨第十次皮书工作研讨会"在辽宁丹东举行。李扬副院长参加本次会议，本次会议颁发了首届优秀皮书奖，我院多部皮书获奖。

皮书数据库
www.pishu.com.cn

皮书数据库三期即将上线

• 皮书数据库（SSDB）是社会科学文献出版社整合现有皮书资源开发的在线数字产品，全面收录"皮书系列"的内容资源，并以此为基础整合大量相关资讯构建而成。

• 皮书数据库现有中国经济发展数据库、中国社会发展数据库、世界经济与国际政治数据库等子库，覆盖经济、社会、文化等多个行业、领域，现有报告30000多篇，总字数超过5亿字，并以每年4000多篇的速度不断更新累积。2009年7月，皮书数据库荣获"2008～2009年中国数字出版知名品牌"。

• 2011年3月，皮书数据库二期正式上线，开发了更加灵活便捷的检索系统，可以实现精确查找和模糊匹配，并与纸书发行基本同步，可为读者提供更加广泛的资讯服务。

更多信息请登录

中国皮书网的BLOG [编辑]
http://blog.sina.com.cn/pishu

中国皮书网
http://www.pishu.cn

皮书微博
http://weibo.com/pishu

皮书博客
http://blog.sina.com.cn/pishu

皮书微信
皮书说

请到各地书店皮书专架／专柜购买，也可办理邮购

咨询／邮购电话：010-59367028　59367070　　　邮　　箱：duzhe@ssap.cn
邮购地址：北京市西城区北三环中路甲29号院3号楼华龙大厦13层读者服务中心
邮　　编：100029
银行户名：社会科学文献出版社
开户银行：中国工商银行北京北太平庄支行
账　　号：0200010019200365434
网上书店：010-59367070　　qq：1265056568
网　　址：www.ssap.com.cn　　www.pishu.com